国学名著讲读系列

周易讲读

吴辛丑 —————— 著

华东师范大学出版社
—上海—

王元化　顾问

胡晓明　主编

图书在版编目(CIP)数据

周易讲读/吴辛丑著. —上海:华东师范大学出版社,2021.
(国学名著讲读系列)
ISBN 978 - 7 - 5760 - 1797 - 7

Ⅰ.①周… Ⅱ.①吴… Ⅲ.①周易-注释②周易-研究
Ⅳ.①B221

中国版本图书馆 CIP 数据核字(2021)第 107766 号

周易讲读

著　　者	吴辛丑
组稿编辑	曹利群　张俊玲
责任编辑	乔　健
特约审读	李　莎
责任校对	侯心怡　时东明
封面设计	夏艺堂艺术设计
版式设计	卢晓红

出版发行	华东师范大学出版社
社　　址	上海市中山北路 3663 号　邮编 200062
网　　址	www.ecnupress.com.cn
电　　话	021 - 60821666　行政传真 021 - 62572105
客服电话	021 - 62865537　门市(邮购)电话 021 - 62869887
地　　址	上海市中山北路 3663 号华东师范大学校内先锋路口
网　　店	http://hdsdcbs.tmall.com

印 刷 者	浙江临安曙光印务有限公司
开　　本	787×1092　16 开
印　　张	21.75
字　　数	372 千字
版　　次	2021 年 8 月第 1 版
印　　次	2021 年 8 月第 1 次
书　　号	ISBN 978 - 7 - 5760 - 1797 - 7
定　　价	78.00 元

出 版 人	王　焰

(如发现本版图书有印订质量问题,请寄回本社客服中心调换或电话 021 - 62865537 联系)

目录

附录

主要引书简称表

参考文献

序

王元化

　　中国自古以来有着十分浓厚的人文经典意识。一方面是传世文献中有丰富多样的文化典籍（这在世界文化中是罕见的），另一方面是千百年来读书人对经典的持续研讨和长期诵读传统（这在世界历史上也是罕见的）。由于废科举，兴新学，由于新文化运动和建立新民族国家需要，也由于二十世纪百年中国的动乱不安，这一传统被迫中断了。但是近年来似乎又有了一点存亡继绝的新机会。其直接的动力，一方面是自上而下地提倡大力弘扬和培育民族精神，另一方面更主要是自下而上，由民间社会力量以及一些知识分子推动的又一次"传统文化热"，尤其表现在与八十年代坐而论道的文化批判不同，一些十分自发的社会文化教育形式的新探索。譬如各地开展的少儿诵读经典活动，一些民间学堂的传统文化研习，一些民办学校、农村新兴私塾等，对学习传统经典的恢复，以及一些大学里新体制的建立等。其时代原因，表面上看起来与中国近十年的经济活力与和平崛起有关系，其实比这复杂得多。至少可以提到的是：转型社会的道德危机和意义迷失所致社会生活的新问题及其迫切性；世界范围内各种思想的相互竞争相互激荡；在全球经济一体化和科技至上的社会环境中，公民社会的人文精神品质正在迅速流失；在这个背景下，青年一代人中国文化特质正在迅速丧失；中国近现代思想史上，由文化激进主义而带来的弊端渐渐显露，中国文化由遭受践踏到重新复苏的自身逻辑以及文化觉醒；以及从经验主义出发，从社会问题出发，实用地融合各种思想文化的资源以有利于社会全面发展和人的全面发展的新视野，等等。总之，一方面是出现了重要的新机会，另一方面也有前所未有的危机。惟其复杂而多元，我们就不应该停留于旧的二元对立的思路，不应该坚执于概念义理的论争，不应该单一地思考文化思想的建设问题，而应该从生活的实践出发，根据我们变化了的时代内涵，提炼新的问题意识，回应社会的真正需要，再认识传统经典的学习问题。

所以,这套书我是欣然赞成的。在目前中国文化的发展出现前所未有的新机会,同时也是出现前所未有危机的情况下,华东师范大学出版社愿意做一点负起社会责任的事情,体现了他们的眼光、见识和魄力。如果有更多的出版社和文化单位愿意援手传统文化积累培育工作,中国文化的复兴是有希望的。是为序。

二〇〇五年七月二十二日

《周易》导读

一、《周易》的构成与名义

(一)《周易》的构成

我们平常所说的《周易》或《易经》,实际上包含两本书:《周易》古经和《周易》大传。由于使用场合及个人使用习惯的不同,《周易》之名有狭义和广义两种用法。狭义的《周易》指六十四卦的卦形、卦名、卦辞和爻辞部分而言,习惯上又把这部分内容称为"《周易》古经"。古经之外,另有《文言传》《说卦传》等十篇解释说明性的文字,习惯上称为"《周易》大传",简称《易传》。因《易传》依附于经文,并解释、阐发经义,共有十篇,前人或称为《十翼》。翼者,"辅助"之义。广义的《周易》包含经、传两部分,既指古经,也指《易传》。

(二)《周易》的名称

《周易》除本名外,还有《易》《易经》两名。

《周易》之名,最早见于《周礼》《左传》《国语》等书。如《周礼·春官宗伯》云:"大卜……掌三易之法,一曰《连山》,二曰《归藏》,三曰《周易》。其经卦皆八,其别皆六十有四。"《左传·庄公二十二年》云:"周史有以《周易》见陈侯者,陈侯使筮之,遇观䷓之否䷋。"《国语·晋语》云:"司空季子曰:'吉。是在《周易》,皆利建侯。不有晋国,以辅王室,安能建侯? 我命筮曰'尚有晋国',筮告我曰'利建侯',得国之务也,吉孰大焉!'"

《周易》也单称《易》。如《论语·述而》云:"子曰:'加我数年,五十以学《易》,可以无大过矣。'"《荀子·非相》云:"故《易》曰:'括囊,无咎无誉。'腐儒之谓也。"

从汉代开始,《周易》又有《易经》之名。如《史记·日者列传》云:"夫司马季主者,楚贤大夫,游学长安,通《易经》,术黄帝、老子,博闻远见。"《汉书·艺文志》云:"《易经》十二篇,施、孟、梁丘三家。"

先秦时代,称《易》或《周易》时,主要指古经六十四卦而言;汉代以后,《易传》也称为"经",称《易》或《易经》时往往涵盖《周易》经传两部分。

(三)"周"字的含义

关于"周"字,前人大致有三种理解。

一说"周"为"普遍"义。唐孔颖达《周易正义·论三代易名》引汉郑玄释《周礼》"三易"之义曰:"《连山》者,象山之出云,连连不绝;《归藏》者,万物莫不归藏于其中;《周易》者,言《易》道周普,无所不备。"

一说"周"为地名、朝代名,指周地、周代。唐孔颖达《周易正义·论三代易名》云:"案《世谱》等群书,神农一曰连山氏,亦曰列山氏;黄帝一曰归藏氏。既《连山》《归藏》并是代号,则《周易》称'周',取岐阳地名,《毛诗》云'周原膴膴'是也。又文王作《易》之时,正在羑里,周德未兴,犹是殷世也,故题'周'别于殷;以此文王所演,故谓之《周易》。其犹《周书》《周礼》,题周以别余代。"宋朱熹《周易本义》云:"周,代名也;易,书名也。其卦本伏羲所画,有交易、变易之义,故谓之易。其辞则文王、周公所系,故系之周。"

一说"周"兼表周代及"周普"义。唐陆德明《经典释文·周易音义》释云:"周,代名也;周至也,遍也,备也,今名书义取周普。"

后人多从孔颖达、朱熹之说,以"周"为朝代名。

(四)"易"字的含义

关于"易"字,古今别说颇多。

汉许慎《说文解字》云:"易,蜥易,蝘蜓,守宫也,象形。祕书说:日月为易,象阴阳也。一曰从勿。"宋《集韵·昔韵》云:"易,虫名。""易,或作蝪。"蜥易,即"蜥蝪",也叫"蝘蜓""守宫",今称壁虎。又,唐陆德明《经典释文·周易音义》释"易"云:"此经名也。虞翻注《参同契》云:字从日下月。"

汉《易纬·乾凿度》云:"孔子曰:易者,易也,变易也,不易也,管三成为道德苞籥。"郑玄注:"管,统也。德者,得也。道者,理也。籥者,要也。言易道统此三事,故能成天下之道德,故云包道之要籥也。"按,籥音 yuè,义为枢要、关键。

唐孔颖达《周易正义·论易之三名》云:"夫易者,变化之总名,改换之殊称。……谓之为易,取变化之义。既义总变化,而独以易为名者,《易纬·乾凿度》云,易一名而含三义,所谓易也,变易也,不易也。……郑玄依此义作《易赞》及《易论》云:易一名而含三义:易简,一也;变易,二也;不易,三也。"

近人尚秉和《周易尚氏学·总论·论周易二字本诂》云:"吴先生曰:易者,占卜之名。《祭义》:易抱龟南面,天子卷冕北面。是易者占卜之名,因以名其官。《史记·大宛传》:天子发书易。谓发书卜也。又武帝轮台诏云:易之,卦得大过。

易之,卜之也。说者以简易、不易、变易释之,皆非。愚案:《史记·礼书》云:'能虑勿易。亦以易为占。'简易、不易、变易,皆易之用,非易字本诂,本诂固占卜也。"按,文中"吴先生"指清代吴汝纶(字挚甫),尚氏说源自吴汝纶所著《易说》一书。

今人高亨《周易古经今注·周易琐语·周易释名》云:"《易》为筮书之通名。《周礼·大卜》:'大卜掌《三易》之法,一曰《连山》,二曰《归藏》,三曰《周易》。'《筮人》文略同。是筮书皆得称《易》,是其证也。《周易》为一书之专名,因其为周代筮书,故曰《周易》。""余疑易初为官名,转为书名,……易之为官,盖掌卜筮。筮官曰易,因而筮官之书亦曰易,犹史官曰史,因而史官之书亦曰史也。……觋与巫同义,易与觋同音。筮官为巫,而《礼记》称易,则易盖即觋之借字矣。"按,觋音 xí,指男巫师。《说文》巫部:"觋,能斋肃事神明也,在男曰觋,在女曰巫。"

当代黄寿祺、张善文《周易译注·前言》云:"《周易》命名之义,'周'为代名,'易'主变易。古代典籍多简称为《易》,即强调其书所言之'变化'大旨。"

(五)甲骨文"易"字集说

前人解"易",多从文献和传注出发进行阐释。殷墟甲骨文发现后,有学者据甲骨文"易"字的字形进行联想发挥(如黄振华《论日出为易》一文说甲骨文"易"是"一个象形字,是象征日出时的景象或日落时的景象"),虽有益学术探讨,然猜测臆想成分较多,不可取信。由于不少学者对"易"字的初形朔义仍感兴趣,下面据于省吾主编《甲骨文字诂林》(中华书局 1996 年)略述各家对"易"字的解释,以备参酌。

孙诒让:"龟文易日字恒见,义盖皆如是。……易日犹言更日也。"

王国维:"易日疑亦祭名,孙比部训为改易时日。案之卜辞,多不可通。"

王襄:"易,祭日之名,周世以实紫祀日月星辰,知周之礼典因于殷礼尚多。"

郭沫若:"卜辞多见'易日'字。……案此二字每与天象字同见于一片,……'易日'字与啓雨雾等同见于一片,或同卜于一辞,其为关于天象之事无疑。准此以求之,余谓易乃晹之借字。《说文》'晹,日覆云,暂见也,从日易声'。是则'易日'犹言阴日矣。""易字是益字的简化。但易字在殷虚卜辞及殷彝铭中已通用,其结构甚奇简,当为象意,迄不知所象何意。"

孙海波:"卜辞易日之辞凡数百见。……窃疑易当读如更也,变也。易日不易日,犹言变天不变天也。"

杨树达:"卜辞或言'疾齿唯易''疾齿亡易',旧解为锡,非,易者犹今言换牙也,即《素问》所谓'齿更'。"

李孝定:"此字之初形朔谊盖已蒙昧难求矣。卜辞易字当从孙说训更,易日即更日,易齿即换牙,或假为锡,与金文同。"

饶宗颐:"按'易日'即'锡日',天雨求赐日也。"

屈万里:"易锡古同字。……此易读为锡,给予也。"

劳榦:"今字为坩锅,倾倒铜液,已见前述,易字为一平浅之釜,斜倾锡液,亦自可以比较得之。"

严一萍:"以余考之,字当读'易',与'易'为一字,'易'为'晹'之初文。《说文》:'易,云开也。''晹,日出也。'观乎卜辞所记,以'云开''日出'之义,最为适合。"

张桂光:"易(引注:字为甲骨文原形)正像盘中盛水自上向下倾注之形,会易予之义。"

姚孝遂:"按:郭沫若释'易日'为'晹日',犹言阴日,其说是对的。但读'佳易'为'亡害'则有未然。杨树达以'疾齿唯易日'为'齿更',亦有可商,'齿更'乃小儿生理之常,此言'王疾齿',商王为武丁,不得以'换牙'解之。易当读作'徥',《礼记·中庸》:'故君子居易以俟命',《注》:'平安也。'疾齿而占'佳易'、'亡易',谓平安与否也。此与'有它'、'无它'之用意同。""卜辞'易'又用为'锡'。""'易'之初形当来源于'益'之省,郭沫若之说是可信的。"

从《周易》性质及功用方面考虑,我们认为尚秉和、高亨先生解"易"之义比较妥帖,而高氏以为"易"乃"覡"之借字,缺少根据,不可信从。至于甲骨文"易"字,是一个会意字,其本义为"给予",与《周易》之"易"没有直接关系。

总之,《周易》的名义,就是指周代的一本占筮书。

二、《周易》的作者与时代

班固《汉书·艺文志》云:"《易》曰:'宓戏氏仰观象于天,俯观法于地,观鸟兽之文,与地之宜,近取诸身,远取诸物,于是始作八卦,以通神明之德,以类万物之情。'至于殷、周之际,纣在上位,逆天暴物,文王以诸侯顺命而行道,天人之占可得而效,于是重《易》六爻,作上下篇。孔氏为之《彖》《象》《系辞》《文言》《序卦》之属十篇。故曰《易》道深矣,人更三圣,世历三古。"

《汉书》所称之《易》,实即《易传》,引文出《易传·系辞传下》,文字略有不同。"宓戏",《易传》作"包牺",后世多写作"伏羲"。"三圣",三国韦昭以为指伏羲、文王、孔子;"三古",唐颜师古认为伏羲为上古、文王为中古、孔子为下古。据《汉书》所述,乃远古伏羲画八卦,商末文王作《周易》卦爻辞,春秋孔子作《易传》。

而班固《汉书》的说法,实源自司马迁《史记》。《史记·日者列传》云:"自伏羲作八卦,周文王演三百八十四爻,而天下治。"又《周本纪》云:"西伯盖即位五十年。其囚羑里,盖益《易》之八卦为六十四卦。"又《太史公自序》云:"昔西伯拘羑里,演《周易》。"又《孔子世家》云:"孔子晚而喜《易》,序《彖》《系》《象》《说卦》《文言》。读《易》,韦编三绝。曰:'假我数年,若是,我于《易》则彬彬矣。'"

由上可见,关于《周易》的作者与时代问题,实际上涉及三个层面的问题:(一)八卦及六十四卦的创制,(二)古经卦辞、爻辞的创作,(三)《易传》十篇的写作。作者与时代,是一个问题的两个方面,作者确定了,时代问题也就相应解决了,或比较容易解决了。然而上述几个问题至今仍存在许多疑点,尚无确凿材料来肯定或推翻司马迁、班固的说法。若以司马迁、班固所记为"信史",则《周易》的作者问题已经解决,不用再讨论了。若以司马迁、班固所述为传说,则其说疑信参半,尚有进一步讨论的余地。事实上,今人讨论《周易》的作者和时代问题,大都是以《系辞传》《史记》《汉书》的有关记述作为起点的,或予以肯定,或予以否定,或有取有舍。下面略述当今比较有代表性的几种意见,以供初学者参酌。

郭沫若在《〈周易〉之制作时代》一文中说,"八卦并非作于伏羲,而是既成文字的诱导物,它们的构成时代不能出于春秋以前。《周易》非文王所作,孔子和《周易》也没有关系。《周易》古经的作者是孔子的再传弟子馯臂子弓,时代约当春秋末或战国初年。《易传》形成于秦汉间,作者无法确定。"

李镜池在《周易探源·序》中说,"《周易》的编著,出于周王朝的卜史之官,成书年代,约在西周晚期。""《易传》是儒生经师所作,著作时期,上溯战国末,下至西汉中叶。"

高亨在《周易古经今注·周易琐语·周易古经的作者与时代》中说,"《周易》古经,盖非作于一人,亦非著于一时也。""《周易》古经,大抵成于周初。其中故事,最晚者在文、武之世。"在《周易大传今注·〈周易大传〉概述·〈周易大传〉之作者与时代》中说,"《易传》七种大都作于战国时代","《易传》七种不出于一人之手"。

张岱年在《〈周易〉经传的历史地位》一文中说,"旧说伏羲画八卦,伏羲氏是神话人物,画卦之说只是一种来源久远的传说。近人根据出土甲骨的考察,提出八卦起于数字之说,确有依据。……关于六十四卦,亦有人提出先有六十四卦而后才有简化的八卦之说,此亦不易论定"。"现在多数学者都承认《周易》古经的著作年代是西周初期。""我们虽然不能完全肯定《周易大传》是孔子所作,但可以肯定《周易大传》的大部分是孔子的再传弟子或三传弟子所编撰的,是战国前期至中后期的著作,在汉唐时代是以孔子手著的名义发生影响的。"

吕绍纲在《周易辞典·前言》中说,"八卦不可能是包牺氏所画,它的产生不会早于唐尧时代。""如果筮的问题不计,那末不会早于唐尧时代产生的八卦便可视作《周易》这书和周易哲学的起点。孔子思想的源头也正在这里。""《周易》的经文部分是在很长的时间里经过多人之手逐渐作成的。……卦爻辞作于殷周之际,由于《系辞传》有明确的交代,也可以肯定无疑。后世人明言卦爻辞文王作或文王、周公分别作,也不能说毫无道理。""《周易》传文除前人旧说,后人窜入,弟子记录孔子语外,其余大部分应是出于孔子手笔。《序卦传》《象传》《彖传》《系辞传》《文言传》中的大部分,属于这种情况。《说卦传》关于八卦取象的部分则是前人旧说。总之,《史记》《汉书》谓《易传》孔子作,不误。"

黄寿祺、张善文在《周易译注·前言》中说,"八卦的出现和六十四卦的创成,当在西周以前的颇为远古的年代;古人称其作者为伏羲、神农、夏禹之类的'圣人',自然是一种带有崇古、崇圣心理的传说,但此中所涉及的时代范围却是可以参考的。那么,既然远在西周以前就产生了以六十四卦符号为基础的筮书,与之相应的筮辞也很可能同时出现了(至少在口头上流传)。沿此进展,西周初年产生了一部新编的卦形、卦爻辞井然有序的《周易》,则是于理颇顺的。……经过多时、多人的润色、增删,最后编定成卦形体系完整、卦爻辞文句富有形象性的《周易》,时当为商朝灭亡、周朝鼎盛之际,约公元前十一世纪。此后,随着治《易》者的不断增多,尤其是孔子设教授徒亦涉及《易》学,遂陆续出现了从各种角度阐释《周易》大义的作品,并被学者编为专书传习,这就是汉儒称为《十翼》的《易传》。从《易传》中保留的不少'子曰'云云的言论,以及大部分内容所反映的浓厚的儒家思想,似可说明其作者当属孔门弟子们,而创作时代当在春秋、战国之间。"

李学勤在《关于〈周易〉的几个问题》一文中说,"顾(颉刚)先生在1929年撰有《周易卦爻辞中的故事》一文,援引王国维先生等对古史的研究,详细考述了《周易》经文中王亥丧牛于易,高宗伐鬼方,帝乙归妹,箕子之明夷,康侯用锡马蕃庶等事迹,推定《周易》卦爻辞'著作年代当在西周初叶',其说精确不磨,为学者所遵信。""孔子晚年对《周易》十分爱好,而且自己撰成了《易传》(至少其中一部分)。""马王堆帛书《周易》的传文部分有一篇题为《要》,记载孔子同子贡的问答,也说到'夫子老而好《易》'。特别值得注意的是,孔子说:'后世之士疑丘者,或以《易》

乎?'这句话口吻和《孟子》所载孔子所说'知我者,其惟《春秋》乎? 罪我者,其惟《春秋》乎?'是很类似的。孔子说知我、罪我,其惟《春秋》,是因为他对《春秋》作了笔削,所以他与《易》的关系也一定不限于是个读者,而是一定意义上的作者。他所作的,只能是解释经文的《易传》。""《易传》的主体结构形成应和《论语》处于差不多的年代,其与孔子的关系是很密切的。"

《周易》的作者和时代问题,是易学史上的重大问题,也是当今学习和研究《周易》的人必须面对和回答的问题。这个问题实在太重要了,直接关涉到对《周易》历史地位和文化价值的认识和评价问题。从二十世纪《周易》研究的历程来看,有关研究进展不大,对《周易》作者及《易传》作者的认识,经历了一个由否定到肯定的循环,再次回到或靠拢司马迁、班固的观点。对八卦问题的研究,由于对考古发现的材料有了新的认识,呈现出前所未有的新局面,成果喜人。但殷周甲骨、铜器上的"筮数"或"数字卦",与《周易》八卦的关系如何,并没有令人信服的结论。即使那些甲骨、铜器上的数字真的是占筮结果的记录,或可用于占筮,但和有固定形体和象征物的"八卦"差别也很大。八卦或六十四卦的形体是固定的,都由--、—两种符号组成。而"筮数"或"数字卦"则由"一、六、七、八"四个数字组合而成,组合形式不固定,重复的数字组合少见,不像八卦能重复出现在六十四卦之中。《周礼》称大卜掌"三易"之法,一曰《连山》,二曰《归藏》,三曰《周易》,可见当时有多种占筮方法与书籍存在,殷周甲骨、铜器上的"筮数"也可能出自另一种占筮系统,而和《周易》无关。但殷周"筮数"的发现和研究对《周易》研究起了积极的推动作用,则是应当充分肯定的。今后八卦和《周易》起源问题的新突破,仍寄望于考古新发现。

三、《周易》的性质与价值

自古以来,对《周易》的性质和价值就有不同的看法。易学史上的义理派和象数派就是由于对《周易》性质、功用的认识不同而产生、形成的。

在宋代,理学家程颐和朱熹对《周易》性质的看法就很不相同。程氏《易序》云:"《易》之为书,卦爻象象之义备,而天地万物之情见。……六十四卦,三百八十四爻,皆所以顺性命之理,尽变化之道也。"(见《二程集(下)》)《朱子语类·易·纲领》云:"且如《易》之作,本只是为卜筮。如'极数知来之谓占','莫大乎蓍龟','是兴神物,以前民用','动则观其变而玩其占'等语,皆见得是占筮之意。""上古民淳,未有如今士人识理义峣崎,蠢然而已,事事都晓不得。圣人因做《易》,教他占,吉则为,凶则否。所谓'通天下之志,定天下之业,断天下之疑'者,即此也。及后来理义明,有事则便断以理义。"(见《朱子语类》卷第六十六)

今人对于《周易》性质的认识分歧颇大。

有人认为《周易》是卜筮之书。如李镜池《周易通义·前言》云:"《周易》是一部占筮书。"高亨《周易古经今注·旧序》云:"《周易》古经是因古人迷信而产生的一部筮书。筮就是算卦。"

有人认为《周易》是哲学之书。如黄寿祺、张善文《周易译注·前言》云:"《周易》的'经'部分,虽以占筮为表,实以哲学为里,应当视为一部独具体系的哲学著作。"

有人认为《周易》是科学之书。如郭扬《易经求正解·序言》云:"易,可用之于卜筮,但并非纯然的卜筮之书,而是一部适应性很广泛的科学总纲性一类的书。"又第五章云:"《易经》是一部以元气为本体的反映宇宙起源和演化模式及其规律的、综合性体验科学。"李树菁《周易象数通论——从科学角度的开拓》(光明日报出版社 2004)甚至还提出了"科学易"的观点。

有人认为《周易》是历史之书。如黄凡《周易——商周之交史事录》(汕头大学出版社 1995)认为《周易》是一部历史书,"整部《周易》,有如编年体史记一样",记录"从商末'受命'七年(公元前 1058 年)五月丁未日起,到周初成王继位,周公摄政三年(公元前 1050 年)四月丙午日止,共 2880 天的周王室"大事。

有人认为《周易》是一部古老的辞书。如刘长允《步入神秘的殿堂——从全息角度看〈周易〉》一书认为《周易》是中国最古老的一部辞书","《周易》是按照辞书的体例编排的,每一个卦名就是一个独立的'词',每一爻或若干爻就是对这一词语不同含义(或说义项)的分别解释。"

有人认为《周易》是百科全书。如石云子为韩永贤《周易探源》(中国华侨出版公司 1990)写的"代序"认为《周易》"系中国古代主要经典著作,历来被尊为中国文化科技百科全书,其内涵遍涉天文学、气象学、物理学、数学、军事学、医学、气功学、体育学、武术学乃至先知(预测)学。"

我们认为,讨论《周易》的性质问题,必须确立两个基本点:一、《周易》经、传既相区别,又相联系;二、立足于《周易》产生的时代背景和《周易》经文本身。

就其区别性而言,《周易》古经和《周易》大传的作者不同,时代不同,二者的性质应分别予以考察和讨论。尤其在讨论《周易》古经的性质问题时,不能受晚出的

《易传》的影响,更不宜把古经和大传混为一体,笼而统之。另一方面,在讨论《易传》性质的时候,又要看到它对《周易》古经的依附性。《易传》是解经之作,其解说本于古经而又有所生发。"关于《易传》的性质,人们比较一致认为是一组颇有深度的哲学著述。"(见黄寿祺、张善文《周易译注·前言》)我们认为这种观点尚有商榷的余地。不可否认,《易传》的确阐发了不少哲学问题,具有很高的哲学价值,但同样不能否认的是,《易传》也揭示、阐发了不少象数条例,如《象传》《说卦传》即是如此。即如大家公认最具哲学价值的《系辞传》,其中也不乏对象数和读《易》条例的论述。前文所述朱熹引证的"极数知来之谓占","莫大乎蓍龟","是兴神物,以前民用","动则观其变而玩其占"诸语,就是出自《系辞传》。朱熹说:"到得孔子,尽是说道理,然犹就卜筮上发出许多道理,欲人晓得所以凶,所以吉,卦爻好则吉,卦爻不好则凶。"(见《朱子语类·易二·纲领上·卜筮》)应该说,《易传》对《周易》古经的象数和义理都作了很好的阐释,其价值是多方面的。鉴于上述情况,我们有一个观点,就是对《易传》的性质问题可以置而不论,而把它看作最古老最系统的解《易》之作,如同毛传之于《诗经》,郑注之于"三礼"一样,它们都是经典的传注。

至于《周易》古经的性质,我们认为朱熹的说法比较符合实际,即认同《周易》是卜筮之书的观点。我们之所以这样说,主要是基于以下几个理由:

首先,《周易》产生的历史土壤是上古民众的迷信心理和卜筮活动,其产生的目的是方便卜筮。古人的迷信心理和卜筮活动,已为大量的文献记载以及考古发掘的殷墟甲骨卜辞、周原甲骨卜辞所证实。这也就是《周易》产生的时代背景。

其次,《周易》卦爻辞中大量的反复出现的"吉""凶""悔""吝""无咎"等断语,表明《周易》卦爻是可以据以预测人事吉凶的。这是《周易》自身内在的证据。若否认《周易》的卜筮性质,则卦爻辞中大量的贞兆辞便不能得到合理的解释。

第三,《左传》《国语》等古书记载的《周易》筮例,一方面反映了古人对《易》占的运用,另一方面也说明《易》占具有某种程度的合理性、灵验性。汉代以后卜筮活动不绝如缕,占验事例无数。这些都证实《周易》具有实用的功能,可施之于卜筮。

有人以为把《周易》视为卜筮之书,会贬低它的历史地位和学术价值,故而特别强调《周易》的哲学内涵,将它定为哲学书。我们认为,这种担忧和做法是大可不必的。《周易》本是卜筮之书,经过《易传》的阐释和提升而成为显学;随着学科的不断进步和发展,《周易》的文化学术价值(包括哲学价值)将愈来愈受到人们的重视，焕发更加灿烂的光彩。

作为一本经典古籍，《周易》的价值是多方面的。《系辞传上》曰："《易》有圣人之道四焉：以言者尚其辞，以动者尚其变，以制器者尚其象，以卜筮者尚其占。"所谓"四道"，指《周易》古经有四个方面的应用与参考价值：卦爻辞可以作为语言运用的典范，阴阳变化之理可以作为行动的指南，八卦及六十四卦的卦象可以作为制造器物的模范，而占筮功能可以为人们指示趋吉避凶的路向。从今天的角度看，《周易》的学术价值主要体现在以下几个方面。

（一）**思想哲学价值** 《周易》古经的符号组合和文辞表达都反映了古人当时的思想和认识水平，具有较高的哲学价值。比如《泰》卦，其卦形是☷☰，上坤下乾，象征地气上升，天气下沉，阴阳交会，万物通泰。《泰》卦辞曰："小往大来，吉，亨。"而《否》卦的卦形是☰☷，上乾下坤，象征天气上腾，地气下降，象征天地不交，阴阳不合，万物不通。《否》卦辞曰："否之匪人，不利君子贞，大往小来。"《泰》《否》两卦卦形互相颠倒，而吉凶之义也相反。成语"否极泰来"正是对这种关系的概括，说明事物的发展在一定条件下会正反转化，坏事会变成好事。《泰》卦九三爻辞曰"无平不陂，无往不复"，说明没有平地也就没有斜坡，没有去也就没有回，事物之间存在着对立统一的关系。

（二）**政治历史价值** 《周易》有不少卦反映了古人的政治思想。李镜池《周易通义·前言》说："在《临》《观》《兑》等卦中，发表了作者对国内、国外问题的看法，其主张的要点就是：国内实行德治、人治，反对钳制压迫的政策；国外实行和平共悦，反对侵略。"至于《周易》反映的历史事实，前人也多有论及，顾颉刚《〈周易〉卦爻辞中的故事》一文对《大壮》卦、《旅》卦所记"丧牛于易"，《既济》卦、《未济》卦所记"高宗伐鬼方""震用伐鬼方"，《泰》卦、《归妹》卦所记"帝乙归妹"，《明夷》卦所记"箕子之明夷"，《晋》卦所记"康侯用锡马蕃庶"，以及《升》卦所记"王用亨于岐山"、《随》卦所记"王用亨于西山"等进行了详细考证，认为是历史事实的真实记述，并据此论定"《易经》（即卦爻辞）的著作时代在西周"。尽管顾氏所论并非完全可信，但《周易》卦爻辞具有历史价值，则是大家共同的认识。

（三）**伦理道德价值** 《周易》卦爻辞中有一类文辞的作用是勉励人做什么或劝诫人不要做什么的，我们叫做"规勉辞"，其中有不少涉及为人处事、道德修养的内容。如《恒》卦六五爻辞："恒其德，贞妇人吉，夫子凶。"其中"恒其德"就是鼓励人们要保持其德操。《谦》卦初六称"谦谦君子"，九三称"劳谦，君子有终"，是对谦虚美德的褒扬。《无妄》卦上九称"无妄行，有眚，无攸利"，劝诫人们不要乱来，否则无利有灾。

（四）文学艺术价值　《周易》尽管不是文学作品，但许多卦爻辞却很有文学性，具有很高的艺术水平。我们在《周易》卦爻辞中能看到多种文学表现手法。如《中孚》卦六三："得敌，或鼓或罢，或泣或歌。"《履》卦六三："眇能视，跛能履。履虎尾，咥人，凶。"这是"赋"的手法。《大过》卦九二："枯杨生稊，老夫得其女妻。"《小畜》卦九三："舆说辐，夫妻反目。"这是"兴"的手法。《需》卦初九"需于郊，利用恒"，九二"需于沙，小有言"，九三"需于泥，致寇至"，六四"需于血，出自穴"，九五"需于酒，食贞吉"；《渐》卦初六"鸿渐于干"，六二"鸿渐于磐"，九三"鸿渐于陆"，六四"鸿渐于木"，九五"鸿渐于陵"，上九"鸿渐于阿"，这是"排比"的手法。《周易》卦爻辞中有不少文字是押韵的，诗歌韵味很强，也最有文学价值。如《艮》卦辞："艮其背，不获其身；行其庭，不见其人。"《困》卦六三："困于石，据于蒺藜；入于其宫，不见其妻。"《中孚》卦九二："鸣鹤在阴，其子和之。我有好爵，吾与尔靡之。"《明夷》卦初九："明夷于飞，垂其（左）翼；君子于行，三日不食。"

（五）生活民俗价值　《周易》对古代的生活民俗也有很具体的记述，如有多卦记述嫁娶婚配的情形，《屯》卦六四："乘马班如，求婚媾。"这是写求婚。《睽》卦上九："睽孤，见豕负涂。载鬼一车，先张之弧，后说之弧，匪寇，婚媾。往遇雨则吉。"这是写订婚。《贲》卦初九"贲其趾，舍车而徒"，六四"贲如，皤如，白马翰如，匪寇，婚媾"，六五"贲于丘园，束帛戋戋"，则是写迎娶过程。《归妹》卦初九"归妹以娣"，六三"归妹以须，反归以娣"，六五"帝乙归妹，其君之袂不如其娣之袂良"，则反映了古代姊妹陪嫁、共事一夫的风俗。《大过》卦九二"枯杨生稊，老夫得其女妻，无不利"，九五"枯杨生华，老妇得其士夫，无咎无誉"，既反映了老夫少妻、老妇少夫的婚配现象，也反映了古人对这类现象的包容、认同心理。《无妄》卦六三："无妄之灾：或系之牛，行人之得，邑人之灾。"写路人"顺手牵牛"，以致乡人失财遭灾，说明贪财妄取自古有之。

四、《周易》研究的历史与流派

清《四库全书总目·经部易类》小序云：

> 圣人觉世牖民，大抵因事以寓教：《诗》寓于风谣，《礼》寓于节文，《尚书》《春秋》寓于史，而《易》则寓于卜筮。故《易》之为书，推天道以明人事者也。《左传》所记诸占，盖犹太卜之遗法，汉儒言象数，去古未远也。一变而为京、

焦,入于礼祥;再变而为陈、邵,务穷造化,《易》遂不切于民用。王弼尽黜象数,说以老庄;一变而胡瑗、程子,始阐明儒理;再变而李光、杨万里,又参证史事,《易》遂日启其论端。此两派六宗,已互相攻驳。

这一段文字,论及《周易》研究的历史与流派问题,言简意赅,历来受到重视。下面先简要叙述《周易》传授和研究的历史情况,然后谈谈研究的流派与倾向问题。

《周易》研究的历史可以《左传》《国语》中记载的对卦象及卦爻辞的分析说明作为开端,也就是说,在春秋时期,古人已经开始对《周易》作具有学理性和探索性的讨论和研究了。至于系统的全面的《周易》研究,则始于战国时期成书的《周易》大传。

汉代是《周易》研究的第一个鼎盛时期,出现了多种类型多种派别的《周易》研究著作,具见班固《汉书·艺文志·六艺略》及陆德明《经典释文·序录》。汉代经学有古文派和今文派之分,易学亦有古、今文之别。

古文易学以西汉时期的费直为代表。《后汉书·儒林列传》云:"田何传《易》授丁宽,丁宽授田王孙,王孙授沛人施雠、东海孟喜、琅邪梁丘贺,由是《易》有施、孟、梁丘之学。又东郡京房受《易》于梁国焦延寿,别为京氏学。又有东莱费直传《易》,授琅邪王横,为费氏学。本以古字,号《古文易》。又沛人高相传《易》,授子康及兰陵毋将永,为高氏学。施、孟、梁丘、京氏四家皆立博士。费、高二家未得立。"费氏易学为民间易学,《汉书·儒林传》称费氏"治《易》为郎,至单父令。长于卦筮,亡章句,徒以《彖》《象》《系辞》十篇文言解说上下经"。费氏《易》在东汉有马融、郑玄、荀爽作传注,后又有三国魏王弼、晋韩康伯作注(《周易注》之《系辞传》《说卦传》《序卦传》《杂卦传》为韩注),再经唐孔颖达作疏,而留传至今。今所谓通行本《周易》,以及清人《十三经注疏》所收之《周易正义》经文,均源自费氏古文《易》。

今文易学就是田何所传之易学,西汉时立为学官,得到官方的承认和推广。《汉书·儒林传》云:"自鲁商瞿子木受《易》孔子,以授鲁桥庇子庸。子庸授江东馯臂子弓。子弓授燕周醜子家。子家授东武孙虞子乘。子乘授齐田何子装。及秦禁学,《易》为筮卜之书,独不禁,故传受者不绝。汉兴,田何以齐田徙杜陵,号杜田生,授东武王同子中、雒阳周王孙、丁宽、齐服生,皆著《易传》数篇。同授淄川杨何,字叔元,元光中征为太中大夫。齐即墨成,至城阳相。广川孟但,为太子门大夫。鲁周霸、莒衡胡、临淄主父偃,皆以《易》至大官。要言《易》者,本之田何。"田氏易学后又分施氏、孟氏、梁丘氏三派,皆列于学官。

在汉代,还有一派易学既非古文《易》,亦非今文《易》,此即与众不同的京氏易学。《汉书·儒林传》云:"京房受《易》梁人焦延寿。延寿云尝从孟喜问《易》。会喜死,房以为延寿《易》即孟氏学,翟牧、白生不肯,皆曰非也。至成帝时,刘向校书,考《易》说,以为诸《易》家说皆祖田何、杨叔、丁将军,大谊略同,唯京氏为异,党焦延寿独得隐士之说,托之孟氏,不相与同。房以明灾异得幸,为石显所谮诛,自有传。房授东海殷嘉、河东姚平、河南乘弘,皆为郎、博士。繇是《易》有京氏之学。"焦延寿著有《易林》,京房著有《京氏易传》。京氏《易》属于象数派易学,其特点是以阴阳五行解说《周易》,发扬《周易》的卜筮功用,对后世实用性《周易》研究影响甚大。

从总体上看,汉代易学是以象数作为研究重点的,并注重字词训诂和义理发挥。后来研究汉代易学成为一门专学——"汉易",研究汉易的人统称为"汉易派",历代不乏名人名著,如三国吴有虞翻《周易注》,东晋干宝有《易注》,北朝北魏崔瑾有《周易注》,唐李鼎祚有《周易集解》。清代汉易研究最有成就,如张惠言撰有《周易虞氏义》《周易郑氏义》,惠栋撰有《易汉学》《易例》《周易述》,焦循撰有《易学三书》(《易通释》《易章句》《易图略》),吴翊寅撰有《易汉学考》《易汉学师承表》。清代汉易研究是清代"汉学"的重要组成部分。

汉代之后,注释、解说《周易》的著作非常多,而以唐宋、明清时期最为可观。现据《易学集成》(杨世文、李勇先、吴雨时编)所收论著目择要简介如下(书目次序及内容略有调整损益)。

魏·王弼《周易略例》 收入《易学集成》和《王弼集校释》。共一卷,分《明象》《明爻通变》《明卦适变通爻》《明象》《辩位》《略例下》《卦略》七篇,讨论《周易》卦爻主旨与条例。其"得象而忘言""得意而忘象"说一反汉儒重象数、轻义理的倾向,在易学史上影响深远。

唐·陆德明《周易释文》 为陆氏所撰《经典释文》之一卷,亦称《易释文》或《周易音义》。采汉魏六朝《易》注三十余家,给《周易》经传及王《注》、韩《注》注音释义,于各家文字与句读歧异者,亦揭示之,是今人研究《周易》古音义与版本流变的重要参考书籍。

唐·孔颖达《周易正义》 收入《十三经注疏》,北京大学出版社 1999 年出版了简体标点本。孔氏取《周易》经传及王《注》、韩《注》而为之疏解,成《周易正义》十卷,亦称《周易注疏》。《周易正义》卷首有八篇专论,论《周易》名义与作者诸问题。传本将《周易正义》与陆德明《周易音义》合刻为一书,故又名曰《周易兼义》。

　　唐·李鼎祚《周易集解》　收入《易学集成》,另有北京市中国书店 1984 年影印本、上海古籍出版社 1989 年影印本、九州出版社 2003 年点校本、巴蜀书社 2004 年标点本。全书共十七卷,分卦分篇征引汉至唐初三十五家注说,而以汉易象数说解居多,是研究象数易学及易学发展史的重要参考书。

　　宋·欧阳修《易童子问》　收入《易学集成》。全书共三卷,以童子问、先生答的形式讨论《周易》问题,卷一、卷二释六十四卦卦辞及《彖传》《象传》,卷三论《系辞传》《文言传》《说卦传》《序卦传》《杂卦传》非圣人(孔子)所作,亦非一人之言,在易学史上第一次对《易传》作者提出质疑,影响深远。

　　宋·李觏《易论》　收入《易学集成》。《易论》共十三篇,讨论《周易》的性质、作用等问题。认为“圣人作《易》本以教人”,“卜筮之书”“释老之学”乃鄙儒异端无用之说。间亦讨论个别卦爻辞的训释,以宣讲修身、齐家之道。

　　宋·周敦颐《太极图说》　收入《易学集成》。《太极图说》仅一卷,分为两部分,一为“太极图”,一为“说”。“说”是对图的解释,文不足三百字。《太极图说》经朱熹校订、解说之后,对宋代易学及理学均产生直接影响。

　　宋·张载《横渠易说》　收入《易学集成》,中华书局 1978 年版《张载集》、齐鲁书社 2004 年出版的《横渠易说导读》亦全文收入。全书共三卷,注重对《周易》经传义理的发挥,特色是以象解《易》,以气解《易》。认为“有气方有象”,“气之生即是道是《易》”。

　　宋·程颐《易传》　亦称《程氏易传》或《伊川易传》。全书共四卷,主释六十四卦经义,未注《易传》之《系辞》《说卦》《杂卦》。程颐以儒理解说《周易》,对《周易》哲学多有阐发,在易学史上占有重要地位。中华书局 1981 年版《二程集》下册收《易传》全文,题曰《周易程氏传》。梁韦弦《程氏易传导读》(齐鲁书社 2003 年)亦全文收入。

　　宋·苏轼《苏氏易传》　收入《易学集成》,吉林文史出版社 2002 年出版了简体点评本。《苏氏易传》亦称《东坡易传》《毗陵易传》,全书九卷,是苏轼晚年的一部未完之作,融会了苏轼对《周易》、对人生的许多体会与感悟。

　　宋·朱熹《周易本义》　收入《易学集成》,另有北京市中国书店 1987 年影印本、九州出版社 2004 年点校本。《周易本义》是朱熹最重要的易学著作,在易学史上占有重要地位。全书十二卷,分上、下经,《易传》十篇作释,重在解释经传义理,言简意赅。卷首列河图、洛书、八卦与六十四卦诸图,卷末附《周易五赞》《筮仪》,别本或附《易学启蒙》,形式和内容均有特异之处。

宋·丁易东《周易象义》 收入《易学集成》。全书十六卷,重在阐发《周易》义理,因象以明义,故称"象义"。卷首有《易通论》上、中、下,《凡例》十二条。卷一至卷十六为《周易》经传说解。

元·俞琰《读易举要》 收入《易学集成》。共四卷,三十二条,系概论《周易》性质与条例之作。如卷一"象辞、占辞之异"、卷二"乘承比应"、卷三"论象数之学"、卷四"魏晋以后唐宋以后诸家著述"等条目均有胜义可取。

元·许衡《读易私言》 收入《易学集成》。共一卷,讨论卦爻"初、二、三、四、五、上"位次的德义与吉凶之所以然,篇幅不长,所说多本《系辞传》"同功异位"、"柔危刚胜"之义。

明·来知德《易经集注》 收入《易学集成》,另有上海书店 1988 年影印本、九州出版社 2004 年点校本。《易经集注》又称《周易集注》,是来氏积二十九年之功而写成的专著,其治《易》特点是本《系辞传》"错综其数"以论《易》象,重象而轻理,以为象在理先,明象胜于明理。

清·黄宗羲《易学象数论》 收入浙江古籍出版社 1992 年出版的《黄宗羲全集》(第九册)。《易学象数论》是黄宗羲的经学代表作,共六卷,前三卷论图书、纳甲、卦气、卦变、蓍法、占法、卦象等,为内篇;后三卷论《太玄》《乾坤凿度》《元包》《潜虚》《洪范》《皇极》及六壬、太一、遁甲等,为外篇。此书为象数易学第一本概论性专著。

清·王夫之《周易内传》 收入《易学集成》,另有九州出版社 2004 年简体标点本。《周易内传》为王氏《船山易学全书集成》六种之一,共六卷,旨在阐释《周易》经传义理,并说明王氏哲学主张。卷末《发例》亦称《周易内传发例》,是王夫之易学思想的纲领性著作。王氏另著有《周易外传》七卷,为《内传》姊妹篇。

清·李光地《周易折中》 收入《易学集成》,另有上海古籍出版社 1990 年影印《御纂周易折中》、九州出版社 2002 年简体标点本《周易折中》。全书共二十二卷,经文按古《易》上下篇、《易传》十篇次序编排,注释先录朱熹《本义》,次录程颐《易传》,而后集录清以前各家说解,再为之折中,出以己见。卷首有《纲领》三篇,《义例》一篇。第十九卷以下为朱熹《易学启蒙》及《〈启蒙〉附论》,第二十二卷为《〈序卦〉〈杂卦〉明义》。

清·陈梦雷《周易浅述》 全书共八卷,综合王弼《周易注》、朱熹《周易本义》、孔颖达《周易正义》以及《东坡易传》、来氏《易注》等而为之,解说多宗朱熹《本义》,间亦申明己意。现有九州出版社 2004 年点校排印本。

清·惠栋《易汉学》 收入《易学集成》,上海古籍出版社 1990 年出版了《易汉学》与《易例》合辑本。《易汉学》是惠栋汉易研究的代表著作,目的是复汉易之旧,揭其条例与要旨。

清·焦循《易章句》 为焦循《易学三书》之一,收入《易学集成》,今有李一忻点校《易学三书》本(九州出版社 2003 年)。全书十二卷,用"旁通""时行""八卦相错"之说疏解《周易》经传,多有精当之见。

清·胡渭《易图明辨》 收入《易学集成》,巴蜀书社 1991 年出版了王易等整理的简体排印本《易图明辨》。全书考辨历代重要《周易》图谱四十七幅,为古代图书派易学集成之作。

进入近现代后,亦产生了不少研《易》名家,将《周易》研究推向了新的境界。这里选介八位有代表性的专家,以见一斑。

郭沫若(1892—1978) 蔡尚思主编的《十家论易》选录近现代《周易》研究名家十人,第一家就是郭沫若。胡道静先生在给该书写的"前言"中说:"郭氏《易经》研究的代表作是写于 1927 年的《〈周易〉时代的社会生活》和写于 1935 年的《〈周易〉之制作时代》。郭氏试图用辩证唯物主义与历史唯物主义的方法,打开《易经》这座神秘的殿堂,从而揭示《易经》本来面貌。""他是近现代用马克思主义立场、观点方法对《易经》进行系统研究的第一人。"《〈周易〉时代的社会生活》和《〈周易〉之制作时代》两文原分别收在郭氏所著《中国古代社会研究》和《青铜时代》中,后编进《郭沫若全集·历史编》第一卷。

闻一多(1899—1946) 闻一多对《周易》有很精深的研究,《闻一多全集·第十卷》(湖北人民出版社 1993 年)收有专著《周易义证类纂》《周易新论》《周易杂记》《周易字谱》《周易分韵引得》,另《璞堂杂识》中也有不少关于《周易》的内容。闻一多的《周易》论著以《周易义证类纂》最著名,蔡尚思主编《十家论易》予以全文收录,巴蜀书社 2003 年出版的《闻一多学术文钞·周易与庄子研究》亦全文转录。闻一多的《周易》研究以字词考释和古礼俗制度辨证见长。郭沫若曾赞闻一多对《周易》等古籍的研究考索赅博,立说新颖翔实,"不仅是前无古人,恐怕还要后无来者的"。

尚秉和(1870—1950) 尚秉和是近代象数易学研究大家,著有《周易尚氏学》《焦氏易林注》《焦氏易诂》等书,认为"《易》辞皆观象而生","象为学《易》之本","汉儒以象数解《易》",与春秋士大夫合,最为正轨"。《周易尚氏学》有中华书局 1980 年版,《焦氏易诂》有中华书局 1991 年影印本及光明日报出版社 2005 年简体点校本,《焦氏易林注》有光明日报出版社 2005 年简体点校本。中国大百科全书出版社 2005 年出版了《尚氏易学存稿校理》(张善文校理)。

高亨(1900—1986) 生前为山东大学教授。高亨是现代治《易》名家,著有《周易古经今注》《周易大传今注》《周易杂论》等书。《周易古经今注》与《周易大传今注》是姊妹篇,全面反映了作者对《周易》经传的研究成果,是学《易》、研《易》的重要参考书。《周易杂论》收作者五篇论文:1.《〈周易〉卦象所反映的辩证观点》,2.《〈周易〉卦爻辞的哲学思想》,3.《〈周易〉大传的哲学思想》,4.《〈周易〉卦爻辞的文学价值》,5.《〈左传〉〈国语〉的〈周易〉说通解》。《周易古经今注》卷首之《周易古经通说》、《周易大传今注》卷首之《〈周易大传〉通说》可作为《周易》经传的概论性著作来看待。

李镜池(1902—1975) 生前为华南师范大学教授。李镜池早期以古史辨派学术观点进行《易》学研究,从社会发展史观点推勘典籍史料,从语言学以及《周易》与殷商甲骨卜辞之比较推断《周易》作者与成书年代,主要成果见《周易探源》。后期主张从详尽分析各卦卦爻辞之全面组织结构来理解《周易》内容与思想,主要成果见《周易通义》。《周易探源》是李镜池研究《周易》经传的论文结集,集中反映了作者对《周易》经传的一系列重要学术见解,是当代《周易》研究者必备的参考著作。书中重要论文有《周易筮辞考》《周易筮辞续考》《周易的编纂和编者的思想》《周易卦名考释》《易传探源》等。《周易通义》是李镜池晚年研究《周易》的专著,全书只就古经六十四卦的卦爻辞进行注释和解说,解释简明扼要,既博取古今注释之优长,又反映了作者长期探索的成果,可谓雅俗共赏。

黄寿祺(1912—1990) 生前为福建师范大学教授。著有《易学群书平议》《六庵论易杂著》《周易译注》等书。黄氏精研易学史,对历代易学典籍与人物有详细的考证与精要的评议。治《易》讲师承与门庭,约其易学门庭为两端,一曰“从源溯流”:首须熟读《经》《传》本文,次观汉魏古注,次观六朝隋唐诸家义疏,后参宋元以来各家经说;一曰“强干弱枝”:《周易》源本象数,发为义理,当以象数、义理为主干;其余所涉天文、地理、韵学、算术、禅谛、科学等,皆为枝附。源流已明,干枝既辨,则治《易》门庭可得而知。

金景芳(1902—2001) 生前为吉林大学教授。著有《易通》《周易全解》《周易讲座》《周易系辞传新编详解》等书。金氏研《易》着重于六十四卦结构内部蕴藏的思想和哲学,认为《周易》是用辩证法理论写成的书。认为《易大传》是孔子所作,证据确凿,无可否认,《易大传》对《周易》的阐发既全面又深刻,其突出特点是明确指出《周易》是哲学著作。

张岱年（1909—2004） 生前为北京大学教授。研《易》论著有《论〈易大传〉的著作年代与哲学思想》《〈易传〉与中国文化的优良传统》《〈周易〉经传的历史地位》等，收入《张岱年哲学文选》（上、下）。张氏治《易》注重阐释《周易》经传的哲学思想，并把《周易》与中华传统文化结合起来进行考察研究。认为《周易》卦爻辞含有辩证思想，是中国古代表现辩证思维的最古典籍。认为《周易大传》揭示了自然世界及社会生活的对立统一规律，提出了以刚健为宗旨的人生观，"自强不息""厚德载物"是中华民族精神和中华文化精神的核心内容。

下面再谈谈《周易》研究的流派与倾向问题。

在先秦史书《左传》《国语》记载的《易》筮资料中，我们已可看出古人引用、解说《周易》的两种不同倾向。一种是主要依据卦象作吉凶上的分析判断，如：

> 初，晋献公筮嫁伯姬于秦，遇《归妹》☳之《睽》☲，史苏占之，曰："不吉。其繇曰：'士刲羊，亦无衁也；女承筐，亦无贶也。'西邻责言，不可偿也；《归妹》之《睽》，犹无相也。《震》之《离》，亦《离》之《震》，为雷为火，为嬴败姬。车说其輹，火焚其旗，不利行师，败于宗丘。《归妹》《睽》孤，寇张之弧。侄从其姑，六年其逋，逃归其国，而弃其家，明年其死于高梁之虚。"及惠公在秦，曰："先君若从史苏之占，吾不及此夫！"韩简侍，曰："龟，象也。筮，数也。物生而后有象，象而后有滋，滋而后有数。先君之败德及，可数乎？史苏是占，勿从何益！"

> （《左传·僖公十五年》）

> 公子亲筮之，曰："尚有晋国。"得贞《屯》，悔《豫》，皆八也。筮史占之，皆曰："不吉，闭而不通，爻无为也。"司空季子曰："吉。是在《周易》，皆利建侯。不有晋国，以辅王室，安能建侯？我命筮曰'尚有晋国'，筮告我曰'利建侯'，得国之务也，吉孰大焉！《震》，车也。《坎》，水也。《坤》，土也。《屯》，厚也。《豫》，乐也。车班外内，顺以训之，泉原以资之，土厚而乐其实。不有晋国，何以当之？《震》，雷也，车也。《坎》，劳也，水也，众也。主雷与车，而尚水与众。车有震，武也。众而顺，文也。文武具，厚之至也，故曰《屯》。其繇曰：'元亨利贞，勿用有攸往，利建侯。'主震雷，长也，故曰元。众而顺，嘉也，故曰亨。内有震雷，故曰利贞。车上水下，必伯。小事不济，壅也，故曰勿用有攸往，一夫之行也。众顺而有武威，故曰利建侯。《坤》，母也。《震》，长男也。母老子强，故曰《豫》。其繇曰'利建侯行师'，居乐、出威之谓也。是二者，得国之

卦也。"

（《国语·晋语四》）

另一种倾向则重在援引卦爻辞，对文辞含义作引申发挥，以作为论断吉凶的依据，如：

> 穆姜薨于东宫。始，往而筮之，遇《艮》☶ 之八，史曰："是谓《艮》之《随》☱。《随》，其出也，君必速出！"姜曰："亡！是于《周易》曰：'《随》，元亨利贞，无咎。'元，体之长也；亨，嘉之会也；利，义之和也；贞，事之干也。体仁足以长人，嘉德足以合礼，利物足以和义，贞固足以干事。然，故不可诬也，是以虽《随》无咎。今我妇人，而与于乱。固在下位，而有不仁，不可谓元；不靖国家，不可谓亨；作而害身，不可谓利；弃位而姣，不可谓贞。有四德者，《随》而无咎。我皆无之，岂《随》也哉？我则取恶，能无咎乎？必死于此，弗得出矣！"

（《左传·襄公九年》）

这种重卦象筮数以及重文辞哲理的分析占断，实为象数、义理两派的端倪。

按《四库全书总目》的说法，象数派又衍生出占卜、灾祥、造化（谶纬）三宗，义理派又衍生出老庄、儒理、史事三宗，合称"两派六宗"。占卜宗是指以《易》占应用研究为主旨的象数派，来源古远，先秦两汉易学承之，历代余绪不断；灾祥宗是指西汉中叶以后兴起的以《周易》推究阴阳灾变的象数派，代表人物是焦赣、京房；造化宗或称谶纬宗，是指北宋以后以陈抟、邵雍为代表的象数派，其特点是掺杂谶纬及道家思想，以河图、洛书为象数渊薮，用以推演预测世事天理。义理派中的老庄、儒理、史事三宗，分别指解说《周易》义理的三种方式：三国时王弼去除象数，专以《老子》《庄子》的玄理阐释《周易》，倡言"得意忘象"；北宋理学家胡瑗、程颐以儒家哲理阐释《周易》，认为"理在《易》先"；南宋易学家李光、杨万里等以史实与《周易》相参证，试图以卦爻辞印证历史事实，并借古以观今。

当今的《周易》研究，象数、义理仍是主要内容，也是最大的主流派别。就研究内容与倾向而言，当代易学也表现出一些新的特点，可略分为如下数派：

（一）**哲学派**　哲学派和古代的义理派有近似处，但也有重要的区别。当今哲学派首先认定《周易》是哲学书，并试图站在马克思主义的理论高度来审视《周易》哲学，发掘其合理内核，代表人物有金景芳、张岱年等。

（二）**科学派**　亦称科技派，其要有二：一是运用现代科学理论与方法研究《周易》，二是发掘《周易》蕴含的科技元素与价值，运用《周易》原理探讨科技问题。刘子华博士论文《八卦宇宙论与现代天文》（见蔡尚思主编《十家论易》）可称为这一派的代表作。朱伯崑主编《易学智慧丛书》中有一册为《易学与科技》（董光壁著）。

（三）**医学派**　亦称医易派，主要研究《周易》八卦理论与中医以及保健养生的关系。医、易原本同源，易道与医道相通，把《周易》阴阳八卦理论应用于医学研究，始于中医经典《黄帝内经》。当代医易研究方面的名著有杨力的《周易与中医学》（北京科学技术出版社 1991）、刘杰、袁峻的《中国八卦医学》（青岛出版社 1993）。

（四）**图书派**　这一派以研究河图、洛书以及各种易图为主要内容，是象数派的分支。图书研究兴起于宋代，试图结合河图、洛书、太极八卦图等解释《周易》起源以及宇宙生成等问题。今人研究图书学，偏重于古代易图的整理与考订工作，亦有对河图、洛书理数的推衍与探究。

（五）**训诂派**　训诂派以考究《周易》字词原本的含义为主要任务，系由古代注疏之学发展而来。当今训诂派的著作多冠以"译注""全译""白话解"等名目，主要目的是方便今人理解《周易》大意，多陈陈相因，缺少严谨认真的考证、注释。简帛《周易》材料发现后，有人据以考证《周易》词汇语法，多有创获。

（六）**考古派**　考古派并不是真的去做考古工作，而是利用考古发现的文物、文献研究《周易》，以探求《周易》早期面貌、解决易学疑难问题。张政烺《试释周初青铜器铭文中的易卦》《殷墟甲骨文中所见的一种筮卦》《易辨——近几年根据考古材料探讨〈周易〉问题的综述》，张亚初、刘雨《从商周八卦数字符号谈筮法的几个问题》，李学勤《周易经传溯源》（新版改称《周易溯源》）等可视为这一派研究具有代表性的论作。

五、《周易》大传的内容及影响

（一）《易传》的名称与内涵

在先秦时代，人们将解释、发挥《周易》卦爻辞的文字，统称为《易传》。"传"，就是指对古代经典的解释。

《战国策·齐策·齐宣王见颜斶》云："是故《易传》不云乎'居上位，未得其实，以喜其为名者，必以骄奢为行。据慢骄奢，则凶从之。是故无其实而喜其名者削，无德而望其福者约，无功而受其禄者辱，祸必渥。'故曰：'矜功不立，虚愿不至。'此皆幸乐其名，华而无其实德者也。"《战国策》引述的这段文字不见于今本《易传》，可知当时有不同的解《易》之书流传。

《易大传》这一名称最早出现于西汉。《史记·太史公自序》云："太史公学天官于唐都,受《易》于杨何,习道论于黄子。太史公仕于建元元封之间,愍学者之不达其意而师悖,乃论六家之要指曰:《易大传》:'天下一致而百虑,同归而殊途。'"班固《汉书·司马迁传》所引《易大传》之文亦同。此为《系辞传》之语。然而《汉书·郊祀志》又有"《易大传》曰'诬神者殃及三世'"之语,引文不见今本《易传》,可见在汉代仍有不同的《易传》传本。在马王堆汉墓出土的帛书《周易》材料中,有帛书《易传》,除《系辞》篇外,另有《二三子问》《易之义》《要》《缪和》《昭力》等篇,其文亦不见于今本《易传》。

《汉书·儒林传》云:"汉兴,田何以齐田徙杜陵,号杜田生,授东武王同子中、雒阳周王孙、丁宽、齐服生,皆著《易传》数篇。"又《汉书·艺文志》云:"《易传》:周氏二篇,服氏二篇,杨氏二篇,蔡公二篇,韩氏二篇,王氏二篇,丁氏八篇。"可见汉人解《易》之书亦以《易传》称之。

古籍常见"《易》曰"二字,所称之"易"有时指《周易》古经,有时则指《易传》。如《淮南子·缪称训》云:"动而有益,则损随之,故《易》曰:'《剥》之不可遂尽也,故受之以《复》。'"此乃引今本《序卦传》文。陆贾《新语·辨惑》云:"《易》曰:'二人同心,其义断金。'"此乃引今本《系辞传》文。

大概在先秦两汉时期,《易传》之名是泛指当时所有解《易》的文字,其名或称《易传》,或称《易大传》,或称《易》。

至于将《易传》称为《十翼》,最早见于《易纬·易乾坤凿度》:"孔子泣而曰:天也,命也,凤鸟不来,河无图至,呜呼,天命之也!叹讫而后息志停读,礼止史削,五十究《易》,作《十翼》,明也,明《易》几教。"《易纬》的作者及成书年代不详,有人以为秦末,有人以为汉初,也有人以为出自孔子。

《易传》在宋代以后也称为《周易大传》。宋朱震《汉上易传·汉上易传表》云:"费直亦以夫子《十翼》解说上、下经,故前代号《系辞》《说卦》为《周易大传》。"清朱彝尊《经义考》和黄虞稷《千顷堂书目》均著录元郑玉《周易大传附注》,已佚。今人为区别《周易》古经和《易传》,也多用《周易大传》之名,如高亨著有《周易大传今注》,徐志锐著有《周易大传新注》。

今本《易传》十篇是:《彖传上》《彖传下》,《象传上》《象传下》,《系辞传上》《系辞传下》,《文言传》,《说卦传》,《序卦传》,《杂卦传》。马王堆汉墓帛书《易传》六篇是:《系辞》《二三子问》《易之义》《要》《缪和》《昭力》。

(二)《周易》经传的分合

在汉代初年,《周易》古经与大传是分离的。《汉书·艺文志》云:"《易经》十二篇，施、孟、梁丘三家。"唐颜师古注："上下经及《十翼》，故十二篇。"1973 年长沙马王堆汉墓出土的帛书《周易》也是经、传独立成篇，一部分是经文六十四卦，一部分是《易传》（也有人主张称"易说"，以示区别）。

到汉武帝时，罢黜百家，独尊儒术，六十四卦经文与大传合称《易经》，位居五经之首。《周易》经传相配大概是从东汉郑玄（127—200）开始，至三国魏王弼（226—249）完成。《三国志·魏书》记载："帝又问曰：'孔子作《彖》《象》，郑玄作《注》，虽圣贤不同，其所释经义一也。今《彖》《象》不与《经》文相连，而《注》连之，何也？'俊对曰：'郑玄合《彖》《象》于《经》者，欲使学者寻省易了也。'帝曰：'若郑玄合之，于学诚便，则孔子曷为不合以了学者乎？'俊对曰：'孔子恐其与文王相乱，是以不合，此圣人以不合为谦。'"宋代朱震《汉上易传·丛说》云："《古文周易》上下二篇，上篇三十卦，下篇三十四卦。孔子作《彖》《象》《系辞》《文言》《说卦》《序卦》《杂卦》，别为十篇，以赞易道，与《周易》异卷，如《诗》《书》之序不与《诗》《书》同卷。前汉费直传《古文周易》，以《彖》《象》《系辞》《文言》十篇解说上下经，是也。费氏之《易》至马融始作传，融传郑康成，康成始以《彖》《象》连经文。所谓经文者，卦辞、爻辞，通言之也，即费传所谓上下经也。魏王弼又以《文言》附于《乾》《坤》二卦，故自康成而后，其本加'彖曰''象曰'；自王弼而后，加'文言曰'。至于文辞连属，不可取以附六十四卦之爻，则仍其旧篇，今《系辞上下》《说卦》《序卦》《杂卦》是也。"

唐代孔颖达奉命撰《五经正义》，其《周易正义》取王弼、韩康伯《周易注》而为之疏，遂使王弼的经传合一本成为官方范本，到清代阮元校刻《十三经注疏》，亦用王注孔疏本，从而使《周易正义》成为影响最大的版本。《周易正义》的经传配合方式是：经文卦辞之后附《彖传》，标以"彖曰"；接着是《象传》，标以"象曰"，此为"大象传"。每条爻辞之后也附《象传》，标以"象曰"，此为"小象传"。《乾》《坤》二卦还在最后附有《文言传》，分别标以"文言曰"。其他各卦都是《彖传》排在卦辞之后，《大象传》排在《彖传》之后，惟独《乾》卦是将传文全部排在卦爻辞之后。六十四卦经传之后，依次是《系辞上》《系辞下》《说卦》《序卦》《杂卦》。

然而，易学史上亦有许多学者反对分割《易传》以附经文，他们认为古本《周易》经传本来是分离的，应恢复其原貌。在宋代初年，邵雍编《古周易》，经、传即各自独立成篇。吕祖谦编《古周易》一卷，考订篇目为上经、下经，《彖上传》第一，《彖下传》第二，《象上传》第三，《象下传》第四，《系辞上传》第五，《系辞下传》第六，《文言传》第七，《说卦传》第八，《序卦传》第九，《杂卦传》第十。后来朱熹作《周易本义》，即以吕氏所订为底本，也是经传分列。直到清代李光地撰《周易折中》，也是经传各自分篇：卷一至卷四为上经，卷五至卷八为下经，卷九为《彖上传》，卷十为《彖下传》，卷十一为《象上传》，卷十二为《象下传》，卷十三、十四为《系辞上传》，卷十五为《系辞下传》，卷十六为《文言传》，卷十七为《说卦传》，卷十八为《序卦传》、《杂卦传》。

时至今日，两种排法的《周易》经传本都很流行。我们认为，《周易》经传相合，虽然有其历史传统，且便于参阅，但经传分离乃是正道。其一，《周易》古经和《易传》产生时代不同，作者不同，本来不是一书。其二，分传附经，破坏了《易传》的完整体系，且使《周易》原本紧密、连续的结构遭到割裂。其三，为使研究对象明确，方便学术讨论，必须区别《周易》经传，这是科学研究的需要，对正确认识《周易》古经和《易传》的性质与价值也很有益处。

（三）《易传》的内容

今本《易传》共七种十篇，其中《彖传上》《彖传下》《象传上》《象传下》《文言传》是直接针对六十四卦经文作出解释的，故前人可将它们拆散分条置于相应卦爻之下；《系辞传上》《系辞传下》《说卦传》《序卦传》《杂卦传》等五篇则相对独立，各有主旨。至于十篇的次第，孔颖达《周易正义》介绍说："先儒以孔子《十翼》之次，《乾坤文言》在二《系》之后，《说卦》之前。以《彖》《象》附上下二经为六卷，则上《系》第七，下《系》第八，《文言》第九，《说卦》第十。辅嗣以《文言》分附《乾》《坤》二卦，故《说卦》为第九。"《说卦》之后是《序卦》，最后是《杂卦》。兹将《易传》各篇内容简介如下。

《彖传》 《周易》的卦辞称为"彖"或"彖辞"。孔颖达《周易正义》云："彖谓卦下之辞言，说乎一卦之象也。"又引庄氏《易解》曰："彖，断也，断定一卦之义，所以名为彖也。"陆德明《经典释文》引马融曰："彖辞，卦辞也。"《彖传》就是解释《周易》六十四卦的卦名、卦辞以及卦义的文字，每卦一则，共六十四则。解释《周易》上经的称为《彖传上》或《彖上传》，简称《彖上》，共三十则。解释《周易》下经的称为《彖传下》或《彖下传》，简称《彖下》，共三十四则。

《象传》 又称《象辞》，解释《周易》六十四卦的卦象、爻象以及卦辞、爻辞的象征意义。"象"，指卦爻象及卦爻辞而言。《系辞传》云："《易》者，象也。象也者，像也。""象也者，像此者也。"孔颖达《周易正义》云："言象此物之形状也。"宋项安世《周易玩辞》论"象"曰："凡卦辞皆曰象，凡卦画皆曰象。未画则其象隐，已画则其象著。故指画为象，非谓物象也。《大象》总论六画之义，《小象》各论一画之义，故皆谓之象。"《象传》随《周易》经文分上下两篇,称《象传上》《象传下》,简称《象上》《象下》。《象传》又有《大象传》与《小象传》之分:说明每一卦的上下卦象及全卦义理的文字叫《大象传》,如《蛊》卦《大象传》:"山下有风,蛊。君子以振民育德。"说明六爻的爻象和义蕴,分析吉凶休咎所以然的文字叫《小象传》,如《蛊》卦九二《小象传》曰:"'干母之蛊',得中道也。"《大象传》每卦一则,共六十四则;《小象传》每爻一则,共三百八十六则。

《系辞传》 《系辞传》分上下两篇,占《十翼》之二。"系辞"二字有两种含义,一是指把文辞系属在卦爻之下,也就是把卦辞、爻辞和卦、爻符号关联起来,《系辞传》云:"圣人设卦观象,系辞焉而明吉凶。"此处所谓"系辞",即是指在卦爻下加上文辞。"系辞"的另一种含义是指对所系之辞的解释,此即《系辞传》。孔颖达《周易正义》云:"夫子本作《十翼》,申说上下二篇经文,系辞条贯义理,别自为卷,总曰《系辞》。"朱熹《周易本义》云:"系辞本谓文王、周公所作之辞系于卦爻之下者,即今经文。此篇乃孔子所述系辞之传也,以其通论一经之大体凡例,故无经可附,而自分上下云。"《系辞传》论及八卦的起源、《周易》的作者与时代、《周易》的基本原理、基本功能以及筮法等问题,并引用、解释了一些卦爻辞,是易学史上第一篇概论《周易》的著作。

《文言传》 又称《文言》,专门解释《周易》开头《乾》《坤》两卦的卦辞和爻辞。解释《乾》卦的称为《乾文言》,解释《坤》卦的称为《坤文言》。《文言传》解释《乾》《坤》两卦多是从义理方面加以发挥的。至于"文言"二字的含义,前人有不同理解。宋俞琰《周易集说》述云:"或谓文饰其言,或谓交错而言,或谓古有是言而孔子文之,或谓言不文则不足以传远,故因其文以详言其理,所以文饰《乾》《坤》之大德。……或曰文言,文王言,即象辞、爻辞,孔子传述文王所言之意而推广之,故曰《文言传》。愚观其反复发明《乾》《坤》二卦象辞、爻辞之意,则知古《易》题曰《文言传》良是矣,分明象辞、爻辞皆文王之言,而孔子传述之也。"

《说卦传》 又称《说卦》,说明《周易》创作的缘由、八卦的性质、八卦与方位、八卦的象征物和象征意义等。孔颖达《周易正义》云:"《说卦》者,陈说八卦之德业变化及法象所为也。……孔子于此更备说重卦之由及八卦所为之象,故谓之《说卦》焉。"后人谈《周易》卦象多以《说卦传》为依据。

《序卦传》 又称《序卦》,专门解释《周易》六十四卦顺序排列的道理。孔颖达《周易正义》云:"《序卦》者,文王既繇六十四卦分为上下二篇,其先后之次,其理不见,故孔子就上下二经,各序其相次之义,故谓之《序卦》焉。"《序卦传》对诸卦依次排列所作的说明大多是依据卦名之间意义上的联系,揭示了事物向正面发展或向反面转化的道理,但带有比较强的主观附会色彩。

《杂卦传》 又称《杂卦》,主要解释《周易》卦名的含义,同时也揭示了相对两卦之间卦象和意义上的关系。孔颖达《周易正义》云:"上《序卦》依文王上下而次序之,此《杂卦》孔子更以意错杂而对,辨其次第,不与《序卦》同。故韩康伯云:'《杂卦》者,杂糅众卦,错综其义,或以同相类,或以异相明也。'虞氏云:'《杂卦》者,杂六十四卦以为义,其于《序卦》之外别言也。'"《杂卦传》把六十四卦分为三十二对,两两一组,一正一反,简言其相反相成之关系。

(四)《易传》的学术价值及影响

《易传》在易学史上占有极为重要的地位。《易传》与《周易》本文在汉代都被尊为"经",其后代代相传,如影随形,对中华民族文化及易学研究都产生了巨大的影响。

任何学问的产生,都是要有人不断地研究,不断地争辨,不断地发挥,才能形成历史,形成学术,形成学科。历史上的楚辞学、文选学、红学等,其产生的历程莫不如此。《易传》在使《周易》研究成为学问与学科的过程中起着至关重要的作用。如果没有《易传》,就不会有几千年辉煌的易学成就了,甚至不可能产生易学了。这不是耸人听闻。大家知道,在殷商时代,利用龟甲占卜是非常盛行的,周代也是龟卜与《易》筮并用,但是汉代以后龟甲占卜却销声匿迹了。到现在我们虽然明知商代实有龟甲占卜之事,但谁也不能说出一个所以然来,更不谈利用龟甲来预测吉凶了。龟甲占卜方法的失传和消亡,原因可能很多,但跟历史上没有人进行总结、发挥不无关系。《易传》过去一直被认为是圣人(孔子)之书,它的这种声望也给《周易》的传播与研究带来了许多积极的影响。

总起来说,《易传》的学术贡献可概括为以下八个方面:

1. 《易传》首次把《周易》提到哲学的高度来认识;

2. 《易传》回答了《周易》的产生时代、作者、作用等根本性问题;

3. 《易传》阐明了占筮的原理与方法;

4. 《易传》建立了较完整的卦象系统;

5. 《易传》使用并说明了一系列重要的易学概念和范畴;

6. 《易传》在词语训诂上作出了巨大的贡献;

7. 《易传》孕育了象数、义理两大流派;

8. 《易传》是使《周易》研究成为一门显学的关键性著作,是易学史上的首座丰碑。

六、《周易》古经的结构与语言

(一)《周易》古经的结构特点

从形式上看,《周易》古经由两个系统构成:一个系统是卦符,一个系统是文辞。卦符是《周易》不同于其他古书的最大特色,使它独具一格,自成一系。

《周易》的卦符构成,是由阴爻、阳爻三叠而成八卦,再由八卦两叠而成六十四卦。卦与卦之间又存在着颠倒、旁通等关系,具有极强的系统性。不了解《周易》的卦符,就不能真正读懂《周易》。

《周易》的文字系统,是由卦名、卦辞、爻名、爻辞所构成的,文辞依附于卦爻并表现卦爻的吉凶休咎。《周易》的文辞,彼此之间看似联系松散或没有联系,实则依附于卦爻并有机关联在一起,具有系统性。每一个卦的卦辞和爻辞都集中表现一个事理,并往往重复使用一些关键字词。

《周易》古经的基本结构单位是"卦",全书由六十四个"卦"构成。上经首列《乾》《坤》两卦,象征天地开辟;下经殿以《既济》《未济》,象征事物的发展无穷无尽,周而复始。《泰》《否》相承,象征阴阳交通则泰,阴阳背逆则否,否极泰来。

每个"卦"又由卦符、卦名、卦辞、爻名、爻辞等组成。下面试以《乾》卦为例说明之。

䷀(乾下乾上)乾:元亨,利贞。

初九:潜龙,勿用。

九二:见龙在田,利见大人。

九三:君子终日乾乾,夕惕若,厉,无咎。

九四:或跃在渊,无咎。

九五:飞龙在天,利见大人。

上九:亢龙,有悔。

用九:见群龙无首,吉。

开头的䷀为卦符,括号内的"乾下乾上"是对卦符构成的说明,表明六爻《乾》卦的下卦为乾(☰)、上卦为乾(☰)。"乾下乾上"这类卦象说明文字是后人加上去的,不是《周易》原本就有的,在考古发现的简帛《周易》文本中,都没有这样的说明文字。这里要注意一点,《周易》的卦爻是由下往上读的:先读下卦,再读上卦;先读下面的爻,再读上面的爻。

卦符之后的"乾"为卦名,即卦象☰的名称。由八卦自相重叠而成的卦象,其名称不变,如乾☰与乾☰重叠而成䷀,仍称"乾";坤☷与坤☷重叠而成䷁,仍称"坤"。异卦相重的六爻卦,其名称多取卦爻辞中常见的一二字为之,如下☷上☶而成䷖,因该卦爻辞中有"剥床以足""剥床以辨""剥之""剥床以肤""小人剥庐"等语,其中"剥"字多见,遂取以用之,䷖就称为"剥"。又如下☱上☳而成䷵,因该卦爻辞中有"归妹以娣""归妹以须""归妹愆期""帝乙归妹"等语,遂以"归妹"之名称呼䷵。六十四卦中的"小畜""大有""大畜""中孚""既济"等卦名,讲的是一种现象或事理,文字不见于卦爻辞,算是另外一种情形。

卦符与卦名之后的文字为"卦辞"。《乾》的卦辞是"元亨,利贞"。卦辞是用来说明一卦的总体吉凶情况的。

卦辞后面的"初九""九二"等为爻名,又称"爻题",是用来指称卦象中的爻画的。"初九"是指䷀中最下面一爻,"上九"则是指最上面一爻。在《周易》里,凡阳性的爻(—)称"九",阴性的爻(- -)称"六"。一个六爻卦中最下一爻叫"初爻",最上一爻叫"上爻"。其他各爻从下往上数,依次叫"二爻""三爻""四爻""五爻"。

爻题后面的文字为"爻辞",是对卦象中各爻吉凶情况的说明。如《乾》卦,其初九爻辞为"潜龙,勿用",这条爻辞即是对卦象中最下面一爻所作的说明,意思是说䷀中最下面一爻好像潜伏在深水中的龙,人们占得此爻应当像龙一样潜隐等待,不可轻举妄动。九二爻辞"见龙在田,利见大人"是对卦象中从下往上数第二爻的说明,上九爻辞"亢龙,有悔"则是对卦象中最上面一爻的说明。《乾》卦六个阳爻,就好比六种处于不同地位、层次的龙。可见爻辞是依附于卦爻并描述、说明卦爻的。

《周易》古经的结构特点,可用一句话加以概括,这就是:"卦"为单位,文辞与符号相为表里。

(二)《周易》卦爻辞的功能类型

《周易》卦爻辞可统称为"筮辞",其作用都在表明卦爻的吉凶休咎。不过,据其表现形式和功能,也可分为不同的类型。高亨《周易古经今注》依筮辞性质不同,将其分为四类:记事之辞,取象之辞,说事之辞,断占之辞。今参考高书及有关论著,并结合个人体会,将《周易》卦爻辞分作如下五类:

1. **象辞** 卦辞、爻辞中用以描述事物特点、具有象征作用的文字称为"象辞"。如《乾》卦初九爻辞:"潜龙,勿用。"其中"潜龙"即为象辞,表示初九爻像一条潜伏在深水中的龙，象征人处于低微的地位或事物处在起始阶段。又如《小畜》卦九三爻辞："舆说辐，夫妻反目。"其中"舆说辐"为象辞，描述的是车子散了架，象征人与人闹矛盾分手。

2. 兆辞　卦辞、爻辞中用以揭示吉凶、利咎、可否的文字称为"兆辞"。如《乾》卦卦辞"元亨，利贞"即是兆辞。又如《坤》卦六四爻辞："括囊，无咎无誉。"其中"无咎无誉"即为兆辞，说明此爻不好也不坏。又如《睽》卦卦辞："小事吉。"这一句就是兆辞，卦辞中没有象辞。

兆辞和象辞是《周易》文辞的两大基本类型。

3. 叙事辞　卦辞、爻辞中用以叙述事情经过或结果的文字称为"叙事辞"。如《小畜》卦九三爻辞："舆说辐，夫妻反目。"其中"夫妻反目"即为叙事辞，说明夫妻失和。又如《旅》卦九三爻辞："旅焚其次，丧其童仆。贞厉。"其中"贞厉"为兆辞，其余文字都是叙事辞，记述某人在旅途中烧了茅屋，又丢失了奴仆。又如《大壮》卦六五爻辞："丧羊于易。无悔。"其中"无悔"是兆辞，"丧羊于易"是叙事辞，说的是有人在田边丢了羊。

4. 说理辞　讲述某种道理的文辞为"说理辞"。如《泰》卦九三爻辞："无平不陂，无往不复。艰贞无咎。"其中"无平不陂，无往不复"讲的就是事物间相反相成的道理。又如《损》卦六三爻辞："三人行则损一人，一人行则得其友。"整条爻辞既无象辞，也无兆辞，只是讲多与少的损益之道。

5. 规勉辞　在为人处事、道德修养等方面对人进行规劝、勉励的文辞称为"规勉辞"。如《恒》卦六五爻辞："恒其德，贞妇人吉，夫子凶。"其中"恒其德"即为规勉辞，勉励人们要有恒久之德。又如《晋》卦六五爻辞："悔亡，失得勿恤。往吉，无不利。"其中"失得勿恤"为规勉辞，教人不要患得患失。又如《无妄》卦上九爻辞："无妄行！有眚，无攸利。"其中"无妄行"为规勉辞，教人不要随便出行。

(三)《周易》古经的语言特点

1.《周易》语言具有表象性和象征性

《周易》的卦爻辞系属于卦爻，并说明、表现卦象和爻象。如《坤》卦，卦辞云"利牝马之贞"，"牝马"即母马，坤为阴，为母，马之母者亦为坤，故说利于占问母马之事；卦辞云"利西南"，以八卦配八方，坤为西南，故云；六二爻辞云"直方大"，坤为地，"直方大"乃为地之属性：平直、方正、广大；六五爻辞云"黄裳"，尚秉和《周易尚氏学》注云："坤为裳，色黄，故曰黄裳。"

《周易》的卦爻及卦爻辞均具有象征性。《乾》卦六爻均属阳性，是以阳性之体象征刚健之物。《说卦传》云:"乾,天也。""乾,健也。"天道刚健,故以《乾》卦象之。《乾》卦爻辞把卦中之爻比喻为"龙":位居最下者为"潜龙",跃出地面者为"见龙在田",腾空而上者为"飞龙在天",飞到极点者为"亢龙"。朱熹说:《易》难看,不比他书。《易》说一个物,非真是一个物,如说龙,非真龙。若他书,则真是事实,孝弟便是孝弟,仁便是仁。"(《朱子语类》卷第六十七)《乾》卦九三爻辞没有说"龙",而是说"君子终日乾乾",这其实是告诉我们,《乾》卦六爻也象征君子处于六种不同的地位或状态。我们看《周易》,应当注意把握卦爻及爻辞的这种象征手法。

2.《周易》语言具有多义性和歧义性

《周易》的字词具有多义性,即使在同一个卦中,同一个字或词也往往有不同的意义和用法。如《明夷》卦,初九爻辞云"明夷于飞,垂其翼",可见"明夷"是一种能飞的鸟;六五爻辞云"箕子之明夷","箕子"是殷纣王的哥哥,"之"是"到"的意思,则"明夷"是指箕子所到之处,前人或解"明夷"为"东方之国"。又如《无妄》卦,"妄"有"乱"义,初九爻辞云"无妄往",上九爻辞云"无妄行",均是叫人不要出行,不要乱来;"妄"又通"望","预期"之义,六三爻辞云"无妄之灾",九五爻辞云"无妄之疾",均是指没有预料到的灾祸与疾病。

因为行文过于简略,语言环境不明确,《周易》古经中的许多字词或文句易产生歧义,可以有不同的理解。如《节》卦,卦辞云"苦节",爻辞云"不节若""安节""甘节""苦节",其中"节"字有多解。陆德明《经典释文》云:"节,止也,明礼有制度之名,一云分段支节之义。"李镜池《周易通义》注云:"节:解节俭与礼节。"陈鼓应、赵建伟《周易今注今译》说:"卦爻辞之'节'字是节制、限制、约束之义。"又如《咸》卦,爻辞云"咸其拇""咸其腓""咸其股""咸其脢""咸其辅颊舌",《彖传》云:"咸,感也。"黄寿祺、张善文《周易译注》以为"咸"为"交感"义,高亨《周易古经今注》、李镜池《周易通义》以为本卦"咸"字表"斩伤""斩杀"之义,均有一定理据。

字词的多义性,是一种正常的语言文字现象,是《周易》原本就有的用法。而歧义性,则是后人理解时所产生的不同认识,所造成的原因很多,如缺少上下文,不明语言时代特点和规律,个人主观差异等。有的歧异说法可说是误解,只是由于其说古老,相沿已久,故仍存其旧而聊备一说。如《乾》卦九四"或跃在渊"一句,其中"或"字,别解颇多。《易传·乾文言》曰:"九四重刚而不中,上不在天,下不在田,中不在人,故'或'之。或之者,疑之也。"孔颖达《周易正义》:"或,疑也。"今人有训为"惑"者,有训为"或许"者,有训为"有人"者。其实,"或"为无定代词,在《乾》卦中不是指代人,而是指代龙,"或跃在渊"意为"龙跃在渊"。试比读"见龙在田""或跃在渊""飞龙在天"诸句,"或"指代"龙"是很明确的,不存在歧义问题。

3.《周易》保留了古老的词义和词汇现象

《周易》卦爻辞创作于西周早期,不少字词使用了古老的意义,有的甚至可和殷商甲骨卜辞相印证。

《周易》常见"贞"字,其意义和用法如何,古今学者的意见颇不一致。《随》卦辞有"元亨利贞"一句,《左传·襄公九年》引而释之曰:"元,体之长也;亨,嘉之会也;利,义之和也;贞,事之干也。体仁足以长人,嘉德足以合礼,利物足以和义,贞固足以干事。"《易传·乾文言》曰:"元者,善之长也;亨者,嘉之会也;利者,义之和也;贞者,事之干也。君子体仁足以长人,嘉会足以合礼,利物足以和义,贞固足以干事。君子行此四德者,故曰:乾元亨利贞。"《左传》和《易传》实际上是把"元亨利贞"四字看作并列结构,让"元""亨""利""贞"各自独立成义。由于这种解释比较古老权威,历代注《易》者大都将"贞"解为"正"或"固",几成定论。时至今日,不少《周易》研究者仍以古说为依归。如黄寿祺、张善文《周易译注》将《豫》卦六二"贞吉"译为:"守持正固可获吉祥。"唐明邦主编《周易评注》注《豫》卦六二"贞吉"曰:"固守则吉。"今按,《说文》卜部云:"贞,卜问也。从卜,贝以为贽。"殷墟甲骨文的发现,使人们对"贞"字的原始意义和用法有了清楚的了解,《说文解字》的说解得到确认,而旧说遭到否定。赵诚《甲骨文简明词典》云:"卜辞的贞为贞问之义。"李镜池《周易通义》云:"卜辞、《周易》的'贞'都训贞卜、卜问。"高亨《周易古经今注》云:"用龟以卜而问事,既谓之贞,则用蓍以筮而问事,自可谓之贞,故《周易》贞可训为筮问,以常用之词释之,即占问也。其曰'贞吉'者,谓其占吉也;……此乃《周易》贞字之初义也。"

《中孚》卦初九爻辞:"虞吉。有它不燕。"句中"虞"字,王弼《周易注》曰:"虞犹专也。"《周易集解》引荀爽曰:"虞,安也,初应于四,宜自安虞。"高亨《周易古经今注》以为"虞训安,借为娱,虞娱古通用"。今按,《礼记·丧服小记》云"报葬者报虞"郑玄注云:"虞,安神也。"李镜池《周易通义》云:"安葬为虞。虞后则祖先灵魂入于宗庙,就转为祭礼。"据此,《中孚》卦"虞吉"可理解为"安神吉利"。

古汉语中的"突"字,《辞海》列有"急猝貌;突然"一个义项,《辞源》释为"卒然",《汉语大字典》释为"忽然;猝然",均引《周易》《离》卦"突如其来如"为证。在当代的各种《周易》注译本中,对"突"字的译释大多取"突然"之义,也有人解为"烟囱"和"不孝子"。把"突如"解为"突然"大概是从唐代孔颖达开始的,《周易》《离》卦九四爻孔疏:"突然而至,忽然而来,故曰突如其来如也。"其实以上诸说均属误

解。《离》卦"突"字既非副词、形容词,也非名词,而是一个动词,义同"出"。试比较今本与汉帛书、竹简《周易》九四爻辞:

今本《周易》:突如,其来如,焚如,死如,弃如。

帛书《周易》:出如,来如,纷如,死如,弃如。

汉简《周易》:其出如,其来如,焚如,弃□。

简帛本与今本"突"字相应的字均作"出",可见"突"当表"出"义。查古注,陆德明《经典释文·周易音义》云:"突,徒忽反,王肃唐屑反,旧又汤骨反,字林同,云暂出。"许慎《说文解字》穴部:"突,犬从穴中暂出也,从犬在穴中,一曰滑也。"可见陆氏《音义》之训源出《说文》。《说文》释的是"突"字的本义,而《周易》所用则是"突"字的引申义,所以《周易音义》只用"暂出"作训。再从语法上看,《离》卦九四爻辞中与"突"字相并列的"来""焚""死""弃"均为动词,所以"突"字也应看作动词,其义训"外出"或"暂出"较妥。

4.《周易》反映了上古汉语特殊的语法规律

《周易》古经篇幅短小,文句简略,由于这个缘故,以往研究古代汉语语法及汉语语法史的人很少从《周易》中取材,对《周易》语法研究不甚重视。其实,《周易》作为西周早期的经典文献,反映了古汉语不少特殊而重要的语法事实,颇具研究价值。

比如在词法方面,《周易》中出现了多种类型的合成词,如"君子""女子""丈夫""行人""高尚""王侯""终日""终朝"等。尤其值得注意的是词头、词尾的运用,词头"有"既可出现在名词性语素前,如《涣》卦辞"王假有庙"、《涣》六四"涣有丘"、《家人》九五"王假有家"中的"有庙"、"有丘"、"有家"即是,也可出现在动词性语素前,如《离》卦上九"有嘉折首"、《解》卦六五"君子维有解"中的"有嘉"、"有解"即是。《周易》中的词尾有"然"(如《离》初九"履错然")、"如"(如《屯》上六"泣血涟如")、"若"(如《观》卦辞"有孚颙若")等。顺便说一句,有人以为《周易》句末的"如"字都相当于词尾"然",这是不妥的。当"如"字放在动词后面时就不是词尾,如前举"突如""来如"中的"如"就不是词尾,而是表语气的助词。

在句法方面,《周易》语句中宾语的位置问题很值得关注。一般讲古汉语宾语前置句式,大致分三类:(一)疑问代词作宾语,放在动词前;(二)否定句中代词作宾语,放在动词前;(三)用助词"之""是""焉"等把名词宾语提在动词前。《周易》中少疑问句,未见疑问代词作宾语前置的情形。后两种情形在《周易》古经中均可见到:

① 执之用黄牛之革,莫之胜说。(《遁》六二)

② 鼎有实。我仇有疾,不我能即。吉。(《鼎》九二)

③ 鸿渐于陵。妇三岁不孕,终莫之胜。吉。(《渐》九五)

④ 知临,大君之宜,吉。(《临》六五)

⑤ 童牛之牿,元吉。(《大畜》六四)

例①,"莫"是否定性无定代词,全句因此而具有否定性质,代词"之"作"胜说"的宾语而前置;例②,"不"是否定副词,人称代词"我"作"即"的宾语而前置;例③,代词"之"作"胜"的宾语而前置;例④⑤,宾语是"大君""童牛",用助词"之"帮助宾语前置。"大君之宜"意即"适合于大君","童牛之牿"意即"给童牛之角加上横木"。(《说文·牛部》:"牿,牛马牢也。从牛告声。《周书》曰:今惟牿牛马。"若据此解,"童牛之牿"当指"圈住童牛"。"牿"是名词作动词用。)这是《周易》宾语前置式中与上古汉语一般规律相一致的一面。

《周易》动宾结构也有其特殊的地方:一是否定句中代词宾语可置于动词后,一是名词、形容词、动词作"贞"字宾语可以前置。例如:

① 莫益之,或击之。立心勿恒,凶。(《益》上九)

② 明夷于南狩,得其大首。不可疾贞。(《明夷》九三)

③ 小亨,旅贞吉。(《旅》卦辞)

④ 屯其膏,小贞吉,大贞凶。(《屯》九五)

⑤ 征凶,居贞吉。(《革》上六)

例①,代词"之"作动词"益"的宾语而后置;例②,名词"疾"在否定句中作"贞"的宾语而前置。王力主编《古代汉语》云:"在上古汉语里,用'不''毋''未''莫'四个否定词的否定句有一个特点:宾语如果是一个代词,一般总是放在动词的前面。……这个规律在用否定词'未''莫'的句子里最为严格,很少例外。"(第一册263—264页)这样看来,《周易》"莫益之"一句应该算一个例外。例②"不可疾贞"(意即"不可占问疾病")也应该算是例外,因为名词在否定句中作宾语通常是置于动词之后的(如《颐》六五"不可涉大川"),且在《豫》卦六五爻辞中,"疾"作"贞"的宾语是后置的(《豫》六五"贞疾,恒不死")。名词在否定句中作宾语前置,这样的情形我们在《老子》一书中也见到一例。《老子·道经》王弼注本:"功成不名有。"此句帛书《老子》甲本作:"成功遂事而弗名有也。"名词"名"也是在否定句中置于动词之前。或许《周易》《老子》中的这种用法是远古汉语宾语前置现象的孑遗。例③,"旅贞"即"占问旅行"之意,动词"旅"作"贞"的宾语而前置。例④,形容词

"小""大"作"贞"的宾语而前置,"小贞""大贞"意即"占问小事""占问大事"。例⑤,动词"居"作"贞"的宾语而前置。古汉语宾语前置一般是有条件的,如疑问句中疑问代词作宾语前置,否定句中代词作宾语前置,而在《周易》古经里,"贞"字的前置宾语多是名词、动词和形容词,且不是出现在疑问句、否定句中。这就是《周易》句法的特殊性表现。

5.《周易》运用了许多特有的修辞方式

《周易》卦爻辞中运用了不少修辞手法,常见的有比喻、排比、互文等。《周易》互文现象比较特别,有爻内互文,有卦内互文,还有卦际互文。了解《周易》互文的特点对读懂《周易》有一定的帮助作用。

(1) 爻内互文

所谓爻内互文,是指在一个爻的爻辞里面出现的互文。例如:

　　　《鼎》六五:鼎黄耳金铉。

按,高亨《周易古经今注》注云:"金色黄,云黄耳,其质金可知也。云金铉,其色黄可知也。"高亨先生这样理解是正确的,只不过没有明言其为互文而已。"黄耳"与"金铉"互文见义,即"黄金耳黄金铉",意思是,鼎的耳是黄金做的,鼎的铉也是黄金做的。这种一句话里前后文字互相补充的情形,通常称为常式互文。

(2) 卦内互文

所谓卦内互文,是指一卦之内此爻与彼爻的爻辞参互见义。例如:

　　　《噬嗑》初九:屦校灭趾,无咎。

　　　　　　六二:噬肤灭鼻,无咎。

　　　　　　六三:噬腊肉,遇毒,小吝,无咎。

　　　　　　九四:噬干胏,得金矢。利艰贞,吉。

　　　　　　六五:噬干肉,得黄金。贞厉,无咎。

　　　　　　上九:何校灭耳,凶。

按,《噬嗑》卦六三"噬腊肉"、九四"噬干胏"、六五"噬干肉"都是"吃干肉"的意思,语义相近,而其后的"遇毒""得金矢""得黄金"也是语义相关,参互见义。《噬嗑》卦六三、九四、六五三爻彼此相邻,其间关系易学上称为"比"。九四爻言"金矢",由六五爻可知其色为"黄";六五爻言"黄金",由九四爻可知其指"矢"。虽然用词有异,但所指相同。"得金矢"就是"得黄金矢","得黄金"也是"得黄金矢"。金者,铜也。李镜池《周易通义》这样解释:"金矢:铜镞,铜箭头。""黄金:铜镞。"既知六五爻"黄金"、九四爻"金矢"为"铜镞",则可推知相邻的六三爻所遇之"毒"为"铜镞"之"毒"了。

(3) 卦际互文

所谓卦际互文,是指此卦与彼卦的卦爻辞参互见义。例如:

　　《解》九二:田获三狐,得黄矢。贞吉。

　　《噬嗑》九四:噬干胏,得金矢。利艰贞,吉。

　　　　　六五:噬干肉,得黄金。贞厉,无咎。

按,《解》卦"得黄矢"与《噬嗑》卦"得金矢""得黄金"构成卦际互文,"得黄矢"意即"得黄金矢"。李镜池《周易通义》云:"黄矢,铜箭头。"高亨《周易古经今注》云:"《噬嗑》九四云:'得金矢。'黄矢与金矢同意。"此说正合互文之旨。

七、《周易》贞兆辞类释

《周易》卦爻辞中用来表示占事吉凶性质的文字,一般称为兆辞,也称占断辞。这些占断用辞的形式和意义都比较固定,在前后卦中反复出现,如"吉"字全书共出现 147 次,"贞吉"出现 35 次,"无咎"出现 93 次,"利贞"出现 23 次,"利涉大川"出现 10 次,"利有攸往"出现 14 次。兹将《周易》卦爻辞中的贞兆辞汇集起来,分类予以解释说明,以供学《易》者参考。

(一)"吉"类

(1)吉;(2)元吉;(3)大吉;(4)引吉;(5)初吉;(6)中吉;(7)终吉;(8)夙吉;(9)居吉;(10)征吉;(11)往吉;(12)虞吉;(13)南征吉;(14)小事吉;(15)君子吉;(16)小人吉;(17)取女吉;(18)女归吉;(19)用大牲吉;(20)豚鱼吉;(21)艰则吉;(22)往遇雨则吉

"吉"的意思是"吉利""吉祥"。《说文解字》口部:"吉,善也。从士口。"《逸周书·武顺》:"天道曰祥,地道曰义,人道曰礼。知祥则寿,知义则立,知礼则行。礼、义、顺、祥曰吉。"高亨《周易古经今注》云:"盖事有善果为吉,故吉训为善。善果者,福祥也。故吉者,福祥也。《周易》吉字,均为此义。"

(二)"贞吉"类

(1)贞吉;(2)小贞吉;(3)安贞吉;(4)居贞吉;(5)旅贞吉;(6)食贞吉;(7)永贞吉;(8)贞大人吉;(9)贞丈人吉;(10)贞妇人吉;(11)幽人贞吉

《周易》"贞"字本为动词,其义为占问、卜问。在"贞吉"格式中,"贞"为主语,"吉"作谓语,意即所问之事吉祥。"贞吉"格式也可扩展,"贞"字前后可以出现卜问对象。例如《恒》卦六五:"恒其德,贞妇人吉,夫子凶。""贞妇人吉"意即占问妇人之事吉利。"夫子凶"是"贞夫子凶"的省略式,意即占问夫子之事不吉。

(三)"凶"类

(1)凶;(2)终凶;(3)终有凶;(4)征凶;(5)君子征凶;(6)见凶;(7)起凶;(8)后夫凶;(9)飞鸟以凶;(10)至于八月有凶

"凶"的意思是"不吉利"。《说文解字》凶部:"凶,恶也,象地穿交陷其中也。"段玉裁《说文解字注》云:"凶者,吉之反。"高亨《周易古经今注》云:"《广雅·释诂》:'凶,恶也。'盖事有恶果为凶,故凶训为恶。恶果者,祸殃也;故凶者,祸殃也。《周易》凶字,均为此义。"

(四)"贞凶"类

(1)贞凶;(2)大贞凶;(3)蔑贞凶

"贞凶"构成方式与"贞吉"相同,"贞"为主语,"凶"作谓语。就表义功能而言,"贞凶"与"凶"基本一致,都是泛言不吉利。

(五)"利"类

(1)利西南;(2)利巳;(3)利建侯;(4)利御寇;(5)利用狱;(6)利用禴;(7)利用恒;(8)利出否;(9)利执言;(10)利见大人;(11)利涉大川;(12)利用刑人;(13)利用侵伐;(14)利用享祀;(15)利用祭祀;(16)利用宾于王;(17)利用为大作;(18)利用为依迁国;(19)利用行师征邑国;(20)利建侯行师;(21)利有攸往;(22)小利有攸往;(23)不利有攸往;(24)不利宾;(25)不利东北;(26)不利为寇;(27)不利即戎;(28)不利涉大川

《周易》所见"利"字均为动词,"适宜""利于"之义。肯定表达为"利××"形式,否定形式为"不利××"。由"利"构成的带有成语性质的词组有"利见大人"(7次)、"利涉大川"(10次)、"利有攸往"(14次)、"无攸利"(10次)、"无不利"(13次)等。

"利见大人",利于拜见地位尊贵的人,泛言利于交往,得贵人赏识。

"利涉大川",利于渡大河,泛言可以克服险阻,度过难关。

"利有攸往",利于前往,可以前进。

(六)"利贞"类

(1)利贞;(2)小利贞;(3)利女贞;(4)利艰贞;(5)利永贞;(6)利居贞;(7)利君子贞;(8)利牝马之贞;(9)利于不息之贞;(10)利幽人之贞;(11)利武人之贞;(12)不利君子贞

"利贞"意即"利于占卜",动词"贞"作"利"的宾语。

在《周易》里,"利贞"和"贞吉"是同义语,它们的某些扩展式存在对应关系。如《随》卦六三称"利居贞",《革》卦上六称"居贞吉";《坤》卦用六称"利永贞",《贲》卦九三称"永贞吉";《大畜》九三称"利艰贞",《大壮》上六称"艰(贞)则吉"。

(七)"可"类

(1)可贞;(2)可小事;(3)可用享;(4)不可贞;(5)不可疾贞;(6)不可大事;(7)不可涉大川

《周易》中"可"的意义和用法都与"利"相当,"可贞"即"利贞","可用享"即"利用享","不可涉大川"即"不利涉大川"。"可小事",适于做小事。"不可疾贞",不利占问疾病。

(八)"宜"类

(1)宜日中;(2)宜下;(3)不宜上;(4)大君之宜

"宜"是动词,"有利""适宜"之义,用法同"可"。

(九)"亨"类

(1)亨;(2)元亨;(3)小亨;(4)光亨

《周易》中的"亨"有两个意义:一读为"享","享祀""祭祀"之义,例如《随》上六:"拘系之,乃从维之,王用亨于西山。"《升》六四:"王用亨于岐山,吉,无咎。"一读 hēng,是贞兆辞,"亨通""顺利"之义。"元亨",大亨,非常顺利;"小亨",稍通,比较顺利;"光亨",广亨,极为顺利。

(十)"吝"类

(1)吝;(2)贞吝;(3)小吝;(4)终吝;(5)往吝;(6)以往吝;(7)往见吝;(8)君子吝

《说文》口部:"吝,恨惜也。从口,文声。易曰:以往吝。"据此训,《周易》"吝"当为"羞辱""耻辱"之义。

《说文》辵部:"遴,行难也。从辵,粦声。易曰:以往遴。"李镜池《周易通义》注《屯》卦六三"往吝"云:"吝:汉《易》作遴,难行也。"高亨《周易古经今注》之《释吝》篇云:"行难谓之遴,故遴者,艰难也。《周易》吝字均借为遴。"此乃将"吝"看作"遴"的通假字,释为"难""艰难"义。

(十一)"咎"类

(1)无咎;(2)无大咎;(3)艰贞无咎;(4)艰则无咎;(5)小人无咎;(6)君子无咎;(7)朋来无咎;(8)往无咎;(9)终无咎;(10)无咎无誉;(11)为咎;(12)匪咎;

（13）何咎；（14）往何咎；（15）何其咎

《周易》"咎"为名词，"灾祸"之义。《说文》人部云："咎，灾也。从人从各。各者，相违也。""咎"字在《周易》中共出现100次，其中最主要的组合形式是"无咎"（93次）。"无咎"，"没有灾祸"的意思。《易传·系辞上》："无咎者，善补过也。"这就是说，本来会有灾祸，由于采取了补救措施而避免了灾祸。

"为咎"，是一个动宾词组，"有咎""造成灾祸"的意思，例如《夬》初九："壮于前趾，往不胜，为咎。"与"为咎"相反的是"匪咎"，"匪"通"非"，"匪咎"意即"不是灾祸""不成灾祸"，例如《大有》初九："无交害，匪咎，艰则无咎。"

"何咎"，是一个偏正词组，"哪有灾祸"之义。李镜池《周易通义》云："何咎：犹言无咎。"高亨《周易古经今注》云："何咎者，谓不致有灾患也。"例如《睽》六五："悔亡。厥宗噬肤，往何咎？"《随》九四："随有获，贞凶。有孚在道，以明，何咎？""何咎"也说成"何其咎"，例如《小畜》初九："复自道，何其咎？吉。"李镜池《周易通义》注云："何其咎：即何咎，无咎。其，语助辞。"

（十二）"悔"类

（1）悔；（2）有悔；（3）小有悔；（4）悔亡；（5）无悔；（6）无祗悔

"悔"与"咎"同义，指比较小的灾祸。《公羊传·襄公二十九年》："饮食必祝曰：'天苟有吴国，尚速有悔于予身。'"何休注："悔，咎。"《易传·系辞上》："吉凶者，言乎其失得也；悔吝者，言乎其小疵也。"高亨《周易古经今注》云："《说文》：'悔，恨也。从心每声。'《广雅·释诂》：'悔，恨也。'……按悔恨之情比悲痛为轻，悔恨之事不及咎凶之重。《周易》所谓'悔'，其实不过困厄而已。"

"悔"的常见组合形式是"有悔""无悔"和"悔亡"，意即"有灾""无灾"和"灾患消失"。

（十三）"厉"类

（1）厉；（2）贞厉；（3）有厉；（4）妇贞厉；（5）小子厉

《周易》中的"厉"表"危险"之义，可以作谓语、宾语。同"吉""凶""吝"一样，"厉"也可和"贞"组合成主谓结构"贞厉"，表示所占之事有危险。

（十四）"眚"类

（1）无眚；（2）有眚；（3）有灾眚；（4）是谓灾眚

《周易》中的"眚"是名词，表"灾祸""灾害"之义。

（十五）"否"类

（1）小人否；（2）大人否；（3）先否后喜

"否"读 pǐ,"不吉""不善"之义,与"吉""喜"相对。

(十六)"喜"类

(1)勿药有喜;(2)使遄有喜;(3)先否后喜

《周易》的"喜"表"喜庆吉祥"之义,可以作宾语和谓语。

(十七)"誉"类

(1)用誉;(2)来誉;(3)有庆誉;(4)无咎无誉

《周易》的"誉"表"荣誉""赞誉"之义,均作宾语。

(十八)"尚"类

(1)行有尚;(2)往有尚;(3)得尚于中行

"尚"表"帮助""庇护"之义。王引之《经义述闻》卷一"得尚于中行"条云:"尚者,右也,助也。"

(十九)"勿"类

(1)勿用;(2)勿用师;(3)勿用永贞;(4)勿用取女;(5)勿用有攸往;(6)小人勿用;(7)十年勿用;(8)勿恤;(9)勿恤其孚;(10)失得勿恤;(11)勿忧;(12)勿问;(13)勿疑;(14)勿逐

"勿"是表示禁止、劝阻意义的否定副词。由"勿"加动词所构成的词组往往表示"不要做某事"或"不必做某事"这类意义,故将这类文辞归在一起加以介绍。

"勿用"单独用作谓语时表示"不可行动""不能有作为",例如《乾》初九:"潜龙,勿用。"《坎》六三:"来之坎,坎险且枕,入于坎窞。勿用。"

"勿用"后面可加名词,如《泰》上六"勿用师",意即不要出师打仗。

"勿用"后面也可加动宾词组,如"勿用永贞""勿用取女""勿用有攸往",表示不要做某事。

"勿恤"是"不用担忧"的意思。"勿忧"意同"勿恤"。

"勿问""勿疑"意思相同,表示不用操心、不用担忧。

"勿逐"表示不用追、不用找,"逐"为"追寻"义。

(二十)"得失"类

(1)大有得;(2)随有求得;(3)求小得;(4)失得勿恤;(5)无丧;(6)无丧无得

《周易》贞兆辞中的"得"表示"获得""得利","失""丧"表示"失去""损失","得"与"失""丧"形成反义关系。

"大有得"是"大有收获"的意思。

"求得"是"希望获利"的意思,"求小得"是"寻求小利"的意思。

(二十一)"有无"类

(1)有终；(2)君子有终；(3)无初有终；(4)无成；(5)无成有终；(6)有愠；(7)有言；(8)小有言；(9)有它；(10)有它不燕；(11)有孚；(12)无不利；(13)无攸利；(14)无攸遂

"有""无"是对事物的存在表示肯定或否定的动词。在《周易》里，"有""无"可带各种名词、动词和形容词性词语作宾语，除前面已介绍的"有喜""有凶""有厉""有悔""有眚""有得""有尚""无丧""无眚""无咎""无悔"之外，还有不少贞兆辞是以"有""无"作为构成要素的。兹将它们总为一类，说明如下。

"有终"，表示"有结果""事情完成"之意。例如《困》九四："来徐徐，困于金车。吝，有终。"

"无成"，"没有成功"之意。例如《讼》六三："食旧德，贞厉，终吉。或从王事，无成。"

"有愠"，表示"有烦恼""不高兴"之意。例如《夬》九三："君子夬夬独行，遇雨若濡，有愠，无咎。"

"有言"，表示"有争执""有阻碍"之意。例如《渐》初六："鸿渐于干。小子厉，有言，无咎。"

"有它"，"有意外""有变故"之意。《说文》它部："它，虫也。从虫而长，象冤曲垂尾形。上古艸居患它，故相问'无它乎'。"高亨《周易古经今注》《比》卦初六爻辞注云："古人称意外之患曰它，……殷虚卜辞亦有'有它'、'亡它'之文。"例如《大过》九四："栋隆，吉。有它，吝。"

"有孚"，"有诚信""有信用"之意。《周易》"孚"字异解颇多，迄无定论。古人多以"信"释"孚"，乃"诚信""信用"之义。今人或释"孚"为"俘"（俘虏、俘获），或释为"罚"（责罚），或释为"复"（返回）。按，《升》九二："孚乃利用禴，无咎。"《萃》六二："引吉，无咎。孚乃利用禴。""孚乃利用禴"均为"诚信乃可举行祭祀"之意，其中"孚"字以解"信"为胜。"有孚"一语在《周易》中共出现 26 次，以"信"释"孚"大都可通，而"俘""罚"等别解则难以贯通全部含"有孚"用例。

"无不利"，有利，没有什么不好。例如《屯》六四："乘马班如，求婚媾。往吉，无不利。"

"无攸利"，无所利，没有任何好处，意与"无不利"相反。例如《临》六三："甘临，无攸利。既忧之，无咎。"

"无攸遂"意同"无攸利"，"遂"，"顺利""成功"之义。例如《家人》六二："无攸遂,在中馈,贞吉。"李镜池《周易通义》注云:"遂:借为队,即古坠字。坠,失也。"可备一说。

(二十二)"元永贞"类

(1)元永贞无咎;(2)元永贞悔亡

"元永贞"一语在《周易》中共出现两次。《比》卦辞:"吉。原筮,元永贞,无咎。不宁方来,后夫凶。"《萃》九五:"萃有位,无咎。匪孚,元永贞,悔亡。"关于"元永贞"的句读及"元"字的意义,历来有不同意见,迄无定论。按,元者,大也;永者,久也。"元永"是并列关系,是形容词作名词用,指长久重要之事,作"贞"的前置宾语。"元永贞"意即"占问长久重要之事"。"元"在古代亦有"善"义,"元永贞"或可看作"利永贞"的同义语,是一种表示大吉的习惯说法。

八、易学基本知识简介

学习和研究《周易》,需要了解、掌握一些基本的易学知识和条例,兹择其要者介绍于下,以供初学者参阅。

(一)阴阳 阴爻、阳爻 六、九

阴阳 阴阳是一对高度抽象化的哲学概念,也是极为重要的易学范畴。古人把宇宙间所有相互对立又相互依存的事物及其性质、状态概括为两大类别,称为阴和阳。如天为阳,则地为阴;男为阳,则女为阴;晴为阳,则雨为阴;火为阳,则水为阴;上为阳,则下为阴;左为阳,则右为阴;动为阳,则静为阴;等等。阴指消极、静止、柔弱、昏暗等特性及其事物,阳指积极、运动、刚健、光明等特性及其事物。阴阳之间具有相互对立、相互依存、相互作用、相互转化等关系。

阴爻、阳爻 《周易》卦符用两短画"--"表示阴,用一长画"一"表示阳。"--"称为阴爻(yáo),"一"称为阳爻。

六、九 《周易》经文爻名用数字"六"称阴性之爻,用数字"九"称阳性之爻。

(二)太极 两仪 四象

太极 "太极"是一个哲学概念,也是一个易学概念。古人把天地未形成之前的浑然一体的状态(混沌之气)称为太极,以为太极是宇宙万物生成变化的本原。在易学中,或以阴阳未分之前为太极。或称"太一"。

两仪 指具有阴阳对立与并存性质的两种因素或事物,其所指有不同说法,或说为天地,或说为阴阳,或说为奇偶,或说为刚柔,或说为乾坤,或说为春秋。

四象 由阴爻、阳爻两两相重,所得四个符号称为四象,分别是老阳⚌、老阴⚏、少阳⚎、少阴⚍。四象是由阴阳到八卦的中间环节和过渡物。少阳、老阳、少阴、老阴分别表示春、夏、秋、冬和东、南、西、北。

(三) 卦 八卦 六十四卦

卦 由-﹣(阴)、一(阳)符号组成的具有象征和寓意作用的形体,如☰、☷、☳、☴等,古人称为"卦"。"卦"字右边为"卜",说明其字义跟占卜吉凶有关。每个卦形都有卦名和卦象。

八卦 由-﹣(阴)、一(阳)符号三叠而成的八个形体称为"八卦",这八卦是:乾☰、兑☱、离☲、震☳、巽☴、坎☵、艮☶、坤☷。这八个三爻卦又称为"单卦"或"经卦"。由《八卦取象歌》,我们能比较顺利地记住这八个符号:

☰乾三连;☷坤六断;☳震仰盂;☶艮覆碗;

☲离中虚;☵坎中满;☱兑上缺;☴巽下断。

八卦各有其基本的象征物(卦象)和象征意义(卦性):

乾☰象征天、马、首、父,其性为健;

坤☷象征地、牛、腹、母,其性为顺;

震☳象征雷、龙、足、长男,其性为动;

巽☴象征风、鸡、股、长女,其性为入;

坎☵象征水、豕、耳、中男,其性为陷;

离☲象征火、雉、目、中女,其性为丽(附着);

艮☶象征山、狗、手、少男,其性为止;

兑☱象征泽、羊、口、少女,其性为说(喜悦或言说)。

对《周易》感兴趣的人,应该熟练掌握这些内容。

六十四卦 由八个单卦两两相重,可组成六十四个各不相同的六爻形体,即为"六十四卦",又称"重卦""复卦"或"别卦"。如上☴(巽)下☶(艮),即构成重卦《渐》䷴。六十四卦的卦形、卦名和卦辞、爻辞,构成《周易》古经。

(四) 卦名 卦象 卦序 卦数

卦名 指八卦和六十四卦的名称,如☰称为"乾"卦、☷称为"坤"卦,䷒称为"临"卦,䷉称为"履"卦。

卦象 卦象有两个含义,一是指八卦或六十四卦的形体而言,如☰、☷、䷒、䷉等,都叫做"卦象",又称"卦形""卦符""卦画"或"卦体"。在这个意义上,"卦象"与"卦"所指相同。卦象另有一个特定的含义,是指卦形所具有的象征物、象征意义以及卦与卦之间的寓意关系。如☰（乾）的象征物为"天"，其象征意义为"刚健"，"天""刚健"即是乾卦的卦象。又如䷴（渐）是☴（巽）在☶（艮）上，象征"山上有木"。

卦序 "卦序"是指卦象排列的先后顺序。八卦排列有两种方式，一种是按乾、坤、震、巽、坎、离、艮、兑的顺序排列，称为"文王八卦次序"，又称"后天八卦次序"；另一种按乾、兑、离、震、巽、坎、艮、坤的顺序排列，称为"伏羲八卦次序"，又称"先天八卦次序"。

今本《周易》六十四卦按乾、坤、屯、蒙、……中孚、小过、既济、未济的顺序排列，前后相邻的两卦在卦象上有旁通或颠倒的关系。

今本《周易》六十四卦的卦名和次序可由《卦名次序歌》来记忆：

乾坤屯蒙需讼师，比小畜兮履泰否。

同人大有谦豫随，蛊临观兮噬嗑贲。

剥复无妄大畜颐，大过坎离三十备。

咸恒遁兮及大壮，晋与明夷家人睽。

蹇解损益夬姤萃，升困井革鼎震继。

艮渐归妹丰旅巽，兑涣节兮中孚至。

小过既济兼未济，是为下经三十四。

卦数 指八卦及六十四卦的序数。先天八卦序数为：乾一、兑二、离三、震四、巽五、坎六、艮七、坤八。八卦序数具有应用价值，有兴趣者应记住八卦与数字的对应关系，并能熟练地将数字转化为卦象，或将卦象转换为数字。

八卦和六十四卦，其排列组合隐含着奇妙的二进制数理。若用二进位数字 0 和 1 来表示阴爻和阳爻，则八卦可分别转写为：

乾☰ 111　兑☱ 110　离☲ 101　震☳ 100　巽☴ 011　坎☵ 010　艮☶ 001　坤☷ 000

把二进制数字转为十进制数字，其关系为：

$111 = 7$　$110 = 6$　$101 = 5$　$100 = 4$　$011 = 3$　$010 = 2$　$001 = 1$　$000 = 0$

"伏羲六十四卦次序"是宋代出现的一种排列方式，见于朱熹《周易本义》。其次序为：乾，夬，大有，大壮，小畜，需，大畜，泰，履，兑，睽，归妹，中孚，节，损，临，同人，革，离，丰，家人，既济，贲，明夷，无妄，随，噬嗑，震，益，屯，颐，复，姤，大过，鼎，恒，巽，井，蛊，升，讼，困，未济，解，涣，坎，蒙，师，遁，咸，旅，小过，渐，蹇，艮，谦，否，萃，晋，豫，观，比，剥，坤。"伏羲六十四卦"的排列也蕴含着二进制数理，如用二进位数字 0 和 1 来代表阴爻和阳爻，那么乾卦可记为 111111，坤卦可记为 000000，而剥卦可记为 000001，比卦可记为 000010，观卦可记为 000011，豫卦可记为 000100，……。若将二进制数字 000000（坤）转写为十进制数值 0,000001 转写为 1,000010 转写为 2,000011 转写为 3,000100 转写为 4，……，那么"伏羲六十四卦"由坤而剥，而比，而观，而豫，一直到乾，正是按 0,1,2,3,4,……63 这样的顺序排列的。

（五）下卦、上卦　阴卦、阳卦

下卦、上卦　八卦组成重卦后，位于下面的三爻称为"下卦"，又称"内卦""贞卦"。位于上面的三爻称为"上卦"，又称"外卦""悔卦"。下卦、上卦亦称下体、上体，合称"二体"。

阴卦、阳卦　八卦中，乾、震、坎、艮分别象征父、长男、中男、少男，称为"阳卦"；坤、巽、离、兑分别象征母、长女、中女、少女，称为"阴卦"。这就是所谓"父母六子卦"。

（六）爻象　爻位　爻性　爻题

爻象　爻象有两种含义，一是指爻画、阴阳符号，一是指爻的阴阳性质、位次以及爻与爻之间的关系所具有的象征物和象征意义。如阳爻象征刚健之物，活动之物，男人、丈夫、君王、刚强、奇数等；阴爻象征柔顺之物，静止之物，女人、妻子、臣仆、柔弱、偶数等。

爻位　"爻位"又称"爻数"，指爻画在六爻重卦中所处的位次。重卦六爻分处六个等次，由下而上分别称为：初、二、三、四、五、上。"初"指重卦最下的一爻，即第一爻所处的位置；"上"指重卦最上的一爻，即第六爻所处的位置。爻位由下向上递进，象征事物由低级向高级逐步发展变化：爻处初位象征事物处于萌芽、起始阶段，主养精蓄锐，勿轻举妄动；爻处二位象征事物初露头角，进居有利地位，主适当进取，有所作为；爻处三位象征功业小成，前途远大，主谨慎行事，勿操之过急；爻处四位象征事物渐趋成熟，近于成功，主审时度势，提高警惕；爻处五位象征圆满成功，主大展宏图；爻处上位象征事物处于终结、衰退阶段，主物极必反，勿好高骛远。

古人把爻位和爵位相比，认为爻位上下有贵贱尊卑之别，"五"为君王之位，"四"为靠近君王的重臣之位，"三"为离君较远的尊贵者，"二"是不如三、四之尊而受君王赏识的人臣之位，"初"是刚进入仕途而未当权者之位，"上"是已退休无职者之位。或以为初爻为元士位，二爻为大夫位，三爻为三公位，四爻为诸侯位，五爻为天子位,上爻为宗庙位。

爻性　卦爻所具有的阴阳性质就叫"爻性"。如"--"表示阴,即为阴性之爻,"—"表示阳,即为阳性之爻。

爻题　"爻题"又称"爻名",是对重卦中各爻的称呼。爻题标示爻的阴阳性质和位次,阳性之爻称为"九",阴性之爻称为"六",爻位用初、二、三、四、五、上表示。初爻、上爻的爻题构成是先爻位后爻性。二爻、三爻、四爻、五爻的爻题构成是先爻性后爻位。如坎卦☵,最下面一爻称为"初六",表示此爻为阴爻,处于"初"位;下面第二爻称"九二",表示其爻性为阳,其位次为二。

(七) 用九　用六

用九　用九为六爻乾卦的一个爻名。乾卦的卦象全部由阳爻组成,六爻皆称"九",属纯阳之卦,故在六爻之外增加一个"用九"爻。"用九"表示乾卦各爻均用"九"来称呼,全为阳性。古人或以为占筮时遇乾卦变坤卦,就据"用九"爻辞占断。

用六　用六为六爻坤卦的一个爻名。坤卦属纯阴之卦,故多出一个"用六"爻。"用六"表示坤卦各爻均用"六"来称呼,全为阴性。古人或以为占筮时遇坤卦变乾卦,就凭"用六"爻辞占断吉凶。

"用九""用六"这两爻只有爻题和爻辞,而无相应的爻位,故又称为无位之爻。《周易》六十四卦中只乾、坤两卦有此特殊之爻。

(八) 纯卦　覆卦　错卦

纯卦　由同一个单卦相叠而成的六爻卦称为"纯卦",又称"原卦"。六十四卦中共有八个纯卦,即:乾☰、坤☷、震☳、巽☴、坎☵、离☲、艮☶、兑☱。乾卦六爻皆阳,称为"纯阳卦";坤卦六爻皆阴,称为"纯阴卦"。

覆卦　一个重卦的卦象颠倒过来,成为另外一个卦象,称为"覆卦",又称"综卦""反卦"。如屯卦䷂,倒过来即为蒙的卦象䷃;需卦䷄,倒过来即为讼的卦象䷅。反之亦然。《周易》六十四卦中共有二十八对覆卦,也就是说有五十六个卦可以颠倒过来成为另外一个卦象。由于两卦之卦象互为颠倒关系,所以覆卦又叫反对之象、倒象。卦象"反对"之卦在《周易》六十四卦中均两两相邻而排在一起。

错卦　两个重卦的位次相同之爻阴阳性质完全相反,称为"错卦",又称"对卦",前人或称为"旁通"。《周易》六十四卦中根据旁通关系排列在一起的别卦有:乾☰与坤☷,颐与大过,坎☵与离☲,中孚与小过。

有些重卦在卦形上既有旁通关系,又有颠倒关系,如:泰䷊与否䷋,随与蛊,渐与归妹,既济与未济。

（九）本卦　变卦　变爻　静卦　互卦

本卦　占筮时按一定方法所得的初始之卦即为本卦，或称正卦、原卦，古人也叫贞卦。如《左传·庄公二十二年》记云："周史有以《周易》见陈侯者，陈侯使筮之，遇观☷☴之否☷☰。"所得观卦即为本卦。

变卦　又称"之卦""动卦"，与"本卦"相对，指一个卦象因一爻或几爻的爻性发生变化而成为另一个卦象。如《左传·闵公元年》记云："毕万筮仕于晋，遇屯☷☳之比☷☵。"比卦即为屯卦的变卦，而屯卦则为本卦。

变爻　亦称"动爻"，指按一定方法占得的本卦中具有可变性的爻，或称老阳爻、老阴爻。某一爻或几爻由阳变阴，或由阴变阳，卦象随之改变，即为变卦。如屯☷☳变比☷☵，系因初九爻由阳变阴而成，初九爻即为变爻。变爻的位次关系与爻辞等因素是占卦的重要参考项。

静卦　占得的卦象中没有变爻，各爻均静止不动，即为静卦。

互卦　亦称"互体""互体之象"。指一个别卦除初爻、上爻外，由其中间四爻交互组合而成的新卦。具体说，取二爻、三爻、四爻组成一个单卦作内卦，再取三爻、四爻、五爻组成一个单卦作外卦，所构成的新卦象即为"互卦"。如解卦☳☵，取其九二、六三、九四爻组成☲（离），作下卦，称"下互"，再取其六三、九四、六五爻组成☵（坎），作上卦，称"上互"，合下互、上互而得新卦既济☵☲，既济卦就是解卦的互卦。

（十）三才　三易

三才　亦作"三材"。重卦六爻分下、中、上三个层次，下二爻（初爻、二爻）象征地，为地位；中二爻（三爻、四爻）象征人，为人位；上二爻（五爻、上爻）象征天，为天位。天、人、地合称"三才"。《易传·说卦传》云："是以立天之道，曰阴与阳；立地之道，曰柔与刚；立人之道，曰仁与义。兼三才而两之，故《易》六画而成卦。"《系辞传》云："《易》之为书也，广大悉备，有天道焉，有人道焉，有地道焉，兼三材而两之，故六。六者，非它也，三材之道也。"《易纬·易乾凿度》云："孔子曰：《易》有六位三才，天地人道之分际也。三才之道，天地人也。"

三易　"三易"有两种含义，一是指"易"字有三种理解，即郑玄所谓"易一名而含三义"："易简，一也；变易，二也；不易，三也。"一是指《周礼》所称"三易之法"："一曰《连山》，二曰《归藏》，三曰《周易》。"后人以为《连山》是夏代之《易》，《归藏》是商代之《易》，《周易》是周代之《易》。

（十一）象数　义理

象数　"象"指卦象、爻象，"数"指阴阳之数、大衍之数、卦数、爻数等。"象数"是《周易》固有的内涵。从象数出发来研究《周易》,研究卦爻辞与象数的关系,研究如何依据象数进行占筮,这样的学问称为"象数学",这样的学派称为"象数派"。

高亨先生说:"根据卦象及其变化,根据爻象和爻数及其结合,来讲《周易》的卦名、卦辞和爻辞,从而论断吉凶,这就属于象数的范畴。"(《周易杂论》73 页)

义理 "义"指《周易》卦名、卦辞、爻辞的含义,"理"指事理、道理。"义理"统指《周易》经文所蕴涵的思想与哲理。研究《周易》义理的学派称为"义理派"。

高亨先生说:"不牵引象数,只讲卦名、卦辞和爻辞的意蕴,从而论断吉凶,这就属于义理的范畴。"(《周易杂论》73 页)

(十二) 阴位　阳位

阴位 重卦中二、四、上为偶数位,属阴性,称为"阴位"。

阳位 重卦中初、三、五为奇数位,属阳性,称为"阳位"。

(十三) 同位　异位

同位 重卦的上下两卦均有上、中、下三爻,其所处之位分别称为上位、中位、下位。上卦与下卦之爻处于相同位置称为"同位"。初爻居下卦之下位,四爻居上卦之下位,初、四同在下位;二爻居下卦之中位,五爻居上卦之中位,二、五同在中位;三爻居下卦之上位,上爻居上卦之上位,三、上同在上位。如师卦䷆,初六与六四同位,九二与六五同位,六三与上六同位。

异位 指重卦中二与四、三与五爻位性质相同而吉凶有别。二与四都是阴位,二位多吉,四位则相反;三与五都是阳位,五位多吉,三位则相反。《易传·系辞传》云:"二与四同功而异位,其善不同:二多誉,四多惧。……三与五同功而异位,三多凶,五多功。"

(十四) 当位　不当位

当位 阳爻居阳位(初、三、五),阴爻居阴位(二、四、上),称为"当位",又称"得位""得正"。如咸卦䷞,其中六二、上六两爻为阴爻居阴位,故当位;九三、九五两爻为阳爻居阳位,故得正。古人以为当位之爻象征事物发展符合规律或人处在相宜的地位、环境,具有发展前途。一般情况,当位之爻吉利。

不当位 阳爻居阴位,或阴爻居阳位,称为"不当位",又称"不得位""失位""失正"。如恒卦䷟,初六、六五两爻为阴爻居阳位,故不当位;九二、九四两爻为阳爻居阴位,故失正。古人以为失位之爻象征事物发展偏离正轨、不合规律或人处在不相宜的地位、环境。一般情况,爻不当位不吉。

(十五) 得中　刚中　柔中　中正

得中　重卦的二爻和五爻分别居下卦之中和上卦之中,所处之位称为"中位"。爻处中位谓之"得中""居中",简言"中"。如泰卦䷊,九二、六五两爻得中。得中,象征事物发展恰到好处,不偏不倚,无过无不及,亦象征人处在适中有利的地位,不左不右,左右逢源。

刚中　"刚"指阳。阳爻居中位,谓之"刚中",象征刚健而适中。

柔中　"柔"指阴。阴爻居中位,谓之"柔中",象征柔顺而适中。

中正　阴爻居二位,阳爻居五位,既得中又得正,称为"中正",又称"正中"。如无妄卦䷘,六二、九五两爻都是中正之爻。在《周易》中,中正之爻尤为善美,象征事物发展到最佳程度,功德圆满。

(十六) 比　应　乘　承

比　重卦中两爻相邻为"比",如初爻与二爻比,二爻与三爻比,三爻与四爻比,四爻与五爻比,五爻与上爻比。两爻相比,象征事物之间相互联系、相互影响。

应　"应"指阴与阳相呼应、感应。重卦中同位的两爻一为阴一为阳,异性相吸,称为"相应",又称"有应",简言"应"。如需卦䷄,初九与六四相应,九三与上六相应。阴阳相应象征事物处在和谐、统一的运动之中,也象征上下一致,彼此沟通,相互支持。

重卦中同位的两爻均为阳性,或均为阴性,同性相斥,称为"无应",又称"敌应"。如渐卦䷴,初六与六四敌应,九三与上九敌应。无应之爻象征事物处在分离或对立状态,也象征人与人之间矛盾或疏远的关系。

乘　两爻相比,在上者对在下者的关系为"乘"("凌驾"之义),多指阴爻位于阳爻之上的情形。如比卦䷇,上六乘九五。古人认为,阴乘阳,或柔乘刚,象征弱者凌驾强者,小人欺凌君子,女子压制男子,等等。在《周易》中,乘刚之阴爻多不吉利。

承　两爻相比,在下者对在上者的关系为"承",又称"从"("顺从"之义),多指阴爻位于阳爻之下的情形。如井卦䷯,初六承九二,六四承九五。古人认为,阴承阳,或柔承刚,象征柔弱、卑贱者顺从刚强、尊贵者,如臣从君,子从父,妻从夫。

(十七) 卦主　卦时

卦主　指重卦中构成一卦特征或决定一卦吉凶大义的关键之爻。如复卦䷗六爻,初九为卦主;夬卦䷪六爻,上六为卦主。此类情形前人或称为成卦之主。又如乾卦,九五为卦主;坤卦,六二为卦主。此类情形前人或称为主卦之主。成卦之主、主卦之主都可以有两爻,如泰卦九二、六五两爻既是成卦之主,也是主卦之主。

卦时 指一个重卦所描述的主要事物或特定的事理及其在六个爻位中的升降变化情况。六十四卦即表示六十四个"时"。如井卦的卦时为"井"以及与六爻位次关系相关联的"井泥""井谷射鲋""井渫不食""井甃""井洌寒泉""井收勿幕"等情况。卦时说向人们揭示了特定事物在特定环境与条件下要因时因地给予相应处理的道理。

(十八) 先天八卦方位 后天八卦方位

先天八卦方位 八卦表示八方:乾居正南,坤居正北,离居正东,坎居正西,震居东北,兑居东南,艮居西北,巽居西南。这种方位表示法称"先天八卦方位",又称"伏羲八卦方位"。

后天八卦方位 离居正南,坎居正北,震居正东,兑居正西,艮居东北,巽居东南,乾居西北,坤居西南。这种方位表示法称"后天八卦方位",又称"文王八卦方位"。古人以八卦表示方位多用后天方位。离、坎、震、兑分别表示正南、正北、正东、正西,合称"四正卦"。艮、巽、乾、坤则称为"四维卦"或"四隅卦"。

(十九) 卦气 消息卦

卦气 "卦气"是汉代人解《易》的一种学说。其要是以《易》卦与节气相配,以解释气候变化及人事吉凶。以别卦《坎》《震》《离》《兑》为四正卦,主管一年四季:坎主冬,离主夏,震主春,兑主秋。四正卦的24个爻与一年中的24个节气相配合,一爻主一节气。即《坎·初六》为冬至,《坎·九二》为小寒,《坎·六三》为大寒,《坎·六四》为立春,《坎·九五》为雨水,《坎·上六》为惊蛰;《震·初九》为春分,《震·六二》为清明,《震·六三》为谷雨,《震·九四》为立夏,《震·六五》为小满,《震·上六》为芒种;《离·初九》为夏至,《离·六二》为小暑,《离·九三》为大暑,《离·九四》为立秋,《离·六五》为处暑,《离·上九》为白露;《兑·初九》为秋分,《兑·九二》为寒露,《兑·六三》为霜降,《兑·九四》为立冬,《兑·九五》为小雪,《兑·上六》为大雪。

消息卦 "消息"是指卦象中阴阳爻位的进退变化。"消"指阳爻减少而阴爻增加和上升,"息"指阴爻减少而阳爻增加和上升。姤☰、遁☰、否☰、观☰、剥☰、坤☷六个重卦为消卦,从姤至坤,阴爻逐渐增多和上升,消去阳爻。复☷、临☷、泰☷、大壮☷、夬☰、乾☰六个重卦为息卦,从复至乾,阳爻逐渐增多和上升,消去阴爻。坤、乾两卦为纯阴、纯阳卦,又称消息之母。

古人用十二消息卦配一年十二个月,指示一年之中阴阳消长变化的情况,故消息卦又称"月卦""候卦"。十二月配卦情况如下：

复:十一月,临:十二月,泰:正月,大壮:二月,夬:三月,乾:四月,姤:五月,遁:六月,否:七月,观:八月,剥:九月,坤:十月。

(二十) 筮法

筮法 是指利用《周易》进行占筮或预测的方法,其过程大致分为起卦和断卦两个阶段。起卦法,又叫求卦法、得卦法。断卦法,也叫解卦法、占卦法,指参考卦名、卦象、卦辞、爻辞、五行等因素对所问之事作出吉凶判断和趋吉避凶的指引。

揲蓍法 揲蓍法是《易传·系辞传》所记载的古老起卦法,所用工具是 50 根蓍草,实用 49 根。经过十八个"分二""挂一""揲四"的操作程序而得到一个六爻卦象。由于揲蓍法太过繁复,后世代之以掷钱法。

掷钱法 又称抛钱法、摇卦法。古代用三个铜钱,现在一般用硬币代替。由三个铜钱抛出来的正反来确定一爻的阴阳性质。掷钱法由揲蓍法简化而来,三钱相当于揲蓍法的三变,三钱掷六次而得一卦,也就相当于揲蓍法的十八变而成卦。

纳甲筮法 纳甲筮法是产生于西汉的一种占筮方法,有别于早期的"揲蓍法"。所谓"纳甲",是指将甲、乙、丙、丁、戊、己、庚、辛、壬、癸十天干与《易》卦六爻相配搭(十二地支亦配合天干而与六爻相属),因天干以"甲"为首,举"甲"以赅其余,故称"纳甲"。纳,意为"放入、置入"。尚秉和《周易古筮考》卷八"纳甲说"云:"纳甲者,将干支排纳于六爻中,而以干支所属之五行及筮时日时,视其生克,以断吉凶也。其法始于汉京房,原本于孔门,至晋郭璞多用之。"

以数起卦法 此法相传为宋代邵雍(康节)所创,见于《梅花易数》一书,故又称"梅花易""梅花数"。其法可概括为"卦以八除,爻以六除"。邵雍将八卦顺次排列,每个卦用一个数字代表,叫做卦数。其关系为:乾一,兑二,离三,震四,巽五,坎六,艮七,坤八。

(二十一) 八宫卦

古人将六十四卦分作八宫,每宫八个重卦,各宫均以纯卦领头,由纯卦可以依次变出另外七个重卦。纯卦又叫本宫卦,其余七卦分别称为一世卦、二世卦、三世卦、四世卦、五世卦、游魂卦、归魂卦。八宫卦如下:

乾宫:乾为天,天风姤,天山遁,天地否,风地观,山地剥,火地晋,火天大有。

坎宫:坎为水,水泽节,水雷屯,水火既济,泽火革,雷火丰,地火明夷,地水师。

艮宫:艮为山,山火贲,山天大畜,山泽损,火泽睽,天泽履,风泽中孚,风山渐。

震宫:震为雷,雷地豫,雷水解,雷风恒,地风升,水风井,泽风大过,泽雷随。

巽宫:巽为风,风天小畜,风火家人,风雷益,天雷无妄,火雷噬嗑,山雷颐,山风蛊。

离宫:离为火,火山旅,火风鼎,火水未济,山水蒙,风水涣,天水讼,天火同人。

坤宫:坤为地,地雷复,地泽临,地天泰,雷天大壮,泽天夬,水天需,水地比。

兑宫:兑为泽,泽水困,泽地萃,泽山咸,水山蹇,地山谦,雷山小过,雷泽归妹。

乾、坎、艮、震宫称为阳四宫,巽、离、坤、兑宫称为阴四宫。

八宫卦除八个本宫卦外,其余均以卦象加卦名的方式表示,如"雷天大壮"即表示大壮卦的卦象是上雷☳(震卦)、下天☰(乾卦)。熟记八宫卦便于了解和掌握六十四卦的卦象构成。

九、如何学习《周易》

如何学习和研究《周易》,前人多有讨论。学习者的基础不同,学习方法自然不同。研究的目的和内容不同,所用的方法也会有差异。所以没有一成不变、放之四海而皆准的学习与研究方法。

宋祚胤著《周易新论》,第二章为"论《周易》的研究方法",作者除介绍春秋时代、战国时代与当代的研究方法外,还着重谈了三种"应采取的正确研究方法":

1. 认清卦象与卦名、卦名与卦辞、卦辞与爻辞、爻辞与爻辞的关系;

2. 辨明内(下)外(上)卦的主要方面和次要方面及其矛盾推移的不同情况,并把主爻和辅爻结合起来;

3. 认识比喻的复杂性和广泛性。

黄寿祺、张善文撰《周易译注·前言》就研究《周易》的方法提出了八点意见,其要点为:

第一,从源溯流。研究者首须熟习经传本文,考明《左传》《国语》所载古筮例;其次,研读汉魏古注;再次,观六朝、隋、唐诸家义疏;最后,参考宋、元以来各家之经说。

第二,强干弱枝。象数、义理为主干,旁及之天文、地理、乐律、兵法、韵学、算术乃至现当代科学之说,皆其枝附。

第三,在明确经传既相区别、又相联系的基础上,应当以《易传》为解经的首要依据。

第四,应当掌握六十四卦表现哲理的特殊方式:象征。

第五,应当掌握前人总结出来的切实可用的《易》学条例。如六爻居位特征、承乘比应关系及卦时、卦主、中正等规律。

第六,应当结合考古学界发现的有关《周易》资料,细密辨析《周易》经传的本来面目及《易》学史研究中的各方面问题。

第七,应当重视多学科、多课题相互贯通的比较研究。如经传的文学价值、史学价值、美学价值、文字音韵学价值,以及在古代科技史研究中的价值等,都有认真发掘的必要。

第八,应当注意国外汉学者研究《周易》的成果,吸收其可取的因素,以增进中外文化学术的交流。

以上意见都颇为中肯,值得《周易》研究者参考。

下面我们就如何学习《周易》谈几点意见,供有兴趣了解《周易》的人参考。

(一) 由浅入深,精读三五本易学名著

学习《周易》和研究《周易》的方法有所不同。《周易译注·前言》强调研究《周易》要"从源溯流",我们则认为学习《周易》要"从流溯源"。所谓"从流溯源",也就是由浅入深,就是要先读今人的浅易《周易》注本,再读宋代以来的注本,再读唐以前的注本,再去研读《左传》《国语》筮例,然后再参阅各种简帛《周易》研究论著。初学者最好先找一本当代人写的浅易注本来读,作为入门的基础,然后再找几本包含《周易》经传训释和易学理论知识的书来读。当代人写的书,我们推荐读高亨的《周易古经今注》和《周易大传今注》;古人写的书,读李光地《周易折中》或孔颖达《周易正义》均可。不过这几本书已经有一定深度和难度了,不适合作为入门书来读的。

(二) 打好古文基础,注意《周易》语言的时代特点和规律

《周易》属于先秦文献典籍,其语言表达符合上古汉语的一般规律。良好的古文基础,有助于学习和研究《周易》。所谓古文基础,是指阅读古文所需要的基本能力和基础知识。古文阅读能力是日积月累培养起来的,除了课堂学习和训练,主要靠平时多看多读,没有捷径可走。至于学习《周易》所需的古文基础知识,范围也很广泛,粗略而言,主要包括古汉语的文字、词汇、语法、语音与修辞知识,古代的历史、文学、哲学、经学知识等。《周易》还旁涉古代的天文、地理、乐律、兵法、算术、科技诸领域的内容,这些知识当然是多多益善,但其重要性和迫切性远不及前者。以古代的"小学"(文字学、音韵学、训诂学)知识为核心,来构筑自己的古文知识基础,是比较可行的一种方法。

同时,学习《周易》要有明确的历史发展观念,要注意《周易》语言的时代特点和独特规律,不要"套用"、"照搬"今天的词义、词汇和句法。比如《睽》卦初九爻"见恶人",有人把"恶人"注译为"坏人",或以"恶人"好懂而不注,其实"恶"为"丑"义,"恶人"指长相丑陋的人。又如《中孚》卦六四爻"马匹亡",今人或译为"丢失马匹",或译为"良马亡失匹配",均属望文生义的误解。其实,《周易》里的"马匹"既不是一个词,"匹"也不是表"匹配"义。焦循《易章句》《中孚》卦注云:"匹,合也。"《尔雅·释诂上》:"匹,合也。"郭璞注:"匹,谓对合也。"邢昺疏:"匹者,配合也。"黄生《义府》卷上"匹马"条云:"古人驾马或四或六,皆用偶数,故数马以匹。一匹当是两马,四匹则二乘也。其曰匹马,亦犹匹夫、匹妇,本因偶得名,称谓既久,即单举亦可为匹耳。"《中孚》卦"马匹亡",意指马儿成双成对地逃跑,"匹"在句中作"亡"("逃跑"义)的状语。对《周易》中诸如"乘马""恶人""突如""马匹"这类看似平易而实有讲究的组合形式,我们一定要结合《周易》的时代与语言环境加以考虑,不要简单地"套用"、"照搬"今天的意义和用法。所谓"历史发展"观念,核心就是"古今有别"。以今律古,不讲语法,是今人解《易》多歧多误的原因之一。

(三)掌握易学基本条例和卦爻辞的类型特点

研究《周易》要掌握易学条例,学习《周易》也要这样。易学条例繁多,初学者掌握与《周易》古经直接相关的基本条例即可。待入门之后,视学习和研究需要再涉猎其他方面。在研读《周易》经文之前,最好先了解、熟悉一些基本的易学条例。

学习《周易》还需辨明卦爻辞的不同类型,掌握其功能特点及象征手法。有的书将《乾》卦初九爻辞读为"潜龙勿用",上九爻辞读为"亢龙有悔",囫囵吞枣,没有将象辞和兆辞加以区别,分别句读。如此句读,且不论其模糊了象辞与兆辞的界限,即从句法角度讲,也颇有问题。"亢龙有悔":主语是"亢龙",谓语是"有悔",意即"到了顶点的龙有灾"——遭灾的主体是"亢龙"。而读作"亢龙,有悔",所表示的意义是:卦象中的上九爻像一条飞到极点的龙(亢龙),人们占得此爻就会有灾患(有悔)——遭灾的是句中没有明示的"人"。尽管只是在"亢龙"与"有悔"中间稍作停顿(标点时加了逗号),不仅句法结构不同,文意也大有不同。这个例子表明,区别象辞和兆辞是很有必要的。能不能区分卦爻辞的不同类型,是衡量有没有读懂《周易》的标尺之一。

(四)经、传需要分别对待,以经为主,以传为辅

《周易》经、传两部分,作者不同,产生时代不同,宜分别对待。尤其在讨论性质和价值问题时,更宜严格区别不同的对象,不可混为一谈。从学习的角度而言,区别《周易》经传也是很有必要的。我们学习《周易》，重点是《周易》古经，难点也在古经。《易传》不过是众多解《易》著作中最早、最系统、最权威的一种。既然《易传》是解释性的著作，是从属于古经的，其价值就不能与古经等量齐观，宜以经为主，以传为辅，以传解经。《易传》解《周易》，主释象数与义理，而对于《周易》经文词句的训诂，并不特别重视，且有偏离经义与误解之处。在当前条件下，我们解读《周易》古经，不必再像古人那样以《易传》为准绳和依归，而要综合利用各种典籍资料（包括简帛《周易》）和古注旧说（包括《易传》），作出新的实事求是的解释。而学习《周易》，也要注意参考利用最新的研究成果，以免陈陈相因，以讹传讹。

（五）学、玩结合，归于正道

我们今天学习《周易》，重点自然是了解、学习《周易》的思维方式、思想和哲学。但《周易》原本是卜筮之书，它表达思想和哲学的方式很特别，卦爻和与之相关的卦爻辞共同成为思想的载体、哲学的工具。我们要读懂《周易》，要了解《周易》的意蕴，不仅需要了解八卦和六十四卦方面的知识，而且需要了解《易》筮的方法和原理。前人曾有一说：未学《易》，先学筮。意思是，在正式读《周易》之前，要先学占卦。又说：《易》有内外两层功夫。所谓《易》内功夫，就是指表面所看到的卦爻和文辞，主要指对文辞的解读；所谓《易》外功夫，就是指对《周易》经文中没有讲到的卦象、爻象以及卜筮原理和方法的了解，大体相当于前面所说的"易学条例"或"义例"。可以这样说，如果没有练好"外功"，是无论如何也读不懂《周易》这本"天书"的。试想一下，去掉各种注释和解说，只保留六十四卦经文，叫一个文科大学生自学《周易》一周，甚至一个月，即使能把全书背诵下来，也可能不知所云，最多能记住几句"潜龙勿用""群龙无首"而已。总之，了解《周易》的筮法和义例，对学习和研究《周易》具有帮助作用。

《周易》的卦象和文辞，都自有条例和规律，富含深刻的道理。对《周易》的研究和探索，已形成一门专门的学问——易学。就学术研究而言，我们应该始终抱一种严肃认真、实事求是的态度。这是《周易》"雅"的一面。另一方面，《周易》也很"俗"，具有实用性，可用于占卦"算命"。我们不提倡利用《周易》占卦算命，更反对利用《周易》招摇撞骗。但我们不反对"玩《易》"——利用《周易》起卦预测，通过观察卦象，揣摩文辞，从中寻求人生启迪，或仅仅是玩一玩，乐一乐。前人有"玩《易》"之说，最早出自《易传·系辞传》："是故君子所居而安者，《易》之序也；所乐而玩者，爻之辞也。是故君子居则观其象而玩其辞，动则观其变而玩其占。"我们这里所说的"玩"字，一语双关：玩味卦爻辞兼占卦玩乐。《周易》文句简略，如果用

"通读"的方式来学习,往往会感觉枯燥乏味;若以占卦玩乐的方式进行,就会增加不少趣味性:占得某一卦、某一爻,或几卦几爻,反复揣摩琢磨,对卦爻辞的意蕴就能有所体会。因为占卦,需要时常翻阅参考《周易》经传,体会其中的"微言大义",在"玩"的同时,也学习了《周易》。譬如某一妙龄女子占得《大过》卦九五爻,爻辞说:"枯杨生华,老妇得其士夫。无咎无誉。"我们就恭喜她说:你是枯木逢春,可以找个小弟弟做丈夫。幸哉幸哉!大家笑过羞过之后,或许还能学到一点古文知识:"华"读 huā,义同"花"。至于那位妙龄女子及其家人是否真的因为这一句"老妇得其士夫,无咎无誉",而接受一个小几岁的男青年,那也是极有可能的,人们应该乐观其成。我们看古今易学名家,许多人都是深谙《周易》占筮之道的,如宋人朱熹,近人尚秉和,今人刘大钧,他们除有书介绍筮法筮例外,亦有高雅学术著作问世,对《周易》研究贡献颇大。我们相信,在现代社会,在精神文明高度发达的今天,很少有人会迷失于《周易》的占筮,进而迷失自我理智。好的玩《易》心态是:玩一玩,乐一乐;遇"吉"努力进取,居安思危;遇"凶"小心谨慎,稳扎稳打。玩、学结合,归于正道。《周易》之正道是:

> 天行健,君子以自强不息;
>
> 地势坤,君子以厚德载物。

《周易》古经（上）

乾（一）

☰（乾下乾上）乾^①：元亨^②，利贞^③。

初九：潜龙^④，勿用^⑤。

九二：见龙在田^⑥，利见大人^⑦。

九三：君子终日乾乾^⑧，夕惕若^⑨，厉^⑩，无咎^⑪。

九四：或跃在渊^⑫，无咎。

九五：飞龙在天，利见大人。

上九：亢龙^⑬，有悔^⑭。

用九：见群龙无首^⑮，吉。

【注释】

① 乾（qián 前）：卦名。帛《易》写作"键"。《说卦传》云："乾，健也。"《释名·释天》云："月令曰：天气上腾，地气下降，《易》谓之乾。乾，健也，健行不息也。"《广雅·释诂》："乾，健也。"王念孙《疏证》云："乾、健同声。""乾、键、健"音近义通，"刚健"之义。

② 元亨：大亨，非常顺利。元：大，极其。

③ 利贞：利于占卜。贞：卜问，占卜。

④ 潜：隐藏在水下面。

⑤ 勿用：不要有作为。勿：不要。用：做事，行动。

⑥ 见龙在田：看到龙出现在田野上。见：看见。一说"见"读 xiàn（现），"出现"之义。在：介词，于。

⑦ 利见大人：利于拜见大人物。见：拜见，谒见。大人：大人物，指有德才、有权势的人。

⑧ 君子终日乾乾:君子整天勤奋不已。君子:有道德修养的人。终日:整天。乾乾:勤奋不懈。《广雅·释训》:"乾乾,健也。"《吕氏春秋·士容》:"乾乾乎取舍不悦而心甚素朴。"高诱注:"乾乾,进不倦也。"

⑨ 夕惕若:晚上小心谨慎。惕若:警惕,担心。"若"为衬音助词,无实在意义。

⑩ 厉:危险。

⑪ 咎(jiù旧):灾祸,患难。

⑫ 或跃在渊:龙又跳进深渊。或:不定代词,有的,有的龙。

⑬ 亢(kàng抗):过高,达到极点。帛《易》作"抗"。

⑭ 悔:麻烦,忧患。

⑮ 见群龙无首:看到一群龙中没有为首的。首:首领,领头的。

坤（二）

    ䷁(坤下坤上)坤①:元亨,利牝马之贞②。君子有攸往③,先迷后得主④。利西南,得朋⑤。东北丧朋⑥。安贞吉⑦。

    初六:履霜⑧,坚冰至⑨。

    六二:直方大⑩,不习⑪,无不利。

    六三:含章⑫,可贞⑬。或从王事⑭,无成有终⑮。

    六四:括囊⑯,无咎无誉。

    六五:黄裳⑰,元吉。

    上六:龙战于野⑱,其血玄黄⑲。

    用六:利永贞⑳。

【注释】

① 坤(kūn昆):卦名,帛《易》写作"川"。《释文》云:"本又作巛,巛,今字也。"《说文》土部:"坤,地也。"《国语·晋语四》:"坤,土也。"《说卦传》云:"坤,顺也。"

② 利牝(pìn聘)马之贞:利于占问有关母马的事情。牝:雌性。之:助词,作用是帮助宾语前置。"牝马"作动词"贞"的前置宾语。

③ 君子有攸(yōu优)往:君子外出。攸:助词,所。"有攸往"即"有所往"。

④ 先迷后得主：起初迷路，后来找到主人。迷：迷失，迷路。

⑤ 得朋：找到朋友。朋：朋友。一说"朋"指"朋贝"。古以贝壳为货币，两串十枚为一朋。

⑥ 丧：丢失，失去。

⑦ 安贞吉：占问居住之事吉利。安：安居，安家。"安"为"贞"的前置宾语。

⑧ 履（lǚ 吕）：踩，踏。

⑨ 坚冰至：将会出现厚实的冰凌。至：到来，出现。

⑩ 直方大：平直、方正、广大。"直方大"说大地之属性。尚秉和《周易尚氏学》云："方者地之体，大者地之用，而二又居中直之位，故曰直方大。"

⑪ 习：熟悉，了解。

⑫ 含章：蕴含美德。章：美德，显著的功德。孔颖达《正义》曰："章，美也。"王引之《经义述闻》"故使子孙无忘其章"条云："凡功之显著者谓之章。""含章"：帛《易》作"合章"，可理解为"符合规章"。

⑬ 可贞：适宜占卜。

⑭ 或从王事：有人为君王做事。或：有人。从：做，办。

⑮ 无成有终：没有做好但做完了。成：成功。终：完毕，结束。

⑯ 括囊（náng）：扎好口袋。括：结，扎。囊：口袋。

⑰ 裳（cháng 常）：下身之衣，似裙的裤子。

⑱ 龙战于野：龙在原野上交战。战：交战，争斗。一说"战"为"交合、接合"义。《说文》壬部云："壬：位北方也。阴极阳生，故《易》曰：龙战于野。战者，接也。"

⑲ 其血玄黄：流出的血黑中带红。其：它们的，指龙。玄：黑。一说"玄黄"通"泫潢（xuàn huáng）"，流淌的样子。

⑳ 利永贞：利于占问长远之事。永：长久，指长远之事。"永"作"贞"的前置宾语。

【问题分析】

1.《乾》卦九四："或跃在渊，无咎。"试就其文辞与义理略作分析。

《乾》卦九四："或跃在渊，无咎。"《易传·乾文言》云："九四重刚而不中，上不在天，下不在田，中不在人，故或之。或之者，疑之也，故无咎。"今人解《乾》卦"或"字多据《易传》加以发挥，有训为"惑"者，有训为"或许"者。李镜池《周易通义》云："或：有人，这里指贵族。"按，古汉语语法著作通常把"或"称为无定代词，释为"有人""有的"，李镜池先生训"或"为"有人"，定性是对的，然以"或"指人，则有可商之处。从《乾》卦上下文看，"或"字非指人，而是指物，具体说是指"龙"，"或跃在渊"意即"龙又跳回深渊中"。《乾》卦的核心是"龙"，全卦有五爻直接写"龙"：初九为"潜龙"，九二为"见龙在田"，九五为"飞龙在天"，上九为"亢龙"，用九为"见群龙无首"。九四"或跃在渊"承九二而言，亦写了龙的一种活动，可见"或"字在卦中指"龙"是非常明确的。过去人们以为《乾》卦六爻写龙逐渐升腾，象征事物由低级向高级发展，这只是理解了其寓意的一个方面。其实，《乾》卦还揭示了君子的一种处世之道：当进则进，当退则退，进则有利，退则无咎，亢进有灾。九二"见龙在田"为第一次跃进，九四"或跃在渊"为退，九五"飞龙在天"是退处之后的再次进升，而上九则是亢进，故爻辞曰"亢龙，有悔"。《系辞传下》曰："二与四同功而异位，其善不同，二多誉，四多惧，近也。"《乾》卦九四本是"多惧"之位，但由于不进而退，故得"无咎"。可见《周易》作者是主张适当进取、以退为进的。

2.《坤》卦辞："元亨，利牝马之贞。"试分析"贞"字的意义和用法。

"贞"字在《周易》(古经)中共出现 111 次，它该作何解，古今学者的意见颇不一致。

按，《说文解字》卜部云："贞，卜问也，从卜，贝以为赘。"赵诚《甲骨文简明词典》第 312 页："卜辞的贞为贞问之义。"李镜池《周易通义》第 1 页："卜辞、《周易》的'贞'都训贞卜、卜问。"高亨《周易古经今注》第 112 页："用龟以卜而问事，既谓之贞，则用蓍以筮而问事，自可谓之贞，故《周易》贞可训为筮问，以常用之词释之，即占问也。"

《坤》卦"贞"字，乃用其本义，即"占问"之义。"利牝马之贞"意即"利于占问牝马(母马)之事"。"牝马之贞"是宾语前置格式，"牝马"作"贞"的宾语。《坤》卦中"安贞吉""可贞""利永贞"之"贞"，均为"占问"义。"安贞吉"是"贞吉"格式的扩展，"安"作"贞"的前置宾语。"可贞"是"利贞"的同义语。"利永贞"是"利贞"格式的扩展，"永"作"贞"的前置宾语。

【语言文学及文化史扩展】

1. **乾坤**　《说卦传》云："乾为天"，"坤为地"。后以"乾坤"指天地、世界等。例如：

乾坤能大，算蛟龙，元不是池中物。

（宋　文天祥《酹江月》词）

遥拱北辰缠寇盗，欲倾东海洗乾坤。

（唐　杜甫《追酬故高蜀州人日见寄》诗）

太宗以端拱继明，自黄离而用九。皇上缵乾坤之令业，振文武之英风。

（唐　王勃《广州宝庄严寺舍利塔碑》）

2. 飞龙　龙飞　孔颖达《正义》云："言九五阳气盛至于天，故云'飞龙在天'。此自然之象，犹若圣人有龙德飞腾而居天位，德备天下，为万物所瞻睹，故天下利见此居王位之大人。"古以"飞龙"比喻帝王。唐韩琮《公子行》诗："别殿承恩泽，飞龙赐渥洼。"又以"龙飞"比喻帝王将兴或即位。例如：

我世祖忿之，乃龙飞白水，凤翔参墟。

（汉　张衡《东京赋》）

陛下拨乱龙飞，初登大位。

（南朝·宋　范晔《后汉书·李固传》）

3. 九乾　指九重天，天之极高处。南朝·宋范晔《后汉书·崔骃传》："历世而游，高谈有日，俯钩深于重渊，仰探远乎九乾。"

4. 龙可比世之英雄

二人对坐，开怀畅饮。酒至半酣，忽阴云漠漠，骤雨将至。从人遥指天外龙挂，操与玄德凭栏观之。操曰："使君知龙之变化否？"玄德曰："未知其详。"操曰："龙能大能小，能升能隐；大则兴云吐雾，小则隐介藏形；升则飞腾于宇宙之间，隐则潜伏于波涛之内。方今春深，龙乘时变化，犹人得志而纵横四海。龙之为物，可比世之英雄。玄德久历四方，必知当世英雄。请试指言之。"

（明　罗贯中《三国演义》第二十一回）

5. 履霜　比喻积小可以成大，见微可以知著，宜掌握事物发展规律，防微杜渐，防患于未然。例如：

自仲秋而在疚兮，逾履霜以践冰。雪霏霏而骤落兮，风浏浏而夙兴。

（晋　潘岳《寡妇赋》）

高宗溺爱衽席，不戒履霜之渐，而毒流天下，贻祸邦家。

（宋　欧阳修《新唐书·高宗纪赞》）

6. 含章　指包含美好的东西。汉代有宫殿名"含章"。

麒麟朱鸟，龙兴含章。

（汉　张衡《西京赋》）

仰观吐曜，俯察含章，高卑定位，故两仪既生矣。惟人参之，性灵所钟，是谓三才，为五行之秀，实天地之心。

（南朝·梁　刘勰《文心雕龙·原道》）

垂象之文斯著,含章之义聿宣。

(唐 李善《上文选注表》)

7. 括囊 比喻缄口不语,不预他事,以求明哲保身。

臣受恩偏特,忝任师傅,不敢自同凡臣,括囊避咎。

(南朝·宋 范晔《后汉书·杨震传》)

自寇乱以来,处内外之任者,未有深谋远虑,括囊至计,而疲竭根本,各从所志,竟无一功可论,一事可记。

(唐 房玄龄《晋书·王羲之传》)

8. 无咎无誉

邓、张作傅,无咎无誉。敏正疑律,防议章句。胡公庸庸,饰情恭貌。朝章虽理,据正或桡。

(南朝·宋 范晔《后汉书·邓张徐张胡列传赞》)

【集评】

《说卦》:乾,健也。言天之体以健为用,运行不息,应化无穷,故圣人则之。欲使人法天之用,不法天之体,故名乾,不名天也。

(唐 李鼎祚《周易集解》卷一)

崔憬曰:九者,老阳之数,动之所占,故阳称焉。潜,隐也。龙下隐地,潜德不彰,是以君子韬光待时,未成其行。故曰"勿用"。《子夏传》曰:龙,所以象阳也。马融曰:物莫大于龙,故借龙以喻天之阳气也。

(唐 李鼎祚《周易集解》卷一)

"终日"是昼,"夕"则将夜。惕,忧也。变离错坎,忧之象也。若,助语辞。"夕"对"终日"言。"终日乾乾夕惕若"者,言终日乾乾,虽至于夕而兢惕之心犹夫终日也。厉者,危厉不安也。

(明 来知德《周易集注》卷一)

卢氏曰:坤,臣道也、妻道也。后而不先,先则迷失道矣,故曰"先迷"。阴以阳为主,当后而顺之,则利。故曰"后得主,利"。

(唐 李鼎祚《周易集解》卷二)

干宝曰:重阴,故称六。刚柔相推,故生变。占变,故有爻。《系》曰:爻者,言乎变者也。故《易》《系辞》皆称九、六也。阳数奇,阴数偶,是以乾用一也,坤用二也。

(唐 李鼎祚《周易集解》卷二)

初六，阴气之微，似若初寒之始，但履践其霜，微而积渐，故坚冰乃至。义取所谓阴道，初虽柔顺，渐渐积著，乃至坚刚。凡《易》者，象也，以物象而明人事，若《诗》之比喻也。或取天地阴阳之象以明义者，若《乾》之"潜龙""见龙"，《坤》之"履霜坚冰""龙战"之属是也。或取万物杂象以明义者，若《屯》之六三"即鹿无虞"、六四"乘马班如"之属是也。如此之类，《易》中多矣。或直以人事，不取物象以明义者，若《乾》之九三"君子终日乾乾"，《坤》之六三"含章可贞"之例是也。圣人之意，可以取象者则取象也，可以取人事者则取人事也。故《文言》注云："至于九三，独以君子为目者何也？""乾乾夕惕，非龙德也。"故以人事明之，是其义也。

（唐　孔颖达《周易正义》卷一）

《归藏》首《坤》，其义未知所取。《周易》以《坤》继《乾》，以地承天，万物之父母也。全卦以柔顺得正，为地道、臣道、妻道之宜。六爻唯二、五言吉利，而五不如二之正。他则皆有扶阳抑阴之微旨焉。《坤》卦之大略也。

（清　陈梦雷《周易浅述》卷一）

【问题与讨论】

1.《乾》卦中"龙"和"君子"是怎样的关系？

2.《坤》卦初六"履霜，坚冰至"有何象征意义？

屯（三）

䷂（震下坎上）屯①：元亨，利贞。勿用有攸往②，利建侯③。

初九：磐桓④，利居贞⑤，利建侯。

六二：屯如邅如⑥，乘马班如⑦，匪寇⑧，婚媾⑨。女子贞不字⑩，十年乃字⑪。

六三：即鹿无虞⑫，惟入于林中⑬。君子几⑭，不如舍⑮。往吝⑯。

六四：乘马班如，求婚媾。往吉，无不利。

九五：屯其膏⑰，小贞吉⑱，大贞凶⑲。

上六：乘马班如，泣血涟如⑳。

【注释】

① 屯(zhūn 谆):卦名。帛书《易之义》、阜《易》作"肫"。李镜池《通义》注音"zhūn 谆",黄寿祺、张善文《周易译注》注音"囤 tún"。按,《释文》音"张伦反",当以音"zhūn"为是。《说文》屮部:"屯,难也。象屮木之初生,屯然而难。"以爻辞中常见字作标题。

② 勿用有攸往:不利外出。勿用:不要。

③ 利建侯:利于设立诸侯。建:设立,设置。侯:诸侯,君王。一说"侯"指古代贵族举行射礼时所用的箭靶,以皮或布做成。《玉篇》矢部:"侯,射侯也。"《小尔雅·广器》:"射有张皮谓之侯。"

④ 磐桓(pán huán 盘环):叠韵连绵词,徘徊,逗留。

⑤ 利居贞:利于占问居住之事。"居"为"贞"的前置宾语。

⑥ 屯(tún 豚)如邅(zhān 沾)如:聚集在一起,原地打转。屯:聚集,集合。邅:打转,徘徊不前。如:衬音助词,无实义。《释文》云:"子夏传云:如,辞也。"或以为"屯"读zhūn,意为"艰难";"邅"为"难行"之义。

⑦ 乘马班如:车马回旋。乘马:用马驾车。班:通"般",盘旋,回转不进。

⑧ 匪寇:不是抢劫。匪:副词,非,不是。寇:抢劫。

⑨ 婚媾(gòu 构):结婚,结亲。

⑩ 女子贞不字:女子占卜不能怀孕。贞:卜问。字:怀孕,生育。一说"字"为"许嫁,出嫁"义。

⑪ 十年乃字:十年之后才能生育。乃:副词,才。

⑫ 即鹿无虞(yú 鱼):走近山脚却没有虞人作向导。即:接近,靠近。鹿:通"麓",山脚。虞:管理山林和围猎场所的官员。一说"即鹿"为"逐鹿"义。

⑬ 惟:句首语气词,帛《易》作"唯"。

⑭ 君子几:君子机警。几:通"机",机警,机智。

⑮ 不如舍:不如停止。舍:放弃,停止。

⑯ 吝:羞辱,遗憾。一说通"遴","行走艰难"之义。

⑰ 屯其膏(gāo 高):储存肥肉。膏:肥肉。

⑱ 小贞吉:占问小事吉利。"小"为"贞"的前置宾语。

⑲ 大贞凶:占问大事不吉。

⑳ 泣血涟如:泪水涟涟。泣:眼泪。"泣血"为偏义复合词,偏指"泣"(泪水),"血"作陪衬,不表义。涟如:泪流不断的样子。

蒙（四）

䷃（坎下艮上）蒙①：亨。匪我求童蒙②，童蒙求我。初筮告③，再三渎④，渎则不告。利贞。

初六：发蒙⑤，利用刑人⑥，用说桎梏⑦。以往吝⑧。

九二：包蒙⑨，吉。纳妇⑩，吉。子克家⑪。

六三：勿用取女⑫。见金夫⑬，不有躬⑭。无攸利。

六四：困蒙⑮，吝。

六五：童蒙⑯，吉。

上九：击蒙⑰，不利为寇⑱，利御寇⑲。

【注释】

① 蒙：卦名。以卦爻辞中常见字作标题。楚《易》作"尨"。

② 匪我求童蒙：不是我去求愚昧的人。匪：副词，非，不是。童蒙：愚昧无知的人，一说指"蒙昧愚蠢的奴隶"。

③ 初筮（shì 是）告：首次占卜就告诉。筮：算卦，占卜。"初筮告"帛《易》作"初筮吉"。

④ 再三渎（dú 读）：第二次、第三次占卜是亵渎。再：第二次。渎：亵渎，轻慢不敬。

⑤ 发蒙：启发蒙昧的人。发：启发。一说"发"通"伐"，"发蒙"意为"砍伐草木"。

⑥ 利用刑人：利于处罚人。用：介词，于。刑：处罚。一说"刑人"指"受刑之人"。

⑦ 用说（tuō 脱）桎（zhì 至）梏（gù 故）：为"利用说桎梏"的省略式，意为"利于解除枷锁"。说：通"脱"，解脱，除去。桎：戴在脚上的刑具。梏：戴在手上的刑具。

⑧ 以往吝：如果外出将有麻烦。以：连词，如果。帛《易》作"已"，已经。

⑨ 包蒙：包容蒙昧的人。包：包容。一说"包蒙"意为"捆草"。

⑩ 纳：接纳，婚娶。

⑪ 子克家：子女成家。克：成，完成。一说"克家"指"胜任家事"。

⑫ 勿用取女：不宜娶妻。取：娶。一说"取女"意为"抢夺女子"。

⑬ 金夫：武夫，携带武器的人。一说"金夫"指"漂亮的男子"。

⑭ 不有躬：没有了身体（丧了命）。躬：身体。一说"不有躬"指女子失身。

⑮ 困蒙：为蒙昧之人所困。一说"困蒙"意为"捆草"。

⑯ 童蒙:孩童幼稚蒙昧。一说"童"通"撞","童蒙"意为"砍伐草木"。

⑰ 击蒙:惩治蒙昧的人。击:攻击,管治。一说"击蒙"意同"撞蒙"。

⑱ 不利为寇:不宜做抢劫之事。寇:掠夺,抢劫。

⑲ 利御(yù 玉)寇:利于防备抢劫。御:抵挡,防备。

【问题分析】

1. 为什么《屯》卦中的"乘马"不能理解为"骑马"?

"乘马"一语,在《屯》卦中共出现三次。六二:"屯如邅如,乘马班如。匪寇,婚媾。女子贞不字,十年乃字。"六四:"乘马班如,求婚媾。往吉,无不利。"上六:"乘马班如,泣血涟如。"当今多数注译本均以"骑马"解之,或在译文中沿用"乘马"二字。按,《屯》卦之"乘"字当为"驾车"之义,"乘马"意为"用马驾车"。《古汉语常用字字典》和《简明古汉语字典》均把"驾车"列为"乘"字的第一义项,引例分别为:《墨子·亲士》:"良马难乘,然可以任重致远。"《易·系辞下》:"服牛乘马,引重致远。"至于"乘"为什么要解为"驾",王力主编《古代汉语》有一段很好的说明:"战国以前,车马是相连的。一般地说,没有无马的车,也没有无车的马。因此,古人所谓御车也就是御马,所谓乘马也就是乘车。《论语·雍也》:'赤之适齐也,乘肥马,衣轻裘',这是说乘肥马驾的车。"(第三册 996 页)在《周易》中,可解为"驾车""乘车"义的"乘"字还有一个用例,即《解》卦六三:"负且乘,致寇至,贞吝。""负且乘"是说背着东西而乘车。总而言之,在《周易》时代"乘"没有"骑"义,故"乘马"不能解为"骑马"。

2. 如何理解《蒙》卦的"童蒙"?

《蒙》卦辞:"匪我求童蒙,童蒙求我。"前一句"童蒙"作"求"的宾语,后一句作"求"的主语,"童蒙"与"我"位置可互换。我们可认定卦辞中的"童蒙"为名词,至于其具体涵义,有多种理解。周振甫《周易译注》以为指"蒙昧的童子";李镜池《周易通义》以为"童"借为"僮","童蒙"指蒙昧愚蠢的奴隶;高亨《周易古经今注》以为"蒙"借为"矇","年幼而无知者,谓之童蒙。此童蒙谓求筮者也。我,筮人自谓也。"陈鼓应、赵建伟《周易今注今译》认为:"'童蒙',指问筮者,问筮者有所不明,故曰'童蒙'。"我们觉得卦辞中的"童蒙"从构词上看,实即"蒙童",也就是幼稚的孩童。其例同于"草芥"(《孟子》)、"虫蝗"(《礼记》),后世称为"芥草""蝗虫"。至于说"童蒙"指问筮者,乃据上下文推衍其义,非其固有的概念内涵。

《蒙》卦六五:"童蒙,吉。"此爻"童蒙"如何理解,也是众说纷纭。李镜池《周易通义》以为"童"借为"撞","撞蒙"意即"砍伐树木"。周振甫《周易译注》以为指"蒙昧的童子"。从文例上看,初六"发蒙"、九二"包蒙"、六四"困蒙"、上九"击蒙"都是"动词＋蒙"格式,"发""包"等字都是动词,"童蒙"之"童"似可比例而定为动词。从《周易》义例来看,六五为《蒙》卦之主,乃成卦之主,故六五爻之"童蒙"与卦辞之"童蒙"可统一起来理解。六五"童蒙,吉",意谓孩童年幼无知,尚需启发包容,占得此爻,可获吉祥。

【语言文学及文化史扩展】

1. 屯难　指艰难、危难。

天命斯不易,鬼责将安逃。屯难果见凌,剥丧宜所遭。

（唐　柳宗元《游南亭夜还叙志七十韵》诗）

叔伦劝以屯难未靖,安之者莫先于兵。兵所藉者食,故金谷之司不轻易人。

（宋　欧阳修《新唐书·戴叔伦传》）

2. 屯邅　指处境艰难或难行,亦作"迍邅"。

守哭屯邅,心期冥遇。

（清　汪中《哀盐船文》）

英雄有屯邅,由来自古昔。

（晋　左思《咏史》诗八首之七）

适遇其人自有家事,迍邅坎坷,又废一年。

（唐　韩愈《与汝州卢郎中论荐侯喜状》）

3. 屯膏　《屯》卦九五:"屯其膏,小贞吉,大贞凶。"程颐《易传》云:"人君之尊,虽屯难之世,于其名位,非有损也。唯其施为有所不行,德泽有所不下,是屯其膏,人君之屯也。"后以"屯膏"喻指国君恩泽未施于下。例如:

畜极不雨,屯膏未光。

（唐　独孤及《为杨右相祭西岳文》）

盛世屯膏尚如此,况前代加赋派饷之日乎!

（清　魏源《圣武纪》卷一一）

4. 包蒙　指蒙昧。

离索晚相逢,包蒙欣有击。

（唐　杜甫《夜听许十一诵诗,爱而有作》）

5. 发蒙 启发蒙昧。

大哉体乎,允非小子之所能及也! 乃今日发蒙,廓然已昭矣。

(汉 扬雄《长杨赋》)

6. 童蒙 知识少,愚昧无知。

今论者不务道德怀取之术,而惟尚武,绩虽童蒙,窃所未安也。

(晋 陈寿《三国志·吴书·陆绩传》)

左右闻臣言,将侧目切齿。臣特以童蒙见拔,故敢忘忌讳。

(南朝·宋 范晔《后汉书·梁翼传》)

7. 困蒙 窘迫,处于困境。

晨风集茂林,栖鸟去枯枝。今我唯困蒙,群士所背驰。

(晋 曹摅《感旧》诗)

8. 困吝 "困蒙,吝"的缩略,指忧患、困境。

余困吝之中,精神遐漂,靡所济集。

(汉 赵岐《孟子题辞》)

9. 克家 指能担当家事,继承家业。

食德见从事,克家何妙年。一毛生凤穴,三尺献龙泉。

(唐 杜甫《奉送苏州李二十五长史丈之任》)

譬之农家种田,商人营财,但能不坠父业,即为克家子。

(元 脱脱《金史·世宗纪下》)

【集评】

屯,内外刚长,阴阳升降,动而险。凡为物之始皆出先难后易,今屯则阴阳交争,天地始分,万物萌兆在于动难,故曰屯。

(汉 京房《京氏易传》)

天地生万物。屯,物之始生,故继乾、坤之后。以二象言之,云雷之兴,阴阳始交也。以二体言之,震始交于下,坎始交于中,阴阳相交乃成云雷。阴阳始交,云雷相应而未成泽,故为屯,若已成泽则为解也。又动于险中,亦屯之义。阴阳不交则为否,始交而未畅则为屯。在时,则天下屯难,未亨泰之时也。

(宋 程颐《程氏易传》卷一)

屯是阴阳未通之时,蹇是流行之中有蹇滞,困则穷矣。

(宋 黎靖德《朱子语类》卷七十)

蔡氏清曰：屯、蹇虽俱训难，而义差异。困亦不同。屯是起脚时之难，蹇是中间之难，困则终穷，而难斯甚矣。

（清　李光地《御纂周易折中》卷一）

崔憬曰：万物始生之后，渐以长稚，故言"物生必蒙"。郑玄曰：蒙，幼小之貌。齐人谓"萌"为"蒙"也。……干宝曰：蒙者，离宫阴也。……正月之时，阳气上达，故屯为物之始生，蒙为物之稚也。施之于人，则童蒙也。苟得其运，虽蒙必亨，故曰"蒙亨"。

（唐　李鼎祚《周易集解》卷二）

屯者，物之始生。物始生稚小，蒙昧未发，《蒙》所以次《屯》也。为卦艮上坎下。艮为山、为止，坎为水、为险。山下有险，遇险而止，莫知所之，《蒙》之象也。水必行之物，始出未有所之，故为《蒙》。及其进，则为亨义。

（宋　程颐《程氏易传》卷一）

【问题与讨论】

1. 如何理解《屯》卦六二爻"女子贞不字"？
2. 卦辞中的"童蒙"与六五爻中"童蒙"是一个意思吗？

需（五）

☰☵（乾下坎上）需①：有孚②，光亨③，贞吉。利涉大川④。

初九：需于郊⑤，利用恒⑥，无咎。

九二：需于沙⑦，小有言⑧，终吉。

九三：需于泥⑨，致寇至⑩。

六四：需于血⑪，出自穴⑫。

九五：需于酒⑬，食贞吉⑭。

上六：入于穴⑮，有不速之客三人来⑯，敬之⑰，终吉。

【注释】

① 需：卦名。帛《易》作"襦"，帛书《系辞》作"嬬"，楚《易》作"𡥵"。以爻辞中常见字作

卦名,"需"有"等待"和"濡湿"两义。《说文》雨部云:"需,𩓣也,遇雨不进止𩓣也。从雨,而声。《易》曰:云在天上,需。"

② 有孚(fú俘):有诚信。孚:诚实,讲信用。一说"孚"通"俘","有孚"意为"获利"。

③ 光亨:大亨。光:通"广",广大。

④ 利涉大川:利于渡大河。涉:渡。

⑤ 需于郊:在郊野等待。需:等待,停留。

⑥ 利用恒:利于持之以恒。恒:持久不变。

⑦ 需于沙:在沙地上等待。沙:沙地,沙滩。一说"沙"指"水旁之地"。

⑧ 小有言:稍有争执。小:副词,略微,稍微。言:议论,责难。一说"言"通"愆(qiān)",过失,失误。

⑨ 需于泥:沾上泥巴。需:打湿,沾染。

⑩ 致寇至:导致强盗到来。

⑪ 需于血:沾上血污。

⑫ 出自穴:从土屋里出来。穴:地洞,土中住所。

⑬ 需于酒:沾上酒水。

⑭ 食贞吉:占问饮食之事吉利。"食"为"贞"的前置宾语。

⑮ 入于穴:进入土屋。

⑯ 有不速之客三人来:有三个不速之客来到。速:邀请,招请。

⑰ 敬之:谨慎对待他们。敬:慎重,严肃。

讼(六)

䷅(坎下乾上)讼①:有孚,窒惕②,中吉③,终凶。利见大人,不利涉大川。

初六:不永所事④,小有言,终吉。

九二:不克讼⑤,归而逋其邑人三百户⑥,无眚⑦。

六三:食旧德⑧,贞厉,终吉。或从王事,无成。

九四:不克讼,复即命渝⑨,安贞吉。

九五:讼,元吉⑩。

上九:或锡之鞶带⑪,终朝三褫之⑫。

【注释】

① 讼(sòng 宋)：卦名。以爻辞中常见字作标题。

② 窒(zhì 至)惕：停止恐惧。窒：堵塞，制止。惕：恐惧，忧愁。一说"窒"通"恎(dié 迭)"，"窒惕"意为"惧怕警惕"。

③ 中吉：中间吉利。中：相对于"初"与"终"而言，中间，中段。

④ 不永所事：不能完成所做的事情。永：长久，持久。事：做，从事。

⑤ 不克讼：没有打赢官司。克：胜。讼：官司，争讼。

⑥ 归而逋(bū)其邑(yì 义)人三百户：回去后放走封地上的三百户人。逋：逃亡，逃跑。"逋"为使动用法，"使……逃跑""放走"之义。邑：受封之地，贵族的封地。

⑦ 眚(shěng 省)：灾祸。

⑧ 食旧德：享用已有的物品。食：吃，享用。德：通"得"，指得到的东西。一说"食旧德"意为"享有旧有的德业"。

⑨ 复即命渝(yú 余)：回去就改变了命令。复：回来。即：则，就。命：命令，指示。渝：改变。

⑩ 元吉：大吉。

⑪ 或锡(cì 次)之鞶(pán 盘)带：有人赏赐他皮衣带。锡：通"赐"，赏赐。鞶：皮制的衣带。

⑫ 终朝三褫(chǐ 尺)之：一天之内多次夺走它。终朝：早晨，上午。此处"终朝"犹言"一天""全天"。三：虚数，表"多次"之义。褫：剥夺，夺去。

【问题分析】

1. 是"需于酒"还是"需于酒食"？

《需》卦九五"需于酒食贞吉"，古人解《易》多以"酒食"连言，如李鼎祚《集解》引荀爽曰："五有刚德，处中居正，故能帅群阴，举坎以降，阳能正居其所，则吉，故曰'需于酒食'也。"朱熹《本义》曰："'酒食'，宴乐之具，言安以待之。九五阳刚中正，需于善位，故有此象。占者如是而贞固，则得吉也。"因为"酒食"连言，故今注本多以"需于酒食"为句。然而，我们在今本《象传》中却发现了另一种读法：

需于血，顺以听也。酒食贞吉，以中正也。

（《需》象辞）

"酒食贞吉以中正也"一句，李鼎祚《周易集解》、朱熹《周易本义》、李光地《御纂周易折中》传文均如此，唯见尚秉和先生《周易尚氏学》传文作"需于酒食以中正也",未知何所据。《象传》解《需》卦,前四爻经文分别引作"需于郊""需于沙""需于泥""需于血",唯独九五爻辞引作"酒食贞吉",以"酒食"与"贞吉"连读。我们认为这种分别应该是句读不同所造成的结果。受此启发,我们认为"需于酒食贞吉"一句应读为"需于酒,食贞吉"。

《需》卦前四爻均为"需于×"格式,介词"于"后为一单音名词,故九五爻辞以"需于酒"为句,从文例上说是谐和的。"需于酒",意即沾上酒水。至于"食贞吉",其语法格式为"×贞吉",这种格式在《周易》中也是常见的,例如:

君子豹变,小人革面,征凶,居贞吉。

(《革》卦上六爻辞)

小亨,旅贞吉。

(《旅》卦辞)

不克讼,复即命渝,安贞吉。

(《讼》九四爻辞)

在此类格式中,"×"的位置由一个单音词充任,语法上是动词"贞"的前置宾语,意义上是卜问的对象,"居贞"是占问居住之事,"旅贞"是占问旅行之事,"安贞"是占问安居之事,句末缀以兆辞"吉",充当句子谓语。《需》卦"食贞吉",意即占问饮食之事吉利。

2. 如何理解《讼》卦"或从王事,无成"?

《讼》卦六三:"食旧德,贞厉,终吉。或从王事,无成。"陈鼓应、赵建伟《周易今注今译》注云:"'或',抑或、假若。'无成',不会有成功。"周振甫《周易译注》译为:"靠祖业过活,占问危险,结果是吉的。有人从事战争,没有成功。"按,以上两种理解都不够准确。黄寿祺、张善文《周易译注》注"或从王事,无成"云:"即《坤》六三'或从王事,无成有终'之义。"译为:"或辅助君王的事业,成功不归己有。"按,黄、张之注是对的,而译文则有所附会。《坤》卦六三:"含章,可贞。或从王事,无成有终。"《坤》卦言"或从王事,无成有终",《讼》卦在"或从王事"后仅言"无成",不言"有终",乃互文之故。《讼》卦六三爻前面说"食旧德,贞厉,终吉",既言"终吉",非"有终"而何?所以《讼》卦"无成"不能照字面直解为"没有成功"或"不会有成功",而应据《坤》卦"无成有终"补足文字,以"无成有终"解其文意。"或从王事,无成",意即有人为君王做事,虽没有做好但也做完了。或,无定代词,有人。终,动词,结束,完成。

【语言文学及文化史扩展】

1. 穴　《说文解字》穴部："穴，土室也。""土室"即土屋、地洞，是上古先民居住的处所。《诗经·大雅·绵》："古公亶父，陶复陶穴，未有家室。"《墨子·辞过》："古之民未知为宫室时，就陵阜而居，穴而处下，润湿伤民。"《系辞传下》："上古穴居而野处，后世圣人易之以宫室，上栋下宇，以待风雨，盖取诸《大壮》。"《易传》认为先民由穴居过渡到建宫室以居，是从《大壮》卦的卦象得到启发。

2. 不速之客　指没有受到邀请而到来的人。

昨日归来，遇着苏仲虎尚书宴客，我一时高兴，做个不速之客。

（明　张四维《双烈记·写意》）

戚念妻生平从不肯作不速之客，疑而摸其项，无痕，知为婢，又叱之。

（清　蒲松龄《聊斋志异》卷六）

3. 鞶带　古代官员衣服上的大带，借指官职。

礼嘉嵩高，乐和湛露。改容肃至，倾盖宠步。鞶带翩纷，珍裘阿那。

（晋　陆云《吴故丞相陆公诔》）

忽然筵席撤，何异鞶带裬。

（清　黄遵宪《罢美国留学生感赋》诗）

【集评】

何妥曰：大川者，大难也。须之待时，本欲涉难，既能以信而待，故可以"利涉大川"矣。

（唐　李鼎祚《周易集解》卷二）

需者，须待也。以二体言之，乾之刚健上进，而遇险未能进也，故为需待之义。以卦才言之，五居君位，为需之主，有刚健中正之德，而诚信充实于中，中实有孚也。有孚则光明而能亨通，得贞正而吉也。以此而需，何所不济？虽险无难矣，故利涉大川也。凡贞吉，有既正且吉者，有得正则吉者，当辨也。

（宋　程颐《程氏易传》卷一）

需者，宁耐之意。以刚遇险时节如此，只当宁耐以待之。且如涉川者，多以不能宁耐致覆溺之祸，故《需》卦首言"利涉大川"。

（宋　黎靖德《朱子语类》卷七十）

窒，塞也。惕，惧也。凡讼者，物有不和，情相乖，争而致其讼。凡讼之体，不可妄兴,必有信实,被物止塞,而能惕惧,中道而止,乃得吉也。

(唐　孔颖达《周易正义》卷二)

　　问《讼》卦大指,因言:大凡卦辞取义不一。如《讼》"有孚窒惕中吉",盖取九二中实,坎为加忧之象。"终凶",盖取上九终极于讼之象。"利见大人",盖取九五刚健中正居尊之象。"不利涉大川",又取以刚乘险,以实履陷之象。此取义不一也。然亦有不必如此取者,此特其一例也。

(宋　黎靖德《朱子语类》卷七十)

【问题与讨论】

1. 如何理解爻辞中的"需"和卦名"需"?
2. 你对"归而逋其邑人三百户"的句读和文意有什么看法?

师（七）

　　䷆(坎下坤上)师①:贞丈人吉②,无咎。

　　初六:师出以律③,否臧④,凶。

　　九二:在师⑤,中吉,无咎。王三锡命⑥。

　　六三:师或舆尸⑦,凶。

　　六四:师左次⑧,无咎。

　　六五:田有禽⑨,利执言⑩,无咎。长子帅师⑪,弟子舆尸⑫,贞凶。

　　上六:大君有命⑬,开国承家⑭。小人勿用⑮。

【注释】

① 师:卦名,阜《易》、楚《易》作"帀"。以爻辞中常见字作标题。

② 贞丈人吉:占问有关老人的事情吉利。丈人:老人。一说"丈人"指"军队的总指挥"。

③ 师出以律:军队出征要遵守纪律。师:军队。以:按照,依据。律:常规,法则。一说"律"指音律。

④ 否臧(zāng 脏):纪律不好。否:不。臧:好,善。

⑤ 在师:视察军队。在:视察,慰问。《说文》土部段《注》云:"在之义,古训为存问,今义但训为存亡之存。"或以"在师中"连读,意即身在军队之中。

⑥ 王三锡(cì 次)命:君王多次颁布命令。三:表虚数,多次。

⑦ 师或舆(yú 鱼)尸:军队用车拉尸体。或:语气助词。舆:用车运载。

⑧ 师左次:军队在左边驻扎。次:驻扎。一说"左次"为"撤退"义。

⑨ 田有禽:打猎时遇到禽兽。田:楚《易》作"畋","打猎"之义。一说"田"指田野。

⑩ 利执言:利于抓获禽兽。执:捕捉,抓获。言:语气助词,无实义。朱熹《本义》云:"言,语辞也。"一说"利执言"意为"利于实现原来的许诺"。

⑪ 长子帅师:长子率领军队打仗。长子:大儿子,一说指"长官"。帅:通"率",统率。

⑫ 弟子舆尸:小儿子用车拉尸体。弟子:次子,小儿子。一说"弟子"指"副官"。

⑬ 大君有命:君王发布命令。大君:国君。

⑭ 开国承家:分封诸侯、大夫,建立政权。开:设置,建立。国:诸侯的封地。承:接受。家:大夫的封地。"开国承家"互文见义。

⑮ 小人勿用:小人不能有作为。"小人勿用"承上而言,指"小人勿用开国承家"。小人:地位低贱的人,平民。

比(八)

䷇(坤下坎上)比①:吉。原筮②,元永贞③,无咎。不宁方来④,后夫凶⑤。

初六:有孚,比之⑥,无咎。有孚,盈缶⑦,终来有它⑧,吉。

六二:比之自内⑨,贞吉。

六三:比之匪人⑩。

六四:外比之⑪,贞吉。

九五:显比⑫。王用三驱⑬,失前禽⑭,邑人不诫⑮。吉。

上六:比之无首⑯,凶。

【注释】

① 比:卦名,以爻辞中常见字作标题。

② 原筮:重复占卜。原:再次,重复。筮:占卜。

③ 元永贞:利于占问长远之事。元:善,好。永:长久,指长远之事。"永"作"贞"的前置宾语。

④ 不宁方来:不安宁的诸侯来到。宁:安宁,安定。方:邦国,诸侯之国。

⑤ 后夫凶:后到者有凶。后:落后,走在后面。夫:人,男人。

⑥ 比之:联合起来。比:联合,团结。之:助词,无实义。

⑦ 盈缶(fǒu 否):装满瓦罐。盈:充满。缶:陶制器皿,瓦罐。

⑧ 终来有它:最终有意外情况。终来:最终,一说意为"纵使"。它:意外,变故。

⑨ 比之自内:在内部团结一致。

⑩ 比之匪人:联合其他人。匪:通"彼",代词,别的,其他。一说"匪人"指"不是自己亲近的人"。

⑪ 外比之:在外团结一致。

⑫ 显比:光明正大地联合起来。显:光明。

⑬ 王用三驱:君王从三面驱赶野兽。用:衬音助词,无实义。三驱:古代的一种狩猎方式,从左、右、后三方驱赶禽兽。

⑭ 失前禽:跑掉了前面的禽兽。失:失去,跑掉。

⑮ 邑人不诫:老百姓不担忧。邑人:乡人,当地居民。诫:警戒,警惕。帛《易》作"戒"。

⑯ 比之无首:联合而没有首领。首:首领,一说指"脑袋"。

【问题分析】

1. 如何理解"田有禽"?

《师》卦六五:"田有禽,利执言,无咎。"孔颖达《正义》曰:"'田有禽,利执言'者,……犹如田中有禽而来犯苗,若往猎之,则无咎过也。"此乃以"田中"释经文"田"字。陈鼓应、赵建伟《周易今注今译》译文为:"田野中有猎物,利于捕获,没有灾害。"此乃以"田野"对译"田"字。刘大钧、林忠军《周易古经白话解》注云:"田有禽,利执言:田中有禽兽,利捕捉之。田,田野;又有田猎之义。"其说模棱两可。按,高亨《周易古经今注》曰:"田有禽者,田猎而获鸟兽也。《恒》九四云:'田无禽。'《解》九二云:'田获三狐。'《巽》六四云:'田获三品。'皆言田猎之事也。(高氏自注:此采王引之说。)筮遇此爻,田猎有获,故曰田有禽。"《师》卦"田"字,上海博物馆藏战国楚竹书《周易》异文作"畋",可证成高氏此说。畋者,猎也。田、畋二字在"打猎"义上是古今字关系。"田有禽",谓田猎时抓到禽兽,有所收获。

2. 何谓"三驱"？

《比》卦九五："显比。王用三驱，失前禽，邑人不诫。吉。""王用三驱"，意谓君王用"三驱"方式狩猎，从三面围猎野兽。古代君王田猎，侍卫陪同人员先从左、后、右三面把野兽驱赶到中央，留下前面一个缺口，使野兽朝一个方向逃跑，以便君王射杀捕获。孔颖达《正义》曰："凡三驱之礼，禽向己者则舍之，背己者则射之，是失于'前禽'也。……褚氏诸儒皆以为三面著人驱禽，必知'三面'者，禽唯有背己、向己、趣己，故左右及于后皆有驱之。"李镜池《周易通义》以为"三驱"方式"表明打猎已经不是为了维持生活，而是为了练兵习武"。

【语言文学及文化史扩展】

1. 左次　指撤退，退守。

楼船见说军容盛，左次犹虚授钺才。

（清　顾炎武《海上》诗之二）

2. 舆尸　用车运载尸首，喻打了败仗。

提枪于绝艺之场，班杨扫地；鞠旅于无前之敌，江鲍舆尸。

（唐　李商隐《为李贻孙上李相公启》）

3. 承家　指继承家业。

未有膺龙图以建国，御凤邸以承家，二后钦明，三灵交泰，而天崩地坼、妖寇横行者也。

（南朝·陈　徐陵《与王僧辩书》）

惟我主人，清白承家，慷忾赋性，四海交游，共识心胸。

（清　杨昭《〈闲止书堂集钞〉跋》）

4. 后夫　后到的人，迟到者。

归德戒后夫，贾勇尚先鸣。

（南朝·宋　何承天《雍离》诗）

5. 匪人　指行为不正的人。

泾阳之妻，则洞庭君之爱女也，淑性茂质，为九姻所重，不幸见辱于匪人。

（北宋　李昉《太平广记》第四百一十九卷）

华家盟姊赠以匪人，彼无颜见卿，卿何反谓无颜见彼耶？

（清　沈复《浮生六记·坎坷记愁》）

【集评】

何晏曰：师者，军旅之名。故《周礼》云：二千五百人为师也。王弼曰：丈人，严庄之称，有军正者也。为师之正，丈人乃吉。兴役动众，无功则罪，故"吉"乃"无咎"。陆绩曰：丈人者，圣人也。帅师未必圣人，若汉高祖、光武应此义也。崔憬曰：《子夏传》作"大人"，并王者之师也。

（唐　李鼎祚《周易集解》卷三）

师之兴，由有争也，所以次讼也。为卦坤上坎下，以二体言之，地中有水，为众聚之象；以二卦之义言之，内险外顺，险道而以顺行，师之义也；以爻言之，一阳而为众阴之主，统众之象也；比以一阳为众阴之主而在上，君之象也；师以一阳为众阴之主而在下，将帅之象也。

（宋　程颐《程氏易传》卷一）

比，亲辅也。九五以阳刚居上之中而得其正，上下五阴，比而从之，以一人而抚万邦，以四海而仰一人之象。故筮者得之，则当为人所亲辅。

（宋　朱熹《周易本义》卷一）

胡氏一桂曰：六十四卦，惟《蒙》《比》以"筮"言。《蒙》贵初而《比》贵原者，盖发蒙之道，当视其"初筮"之专诚；"显比"之道，当致其"原筮"而谨审，所以不同也。

（清　李光地《御纂周易折中》卷二）

【问题与讨论】

1. 你如何理解《师》卦中的"长子"与"弟子"？
2. 《比》卦六三称"比之匪人"，《否》卦辞称"否之匪人"，谈谈你对这类结构及"匪人"的认识。

小畜（九）

☰（乾下巽上）小畜①：亨。密云不雨②，自我西郊③。

初九：复自道④，何其咎⑤？吉。

九二：牵复⑥，吉。

九三：舆说辐⑦，夫妻反目⑧。

六四：有孚，血去^⑨，惕出^⑩，无咎。

九五：有孚^⑪，挛如^⑫，富以其邻^⑬。

上九：既雨既处^⑭，尚德载^⑮。妇贞厉^⑯。月几望^⑰，君子征^⑱，凶。

【注释】

① 小畜：卦名。"畜"字有"积聚""蓄养"多义。《释文》云："本又作蓄，同敕六反。积也，聚也，卦内皆同，郑许六反，养也。"

② 密云不雨：浓云密布而没有下雨。雨：下雨。

③ 自我西郊：(浓云)从西郊兴起。自：介词，从。

④ 复自道：从道路上返回。复：返，回来。道：道路。

⑤ 何其咎：哪会有灾害。何：什么，怎么。其：语气助词。

⑥ 牵复：结伴而回。牵：牵连，联系。一说"牵复"意为"被引领回来"。

⑦ 舆说辐：车厢和车轴脱离开来。舆：车子。说：通"脱"，脱落。辐：通"輹(fù)"，将车厢和车轴绑在一起的绳索。一说"辐"指"车轮的辐条"。

⑧ 反目：翻脸，失和。

⑨ 血去：忧患消失。血：通"恤(xù)"，忧虑，担忧。去：离开，消失。

⑩ 惕出：小心而出。惕：小心谨慎，警惕。

⑪ 孚：信用，一说指"俘虏"。

⑫ 挛(luán 峦)如：紧密联系在一起。挛：联系，联结。如：语气助词。一说"有孚挛如"意为"把抓到的俘虏捆绑在一起"。

⑬ 富以其邻：与邻人共同富裕。以：介词，及。

⑭ 既雨既处：已下雨已停止。既：已经。处：停止。

⑮ 尚德载：还能用车装运。尚：副词，还。德：通"得"，能，可以。载：用车装载。一说"尚德载"意为"还可以栽种作物"。

⑯ 妇贞厉：妇女占卜不吉利。

⑰ 月几望：月亮已经圆满。几：通"既"，已经。望：月光盈满。"既望"指阴历每月十五、十六日至二十二、二十三日。一说"月几望"指月亮接近圆满。

⑱ 君子征：君子出行。征：外出，远行。

履（十）

☰(兑下乾上)：履虎尾^①，不咥人^②。亨。

初九：素履③，往无咎。

九二：履道坦坦④，幽人贞吉⑤。

六三：眇能视⑥，跛能履⑦。履虎尾，咥人，凶。武人为于大君⑧。

九四：履虎尾，愬愬⑨，终吉。

九五：夬履⑩，贞厉。

上九：视履考祥⑪，其旋元吉⑫。

【注释】

① 履(lǚ吕)虎尾：踩到老虎的尾巴。履：动词，踩，踏。"履"又为本卦的卦名，以卦爻辞中常见字作标题。

② 咥(dié迭)：吃，咬。

③ 素履：白色的鞋子。素：没有染色的，白色的。履：名词，鞋子。

④ 履道坦坦：所走的路很平坦。道：路。坦坦：平坦，宽平的样子。

⑤ 幽人：被囚禁的人。一说指隐居的人，隐士。

⑥ 眇(miǎo秒)能视：瞎了一只眼还能看东西。眇：一眼瞎。

⑦ 跛能履：跛了脚还能走路。跛：跛脚，瘸腿。

⑧ 武人为于大君：武士为国君效力。武人：武士，勇士。为：做事，出力。大君：国君。一说"武人为于大君"意为"武人做了国君"。

⑨ 愬愬(sù诉)：恐惧的样子。

⑩ 夬(guài怪)履：鞋子破裂。夬：破裂，断开。一说"夬"通"快"，"夬履"意为"行为急躁莽撞"。

⑪ 视履考祥：查看鞋子，推究吉凶。视：看，检查。考：推究，核查。祥：吉凶方面的预兆，征兆。

⑫ 其旋元吉：回来非常吉利。其：语气助词。旋：回来，返回。

【问题分析】

1. 如何理解《小畜》卦"复自道，何其咎"？

《小畜》卦初九："复自道，何其咎？吉。"王弼注云："以阳升阴，复自其道，顺而无违，何所犯咎，得义之吉。"孔颖达《正义》曰："处乾之始以升巽，初四为己应，以阳升阴，反复于上，自用己道，四则顺而无违，于己无咎。"程颐《易传》曰："初九阳爻而乾体。阳，在上之物，又刚健之才，足以上进，而复与在上同志，其进复于上，乃其道也。故云复自道。复既自道，何过咎之有？无咎而又有吉也。"皆以"道"指抽象的道义、道理。王引之《经义述闻》卷一"复自道"条云："道，如'履道坦坦'之道。道者，路也。初九震爻，震为大途，故称道。道者，所以行也。九三'舆说輹'，九二'牵复'，皆有不行之象，则初九亦出无所往，自途而复，故曰'复自道'也。《易》凡言'出自穴'，'告自邑'，'纳约自牖'，'有陨自天'，下一字皆实指其地，'复自道'亦然也。"王说可从，"复自道"，谓从原路返回。黄寿祺、张善文《周易译注》将此句译为"复返自身阳刚之道"，失其本意。

"何其咎"一句，当为反问语气，"何"为疑问代词，"其"为语气助词。李镜池《周易通义》注云："何其咎：即何咎，无咎。其，语助辞。"

"复自道，何其咎"，意思是说，从道路上返回，怎么会有灾害？

2. 为何《履》卦六三、九四同称"履虎尾"而吉凶有差异？

《系辞传下》云："《易》之兴也，其于中古乎？作《易》者，其有忧患乎？"一般认为，《周易》在一定程度上反映了作者的"忧患意识"。如《乾》卦九三："君子终日乾乾，夕惕若，厉，无咎。"君子白天勤奋不已，到了晚上也是处于谨慎戒惧状态，正因为如此，才厉而无咎，避免了灾难。《文言传》云："是故居上位而不骄，在下位而不忧。故乾乾因其时而惕，虽危无咎矣。"

《孟子·告子下》云："入则无法家拂士，出则无敌国外患者，国恒亡。然后知生于忧患，而死于安乐也。"孟子的意思是，忧患使人勤奋警惕，因而得生，而安乐则使人懈怠恍惚，最终丧生。《履》卦六三、九四爻辞及爻象，也向人们揭示了这种忧患与风险意识，深具人生启迪与警示意义。

《履》卦"履虎尾"，字面意思是踩到老虎的尾巴，象征意义是身处险境。六三："眇能视，跛能履。履虎尾，咥人，凶。"六三爻为何凶险呢？六三爻是阴爻，阴爻而处阳位，是为不当位。按照易理，不当位多为不吉。《系辞传下》云："三与五同功而异位，三多凶，五多功，贵贱之等也。其柔危，其刚胜邪？"意思是说，三爻与五爻有贵贱之差，三贱五贵。六三爻居阳位、贱位，处下卦之极，故多凶险；若为阳爻居此位置，则可胜任，如《乾》卦九三，虽危无咎。

九四："履虎尾，愬愬，终吉。"九四爻处下卦之始，为阳爻居阴位，也不当位。爻不当位，好比脚踩虎尾，也有凶险之兆。《系辞传下》云："二与四同功而异位，其善不同。二多誉，四多惧，近也。柔之为道，不利远者。"九四为"多惧"之位，因为它上临九五。九五乃尊位、君位，九四临近君位，两阳相比，故有"伴君如伴虎"之忧，有"履虎尾"之险。然而九四最终获得吉祥，其故何在？在于履虎尾而"愬愬"。

李鼎祚《集解》引侯果曰："愬愬，恐惧也。履乎兑主，履虎尾也。逼近至尊，故恐惧。以其恐惧，故终吉也。"因为恐惧，因为小心谨慎，故终获吉祥，此乃孟子所谓"生于忧患"也。

【语言文学及文化史扩展】

1. 牵复 指回复正道。《小畜》九二："牵复，吉。"孔颖达《正义》云："'牵'谓牵连，'复'谓反复，二欲往五，五非止畜之极，不闭固于己，可自牵连反复于上而得吉也。"《文选·阮瑀〈为曹公作书与孙权〉》："愿仁君及孤，虚心回意，以应诗人补衮之叹，而慎《周易》牵复之义。"又指复原、复官。例如：

> 俟其攻抵旧痕，湔洗前过，必欲牵复，用存始终。
>
> （唐　杜牧《张直方贬恩州司户制》）
>
> 安乐窝中春欲归，春归忍赋送春诗。虽然春老难牵复，却有夏初能就移。
>
> （宋　邵雍《安乐窝中吟》之十一）

2. 幽人 指隐士或隐居之人。

> 梦登山而迥眺兮，觌幽人之髣髴。
>
> （汉　班固《幽通赋》）
>
> 幽人无事不出门，偶逐东风转良夜。
>
> （宋　苏轼《定惠院寓居月夜偶出》诗）

3. 幽贞 《履》卦九二："履道坦坦，幽人贞吉。"后以"幽贞"指隐居之人。

> 幼壮困孤介，末暮谢幽贞。
>
> （南朝·宋　颜延之《拜陵庙作》诗）
>
> 假大龟以视兆兮，求幽贞之所庐。
>
> （唐　韩愈《复志赋》）

4. 履虎　履尾 踩着老虎尾巴，比喻处境危险。

> 仁者必勇，德亦有言。虽遇履尾，神气恬然。
>
> （唐　房玄龄《晋书·袁宏传》）
>
> 凛凛哇人愁履虎，区区染指畏尝鼋。
>
> （宋　陆游《书感》诗）

5. 眇视 用一只眼睛看，后引申为轻视、小看义。

> 惟一盲而两默兮，与目萍为何礼；岂眇视不足与明兮，萍非寄而终离。
>
> （宋　晁补之《梦觌赋》）

两个回到大寨，哭告宋江说："董平那厮无礼，好生眇视大寨！"

（明　施耐庵《水浒传》第六十九回）

【集评】

但小有所畜，唯"畜"九三而已。初九、九二，犹刚健得行，是以刚志上得亨通，故云"小畜亨"也。若《大畜》，乾在于下，艮在于上，艮是阳卦，又能止物，能止此乾之刚健，所畜者大，故称"大畜"。此卦则巽在于上，乾在于下，巽是阴，柔性，又和顺，不能止畜在下之乾，唯能畜止九三，所畜狭小，故名"小畜"。

（唐　孔颖达《周易正义》卷二）

小畜，谓以小畜大，所畜聚者小，所畜之事小，以阴故也。

（宋　程颐《程氏易传》卷一）

问：履如何都做礼字说？曰："定上下，辨民志"，便也是礼底意思。又曰：礼主卑下。履也是那践履处，所行若不由礼，自是乖戾，所以曰"履以和行"。谦又更卑下，所以节制乎礼。又曰：礼是自家恁地卑下，谦是就应物而言。

（宋　黎靖德《朱子语类》卷七十）

梁氏寅曰：履者，践履也。人之于礼，亦践行其天理者，故履为礼也。

（清　李光地《御纂周易折中》卷二）

【问题与讨论】

1. 《小畜》六五称"富以其邻"，《谦》卦六五称"不富以其邻"，请你说说其中"以"字的意义和用法。
2. 《履》卦的卦辞和爻辞中都出现了"履"字，你如何看待它们的意义和用法？

泰（十一）

䷊(乾下坤上)泰①：小往大来②，吉，亨。

初九：拔茅茹以其汇③，征吉。

九二：包荒④，用冯河⑤。不遐遗⑥，朋亡⑦，得尚于中行⑧。

九三：无平不陂⑨，无往不复⑩。艰贞无咎⑪。勿恤其孚⑫，于食有福^⑬。

　　六四：翩翩^⑭，不富以其邻，不戒以孚^⑮。

　　六五：帝乙归妹^⑯，以祉^⑰，元吉。

　　上六：城复于隍^⑱，勿用师^⑲。自邑告命^⑳，贞吝。

【注释】

① 泰：卦名，义为"亨通""顺利"，据卦象之义以命名。《易传·象传》云："天地交，泰。"《彖传》云："天地交而万物通也。"

② 小往大来：小的离去，大的到来。小、大：指小东西和大东西。

③ 拔茅茹以其汇：拔茅草，连同其类一起拔掉。茅：茅草。茹：茜草，茹藘。一说"茹"指"牵连着的草根"。以：介词，及。汇：类，种类。

④ 包荒：葫芦很大。包：通"匏（páo）"，葫芦。荒：大，空大。一说"包荒"意为"笼括大川"。

⑤ 用冯（píng 平）河：用以渡河。冯：渡，涉。

⑥ 不遐（xiá 霞）遗：不抛弃远方的人。遐：远，指远方的人。遗：遗弃，抛弃。"遐"为"遗"的前置宾语。一说"不遐遗"意为"不至于沉没"。

⑦ 朋亡：财物有损失。朋：钱币，财物。亡：丢失，遗失。帛《易》作"弗忘"，意为"不要忘记"。

⑧ 得尚于中行：在中途得到帮助。尚：帮助，一说"赏赐"之义。中行：中途，半路。

⑨ 无平不陂（pō 坡）：没有平地就没有斜坡。陂：倾斜，斜坡。

⑩ 无往不复：没有前往就没有返回。往：去。复：回来。

⑪ 艰贞无咎：占问艰难之事没有灾害。艰：艰难，指艰难之事。"艰"为"贞"的前置宾语。一说"艰贞"指"旱灾之占"。

⑫ 勿恤其孚：不用担忧其诚信。恤：忧虑。

⑬ 于食有福：饮食有福。于食：在饮食上。

⑭ 翩翩（piān 偏）：欣喜的样子。

⑮ 不戒以孚：没有戒备而被俘虏。戒：戒备，警惕。以：连词，而。孚：通"俘"，俘虏。一说"孚"为"诚信"义。

⑯ 帝乙归妹：帝乙嫁女。帝乙：商朝的君王，"乙"为其庙号。归：嫁。妹：女儿，少女。

⑰ 以祉（zhǐ 止）：有福。以：有。祉：福。

⑱ 城复于隍（huáng 黄）：城墙倒在护城河里。城：城墙。复：通"覆"，倒，崩塌。隍：护

城河,壕沟,帛《易》作"湟"。

⑲ 勿用师:不可动用军队。

⑳ 自邑告命:从城邑里传来命令。告:通"诰",颁布命令,下达指示。

否（十二）

䷋(坤下乾上):否之匪人①,不利君子贞,大往小来。

初六:拔茅茹以其汇,贞吉,亨。

六二:包承②,小人吉,大人否③。亨。

六三:包羞④。

九四:有命⑤,无咎,畴离祉⑥。

九五:休否⑦,大人吉。其亡其亡⑧,系于苞桑⑨。

上九:倾否⑩,先否后喜⑪。

【注释】

① 否(pǐ匹)之匪人:阻塞那些人。否:闭塞,堵塞不通。"否"又为本卦的卦名,帛《易》写作"妇"。之:结构助词。匪:代词,彼,那。一说"匪"通"非"。

② 包承:包容并顺承。包:包容。承:顺承,顺从。一说,"包"通"庖","承"通"脀(zhēng)","包承"意为"庖中有肉"。

③ 大人否(fǒu缶):高官贵族不吉利。否:不吉。

④ 包羞:包容而有羞辱。羞:羞辱。一说"羞"同"馐(xiū)","包羞"意为"庖厨中有美味"。

⑤ 命:君王的命令,一说指"天命"。

⑥ 畴离祉:大家都有福。畴:通"俦(chóu)",同伙,伴侣。一说"畴"为"谁"义。离:通"罹(lí)",遇,受。祉:福。

⑦ 休否:停止阻塞。休:停止。

⑧ 其亡其亡:跑啊跑啊。其:语气助词。亡:逃跑,一说"灭亡"之义。

⑨ 系于苞桑:被丛桑阻挡。系:缚,捆绑。于:介词,表被动关系。苞:丛生,茂盛。

⑩ 倾否:阻塞结束。倾:尽。一说"倾"为"倾覆"义。

⑪ 先否后喜:起初不顺后来吉庆。

【问题分析】

1. 什么叫"三阳开泰"?

以卦象与阴历十二月相配,十月是《坤》卦(☷),纯阴之象。十一月是《复》卦(☷),一阳(阳爻)生于下;十二月是《临》卦(☷),二阳生于下;正月是《泰》卦(☷),三阳生于下。由《坤》开始,阴气逐渐消退,阳气逐渐生长,三阳生而成《泰》卦。正月为新年之始,以《泰》卦称之,象征冬去春来,万象更新,百事亨通吉祥,故世人以"三阳开泰"为新年祝颂之语。《明史》卷五十三:"代致词官跪丹陛中,致词云:'具官臣某,兹遇正旦,三阳开泰,万物咸新。'"《西游记》第九十一回:"行者道:'你既传报,怎么隐姓埋名,赶着三个羊儿,吆吆喝喝作甚?'功曹道:'设此三羊,以应开泰之言,唤做"三阳开泰",破解你师之否塞也。'"也作"三阳交泰"。《宋史·乐志》云:"三阳交泰,日新惟良。"

2. 为何《否》卦六二称"小人吉,大人否",而九五只说"大人吉"?

《否》卦六二:"包承,小人吉,大人否。亨。"九五:"休否,大人吉。其亡其亡,系于苞桑。"六二称"小人吉",九五称"大人吉",是一种参互见义的修辞手法,需要结合爻位理论加以解释。《否》卦的六二爻与九五爻不仅同位,而且有应。二为阴位、贱位,五为阳位、尊位。李鼎祚《周易集解》引荀爽曰:"小人,二也,谓一爻独居,间象相承,得系于阳,故吉也。大人谓五,乾坤分体,天地否隔,故曰大人否也。二五相应,否义得通,故曰'否,亨'也。"由于二为小人之位,适于小人,而不适于大人,所以小人居之则吉,大人居之则不吉。这就是《否》卦六二爻辞之所以称"小人吉,大人否"的缘由。而《否》卦的九五爻则正与六二爻相反,五为大人之位,适于大人,而不适于小人,所以大人居之则吉,小人居之则不吉。然而《否》卦九五爻辞只言"大人吉",不言"小人否",这是因为九五爻辞与六二爻辞形成互文的缘故。依据六二爻与九五爻之间的同位与相应关系,我们可以知道《否》卦的九五爻辞不仅表达了"大人吉"的意思,而且还隐含了"小人否"的意思。

【语言文学及文化史扩展】

1. 包荒 指包涵,谅解。

诸事不曾完备,望亲家包荒。

（明 朱权《荆钗记·合卺》）

2. 包羞 忍受羞辱。

大王出则夺气,入则包羞。

（唐 陆龟蒙《寒泉子对秦惠王》）

胜败兵家事不期，包羞忍耻是男儿。

（唐 杜牧《题乌江亭》诗）

3. 苞桑 比喻不牢固，岌岌可危。

臣弥当顿颈，病不俟年，盈量穷涯，满而招损，逾时每乖于勿药，永日犹系于苞桑。

（南北朝 庾信《代人乞致仕表》）

4. 否泰 阻塞和通顺，指世道的盛衰，命运的顺逆。

岂地势之安危，信人事之否泰。

（晋 潘岳《西征赋》）

夫国有否泰，世有污隆。

（唐 刘知几《史通·载文》）

5. 否极泰来 坏运到了尽头，好运就会到来。

常言道："乐极生悲，否极泰来。"

（明 施耐庵《水浒传》第二十六回）

6. 无往不复 指来往反复，有顺有不顺。

吾闻之，畜极则泄，闷极则达，热极则风，壅极则通。一冬一春，靡屈不伸，一起一伏，无往不复。

（明 刘基《司马季主论卜》）

【集评】

蜀才曰：此本坤卦。小，谓阴也。大，谓阳也。天气下，地气上，阴阳交，万物通，故"吉亨"。

（唐 李鼎祚《周易集解》卷四）

履得其所则舒泰，泰则安矣，《泰》所以次《履》也。为卦坤阴在上，乾阳居下，天地阴阳之气相交而和，则万物生成，故为通泰。

（宋 程颐《程氏易传》卷一）

泰，通也。为卦天地交而二气通，故为泰，正月之卦也。小谓阴，大谓阳，言坤往居外，乾来居内。又自《归妹》来，则六往居四，九来居三也。占者有阳刚之德，则吉而亨矣。

（宋 朱熹《周易本义》卷一）

夫物理，往来通泰之极则必否，《否》所以次《泰》也。为卦天上地下。天地相交,阴阳和畅则为泰。天处上,地处下,是天地隔绝,不相交通,所以为否也。

(宋　程颐《程氏易传》卷一)

《否》,闭塞也,七月之卦也。正与《泰》反,故曰"匪人",谓非人道也。其占不利于君子之正道,盖乾往居外,坤来居内。又自《渐》卦而来,则九往居四,六来居三也。或疑"之匪人"三字衍文,由《比》六三而误也。《传》不特解其义,亦可见。

(宋　朱熹《周易本义》卷一)

交易者,八卦相交而化成也。有如乾坤两卦,乾天在上,而不下交于坤,则为天地否。否者,阴阳不通也。必天气下降,地气上腾,则天地交泰,万物亨通。人之初胎,秉受父母之气,乾男本在上,坤女本在下,及其交媾成胎,则乾阳下交,坤阴上交,合为泰卦,是以生人。耳目鼻皆两窍,口与前后阴皆一窍,上三偶,下三奇,即泰卦也,见陈修园"人"字解。惟其乾坤相交,是以化成坎离。乾得坤阴而成离,坤得乾阳而成坎。坎在人为肾,良由己身阴阳交泰,是以水火既济,为无病也。

(清　唐宗海《医易通说》下卷)

【问题与讨论】

1.《泰》《否》二卦的卦形有怎样的关系?

2.《泰》卦"小往大来"和《否》卦"大往小来"是什么意思?

同人(十三)

䷌(离下乾上):同人于野[①],亨。利涉大川,利君子贞。

初九:同人于门[②],无咎。

六二:同人于宗[③],吝。

九三:伏戎于莽[④],升其高陵[⑤],三岁不兴[⑥]。

九四:乘其墉[⑦],弗克攻[⑧],吉。

九五:同人,先号咷而后笑[⑨],大师克相遇[⑩]。

上九:同人于郊,无悔。

【注释】

① 同人于野：众人聚集在郊外。同：会合，聚集。"同人"又为本卦的卦名，以卦爻辞中常见字词作标题。野：郊外，郊野。

② 门：家门，一说指"宫门"。

③ 宗：宗庙，祖庙。

④ 伏戎于莽：军队埋伏在草丛里。戎：军队，士兵。莽：草丛。

⑤ 升其高陵：登上高山。升：帛《易》作"登"，登上。陵：土山。

⑥ 三岁不兴：三年之内不能兴师动众。岁：年。兴：起兵，举兵。

⑦ 乘其墉（yōng庸）：登上城墙。乘：登上。墉：城墙。

⑧ 克：能。一说"克"为"攻占"义。

⑨ 先号咷（háo táo毫逃）而后笑：起初哭叫而后大笑。号咷：大声哭。

⑩ 大师：大军，大部队。

大有（十四）

䷍（乾下离上）大有①：元亨。

初九：无交害②，匪咎③，艰则无咎④。

九二：大车以载⑤，有攸往，无咎。

九三：公用亨于天子⑥，小人弗克⑦。

九四：匪其彭⑧，无咎。

六五：厥孚交如威如⑨，吉。

上九：自天祐之⑩，吉，无不利。

【注释】

① 大有：卦名，意为"非常富有"，一说指"大丰收"。

② 无交害：不要互相残害。无：不要。交：副词，互相。

③ 匪咎：不是灾祸。匪：帛《易》作"非"，不是。

④ 艰则无咎：占问艰难之事没有灾祸。是"艰贞则无咎"的省略式。

⑤ 大车以载：用大车装运。以：介词，用。"大车"作"以"的前置宾语。

⑥ 公用亨于天子：公侯向天子进献礼品。公：诸侯，公侯。亨：通"享"，进献，朝贡。一说"亨"为"宴享"义。

⑦ 小人弗克：百姓不能这样做。小人：老百姓。克：能够。

⑧ 匪其彭：不够盛大。匪：非。其：衬音助词。彭：盛大，庞大。

⑨ 厥（jué 决）孚交如威如：其信用显明威严。厥：代词，其，他的。孚：信用。交：通"皎"，明亮，明显。如：衬音助词。威：威严。一说"厥孚交如"意为"俘虏被捆得紧紧的"。

⑩ 祐（yòu 右）：保佑。

【问题分析】

1.《同人》卦是讲什么内容的？

李镜池《周易通义》说："同，聚。《诗·七月》：'二之日其同，载缵武功。'同即聚众。武功指打猎，打猎属军事范围。同人，也是聚众。人，主要指农民而言。本卦是军事专卦，同人又是多见词，据内容与形式标题。"唐明邦主编《周易评注》认为："同人，强调和同的主要性。和同的范围越广越好。最理想的是'同人于野'，其次是'同人于郊'，再次是'同人于门'，最末是'同人于宗'。……表现了先民热爱和平、反对侵略的美好愿望。"黄寿祺、张善文《周易译注》认为："《同人》卦'同人于野'，就显露着'光明无私'的'同人'之道。……本卦所追求的广泛'和同于人'的理想，在我国古代思想史上无疑具有一定的进步意义。"我们认为李镜池先生的看法比较客观，从爻辞中"伏戎于莽""弗克攻""大师克相遇"等描述来看，本卦是反映与战争有关的活动的。

2.《大有》卦"匪其彭"是什么意思？

《大有》卦九四："匪其彭，无咎。"高亨《周易古经今注》说："此匪字可读为非，可读为诽，可读为排，大意相同，以后者为胜。排谓排而除之也。《释文》：'彭，子夏作旁，虞作尪。'《集解》彭作尪。亨按尪为正字，彭旁皆借字也。《说文》：'尪，跛曲胫也。'重文作尪。跛曲胫之人，其足不正，其行亦不正，因而以喻不正之人及不正之事。排除此种人事，自无咎矣。"李镜池《周易通义》说："匪：借为晞。《广雅·释诂》：非、弗声通。晞，曝也。彭：虞翻本作尪。彭为尪的借字。尪，跛足男巫。古时天旱往往把巫尪放在烈日下晒，甚至用火烧，叫他求雨。……匪其彭，即曝尪求雨。"陈成国《周易校注》认为："尪是患突胸仰向疾病的人。匪就是非。非尪者，当然'无咎'。"陈鼓应、赵建伟《周易今注今译》注云："'彭'，大，盛多。'匪其彭'，不自大，不炫耀富有。"我们认为,从文例上看,《周易》古经"匪"字多读为"非",是一个否定副词,不必再曲解为他字。李鼎祚《集解》引虞翻曰:"匪,非也。其位厄,足厄,体行不正,四失位,折震足,故'厄'。变而得正,故'无咎'。厄或作彭,作旁声,字之误。"据虞翻之说,"厄"为"体行不正","非厄"即不是体行不正,也就是"体行正"。又,陆德明《经典释文》引王肃注云:"彭,壮也。"壮即强盛、宏大义,"匪其彭"意即不够盛大。

【语言文学及文化史扩展】

1. 同人 本为聚集众人,引申指志趣相同的人或共事的人。

逢太平之化,寄当年之欢,同人在焉,而我何叹?

（唐 陈子昂《偶遇巴西姜主簿序》）

北风吹湖水,远行当岁徂。孤舟无同人,相依唯仆夫。

（元 陈高《岁首自广陵入高邮舟中作》诗）

号召同人,创为复社。

（清 俞樾《茶香室三钞·明季社缘起》）

2. 伏戎 指埋伏军队或刺客。

刘益恐,强设酒馔。女谈笑如常,举手向刘曰:"悉君心事,方将图效绵薄,何竟伏戎?妾虽非阿绣,颇自谓不亚,君视之犹昔否耶?"

（清 蒲松龄《聊斋志异》卷七）

3. 天祐 亦作"天佑",指上天的赐福、保佑。《象传》曰:"大有上吉,自天祐也。"唐昭宗年号"天祐"即取义于此。

故内无感恨之隙,外无侵侮之羞,俱享天祐,两荷高名者,盖以此也。

（东汉 班固《汉书·杜邺传》）

而天祐匪降,疾恙无瘳,将何以奉宗庙之灵,展郊禋之礼?

（唐 韩愈《顺宗实录》卷五）

4. 先号后笑 《同人》九五:"同人,先号咷而后笑,大师克相遇。"后以"先号后笑"表示先凶后吉。

然命体周流,变化非一,或先号后笑,或始吉终凶,或不召自来,或因人以济。

（南朝·梁 刘峻《辨命论》）

【集评】

郑玄曰:乾为天,离为火。卦体有巽,巽为风。天在上,火炎上而从之,是其性同于天也。火得风,然后炎上益炽,是犹人君在上施政教,使天下之人和同而事之。以是为人和同者,君之所为也,故谓之"同人"。

(唐 李鼎祚《周易集解》卷四)

夫天地不交则为否,上下相同则为同人,与否义相反,故相次。又世之方否,必与人同力乃能济,《同人》所以次《否》也。为卦乾上离下。以二象言之,天在上者也,火之性炎上,与天同也,故为同人;以二体言之,五居正位,为乾之主,二为离之主,二爻以中正相应,上下相同,同人之义也。又卦唯一阴,众阳所欲同,亦同人之义也。他卦固有一阴者,在《同人》之时而二五相应,天火相同,故其义大。

(宋 程颐《程氏易传》卷一)

处尊以柔,居中以大,体无二阴以分其应,上下应之,靡所不纳,大有之义也。

(魏 王弼《周易注》)

姚规曰:互体有兑,兑为泽,位在秋也。乾则施生,泽则流润,离则长茂,秋则成收,大富有也。大有,则"元亨"矣。

(唐 李鼎祚《周易集解》卷四)

夫与人同者,物之所归也,《大有》所以次《同人》也。为卦火在天上。火之处高,其明及远,万物之众,无不照见,为大有之象。又一柔居尊,众阳并应,居尊执柔,物之所归也,上下应之,为大有之义。大有,盛大丰有也。

(宋 程颐《程氏易传》卷一)

【问题与讨论】

1. 你如何理解"同人""大有"的意思?
2. 解释《同人》卦"弗克攻""大师克相遇"、《大有》卦"小人弗克"三句的意思及"克"字的用法。

谦(十五)

䷎(艮下坤上)谦①:亨,君子有终②。

初六:谦谦君子③,用涉大川④,吉。

六二:鸣谦⑤,贞吉。

九三:劳谦⑥,君子有终,吉。

六四:无不利,撝谦⑦。

六五:不富以其邻,利用侵伐⑧,无不利。

上六:鸣谦,利用行师征邑国⑨。

【注释】

① 谦:卦名,以爻辞中常见字作标题。

② 君子有终:君子有所成就。终:完成,结束。

③ 谦谦:"谦"之重叠式,意为"非常谦虚"。

④ 用涉大川:利于渡大河。为"利用涉大川"的省略式。六五、上六均言"利用"。

⑤ 鸣谦:有名誉而谦虚。鸣:有名,闻名。王《注》云:"鸣者,声名闻之谓也。"一说"鸣谦"意为"明智的谦让"。

⑥ 劳谦:有功劳而谦虚。劳:功劳,一说"勤劳"之义。

⑦ 撝(huī 灰)谦:发扬谦虚之德。撝:发挥,扩散。《说文》段《注》云:"撝谦者,溥散其谦,无所往而不用谦。"

⑧ 利用侵伐:利于出征讨伐。利用:利于。

⑨ 利用行师征邑国:利于起兵征讨诸侯之国。行师:出兵,调动军队。征:讨伐。邑国:贵族、诸侯的封地。

豫(十六)

䷏(坤下震上)豫①:利建侯行师②。

初六:鸣豫③,凶。

六二:介于石④,不终日⑤,贞吉。

六三:盱豫⑥,悔;迟⑦,有悔⑧。

九四:由豫⑨,大有得⑩,勿疑,朋盍簪⑪。

六五:贞疾⑫,恒不死⑬。

上六:冥豫⑭,成有渝⑮,无咎。

【注释】

① 豫：卦名，以爻辞中常见字作标题。

② 利建侯行师：利于设立诸侯、出兵作战。

③ 鸣豫：有名而高兴。鸣：有名。豫：喜悦，欢乐。

④ 介于石：夹在石头中间。介：居中，夹在中间。一说"介于石"意为"耿介如石"。

⑤ 不终日：没有过一整天。终：尽。

⑥ 盱（xū 虚）豫：过于高兴。盱：通"訏（xū）"，大，大肆。

⑦ 迟：晚，慢。"迟"为"迟豫"之省略式。

⑧ 有悔：又有灾祸。有：副词，又。

⑨ 由豫：游猎取乐。由：通"游"，游猎。一说"由豫"意同"犹豫"。

⑩ 大有得：大有所获。得：收获。

⑪ 朋盍（hé 合）簪（zān）：朋友相聚在一起。盍：会合，聚合。簪：发针。"盍簪"意为"聚首"、"聚会"。一说"朋盍簪"意为"把朋贝配制成簪笄"。

⑫ 贞疾：占问疾病。

⑬ 恒不死：长久不死。

⑭ 冥（míng 明）豫：夜晚游乐。冥：黑，夜晚。

⑮ 成有渝（yú 鱼）：事情做完又发生变化。成：完成。渝：变化，改变。"成有渝"帛《易》作"成或谕"。

【问题分析】

1. 为什么说《谦》卦是《周易》中最好的卦？

李光地《御纂周易折中》引胡一桂曰："《谦》一卦，下三爻皆吉而无凶，上三爻皆利而无害，《易》中吉利，罕有若是纯全者，谦之效固如此。"《谦》卦有三"吉"三"利"。初六"谦谦君子"，吉；六二"鸣谦"，吉；九三"劳谦"，吉，是为"三吉"。六四"撝谦"，无不利；六五"不富以其邻"，无不利；上六"鸣谦，利用行师征邑国"，是为"三利"。孔颖达《正义》曰："谦为诸行之善，是善之最极。"《周易》六十四卦中，唯《谦》六爻皆为吉利。以如此卦爻配"谦"，表明《周易》作者十分重视、肯定谦让之德。

2. 《豫》卦"介于石"是什么意思？

《豫》卦六二："介于石，不终日，贞吉。"其中"介"字，古今别解颇多。陆德明《经典释文》云："'介于'，音界，纤介。古文作'砎'，郑古八反，云：谓磨砎也。马作

'扴',云:触小石声。"孔颖达《正义》以为"介于石"意为"守志耿介似于石"。高亨《周易古经今注》以为"砎于石者,犹言坚于石也"。尚秉和《周易尚氏学》以为"介于石即触于石"。周振甫《周易译注》以为"介于石"意为"坚如石"。李镜池《周易通义》说:"介:夹。夹在石缝中出不来。这当是没有预料到的意外事故。幸而不到一天就为人救了出来,还算吉利。"按,李说较为可取。《左传·襄公三十一年》:"以敝邑褊小,介于大国,诛求无时,是以不敢宁居。"杜预注:"介,犹间也。""介于大国"意即夹在大国中间。《史记·十二诸侯年表》:"晋阻三河,齐负东海,楚介江淮。"司马贞索隐:"介,音界,言楚以江淮为界。一云:介者,夹也。""楚介江淮"意即楚国夹在江淮之间。《豫》卦六二"介于石",意为夹在石头之间,也就是为石头所困。

【语言文学及文化史扩展】

1. 撝谦 指举止谦逊。

政静民无讼,刑行吏不欺。撝谦惊主宠,阴德畏人知。

(唐 白居易《叙德书情四十韵上宣歙翟中丞》)

2. 谦谦君子 指谦逊有修养的人。

谦谦君子德,磬折欲何求? 惊风飘白日,光景驰西流。

(三国·魏 曹植《箜篌引》)

3. 一谦四益 指谦逊者能获四种收益。《汉书·艺文志》:"合于尧之克攘,《易》之嗛嗛,一谦而四益,此其所长也。"颜师古注云:"四益,谓天道亏盈而益谦,地道变盈而流谦,鬼神害盈而福谦,人道恶盈而好谦也。此《谦》卦象辞。嗛字与谦同。"

4. 谦亨 指谦恭有德。

故称敌国,宜待以不臣之礼,位在诸侯王上,外夷稽首称藩,中国让而不臣,此则羁縻之谊,谦亨之福也。

(宋 司马光《资治通鉴》卷二十七)

5. 盍簪 指朋友相聚。孔颖达《正义》曰:"盍,合也。簪,疾也。若能不疑于物,以信待之,则众阴群朋合聚而疾来也。"

盍簪喧枥马,列炬散林鸦。

(唐 杜甫《杜位宅守岁》诗)

盍簪非一姓,佳话已炙脍。

(清 赵翼《题北溪谦斋蓉湖三寿图》诗)

6. 朋簪 指朋辈之人,朋友。

不负国家之乐育,不孤师门之礼教,不忘朋簪之善导,孜孜仁义,惟日不足。

(宋 范仲淹《南京书院题名记》)

【集评】

郑玄曰:艮为山,坤为地。山体高,今在地下,其于人道,高能下下,谦之象。亨者,嘉会之礼,以谦而为主。谦者,自贬损以下人,唯艮之坚固,坤之厚顺,乃能终之,故君子之人有终也。

(唐 李鼎祚《周易集解》卷四)

谦者,屈躬下物,先人后己,以此待物,则所在皆通,故曰"亨"也。小人行谦则不能长久,唯"君子有终"也。然案《谦》卦之象,谦为诸行之善,是善之最极,而不言"元"与"利贞"及"吉"者,元是物首也,利贞是干正也。于人既为谦退,何可为之首也? 以谦下人,何以干正于物? 故不云"元"与"利贞"也。谦必获吉,其吉可知,故不言之。况《易经》之体有吉理可知而不言吉者,即此《谦》卦之䷎及《乾》之九五"利见大人",是吉理分明,故不云"吉"也。

(唐 孔颖达《周易正义》卷二)

谦之为义,不知天地人鬼何以皆好尚之。盖太极中本无物,若事业功劳又于我何有? 观天地生万物而不言所利,可见矣。

(宋 黎靖德《朱子语类》卷七十)

郑玄曰:坤,顺也。震,动也。顺其性而动者,莫不得其所,故谓之豫。豫,喜逸悦乐之貌也。震又为雷,诸侯之象。坤又为众,师役之象。故"利建侯行师"矣。

(唐 李鼎祚《周易集解》卷四)

谓之豫者,取逸豫之义。以和顺而动,动不违众,众皆说豫,故谓之豫也。

(唐 孔颖达《周易正义》卷二)

豫者,安和悦乐之义。为卦震上坤下,顺动之象。动而和顺,是以豫也。九四为动之主,上下群阴所共应也。坤又承之以顺,是以动而上下顺应,故为和豫之义。

(宋 程颐《程氏易传》卷二)

豫之言暇也,暇以乐之,谓豫。建侯所以豫,豫所以行师也,故曰"利建侯行师"。

(宋 苏轼《东坡易传》卷二)

《说文》："豫，象之大者。"大象其行步安详，故豫训为安。《尔雅》："豫，安也。"处事安详者，必深思远虑，故豫又训为备。《释文》："豫，备也。"《荀子·大略篇》："先患虑患谓之豫。"处事安详，有备无患，而心和乐，故豫又训为乐。《尔雅》："豫，乐也。"《豫》卦含有三义，而豫备之义为多。

（胡朴安《周易古史观》卷上）

【问题与讨论】

1. 《谦》卦无一爻不吉利，试从象数方面加以分析。
2. 《豫》卦六二爻"介于石"和"蒋介石"之名有没有关系？你如何理解"介于石"一语？

随（十七）

䷐（震下兑上）随①：元亨，利贞，无咎。

初九：官有渝②，贞吉。出门交有功③。

六二：系小子④，失丈夫⑤。

六三：系丈夫，失小子。随有求得⑥，利居贞。

九四：随有获⑦，贞凶。有孚在道⑧，以明⑨，何咎？

九五：孚于嘉⑩，吉。

上六：拘系之⑪，乃从维之⑫，王用亨于西山⑬。

【注释】

① 随：卦名，以爻辞中常见字作标题。

② 官有渝：馆舍有变化。官：通"馆"，馆舍，旅馆。一说"官有渝"意为"思想观念有改变"。

③ 出门交有功：出门在外都有成效。交：皆，都。一说"交"为"交往"义。功：成效。

④ 系小子：抓住了小孩。系：拴，绑。小子：小孩，一说指"小奴隶"。

⑤ 失丈夫：跑掉了大人。丈夫：成年男子，大人。一说"丈夫"指"大奴隶"。

⑥ 随有求得：追赶后又希望有所获。随：跟随，追赶。求：寻找，寻求。得：获利，有

收获。

⑦ 随有获:追赶后有收获。获:与"得"同义,获得,获利。

⑧ 有孚在道:在路上抓到俘虏。孚:通"俘",俘虏。一说"孚"为"诚信"义。

⑨ 以明:用来祭祀。以:用。明:通"盟",在神灵前杀生饮血发誓。一说"明"为"明察"义。

⑩ 孚于嘉:在嘉地抓获俘虏。嘉:地名。一说"孚于嘉"意为"施诚信给美善者"。

⑪ 拘系之:拘捕他。之:代词,他,他们,指俘虏。拘系:拘捕,囚禁。

⑫ 乃从维之:跟着又捆绑他。乃:而且。从:跟着,接着。维:捆绑。

⑬ 王用亨于西山:君王用他在西山上祭祀。亨:通"享",祭祀。

蛊(十八)

䷑(巽下艮上)蛊①:元亨,利涉大川。先甲三日②,后甲三日。

初六:干父之蛊③,有子考④,无咎。厉,终吉。

九二:干母之蛊,不可贞⑤。

九三:干父之蛊,小有悔⑥,无大咎。

六四:裕父之蛊⑦,往见,吝。

六五:干父之蛊,用誉⑧。

上九:不事王侯⑨,高尚其事⑩。

【注释】

① 蛊(gǔ古):卦名,以爻辞中常见字作标题。

② 先甲三日:在甲日前三天。甲:十天干的第一位。

③ 干父之蛊:纠正父亲的过失。干:匡正,纠正。蛊:惑乱,弊病。一说"蛊"为"事情"义。

④ 有子考:有能干的子女。考:帛《易》作"巧",灵敏,能干。一说"考"通"孝","孝顺"之义。

⑤ 不可贞:不利占卜。贞:占卜。

⑥ 小:副词,稍微,略微。

⑦ 裕:宽容,一说"光大、扩大"义。

⑧ 用誉:得到赞誉。誉:赞誉。

⑨ 不事王侯:不为王侯服务。事:为……做事,服务。

⑩ 高尚其事:看重自己的事情。高尚:意动用法,认为……高尚,认为……重要。"高尚其事"帛《易》作"高尚其德,凶"。

【问题分析】

1. 如何理解《随》卦上六爻辞?

《随》卦上六:"拘系之,乃从维之,王用亨于西山。"要准确把握上六爻辞的内涵,需与本卦其他几爻结合起来进行考虑。六二言"系小子",六三言"系丈夫",都表示抓获了一批人,"小子""丈夫"也就是上六"拘系"的对象,这些人可能是俘虏,也可能是奴隶(古代的奴隶多由俘虏转化而来)。九四称"有孚在道",是说在路上抓到了俘虏。九五"孚于嘉",是说在嘉地抓到了俘虏。"孚于嘉"表何意,各家看法颇不一致。如李镜池《周易通义》以为"嘉"指"有嘉","孚于嘉"意指"俘虏了不少嘉人"。黄寿祺、张善文《周易译注》以为"孚"为诚信义,"嘉"为善美义,"孚于嘉"意为"广施诚信给美善者"。高亨《周易古经今注》以为"孚读为浮",惩罚之义,"嘉"谓喜庆之事,"孚于嘉"意谓"在行嘉礼之时因失仪而被罚酒"。按,《兑》卦九五有"孚于剥"之辞,格式同于"孚于嘉","孚"解"诚信""罚酒"义均不可通。我们以为"孚"通"俘","嘉"乃地名。"有孚在道"也是理解各异,此不赘述。

上六爻辞中之"从""维""亨"诸字,各家理解亦有分歧。高亨《周易古经今注》以为"从读为放纵之纵","维疑当读为遗"。黄寿祺、张善文《周易译注》以为"从"是"附从","维"是"以绳捆绑"。李镜池《周易通义》以为"维"指"维心","即以说服的方法或物质优待来维系战俘的心,使之顺从当奴隶"。至于"亨"字,各家都理解为"祭祀"义,《周易通义》认为是以俘虏作为人牲享神。

总起来说,"拘系",意为"拘禁";"维",用绳索捆绑。"亨",通"享",意为"祭祀"。上六爻辞意为:把俘虏囚禁起来,进而把他们捆绑起来,然后君王把俘虏带到西山作为祭品举行祭祀。

2. 《蛊》卦中"蛊"字是什么意思?

《蛊》卦之"蛊",前人或训为"惑"。孔颖达《正义》引褚氏云:"蛊者惑也。物既惑乱,终致损坏,当须有事也,有为治理也。故《序卦》云:'蛊者事也。'"孔氏辩曰:"谓物蛊必有事,非谓训蛊为事义当然也。"然今人仍有据旧说加以发挥者。如尚秉和《周易尚氏学》注云:"训蛊为事为惑,皆正训不误。而此则义为败坏,亦卦象所命也。《象》曰巽而止蛊,亦以败坏为说。若必拘《序卦》而训为事,则此句义难通矣。"高亨《周易古经今注》注云:"《说文》:'蛊,腹中虫也。《春秋传》曰:皿虫为蛊。'……按食物在器,腐而生虫为蛊,故其字从皿从蟲。用以喻人,淫邪之女亦谓之蛊,……干父之蛊,谓子匡正其父淫邪之妾也。"

按,王引之以为《蛊》卦爻辞中之"蛊",均通假为"故",表"事情"义。其《经义述闻》卷一曰:"训诂之体,一字兼有数义。蛊为疑惑。《尔雅》曰:'蛊,疑也。'昭元年《左传》曰:'女惑男谓之蛊。'此一义也。蛊又为事。《释文》曰:'蛊,一音故,蛊之言故也。'……蛊训为事。故大元有事,首以象《蛊》卦。此又一义也。二义各不相因。褚氏、伏氏不解训蛊为事之意,乃谓事生于惑,且曰非谓训蛊为事,是不达训诂之体也。且如其说,则'干父之蛊''干母之蛊',亦将以为干亲之惑乱,其可乎?"今人解《易》,往往据字词本义和卦象加以发挥,而置事理与文理于不顾,故多有牵强附会之说,固不可取。然王氏之说,后人少有信从者,或别有理据,亦未可知。比如王氏只证"蛊"当训"事"义,而未言及"干"字的意义和用法。以"干……蛊"为"干……事",那"裕……蛊"这样的搭配如何理解呢?且"干事"是后世说法,上古之"干"未必如此用。《王力古汉语字典》"蛊"字条下列有六个义项,"事"义不在其中,字典只是在[备考]项中提及"蛊"有"事"义,可见字典编者对此持十分审慎的态度。

【语言文学及文化史扩展】

1. 西山 西方的山。太阳从西边落下,故引申指日落处。

白日半西山,桑梓有余晖。

(汉 王粲《从军诗》)

精琼靡与秋菊兮,将以延夫天年;临汨罗而自陨兮,恐日薄于西山。

(《汉书·扬雄传》)

2. 干蛊 指主理其事或有才干。

国不可使预政,家不可使干蛊。

(北齐 颜之推《颜氏家训·治家》)

故在家以孝友闻,行己以清廉闻,莅事以干蛊闻。

(唐 白居易《唐扬州仓曹参军王府君墓志铭》)

【集评】

随，从也。以卦变言之，本自《困》卦九来居初，又自《噬嗑》九来居五。而自《未济》来者，兼此二变，皆刚来随柔之义。以二体言之，为此动而彼说，亦随之义，故为随。己能随物，物来随己，彼此相从，其通易矣，故其占为"元亨"。然必利于正，乃得无咎。若所随不正，则虽大亨而不免于有咎矣。

（宋　朱熹《周易本义》卷一）

《随》卦下震上兑。震，动；兑，说。此动而彼说，随之义也。以少女从长男，随之象也。《随》卦次《豫》。按：《序卦》："豫必有随，故受之以随。"悦豫之极，物之所随，《随》所以次《豫》也。全象以物随为义。此感彼随，可以大通，而要之于正，则随人之意亦在其中矣。爻兼随物为义。此动彼说，而至于随，易于自失其身。大抵阳爻则人随我，阴爻则我随人。而随人者，宜随上，不宜随下，爻阴位刚者犹知所随。

（清　陈梦雷《周易浅述》卷二）

伏曼容曰：蛊，惑乱也。万事从惑而起，故以蛊为事也。

（唐　李鼎祚《周易集解》卷五）

蛊，事也。蛊非训事，蛊乃有事也。为卦山下有风，风在山下，遇山而回，则物乱，是为蛊象。蛊之义，坏乱也。

（宋　程颐《程氏易传》卷二）

【问题与讨论】

1. 《随》卦六二称"系小子，失丈夫"，六三称"系丈夫，失小子"，其吉凶情况如何？
2. 你如何理解"蛊"字的意思？

临（十九）

䷒（兑下坤上）临①：元亨，利贞。至于八月有凶。

初九：咸临②，贞吉。

九二：咸临，吉，无不利。

六三：甘临③，无攸利。既忧之④，无咎。

六四：至临⑤，无咎。

六五：知临⑥，大君之宜⑦，吉。

上六：敦临⑧，吉，无咎。

【注释】

① 临：卦名，以爻辞中常见字作标题。

② 咸临：温和地治理。咸：通"諴(xián)"，平和，温和。一说"咸"通"感"，"感化"之义。临：治理，统治。

③ 甘临：宽松地治理。甘：宽松，平缓。一说"甘"义为"美"。

④ 既忧之：已经为此忧虑。既：已经。忧：担忧，忧虑。

⑤ 至临：认真地治理。至：周到，精到。

⑥ 知临：明智地治理。知：通"智"，明智。

⑦ 大君之宜：有益于国君。大君：国君。宜：适合，有利。"大君"为"宜"的前置宾语。

⑧ 敦临：温厚地治理。敦：厚道，温厚。

观（二十）

䷓(坤下巽上)观①：盥而不荐②，有孚颙若③。

初六：童观④，小人无咎，君子吝。

六二：窥观⑤，利女贞。

六三：观我生⑥，进退⑦。

六四：观国之光⑧，利用宾于王⑨。

九五：观我生，君子无咎⑩。

上九：观其生⑪，君子无咎。

【注释】

① 观：卦名，以爻辞中常见字作标题。

② 盥(guàn 贯)而不荐：洗手而没有向鬼神进献祭品。盥：洗手。一说"盥"通"祼"(guàn)，灌祭，祭祀时用酒浇地。荐：向鬼神进献祭品。

③ 有孚颙（yóng 喁）若：虔诚而恭敬。颙若：严肃恭敬的样子。一说"有孚颙若"意为"俘虏头部被打得肿肿的"。

④ 童观：像小孩那样观看。童：小孩，一说指奴隶。

⑤ 窥观：从缝隙中观看。窥：从缝隙中看，偷偷地看。

⑥ 观我生：观看我的身体。生：通"性"，身体。一说"生"通"姓"。

⑦ 进退：进献后离去。进：进献。退：离去，回去。

⑧ 观国之光：观看国家的民俗风物。光：指政教风俗方面的景象。

⑨ 利用宾于王：利于归顺君王。利用：利于。宾：服从，归顺。一说"宾"义为"宾客"。

⑩ 君子无咎：君子无灾。初六言"小人无咎，君子吝"，此爻言"君子无咎"，互文见义，暗含"小人吝"之意。

⑪ 其：代词，他的，别人的。

【问题分析】

1. 《临》卦是讲什么内容的？

《临》卦文辞简略，爻辞中的核心词是"临"，有"咸临""甘临""至临""知临""敦临"等组合形式。如何理解"临"的意思，对了解全卦的主旨非常重要。

李鼎祚《集解》引郑玄曰："临，大也。阳气自此浸而长大。阳浸长矣，而有四德，齐功于乾，盛之极也。"《象传》曰："泽上有地，临。"《集解》引荀爽曰："泽卑地高，高下相临之象也。"成语有"居高临下"，此"临"字表"观临、临视"之义。

李镜池《周易通义》注云："临：从高临下。从臣（临的繁体作臨），臣是目字的隶变。金文从目。《国语·周语》：'受职于王，以临其民。'临有治义。卦中讲治民之术，从内容及多见词标题。"

黄寿祺、张善文《周易译注》注云："'临'字，《说文》：'监也'，《尔雅·释诂》：'视也'，《谷梁传》哀公七年'有临天下之言焉'范宁注'临，抚有之也'：此三说，实均明'临'字含有'由上视下'、'以尊临卑'之义。……本卦初、二两爻阳刚浸长，从全卦之象看，正寓以德临人的意义。"

周振甫《周易译注》注云："临是从高视下，从上视下，从君视民，有治民的意思。"

按，各家之论，均由"临"字本义出发，归结到"临"有"治理、治民"之义，大体不错。就《临》卦词例看，"临"表"治理、统治"义，可为正解。《尚书·大禹谟》：

"帝德罔愆,临下以简,御众以宽。""临下"即"治理下民"之义。《临》卦"咸临""甘临""至临""知临""敦临"诸语,各述一种治理方式,"咸""甘""至""知""敦"诸字均作"临"的状语。据此看来,李镜池先生说《临》卦是"讲治民之术",是有一定道理的。

2. 如何理解《观》卦"小人无咎"与"君子无咎"?

《观》卦初六:"童观,小人无咎,君子吝。"孔颖达《正义》曰:"童观者,处于观时而最远朝廷之美观,是柔弱不能自进,无所鉴见,唯如童稚之子而观之。为'小人无咎,君子吝'者,为此观看,趣在顺从而已,无所能为,于小人行之,才得无咎,若君子行之,则鄙吝也。"高亨《周易古经今注》注云:"《释文》:'童,郑云稚也。'亨按童观所见者浅鲜,小人如此,无害于事。君子如此,则难有成。故曰童观,小人无咎,君子吝。"

按,《观》卦初六为阴爻居阳位,又处下卦之初,有"潜龙勿用"之象,故宜于"童观",小人筮遇此爻,无所作为,可保无咎。而君子宜上不宜下,筮遇此爻,难免忧虞之患。

《观》卦九五:"观我生,君子无咎。"上九:"观其生,君子无咎。"九五、上九居上卦之中、上,乃君子所处之贵位,故君子得之,可保无咎。理解这两爻,需与初六爻结合起来进行考虑。初六爻称"小人无咎,君子吝",九五、上九爻仅言"君子无咎",未言小人如何。依据爻位理论及《周易》文例,九五、上九两爻"君子无咎"的言外之意是"小人吝"。为何小人有吝?小人宜下不宜上也。从修辞角度看,《观》卦初六与九五、上九爻辞亦属互文见义之例。

【语言文学及文化史扩展】

1. 大君 指国君、天子。

大君制六合,良佐参万机。大业永开泰,臣道日光辉。

（唐　沈佺期《和户部岑尚书参迹枢揆》诗）

伊六官之设也,所以经纶庶政,辅弼大君。

（宋　范仲淹《六官赋》）

2. 童观 指幼稚浅陋的观察。孔颖达《正义》曰:"童观者,处于观时而最远朝廷之美观,是柔弱不能自进,无所鉴见,唯如童稚之子而观之。"

孰量童观之明,得预宗庙之美。

（宋　范仲淹《与晏尚书》）

3. 观光　指观览国家文德光辉。

何幸遇休明，观光来上京。相逢武陵客，独送豫章行。

（唐　孟浩然《送袁太祝尉豫章》诗）

士虽在远，亦识此意，闻命忻然皆有不远千里观光求用之心。

（宋　苏轼《荐何宗元十议状》）

昔忝国士荐，观光帝王州。强言酬顾问，流汗对冕旒。

（明　方孝儒《敬次张南轩赠朱文公韵送董公》诗）

【集评】

案《序卦》云："临，大也。"以阳之浸长，其德壮大，可以监临于下，故曰"临"也。

（唐　孔颖达《周易正义》卷三）

问："临，不特是上临下之谓临，凡进而逼近者皆谓之临否？"曰："然。此是二阳自下而进上，则知凡相逼近者皆为临也。"

（宋　黎靖德《朱子语类》卷七十）

胡氏炳文曰：诸家临字，训近训大，只见上临下，不见刚临柔之意。《本义》依如临深渊之临，谓进而迫于渊，此所谓临者，刚进而迫于柔也。盖复者，阴之极而阳初来也。临者，二阳皆来而迫于阴也。故《复》亨而《临》大亨。

（清　李光地《御纂周易折中》卷三）

马融曰：盥者，进爵灌地以降神也。此是祭祀盛时，及神降荐牲，其礼简略，不足观也。国之大事，唯祀与戎。王道可观，在于祭祀。祭祀之盛，莫过初盥降神。故孔子曰：禘自既灌而往者，吾不欲观之矣。此言及荐简略，则不足观也。以下观上，见其至盛之礼，万民信敬，故云"有孚顒若"。孚，信。顒，敬也。

（唐　李鼎祚《周易集解》卷五）

观者，有以示人，而为人所仰也。九五居上，四阴仰之，又内顺外巽，而九五以中正示天下，所以为观。盥，将祭而洁手也；荐，奉酒食以祭也；顒然，尊严之貌。言致其洁清而不轻自用，则其孚信在中，而顒然可仰。戒占者宜如是也。

（宋　朱熹《周易本义》卷一）

【问题与讨论】

1. 《杂卦传》说"《临》《观》之义，或与或求"，对此你有何看法？

2. 如何理解《观》卦"利用宾于王"？

噬嗑（二十一）

≡≡（震下离上）噬嗑①：亨，利用狱②。

初九：屦校灭趾③，无咎。

六二：噬肤灭鼻④，无咎。

六三：噬腊肉⑤，遇毒⑥，小吝，无咎。

九四：噬干胏⑦，得金矢⑧。利艰贞，吉。

六五：噬干肉，得黄金⑨。贞厉，无咎。

上九：何校灭耳⑩，凶。

【注释】

① 噬（shì 是）嗑（hé 和）：卦名。噬：咬。嗑：合口，闭口。《易传·彖传》云："颐中有物曰噬嗑。"《杂卦传》云："噬嗑，食也。"王《注》云："颐中有物，啮而合之，噬嗑之义也。"

② 利用狱：利于打官司。狱：诉讼，打官司。

③ 屦（jù 具）校（jiào 叫）灭趾：所戴刑具盖住了脚趾。屦：踩，踏。校：木制刑具。灭：遮盖，一说"磨破"义。趾：脚。

④ 噬肤灭鼻：吃肉糊住了鼻子。肤：肉。灭鼻：盖住鼻子，一说指"割掉鼻子"。

⑤ 腊（xī 西）：干肉。

⑥ 毒：指残余的铜箭头。孔颖达《周易正义》云："毒者，苦恶之物也。"

⑦ 噬干胏（zǐ 子）：吃带骨头的干肉。胏：带骨头的肉。

⑧ 得金矢：发现铜箭头。金：铜。矢：箭头。

⑨ 黄金：指黄铜做的箭头。

⑩ 何校灭耳：所戴刑具遮住了耳朵。何：通"荷"，扛，戴。一说"灭耳"意为"割掉耳朵"。

贲（二十二）

≡≡（离下艮上）贲①：亨，小利有攸往②。

初九:贲其趾③,舍车而徒④。

六二:贲其须⑤。

九三:贲如⑥,濡如⑦,永贞吉。

六四:贲如,皤如⑧,白马翰如⑨,匪寇⑩,婚媾。

六五:贲于丘园⑪,束帛戋戋⑫,吝,终吉。

上九:白贲⑬,无咎。

【注释】

① 贲(bì 必):卦名,以爻辞中常见字作标题。

② 小:副词,稍微,略微。

③ 贲其趾:装饰他的脚。贲:装饰,打扮。趾:脚。

④ 舍车而徒:不坐车而步行。舍:放弃。徒:步行。

⑤ 须:胡须。

⑥ 贲(bēn 奔)如:奔跑。贲:通"奔",奔跑,一说"贲"为"修饰"义。如:语气助词。

⑦ 濡(rú 如):浸湿,沾湿。

⑧ 皤(pó 婆):丰盛,众多。一说"皤"为"素白"之义。

⑨ 白马翰(hàn 汉)如:白马飞奔。翰:高飞,飞跑。一说"翰"指"毛色洁白"。

⑩ 匪寇:不是来抢劫。匪:副词,非。寇:抢劫。

⑪ 贲(bēn)于丘园:奔向山上园林。丘:土山。

⑫ 束帛戋戋(jiān 坚):捆着的丝绸很少。束:捆。帛:丝绸,丝织品。戋戋:少,微薄。
   一说"戋戋"意为"堆积的样子"。

⑬ 白贲:用白色修饰。一说"贲"通"豶(fén)",指大猪。

【问题分析】

1. 如何理解《噬嗑》卦的"遇毒"?

《噬嗑》卦六三:"噬腊肉,遇毒。"今人解《易》,多以"中毒"译注"遇毒"。如徐子宏《周易全译》将"噬腊肉,遇毒"译为"吃腊肉,中毒",袁庭栋《周易初阶》译为"吃干肉而中毒",刘大钧、林忠军《周易古经白话解》译为"吃干肉中毒"。按,李鼎祚《周易集解》引虞翻曰:"坎为毒,故噬腊肉,遇毒。毒,谓矢毒也。"虞氏所谓"矢毒",是指"金矢之毒",也就是李镜池先生所说的"铜镞"之毒。六五称"噬干肉,得黄金",九四称"噬干胏,得金矢",此六三称"噬腊肉,遇毒",文意相关,"遇毒"当是指吃干肉时发现"金矢之毒"。孔颖达《正义》曰："毒者,苦恶之物也。"因此所谓"矢毒",当是指铜箭头所生之锈。"遇毒",意指在所吃干肉中发现了生锈的箭头或发现了铜镞的锈末。

2.《贲》卦中"贲"字表什么意义?

李镜池《周易通义》认为"贲"字有三义:"从贝,本义为装饰;卉声,借为奔;又借为獖。一词多义,以多见词标题。"初九"贲其趾","贲:饰,装备。"九三"贲如,濡如","贲:借为奔。"上九"白贲","贲:借为獖,大猪。"高亨《周易古经今注》认为:"杂色文饰为贲。《说文》:'贲,饰也。从贝,卉声。'盖古人贯贝而系于颈,以为美饰。……取诸色贝以为颈饰,是为贲,故贲从贝而为杂色文饰之义。本卦贲字,即此义也。""贲其趾者,谓文其足也。""贲其须者,须有黑有白也。""(九三)贲如者,黑白参杂之皃。""(六四)贲如者,马有斑文贲然也。""贲于丘园,谓纳徵之日,女家结彩以饰其门也。""白贲者,就素为杂色文彩也。"按,《说文》贝部:"贲,饰也。"《序卦传》曰:"贲者,饰也。""贲"之本义为"修饰""装饰",如"贲其趾,舍车而徒",意即把脚趾修饰得很漂亮,因而有车不坐,宁愿步行。"贲"又通假为"奔","奔跑"之义,如"贲于丘园"意即奔向丘园。《贲》卦中之"贲"均为动词,表"修饰"和"奔跑"两义。

【语言文学及文化史扩展】

1. 荷校 把枷套在脖子上,亦指自戴刑具。

天禧中河决滑台,齐鲁承其弊,朝廷遣兵数万人塞其横流,千里之民皆奔走负薪刍,邑官荷校以督其事。

（宋 范仲淹《资政殿大学士礼部尚书赠太子太师谥忠献范公墓志铭》）

2. 丘园 指清静自然之处或隐居之所。

韦夐隐不负人,贞不绝俗,怡神坟籍,养素丘园,哀乐无以动其心,名利不足干其虑,确乎不拔,实近代之高人也。

（唐 李延寿《北史·韦夐传论》）

若有确然乡党,独行州闾,肥遁丘园,不求闻达。

（唐 姚思廉《梁书·梁武帝纪中》）

【集评】

"噬嗑亨"者,噬,啮也;嗑,合也。物在于口,则隔其上下,若啮去其物,上下乃合而得"亨"也。此卦之名，假借口象以为义，以喻刑法也。

（唐　孔颖达《周易正义》卷三）

胡氏炳文曰："噬肤"，"噬腊肉"，"噬干肺"，一节难于一节。六五"噬干肉"则易矣，五君位也，以柔居刚，柔而得中，用狱之道也，何难之有？讼则出矢，狱则出金，讼为小，狱为大。四于讼狱兼得，大小兼理之也。

（清　李光地《御纂周易折中》卷三）

郑玄曰：贲，文饰也。离为日，天文也。艮为石，地文也。天文在下，地文在上，天地二文，相饰成贲者也。犹人君以刚柔仁义之道饰成其德也。刚柔杂，仁义合，然后嘉会礼通，故"亨"也。卦互体坎艮，艮止于上，坎险于下，夹震在中，故不利大行，小有所之则可矣。

（唐　李鼎祚《周易集解》卷五）

傅氏云：贲，古斑字，文章貌。郑云：变也，文饰之貌。王肃符文反，云：有文饰，黄白色。

（唐　陆德明《经典释文·周易音义》）

【问题与讨论】

1. 《噬嗑》卦称"屦校灭趾""何校灭耳"，《大过》上六称"过涉灭顶"，你如何理解其中"灭"字的意义？

2. 你如何理解《贲》卦中"贲"字的意义和用法？

剥（二十三）

䷖（坤下艮上）剥①：不利有攸往。

初六：剥床以足②，蔑贞凶③。

六二：剥床以辨④，蔑贞凶。

六三：剥之⑤，无咎。

六四：剥床以肤⑥，凶。

六五：贯鱼⑦，以宫人宠⑧，无不利。

上九：硕果不食⑨，君子得舆⑩，小人剥庐⑪。

【注释】

① 剥:卦名,以爻辞中常见字作标题。

② 剥床以足:砍削床脚。剥:割削,割裂。一说"剥"为"敲击"义。床:古代坐、卧的器具。一说"床"为"车厢"义。以:介词,与,及。足:床脚。

③ 蔑(miè灭)贞凶:占问杀戮之事有凶险。蔑:消灭,杀戮。一说"蔑"通"梦"。"蔑"作"贞"的前置宾语。

④ 剥床以辨:砍削床腿。辨:指床身之下、床足之上的部位。一说"辨"通"蹁(pián)","膝头、膝盖"之义。

⑤ 之:代词,它,指床。

⑥ 剥床以肤:砍削床面。肤:床的表面,床上垫席。

⑦ 贯鱼:射鱼。贯:射中。一说"贯鱼"意为"以绳穿鱼"。

⑧ 以宫人宠:受到宫人喜欢。宫人:官名,掌管君王的日常生活事务。一说"宫人"指宫女。宠:喜爱。

⑨ 硕果不食:大果子没人吃。硕:大。

⑩ 君子得舆(yú鱼):君子得到车子。舆:车。

⑪ 小人剥庐:百姓失去房舍。剥:离开。小人:老百姓。庐:房屋,房舍。

复(二十四)

䷗(震下坤上)复①:亨。出入无疾②,朋来无咎③。反复其道④,七日来复⑤。利有攸往。

初九:不远复⑥,无祗悔⑦,元吉。

六二:休复⑧,吉。

六三:频复⑨,厉,无咎。

六四:中行独复⑩。

六五:敦复⑪,无悔。

上六:迷复⑫,凶,有灾眚。用行师⑬,终有大败,以其国君⑭,凶,至于十年不克征⑮。

【注释】

① 复：卦名，以卦爻辞中常见字作标题。

② 出入无疾：出外、回家均无疾患。疾：病。

③ 朋来无咎：朋友到来无妨。一说"朋来"意为"获得朋贝（赚钱）"。

④ 反复其道：从道路上返回。反：返。复：回来，返回。道：道路。

⑤ 七日来复：七天之内可以回到家。

⑥ 不远复：走不远就回来。

⑦ 无祇（zhī 支）悔：没有大灾。祇：大。

⑧ 休复：高兴地返回。休：喜悦，喜庆。

⑨ 频复：赶紧回来。频：急，紧急。一说"频"为"皱眉"之义。

⑩ 中行独复：半路上独自返回。中行：中途，半路。

⑪ 敦复：小心而回。敦：敦厚，慎重。一说"敦"为"敦促"义。

⑫ 迷复：迷路而返。迷：迷路。

⑬ 用行师：行军作战。用：结构助词，置于动词及动词性词组之前，无实义。

⑭ 以其国君：殃及其君。以：及，连累。

⑮ 至于十年不克征：以至十年之内都不能出兵征战。克：能。征：讨伐，征战。

【问题分析】

1.《剥》卦"贯鱼"是什么意思？

《剥》卦六五："贯鱼，以宫人宠，无不利。"李鼎祚《集解》引虞翻曰："剥消观五。巽为鱼，为绳；艮手持绳贯巽，故'贯鱼'也。"今人解此爻，多据此发挥。唐明邦主编《周易评注》注云："贯鱼：用绳将鱼贯串，依次排列。"高亨《周易古经今注》注云："《释文》：'贯，穿也。'《广雅·释言》：'贯，穿也。'以绳穿物曰贯。贯鱼，即以绳穿鱼，此必并头相次，不得相越。"此乃在虞说基础上加以证发。徐子宏《周易全译》注云："贯鱼，犹今言鱼贯，依次而进之意。"此以今意解古语，方法和结论都不可取。李镜池《周易通义》注云："贯鱼：射中了鱼。贯，中。《诗·猗嗟》：'舞则选兮，射则贯兮。'舞要齐，射要中。……射鱼为献祭。《礼记·射义》：'天子将祭，必先习射于泽而后射于射宫，射中者得与于祭，不中者不得与于祭。'"李注有理有据，可备一说。

2. 如何理解"中行"？

《复》卦六四："中行独复。"李镜池《周易通义》注云："中行：中途。"高亨《周易古经今注》注云："《尔雅·释宫》：'行,道也。'中行犹言中道。"中途、中道,都是半路的意思。"中行独复",意即半路独自返回。然今人解《易》,或从象数与义理方面加以发挥,多有臆说。如金景芳、吕绍纲《周易全解》云："六四处于上卦之下,上下各有两个阴爻,而自己居在众阴之中,所以叫做'中行'。"黄寿祺、张善文《周易译注》注云："中行,指六四处五阴之中,其位得正,犹'居中行正'。"唐明邦主编《周易评注》注云："中行:与持中道之人偕行。"按,"中行"一语在《周易》古经里共出现五次,除《复》卦六四外,尚有如下四例:

《益》卦六三："益之用凶事,无咎。有孚,中行告公用圭。"

《益》卦六四："中行告公从,利用为依迁国。"

《泰》卦九二："包荒,用冯河。不遐遗,朋亡,得尚于中行。"

《夬》卦九五："苋陆夬夬中行,无咎。"

从文例上看,"中行"都可以看作名词,"半路"之义。尤其是《泰》卦九二"得尚于中行","于中行"作补语,标示"得尚"之处所,"得尚于中行"意即"在半路上得到帮助"。

【语言文学及文化史扩展】

1. 剥复 指消长,盛衰。孔颖达《正义》曰："《坤》卦之尽,则《复》卦阳来,是从剥尽至阳气来复。"

王亦倾心,敬听轮对,极论世运剥复之机,及人主所当法天者。

（元 脱脱《宋史·程元凤传》）

2. 剥庐 指简陋、穷困的住所。

虽星有风雨之好,人有异同之性,庶觐蔀家与剥庐,非苏世而居正。

（晋 左思《魏都赋》）

3. 贯鱼 穿成串的鱼,比喻顺序排列。又用以比喻宫女众多,依次排列。

今猥以轻鄙,超伦逾等,上乱圣朝贯鱼之序,下违群士准平之论。

（唐 房玄龄《晋书·蔡谟传》）

迎候人应少,平安火莫惊。每逢危栈处,须作贯鱼行。

（唐 元稹《遣行》诗）

文帝创基,修祍席以俭约;武皇嗣历,节情欲于矫枉。宫闱有贯鱼之美,戚里无私溺之尤,可谓得君人之体也。

（唐 李延寿《北史·后妃传》）

4. **硕果**　本指大的果实，比喻难得的人才或事物。

方见命世大儒，遭罹厄会，实由天厌明德，留此寒泉硕果，藉以开兴朝文运之先。

（清　陈康祺《郎潜纪闻》卷七）

5. **一阳来复**　《复》卦上五爻为阴，下一爻为阳，象征一阳回复，具有生长前景，故称"一阳来复"。旧说冬至阳气初动，故又以"一阳生"指冬至。孔颖达《正义》曰："冬至一阳生，是阳动用而阴复于静也。"宋王安石《冬至》诗："都城开博路，佳节一阳生。"

【集评】

剥者，剥落也。今阴长变刚，刚阳剥落，故称"剥"也。小人既长，故"不利有攸往"也。

（唐　孔颖达《周易正义》卷三）

剥，落也。五阴在下而方生，一阳在上而将尽，阴盛长而阳消落，九月之卦也。阴盛阳衰，小人壮而君子病。又内坤外艮，有顺时而止之象。故占得之者不可有所往也。

（宋　朱熹《周易本义》卷一）

《剥》尽为《坤》，《复》则一阳生也。《复》之一阳，不是顿然便生，乃是自《坤》卦中积来。

（宋　黎靖德《朱子语类》卷七十一）

何妥曰：复者，归本之名。群阴剥阳，至于几尽，一阳来下，故称反复。阳气复反而得交通，故云"复亨"也。

（唐　李鼎祚《周易集解》卷六）

还归其故曰"复"。一阳初生于积阴之下，而谓之复者，阴阳之撰各六，其位亦十有二，半隐半见，见者为明，而非忽有；隐者为幽，而非竟无。天道人事，无不皆然，体之充实，所谓诚也。……阳位乎明，阴位乎幽，阳以发，阴以居，道之大经也。则六位本皆阳位，阴有时践其位，而固非其位，故阳曰复，而阴不可曰复。

（清　王夫之《周易内传》卷二）

【问题与讨论】

1.《剥》《复》两卦的卦象有什么样的关系？

2. 你对《剥》卦"贯鱼以宫人宠"的句读和文意有何看法?

无妄（二十五）

☲（震下乾上）无妄①：元亨，利贞。其匪正②，有眚。不利有攸往。

初九：无妄往③，吉。

六二：不耕获④，不菑畬⑤，则利有攸往。

六三：无妄之灾⑥。或系之牛⑦，行人之得⑧，邑人之灾⑨。

九四：可贞⑩，无咎。

九五：无妄之疾⑪，勿药有喜⑫。

上九：无妄行，有眚，无攸利。

【注释】

① 无妄：卦名，以爻辞中常见字词作标题。

② 其匪正：假若（品行）不端正。其：语气助词。匪：非。

③ 无妄往：不要随便外出。无：毋，不要。妄：乱，胡乱。

④ 不耕获：不耕种而有收获。获：收割庄稼。

⑤ 不菑(zī资)畬(yú余)：不开荒而有良田。菑：新开荒的田。畬：耕种多年的熟田，良田。"菑畬"均为名词作动词用。

⑥ 无妄之灾：没有预料到的灾祸。无：副词，没有。妄：通"望"，期望，预期。

⑦ 或系之牛：有人把牛拴在外面。或：有人。系：拴。之：其，他的。

⑧ 行人之得：过路人得到了牛。

⑨ 邑人之灾：乡人遭灾。邑人：乡人。

⑩ 可贞：适于占卜。

⑪ 无妄之疾：意外的疾病。

⑫ 勿药有喜：不吃药也会好。药：名词作动词用，用药，吃药。

大畜（二十六）

☶（乾下艮上）大畜①：利贞。不家食②，吉。利涉大川。

初九:有厉,利巳③。

九二:舆说輹④。

九三:良马逐⑤,利艰贞。曰闲舆卫⑥,利有攸往。

六四:童牛之牿⑦,元吉。

六五:豮豕之牙⑧,吉。

上九:何天之衢⑨,亨。

【注释】

① 大畜:卦名,意为"大力蓄积"。

② 不家食:不耕种而有饭吃。家:通"稼",指耕作、耕种。食:吃饭。楚《易》作"不家而飤"。

③ 利巳(sì 四):利于祭祀。巳:通"祀",祭祀。一本作"利已",意为"利于停止"。

④ 舆说(tuō 拖)輹(fù 复):车身和车轴分离开来。说:脱离。輹:绑住车厢和车轴的绳子。《说文》车部:"輹,车轴缚也。"一说"輹"指车厢下钩住车轴的木制器件。帛《易》作"车说緮"。

⑤ 良马逐:良马相互奔逐。逐:追逐,奔跑。一说"逐"为"交配"之义。

⑥ 曰闲舆卫:练习车战防卫技术。曰:句首语气词,一本作"日"。闲:练习,熟习。卫:防卫。

⑦ 童牛之牿(gù 固):把小牛关在圈栏内。句中"牿"用如动词,"童牛"作"牿"的前置宾语。《说文》牛部云:"牿,牛马牢也。从牛告声。周书曰:今惟牿牛马。"牢:关牲畜的圈栏。"牿牛马"意即"把牛马关在圈栏内"。一说"童牛"指公牛,"牿"为牛角上预防撞人的横木。

⑧ 豮(fén 坟)豕之牙:用木桩把阉猪圈起来。豮:阉割过的猪。豕:猪。牙:木桩。句中"牙"用如动词,"豮豕"为其前置宾语。惠栋《周易述》云:"牙者,畜豕之杙(yì),故云'牙,杙也'。东齐海岱之间,以杙系豕,防其唐突,与'童牛之告'同义也。"杙:木桩。一说,"豮豕"意为"奔突的大猪","牙"同"互(柜)",指木框、木架之类。

⑨ 何天之衢(qú 渠):肩扛君王之戟(出征)。何:同"荷",扛。天:君主,国君。《尔雅·释诂》:"天,君也。"衢:通"戵(qú)",戟一类的武器。一说"何天之衢"意为"得到上天保佑"。

【问题分析】

1.《大畜》卦"不家食"是什么意思？

《大畜》卦辞："利贞，不家食，吉，利涉大川。"前人解《易》，多把"家"字视为名词，按其常用义（家中、家庭）理解，如孔颖达《正义》曰："'不家食吉'者，己有大畜之资，当须养赡贤人，不使贤人在家自食，如此乃吉也。"朱熹《本义》曰："不家食谓食禄于朝，不食于家也。"今人理解略同，如李镜池《周易通义》说："不家食：不回家吃饭。"刘大钧、林忠军《周易古经白话解》说："不家食，不在家吃饭，而是食禄于朝。"按，楚竹书《周易》《大畜》卦辞曰："利贞，不家而飤，吉，利涉大川。"我们认为今本"不家食"可依竹书读为"不家而食"。句中"家"字不宜照本字读，而当读为"稼"。《大戴礼记·五帝德》："陶家事亲，宽裕温良。"王引之《经义述闻》卷十二"陶家"条曰："家，即稼字也。《大雅·桑柔》篇'好是稼穑'，《释文》'稼'作'家'，是其证。"《诗经·大雅·桑柔》："好是稼穑，力民代食。"郑玄笺云："但好任用是居家啬于聚敛作力之人，令代贤者处位食禄。"孔颖达疏曰："笺不言稼当为家，则所授之本先作家字也。"陆德明《经典释文》云："家，王申毛音驾，谓耕稼也。郑作家，谓居家也。"可见，古"家"字本可表"耕稼、种植"义，与"稼"声韵相同，例可通假。"不家食"，意谓"不稼而食"，也就是不耕种而有饭吃。

2."何天之衢"是什么意思？

《大畜》上九："何天之衢，亨。"关于"衢"字的意义，主要有三种意见，一曰四达之路，二曰庇护，三曰福禄。"何"字亦有三说，一说同"荷"，一说为语气辞，一说为衍文。按，马王堆帛书《周易》《泰蓄》卦尚九爻辞作："何天之瞿，亨。"《字汇》目部："瞿，又与戵同，戟属。"《尚书·顾命》："一人冕，执戣，立于东垂。一人冕，执瞿，立于西垂。"孔安国传："戣、瞿皆戟属。"孔颖达疏："戣、瞿，盖今三锋矛。"我们认为，今本《周易》中的"衢"字，当从帛书以"瞿"字读之，义同"戵"。经文中"何"是"荷"的古字，义为"扛"。"天"非指上天，而是指君王。《尔雅·释诂》："天，君也。"《诗经·大雅·荡》："天降滔德，女兴是力。"毛传："天，君。"《孟子·离娄上》："诗曰：'天之方蹶，无然泄泄。'"赵岐注："天谓王者。"据此，《大畜》卦"何天之衢"可理解为"肩扛君王之戵（出征）"。

【语言文学及文化史扩展】

1. 菑畬 指田地。

迎春治耒耜，候雨辟菑畬。

（唐　白居易《归田》诗）

2. 无妄之灾 指意想不到的损害或牵连。

三医毕访，百药皆投，竟非无妄之灾，莫见有瘳之候。

（唐 李商隐《为贺拔员外上李相公启》）

3. 豮豕 去势（阉割）的猪。

豮豕童牛，害伤不来；三光同堂，生我福仁。

（汉 焦赣《易林·颐之遁》）

东方伏日思早归，长饥不及侏儒腹；豮豕新烹白醪熟，奋衣地坐无拘束。

（宋 梅尧臣《依韵奉和永叔社日》）

4. 亨衢 指通达的道路，比喻仕途顺利。

以谷二雅驰声，甲科得隽，亦承遗构，自致亨衢。

（唐 薛廷珪《授长安县尉直弘文馆杨赞禹左拾遗鄠县郑谷右拾遗制》）

【集评】

无妄，无虚妄也。《说文》云：妄，乱也。马、郑、王肃皆云：妄犹望，谓无所希望也。

（唐 《经典释文·周易音义》）

何妥曰：乾上震下，天威下行，物皆絜齐，不敢虚妄也。

（唐 李鼎祚《周易集解》卷六）

无妄者，以刚为内主，动而能健，以此临下，物皆无敢诈伪虚妄，俱行实理，所以大得亨通，利于贞正，故曰"元亨利贞"也。

（唐 孔颖达《周易正义》卷三）

无妄者，至诚也；至诚者，天之道也。天之化育万物，生生不穷，各正其性命，乃无妄也。人能合无妄之道，则所谓与天地合其德也。

（宋 程颐《程氏易传》卷二）

"无妄"本是"无望"。这是没理会时节，忽然如此得来面前，朱英所谓"无望之福"是也。桑树中箭，柳树出汁。《史记》"无妄"作"无望"，问：若以为"无望"，即是愿望之"望"，非诚妄之"妄"。曰：有所愿望，即是妄。但"望"字说得浅，"妄"字说得深。

（宋 黎靖德《朱子语类》卷七十一）

谓之"大畜"者，乾健上进，艮止在上，止而畜之，能畜止刚健，故曰"大畜"。《象》云："能止健，大正"也。是能止健，故为"大畜"也。

（唐 孔颖达《周易正义》卷三）

无妄则为有实,故可畜聚,《大畜》所以次《无妄》也。为卦艮上乾下,天而在于山中,所畜至大之象。畜为畜止,又为畜聚,止则聚矣。取天在山中之象,则为蕴畜;取艮之止乾,则为畜止。止而后有积,故止为畜义。

（宋　程颐《程氏易传》卷二）

【问题与讨论】

1. 你如何理解"无妄"一语的意义?
2. 《大畜》卦"何天之衢"异解颇多,你有什么看法?

颐（二十七）

䷙（震下艮上）颐①：贞吉。观颐②,自求口实③。

初九：舍尔灵龟④,观我朵颐⑤,凶。

六二：颠颐⑥,拂经于丘颐⑦,征凶⑧。

六三：拂颐⑨,贞凶。十年勿用,无攸利。

六四：颠颐,吉。虎视眈眈⑩,其欲逐逐⑪,无咎。

六五：拂经⑫,居贞吉,不可涉大川。

上九：由颐⑬,厉,吉,利涉大川。

【注释】

① 颐(yí 仪)：卦名,以卦爻辞中常见字作标题。

② 观颐：观看脸颊。颐：名词,面颊,腮帮子。

③ 自求口实：自己寻找东西吃。求：寻找。实：充实,充满。一说"口实"意为"口粮"。

④ 舍尔灵龟：放弃你灵验的龟甲。舍：放弃。尔：你。龟：占卜用的龟甲。一说"灵龟"指财宝、财富。

⑤ 观我朵颐：看我鼓起两腮(咬东西)。朵：通"揣",动,摇动。阜《易》作"观我端颐"。

⑥ 颠颐：填满口腔。颠：通"填",填实,填满。一说"颠"意为"颠倒"。

⑦ 拂(fú 扶)经于丘颐：在山丘上垦荒开路以谋生。拂：通"刜(fú)",击打,砍。经：道路。丘：土山。颐：动词,养生,谋生。一说"拂"通"弼(bì)",辅助,辅佐。

⑧ 征凶:外出有凶。征:外出,远行。

⑨ 拂颐:是"拂经于丘颐"的省略说法,省去中间"经于丘"三字。一说"拂颐"意为"违背颐养之正道"。

⑩ 虎视眈眈(dān 丹):老虎专心地注视着。眈眈:专注的样子。

⑪ 其欲逐逐:其貌温和老实。欲:通"容",面容,容貌。逐逐:温厚的样子,一说"心烦的样子"。帛《易》作"其容笛笛"。

⑫ 拂经:是"拂经于丘颐"的省略说法,省去后面"于丘颐"三字。

⑬ 由颐:由此谋生养性。由:介词,自,从。一说"由颐"意为"遵循颐养的正道"。

大过(二十八)

䷛(巽下兑上)大过①:栋桡②,利有攸往,亨。

初六:藉用白茅③,无咎。

九二:枯杨生稊④,老夫得其女妻⑤,无不利。

九三:栋桡,凶。

九四:栋隆⑥,吉。有它⑦,吝。

九五:枯杨生华⑧,老妇得其士夫⑨,无咎无誉⑩。

上六:过涉灭顶⑪,凶,无咎。

【注释】

① 大过:卦名,意为"太过分"、"过度"。帛《易》作"泰过"。

② 栋桡(náo 挠):房梁弯曲。栋:房屋的正梁。桡:弯曲,曲折。

③ 藉(jiè 借)用白茅:用白茅作铺垫。藉:垫,铺垫。白茅:古代一种比较贵重的茅草。

④ 枯杨生稊(tí 提):枯萎的杨树长出新枝。稊:通"荑(tí)",嫩芽,新枝。

⑤ 老夫得其女妻:老头子娶到年轻女子做妻子。夫:男人,男子。女:少女,青年女子。

⑥ 栋隆:房梁隆起。隆:中间高出,凸起。

⑦ 它:意外,变故。

⑧ 枯杨生华(huā 花):枯杨开出新花。华:义同"花"。

⑨ 老妇得其士夫:老妇找到青年男子做丈夫。士:青年男子。

⑩ 无咎无誉:没有灾祸也没有赞誉。

⑪ 过涉灭顶:游水渡河淹没了头顶。涉:趟水过河。灭:淹没。顶:头顶。

【问题分析】

1. 如何理解《颐》卦的"拂经""拂颐"诸句？

《颐》卦六二:"颠颐,拂经于丘颐。征凶。"六三:"拂颐,贞凶,十年勿用,无攸利。"六五:"拂经,居贞吉,不可涉大川。"对于《颐》卦这几爻中的"拂""经""颐"三字,今人理解颇不一致。"拂",或解为"击",或解为"逆"。"经",或解为"胫",或解为"径"。"颐",或解为"腮颊",或解为"颐养"。由于文句简略,想要求得各字确解,困难比较大。这里想要指出的是,《颐》卦这三爻的爻辞存在互文现象,应当相互参看。李镜池先生的《周易通义》曾经指出:"拂经:这是'拂经于丘'的省辞。"这就是说《颐》卦六五爻的"拂经"是由六二爻的"拂经于丘"省略而成。我们认为,六三爻"拂经"应是由"拂经于丘颐"省略而成。李镜池先生将六三爻"拂颐"理解为"违背颐养之正道",他没有说省略的问题。我们觉得"拂颐"跟"拂经"一样,也是由"拂经于丘颐"省略而成。六二爻"拂经于丘颐"省掉中间"经于丘"三字,即成六三"拂颐";省掉后边"于丘颐"三字,即成六五"拂经"。从互文角度看,是六二爻辞补充六三、六五爻辞的意思。六二与六三是两爻相比而互文,六二与六五是两爻同位而互文。

2. 《大过》卦"有它"是什么意思？

《大过》卦九四:"栋隆,吉。有它,吝。"李镜池《周易通义》注云:"它:事故。"高亨《周易古经今注》注云:"有它,谓有意外之患也。"这样理解基本上是对的。唐明邦主编《周易评注》注云:"它,借为佗,向下弯曲。如楚方言'压佗了'。"如此理解似嫌迂曲。按,"有它"亦见于《比》卦和《中孚》卦。《比》初六:"有孚,比之,无咎。有孚,盈缶,终来有它,吉。"《中孚》初九:"虞吉。有它不燕。"这两卦中的"它"均不宜读为"佗",而当解为"意外""祸害"之义。《说文》它部:"它,虫也。从虫而长,象冤曲垂尾形。上古草居患它,故相问'无它乎'。"("它",是一种毒虫,也就是"蛇"。字形像"虫"而略长,像蛇身体弯曲、尾巴下垂之形。上古时代人们居住在草莽之中,害怕有蛇,所以见面都要互相问候:没有蛇吧?)在商代甲骨文里,"它"的字形像一种大头蛇(或加"止"像人之足),其词义已由毒蛇之害引申为泛指灾害或不吉不祥之事。如有一条卜辞是占问殷王武丁"有它"还是"无它"的:"甲寅卜,宾贞:王唯有它? 六月。甲寅卜,宾贞:王无它? 六月。"大意是,六月甲寅日占卜,贞人宾问:王有灾祸吗? 王没有灾祸吗?《周易》"有它"的意义,与甲骨卜辞基本相同。

【语言文学及文化史扩展】

1. 朵颐　鼓起腮帮子,指咀嚼、饮食。

朵颐进芰实,擢手持蟹螯。

(唐　柳宗元《游南亭夜还叙志》诗)

深闺观元化,悱然争朵颐。

(唐　陈子昂《感遇》诗之十)

2. 口实　指饮食,亦指俸禄。

好言宴,务口实,京师珍羞罔不毕有。

(北齐　魏收《魏书·夏侯道迁传》)

臣君者,岂为其口实,社稷是养。

(春秋　《左传·襄公二十五年》)

3. 虎视　如虎之雄视,比喻威武强盛。

周以龙兴,秦以虎视,及至大汉,受命而都之也。

(南朝·宋　范晔《后汉书·班固传》)

君龙骧虎视,旁眺八维,掩讨逆节,折冲四海。

(晋　陈寿《三国志·魏书·武帝纪》)

秦皇扫六合,虎视何雄哉! 挥剑决浮云,诸侯尽西来。

(唐　李白《古风》诗之三)

4. 虎视眈眈

我一生只存此骨血。那边大房做官的虎视眈眈,须要小心抵对他,不可落他圈套之内,我死不瞑目!

(明　凌蒙初《二刻拍案惊奇》卷四)

5. 栋挠　屋梁折断,比喻形势危急。唐　陆德明《经典释文》:"桡,乃教反,曲折也。""桡"与"挠"通用。

夫使士卒不崩,直而不倚,栋挠而不辟者,此吴起余教也,臣不能为也。

(西汉　刘向《战国策·魏策一》)

臣闻运缠明夷,则艰贞之节显;时属栋挠,则独立之操彰。

(南朝·梁　沈约《宋书·龚颖传》)

6. 灭顶　指遭遇严重的灾祸。

若以丹诚所感,虽灭顶捐躯,亦复奚恤?

(清　徐瑶《太恨生传》)

【集评】

郑玄曰：颐中，口车辅之名也。震动于下，艮止于上，口车动而上，因辅嚼物以养人，故谓之颐。颐，养也。能行养，则其干事，故吉矣。二五离爻，皆得中。离为目，观象也。观颐，观其养贤与不肖也。颐中有物曰"口实"。自二至五有二坤，坤载养物，而人所食之物皆存焉。观其求可食之物，则贪廉之情可别也。

（唐　李鼎祚《周易集解》卷六）

卦上艮下震，上下二阳爻，中含四阴，上止而下动，外实而中虚，人颐颔之象也。颐，养也。人口所以饮食养人之身，故名为颐。圣人设卦，推养之义，大至于天地养育万物，圣人养贤以及万民。与人之养生、养形、养德、养人，皆颐养之道也。动息节宣，以养生也；饮食衣服，以养形也；威仪行义，以养德也；推己及物，以养人也。

（宋　程颐《程氏易传》卷二）

《颐》卦最难看。铢问：《本义》言"观颐"谓观其所养之道，"自求口实"谓观其所养之术，与《程传》以"观颐"为所以养人之道，"求口实"为所以自养之道如何？先生沉吟良久，曰：《程传》似胜。盖下体三爻皆是自养，上体三爻皆是养人。不能自求所养，而求人以养己则凶，故下三爻皆凶。求于人以养其下，虽不免于颠拂，毕竟皆好，故上三爻皆吉。

（宋　黎靖德《朱子语类》卷七十一）

"过"谓过越之"过"，非经过之"过"。此衰难之世，唯阳爻乃大，能过越常理以拯患难也，故曰"大过"。以人事言之，犹若圣人过越常理以拯患难也。

（唐　孔颖达《周易正义》卷三）

小过，阴过于上下。大过，阳过于中。阳过于中而上下弱矣，故为栋桡之象。栋取其胜重，四阳聚于中，可谓重矣。九三、九四皆取栋象，谓任重也。桡取其本末弱，中强而本末弱，是以桡也。阴弱而阳强，君子盛而小人衰，故利有攸往而亨也。栋，今人谓之檩。

（宋　程颐《程氏易传》卷二）

过者，差也，失也，两爻相失也。阳爻相失，则谓之大过。阴爻相失，则谓之小过。故大元有差首以象小过，有失首以象大过也。凡卦爻相应则相遇，不相应则相失，故不遇谓之过。《大过》二五皆阳，不相应而相失，故《象传》曰：'大过，大者过也。'阳称大，阴称小。大者过也者，阳爻与阳爻两相失也。……《小过》二五皆阴，亦不相应而相失，故《象传》曰：'小过，小者过。'小者过者，阴爻与阴爻两相失也。《大过》为刚过而中,则《小过》为柔过而中,皆二五得中而不相应之谓也。

（清　王引之《经义述闻》卷一）

【问题与讨论】

1. 成语"虎视眈眈"是什么意思？和《颐》卦六四爻的原意一致吗？
2. 《大过》卦说"枯杨生稊,老夫得其女妻,无不利","枯杨生华,老妇得其士夫,无咎无誉",试从象数上说明"无不利""无咎"的理由。

坎（二十九）

䷜(坎下坎上)习坎①:有孚维心②,亨。行有尚③。

初六:习坎④,入于坎窞⑤。凶。

九二:坎有险⑥,求小得⑦。

六三:来之坎⑧,坎险且枕⑨,入于坎窞。勿用⑩。

六四:樽酒⑪,簋贰⑫,用缶⑬,纳约自牖⑭。终无咎。

九五:坎不盈⑮,祗既平⑯,无咎。

上六:系用徽纆⑰,寘于丛棘⑱,三岁不得⑲。凶。

【注释】

① 习坎:卦名,简称"坎",象征双重的险阻。帛《易》作"习赣"。

② 有孚维心:心中充满诚信。孚:诚信。维:介词,于。一说"有孚维心"意为"抓到俘虏并劝慰其心"。

③ 行有尚:前往会得到帮助。尚:帮助,一说"崇尚"之义。

④ 习坎:重重坑洼。习:重叠,重复。坎:坑,洞穴。

⑤ 入于坎窞(dàn但):落入深坑中。窞:深坑,陷阱。

⑥ 坎有险:坑中有危险。

⑦ 求小得:希望小有收获。求:寻求,希望。

⑧ 来之坎:来到坑边。之:至,到。

⑨ 坎险且枕:坑洞险而深。枕:通"沈(chén)",深。

⑩ 勿用：不可有所作为。

⑪ 樽（zūn 尊）酒：一杯酒。樽：盛酒的器皿，酒杯。

⑫ 簋（guǐ 鬼）贰：两碗饭。簋：盛饭的器具。贰：二。一说"贰"为"副"义。

⑬ 用缶：用瓦罐（装水）。缶：装水的陶器，瓦罐。

⑭ 纳约自牖（yǒu 有）：从窗口送进取出。纳：放入，送入。约：取。牖：窗户。

⑮ 坎不盈：坑洞没有填满。盈：满。

⑯ 祇（zhī 支）既平：小丘已经铲平。祇：通"坻（chí）"，小丘，小洲。王引之《经义述闻》卷一以为"祇"通假为"痕（zhī）"，病名，"祇既平"意为"病已平复"。

⑰ 系用徽（huī 灰）纆（mò 墨）：用绳索捆绑。系：捆绑。徽纆：用来捆绑犯人或俘虏的绳索。

⑱ 寘（zhì 置）于丛棘：囚禁在丛生的荆棘中。寘：安置，放逐。棘：荆棘，带刺的小灌木。

⑲ 三岁不得：三年不能解脱。得：成，成功。

离（三十）

☲（离下离上）离①：利贞，亨。畜牝牛②，吉。

初九：履错然③，敬之④，无咎。

六二：黄离⑤，元吉。

九三：日昃之离⑥，不鼓缶而歌⑦，则大耋之嗟⑧。凶。

九四：突如⑨，其来如⑩，焚如⑪，死如，弃如⑫。

六五：出涕沱若⑬，戚嗟若⑭。吉。

上九：王用出征⑮，有嘉折首⑯，获匪其丑⑰。无咎。

【注释】

① 离：卦名，帛《易》作"罗"。

② 畜牝牛：畜养母牛。畜：饲养。牝：雌性。

③ 履错然：脚步杂乱。履：走路，步履。错然：杂乱的样子。

④ 敬之：谨慎对待他们。敬：慎重。

⑤ 黄离：黄鹂，黄鸟。《说文》隹部："离，离黄，仓庚也。"《尔雅·释鸟》："仓庚，商庚。"

"仓庚,鹙黄也。"仓庚,或写作"鸧鹒";鹙黄,或写作"鸴黄"。一说"黄离"意为"黄色附丽于物"。帛《易》作"黄罗"。

⑥ 日昃(zè 仄)之离:太阳偏西时遭遇困境。日:太阳。昃:太阳偏西。之:结构助词。离:通"罹(lí)",忧患,苦难。

⑦ 不鼓缶而歌:没有敲瓦罐就唱歌。鼓:敲击。缶:瓦制的打击乐器,似罐。

⑧ 则大耋(dié 迭)之嗟(jiē 街):老人因此唉声叹气。则:连词,那么。大耋:指年纪很高的人。耋:年老。嗟:叹息。

⑨ 突如:外出。突:帛《易》、阜《易》作"出",出去。如:语气助词。

⑩ 其来如:返回来。其:语气助词。

⑪ 焚:放火烧。

⑫ 弃:抛弃,弃尸。

⑬ 出涕沱(tuó 驼)若:眼泪直流。涕:眼泪。沱若:不停地流的样子。

⑭ 戚嗟若:忧伤叹息。戚:忧伤,悲痛。

⑮ 王用出征:君王出兵讨伐。用:结构助词。征:征伐,讨伐。

⑯ 有嘉折首:嘉奖斩首立功的人。有:动词词头。嘉:赞美,表彰。折首:斩首,砍下敌人的脑袋。一说"有嘉折首"意为"有嘉国的国君给斩首"。

⑰ 获匪其丑:抓获他们的同类。获:俘获,抓获。匪:通"彼",代词,那。丑:同类,同伙。一说"匪"同"非","获匪其丑"意为"俘获不是其类的异己"。

【问题分析】

1. 如何理解《坎》卦"习坎"?

《坎》卦名"习坎",初六爻辞云:"习坎,入于坎窞。凶。""习"为何义,各家理解颇有分歧。王弼《注》云:"坎,险陷之名也。习谓便习之。"孔颖达《正义》曰:"坎是险陷之名。习者,便习之义。"陆德明《经典释文》云:"习,便习也,重也。刘云:水流行不休,故曰习。"李鼎祚《集解》引虞翻曰:"习,常也。习,积也。"引陆绩曰:"习,重也。"今人多解"习"为"重复"义,如李镜池《周易通义》注云:"习坎:重坎,意谓坎坑之中又有坎坑。"高亨《周易古经今注》注云:"习当读为袭,古字通用。……《广雅·释诂》:'袭,重也。'……袭坎者,坎中又有坎也。"按,《彖传》曰:"习坎,重险也,水流而不盈。"《象传》曰:"水洊至,习坎。"《尔雅·释言》:"洊,再也。""再"与"重"义相近。《坎》卦象下坎上坎,坎为险,为水,象征重重险陷。"习坎"正是对卦象构成及其象征意义的说明。王弼《周易略例》曰:"夫象者,出意者也。言者,明象者也。尽意莫若象,尽象莫若言。言生于象,故可寻言以观象;象生于意,故可寻象以观意。意以象尽,象以言著。"《坎》卦下坎上坎为其"象","重险"为其"意",而"习坎"乃为"明象""尽意"之"言"。

2.《离》卦"突如"是什么意思?

"突"字,《辞海》列有"急猝貌;突然"一个义项,《辞源》释为"卒然",《汉语大字典》释为"忽然;猝然",均引《周易·离卦》"突如其来如"为证。今人各种《周易》注译本中,对"突"字的解释大多取"突然"义,也有人解为"烟囱"和"不孝子"。

把"突如"解为"突然"大概是从唐代孔颖达开始的,《周易·离卦》九四爻孔疏:"突然而至,忽然而来,故曰突如其来如也。"不过,与孔颖达同时代的陆德明在《经典释文·周易音义》中给"突"字的注释则为:"徒忽反,王肃唐屑反,旧又汤骨反,字林同,云暂出。""暂"为"突然"义,"暂出"就是"突然而出"。我们认为陆氏用"暂出"训《周易》的"突"字较为可取。《说文解字》穴部:"突,犬从穴中暂出也,从犬在穴中,一曰滑也。"《说文》释的是"突"字的本义,而《周易》所用则是"突"字的引申义,所以陆氏只用"暂出"作训。

《离》卦九四:"突如,其来如,焚如,死如,弃如。"马王堆帛书《周易》作:"出如,来如,纷如,死如,弃如。"阜阳汉简《周易》作:"其出如,其来如,焚如,弃□。"简帛本"出"与今本"突"互为异文,当为同义关系,"出"为"外出",故"突"也应当表示相同的意义。

从结构关系看,今本"突如"与后面的"来如""焚如""死如""弃如"为并列关系,其构成均为"动词 + 如"。"如"是句末助词。既然与其并列的"来""焚""死""弃"都是动词,那么"突"字也应当是动词,表示动作意义。将"突"字解为"烟囱""不孝子",是把它看成了名词;将"突"字解为"突然",是把它看成了副词,于语法、文例均有所不合。

成语"突如其来"意指事情突然发生。元王实甫《西厢记》第二本第三折:"其在前日,真为素昧平生,突如其来,难怪妾之得罪。"清吴沃尧《二十年目睹之怪现状》第一百零四回:"不提防良夫人突如其来,一直走到身边,伸出手来,左右开弓的,劈劈拍拍,早打了七八个嘴巴。"

【语言文学及文化史扩展】

1. 坎窞 比喻险境。

女怨曰:"舅乃非人! 此弥天之祸,不可为谋,乃不明言,而陷我于坎窞!"

(清 蒲松龄《聊斋志异》卷八)

2. 徽纆　本指绳索,引申为捆绑,囚禁。

并凉之士,特冲残毙。壮悍则委身于兵场,女妇则徽纆而为虏。

（南朝·宋　范晔《后汉书·西羌传论》）

隆寒雪降,诸在徽纆及转输在都或有冻馁,朕用愍焉。

（北齐　魏收《魏书·高祖纪上》）

3. 坎坎　不平,不舒畅。

哀余衷之坎坎兮,独蕴愤而增伤。谅先生之不言兮,后之人又何望!

（唐　柳宗元《吊屈原文》）

4. 丛棘　指囚禁犯人的地方,监狱。

昔君梦奠之时,值余实在丛棘,狱户咫尺,邈若山河。

（唐　陈子昂《祭韦府君文》）

5. 黄离　指帝王中和之道,或指太子。

太宗以端拱继明,自黄离而用九。

（唐　王勃《广州宝庄严寺舍利塔碑》）

伏惟皇太子殿下,允膺上嗣,光启东朝,苍震发前星之辉,黄离表重轮之瑞。位居守器,礼重承祧,万国以贞,九围咸说。

（唐　刘禹锡《苏州贺册皇太子笺》）

6. 焚如　指火焰旺盛。

炎火屡焚如,螟蜮恣中田。

（晋　陶渊明《怨诗楚调示庞主簿邓治中》诗）

7. 折首　斩获敌人首级。

虽《诗》美执讯,《易》嘉折首,周之方、召,汉之卫、霍,岂足以谈? 功轶古人,勋超前世。

（晋　陈寿《三国志·吴书·诸葛恪传》）

8. 坎离　坎为阳卦,象男;离为阴卦,象女。道教以坎男借指汞,内丹家以指人体内部的阴精;道教以离女借指铅,内丹家以指人体内部的阳气。唐吕岩《百字碑》诗:"气回丹自结,壶中配坎离;阴阳生返复,普化一声雷。"明汤显祖《邯郸记·度世》:"是黄婆土筑了基,放在偃月炉。封固的是七般泥,用坎离为药物。"

【集评】

坎是险陷之名。习者,便习之义。险难之事,非经便习,不可以行,故须便习于坎,事乃得用,故云"习坎"也。案:诸卦之名,皆于卦上不加其字。此坎卦之名特加"习"者,以坎为险难,故特加"习"名。习有二义:一者习重也,谓上下俱坎,是重叠有险,险之重叠,乃成险之用也。二者人之行险,先须使习其事,乃可得通,故云"习"也。

(唐　孔颖达《周易正义》卷三)

习坎,重袭之义。八纯卦惟此加"习"者,余皆一字可尽其义。坎取其险,故重之而其险乃著也。

(宋　张载《横渠易说》卷一)

坎,险也。水之所行,而非水也。惟水为能习行于险,其不直曰坎,而曰习坎,取于水也。

(宋　苏轼《东坡易传》卷三)

《易》难看,不惟道理难寻,其中或有用当时俗语,亦有他事后人不知者。且如"樽酒簋贰",今人硬说作"二簋",其实无"二簋"之实。陆德明自注断,人自不曾去看。如所谓"贰",乃是《周礼》"大祭三贰"之"贰",是"副贰"之"贰"。此不是某穿凿,却有古本。若是强为一说,无来历,全不是圣贤言语!

(宋　黎靖德《朱子语类》卷六十七)

"之"者,往也。"来之"者,来往也。内外皆坎,来往之象也。下坎终而上坎继,坎坎之象也。故《乾》九三曰"乾乾"。中爻震木横于内,而艮止不动,枕之象也。"险且枕"者,言面临乎险而头枕乎险也。

(明　来知德《周易集注》卷六)

荀爽曰:阴丽于阳,相附丽也。亦为别离,以阴隔阳也。离者,火也。托于木,是其附丽也。烟焰飞升,炭灰降滞,是其别离也。

(唐　李鼎祚《周易集解》卷六)

离,丽也。丽谓附著也。言万物各得其所附著处,故谓之"离"也。

(唐　孔颖达《周易正义》卷三)

离,丽也,明也。取其阴丽于上下之阳,则为附丽之义;取其中虚,则为明义。离为火,火体虚,丽于物而明者也。又为日,亦以虚明之象。

(宋　程颐《程氏易传》卷二)

离便是丽,附著之意。《易》中多说做丽,也有兼说明处,也有单说明处。明是离之体,丽是丽著底意思。离字古人多用做丽著说,然而物相离去,也只是这字。"富贵不离其身",东坡说道剩个"不"字,便是这意。古来自有这般两用底字,如

"乱"字又唤做治。

（宋　黎靖德《朱子语类》卷七十一）

【问题与讨论】

1. 《坎》《离》在卦象上有什么关系？
2. 为何《离》卦六五言"出涕沱若，戚嗟若"之后还称"吉"？

《周易》古经（下）

咸（三十一）

䷞（艮下兑上）咸①：亨，利贞。取女，吉。

初六：咸其拇②。

六二：咸其腓③，凶。居吉。

九三：咸其股④，执其随⑤。往吝。

九四：贞吉，悔亡⑥。憧憧往来⑦，朋从尔思⑧。

九五：咸其脢⑨，无悔。

上六：咸其辅颊舌⑩。

【注释】

① 咸：卦名，以爻辞中常见字作标题。帛《易》、楚《易》作"钦"。

② 咸其拇（mǔ 母）：伤着他的脚趾。咸：砍，斩伤。一说"咸"通"感"，"感应"之义。拇：脚的大趾，脚趾。

③ 咸其腓（féi 肥）：伤着他的小腿。腓：小腿，腿肚子。

④ 咸其股：伤着他的大腿。股：大腿。

⑤ 执其随：绊住他的脚。执：抓，握。随：脚趾。一说"执其随"意为"执意盲从于人"。

⑥ 悔亡：灾患消失。悔：灾患。亡：消失。

⑦ 憧憧（chōng 充）往来：往来不绝。憧憧：往来不绝的样子，一说指"心神不定的样子"。

⑧ 朋从尔思：朋友听从你。朋：朋友，一说指"货币"。从：跟随，一说"顺从"义。尔：你。思：念头，想法。一说"思"为语气助词，无实义。

⑨ 咸其脢（méi 梅）：伤着他的背脊。脢：背脊肉。

⑩ 咸其辅颊舌：伤着他的脸面和口舌。辅：面颊，腮帮子。颊：脸的两侧。"辅颊"为同

义词连用,指脸部。

恒（三十二）

☰☳(巽下震上)恒①:亨,无咎。利贞,利有攸往。

初六:浚恒②,贞凶,无攸利。

九二:悔亡。

九三:不恒其德③,或承之羞④。贞吝。

九四:田无禽⑤。

六五:恒其德,贞妇人吉⑥,夫子凶⑦。

上六:振恒⑧,凶。

【注释】

① 恒:卦名,以爻辞中常见字作标题。

② 浚(jùn 俊)恒:长久挖掘。浚:挖土,挖掘。

③ 不恒其德:不能长久保持其德行。恒:长久,持久不变。"恒"为使动用法。

④ 或承之羞:有人要蒙受羞辱。或:有人。承:接受,蒙受。羞:羞辱。一说"承"为"奉进"义,"羞"同"馐","承之羞"意为"奉送美食"。

⑤ 田无禽:打猎没有打到禽兽。田:狩猎,打猎。

⑥ 贞妇人吉:占问妇女之事吉利。贞:占卜。妇:已婚女子。

⑦ 夫子凶:占问男子之事有凶险。夫子:男子。"夫子凶"为"贞夫子凶"之省略式。

⑧ 振恒:长久振动。振:振动,摇动。一说"振"通"震","振恒"意为"常有雷雨"。

【问题分析】

1. 《咸》卦是讲什么内容的?

《序卦传》曰:"有天地然后有万物,有万物然后有男女,有男女然后有夫妇,有夫妇然后有父子,有父子然后有君臣,有君臣然后有上下,有上下然后礼义有所错。"李鼎祚《集解》引韩康伯曰:"言《咸》卦之义也。《咸》柔上而刚下,感应以相与。夫妇之象,莫美乎斯。人伦之道,莫大乎夫妇。故夫子殷勤深述其义,以崇人伦之始,而不系之离也。先儒以《乾》至《离》为上经,天道也;《咸》至《未济》为下经,人事也。"按,韩康伯之言,是认为《咸》卦是讲男女、夫妇之事的。程颐《易传》遵从其说,传云:"男女交合而成夫妇,故《咸》与《恒》皆二体合为夫妇之义。咸,感也,以说为主;恒,常也,以正为本。"《荀子·大略》曰:"《易》之《咸》,见夫妇。夫妇之道,不可不正也,君臣父子之本也。咸,感也,以高下下,以男下女,柔上而刚下。"今人多据古训加以发挥,以为《咸》是讲男女爱情或性爱的卦。然亦有学者别有解说,如李镜池《周易通义》据朱骏声之说训"咸"为"伤、斩杀"义,认为"贞事的只有婚姻和商旅,属家庭生活的内外两个方面,但与咸义无关"。今本《咸》卦之"咸",在楚竹书、汉帛书《周易》及传本《归藏》里均作"钦"。"咸"与"钦",孰为正字,孰为借字,尚待进一步讨论。

2. 如何理解"朋从尔思"?

《咸》卦九四:"贞吉,悔亡。憧憧往来,朋从尔思。"其中"朋"字、"思"字,各家理解不一。"朋"字主要有两解,一照常用义理解,指朋友;一说指货币。李镜池《周易通义》注云:"朋:朋贝,货币。""思"字亦有两解。李鼎祚《集解》引虞翻曰:"兑为朋,少女也。艮初变之四,坎心为思,故曰'朋从尔思'也。"孔颖达《正义》曰:"'憧憧往来,朋从尔思'者,'始在于感,未尽感极',惟欲思运动以求相应,未能忘怀息照,任夫自然,故有'憧憧往来',然后朋从尔之所思也。"两书均未单解"思"字,然从上下文可推知其义:想,动词。《孟子·告子上》:"心之官则思,思则得之,不思则不得也。"戴震《孟子字义疏证》云:"思者,心之能也。"虞翻说"坎心为思",即是说坎的卦象为心,而心的功能为思。今人则多将"思"视为虚词,没有实义。高亨《周易古经今注》曰:"《诗·汉广》:'汉有游女,不可求思。'《毛传》:'思,辞也。'憧憧往来,朋从尔思,乃多友相从之象。"周振甫《周易译注》注云:"思:语助。"陈鼓应、赵建伟《周易今注今译》注云:"'思',语辞。"按,今本"思"字,上海博物馆藏战国楚竹书《周易》作"志","志",名词,"心意、想法"义。根据异文,"思"当表实词义,不是语助。《咸》卦"朋从尔思"可理解为"朋友顺从你的心意"。

【语言文学及文化史扩展】

1. 咸感 表示阴阳相感,夫妇和谐。孔颖达《正义》曰:"咸,感也。此卦明人伦之始,夫妇之义,必须男女共相感应,方成夫妇。既相感应,乃得亨通。"

观柔刚咸感之象,赋鸣鸠肃雍之德,将以视天下之内理,叙人伦之大端。

(唐 杨巨源《册淑妃何氏为皇后文》)

2. 滕口   指张口说话,闲言碎语。

范君独判于心,不畏滕口。

(唐 韦瓘《宣州南陵县大农陂记》)

揖者不服,撑拒滕口。

(宋 岳珂《桯史·万春伶语》)

3. 咸脢   王弼《周易注》:"咸道转进,离拇升脢,脢,体动躁者也。"后以"咸脢"比喻轻举妄动。明王錂《春芜记·忤奸》:"我又不曾咸脢胡行,为甚的灭趾遭屯!"

4. 恒德   指持久不变、坚定不移的德行。

岂古人所谓恒德之贞、妇人之吉者,特其学之异而然欤?

(宋 叶适《赵孺人墓铭》)

【集评】

郑玄曰:咸,感也。艮为山,兑为泽。山气下,泽气上,二气通而相应,以生万物,故曰"咸"也。其于人也,嘉会礼通,和顺于义,干事能正。三十之男,有此三德,以下二十之女,正而相亲说,取之则吉也。

(唐 李鼎祚《周易集解》卷七)

《咸》就人身取象,看来便也是有些取象说。《咸》上一画如人口,中三画有腹背之象,下有人脚之象。《艮》就人身取象,便也是如此。

(宋 黎靖德《朱子语类》卷七十二)

咸,感也。《归藏》曰钦。《诗·秦风》"忧心钦钦",传:"思望之,心中钦钦然。"盖以少男仰求少女,有钦慕之情。是"钦"亦有"感"意,与"咸"义同。六爻皆有应,故曰"亨利贞"。少女在前,少男在后,而艮为求,兑为悦,艮男求女,兑悦应之,得婚姻之正,故曰"取女吉"。

(清 尚秉和《周易尚氏学》卷九)

郑玄曰:恒,久也。巽为风,震为雷,雷风相须而养物,犹长女承长男,夫妇同心而成家,久长之道也。夫妇以嘉会礼通,故"无咎"。其能和顺干事,所行而善矣。

(唐 李鼎祚《周易集解》卷七)

恒,久也。恒久之道,所贵变通。必须变通随时,方可长久。能久能通,乃"无咎"也。

(唐 孔颖达《周易正义》卷四)

天地,万物之本;夫妇,人伦之始。所以上经首《乾》《坤》,下经首《咸》,继以《恒》也。天地二物,故二卦分为天地之道。男女交合而成夫妇,故《咸》与《恒》皆二体合为夫妇之义。咸,感也,以说为主;恒,常也,以正为本。而说之道,自有正也;正之道,固有说焉。巽而动,刚柔皆应,说也。《咸》之为卦,兑上艮下,少女少男也。男女相感之深,莫如少者,故二少为咸也。

(宋 程颐《程氏易传》卷三)

能常而后能变,能常而不已,所以能变;及其变也,常亦只在其中。伊川却说变而后能常,非是。

(宋 黎靖德《朱子语类》卷七十二)

【问题与讨论】

1.《咸》《恒》卦在卦象构成上有什么特点?

2.如何理解"恒"的象征意义?

遁(三十三)

　　☰(艮下乾上)遁①:亨,小利贞。

　　初六:遁尾②,厉,勿用有攸往。

　　六二:执之用黄牛之革③,莫之胜说④。

　　九三:系遁⑤,有疾⑥,厉。畜臣妾⑦,吉。

　　九四:好遁⑧,君子吉,小人否⑨。

　　九五:嘉遁⑩,贞吉。

　　上九:肥遁⑪,无不利。

【注释】

① 遁(dùn 盾):卦名,以爻辞中常见字作标题。

② 遁尾:猪子的尾巴。遁:繁体作"遯",通"豚(tún)",小猪,猪子。一说"遁"为"逃避、隐退"义,"遁尾"意为"退避不及而落在末尾"。

③ 执之用黄牛之革:用黄牛之皮捆绑猪子。执:抓住,捆住。之:代词,它,指猪子。

革:皮。

④ 莫之胜说:没有人能解开放走它。莫:不定代词,没有人,没有谁。之:它,指猪。"之"为"说"的前置宾语。胜:能够。说:通"脱",解脱。

⑤ 系遁:捆住猪子。系:捆绑。一说"系遁"意为"笼络逃遁之人"。

⑥ 有疾:有病。

⑦ 畜(xù蓄)臣妾:收养男女奴仆。畜:蓄养,收养。臣:男性奴隶。妾:女性奴隶。

⑧ 好遁:漂亮的小猪。一说"好遁"意为"喜欢退隐"。

⑨ 小人否:小人占卜不吉。

⑩ 嘉遁:良猪。嘉:良好,美好。一说"嘉遁"意为"赞美退避"。

⑪ 肥遁:肥猪。肥:肥壮,肥大。一说"肥"通"飞","肥遁"意为"迅速退避"。

大壮(三十四)

䷡(乾下震上)大壮①:利贞。

初九:壮于趾②,征凶。有孚③。

九二:贞吉。

九三:小人用壮④,君子用罔⑤,贞厉。羝羊触藩⑥,羸其角⑦。

九四:贞吉,悔亡。藩决不羸⑧,壮于大舆之輹⑨。

六五:丧羊于易⑩,无悔。

上六:羝羊触藩,不能退,不能遂⑪。无攸利,艰则吉⑫。

【注释】

① 大壮:卦名,意为"极为强壮"。孔颖达《正义》云:"壮者,强盛之名。以阳称大,阳长既多,是大者盛壮,故曰'大壮'。"帛《易》作"泰壮"。

② 壮于趾:伤着脚。壮:通"戕(qiāng)",伤害,损伤。一说"壮"为"强壮"义,"壮于趾"意为"脚趾健壮"。

③ 有孚:有诚信,一说"获得猎物"之意。

④ 小人用壮:小人受伤。用:结构助词。壮:受伤,一说"盛壮"义。

⑤ 君子用罔(wǎng网):君子受骗。罔:蒙骗,欺骗。一说"罔"表"无"义。

⑥ 羝(dī低)羊触藩:公羊撞到篱笆上。羝:公羊。藩:篱笆。

⑦ 羸(léi 雷)其角：卡住了羊角。羸：通"累"，缠绕。

⑧ 藩决不羸：篱笆缺损，公羊摆脱缠绕。决：缺，破损。

⑨ 壮于大舆之輹(fù 复)：被大车的轮子撞伤。輹：通"辐"，辐条，指车轮。

⑩ 丧羊于易：在田边丢失了羊。丧：丢失。易：通"場(yì)"，田边，边界。一说"易"通"狄(dí)"，指古代北方少数民族。

⑪ 遂：进，通过。

⑫ 艰则吉：占问艰难之事才吉利。则：就，才。"艰则吉"为"艰贞则吉"的省略式。

【问题分析】

1. 如何理解"丧羊于易"？

《大壮》卦六五："丧羊于易，无悔。"王弼《注》云："羊，壮也。必丧其羊，失其所居也。能丧壮于易，不于险难，故得'无悔'。"王弼是把"易"理解为"轻易、容易"，与"险难"相对。陆德明《经典释文》"于易"条云："郑音亦，谓狡易也。陆作場，谓疆場也。"朱熹云："'丧羊于易'，不若作'疆場'之'場'。《汉食货志》'疆場'之'場'正作'易'。盖后面有'丧羊于易'，亦同此义。"（《朱子语类》卷七十二）王念孙曰："凡《易》言'同人于野'，'同人于门'，'同人于宗'，'伏戎于莽'，'同人于郊'，'拂经于邱'，'遇主于巷'，末一字皆实指其地，'丧羊于易'，'丧牛于易'，文意亦同。《荀子·富国篇》：'观国之治乱臧否，至于疆易而端已见矣。'《周颂·载芟》传曰：'畛，易也。'《汉书·礼乐志·安世房中歌》：'吾易久远。'晋灼曰：'易，疆易也。'汉《沛相杨统碑》：'疆易不争。'魏《横海将军吕君碑》：'慎守畺易。'是古'疆場'字多作'易'，故《说文》无'場'字。"（王引之《经义述闻》卷一）按，据朱熹、王念孙之说，"丧羊于易"是指在边界地区丢失了羊。顾颉刚先生在《〈周易〉卦爻辞中的故事》一文中对旧说加以否定，指出《大壮》卦六五、《旅》卦上九之"易"，实即典籍所见之"有易"，两条爻辞记述的是王亥丧牛羊于有易的故事。顾氏之文原载《燕京学报》第六期（1929 年 12 月），后收入《古史辨》第三册。顾说发表后影响颇大，李镜池《周易通义》、高亨《周易古经今注》均取用其说。陈戍国《周易校注》认为"顾先生关于'丧羊于易'的说明，建立在卜辞与传统文献的可靠材料与科学研究的基础之上，确不可易。"黄寿祺、张善文《周易译注》将"丧羊于易"译为"在田畔丧失了羊"，于古注旧说有所征引，而未及顾氏新说。我们认为，将"易"视为"場"之古字，解为"田畔"或"边疆"，是比较平实稳妥的做法，故从之。

2. 试分析《大壮》卦九三、九四、上六爻辞之间的关系。

《大壮》卦九三、九四、上六爻辞在文意上存在互补关系，修辞学上称为"互文见义"。九三："羝羊触藩，羸其角。"羸，孔颖达《正义》曰："拘累缠绕也。""羸其角"就是"缠住了角"。上六："羝羊触藩，不能退，不能遂。"李鼎祚《集解》引虞翻曰："遂，进也。"孔颖达《正义》曰："退谓退避，遂谓进往。"九三爻"羸其角"的结果是什么？上六爻辞给予了说明："不能退，不能遂。"既然羊角被缠住了，当然是进退不能了。上六羝羊"不能退，不能遂"的原因是什么？答案在九三爻辞之中："羸其角。"九四："藩决不羸，壮于大舆之輹。""不羸"，指没有缠住羊角。"壮于大舆之輹"，指羝羊被车轮撞伤。前句没有出现宾语，后句没有出现主语，而据九三与上六爻辞可知其对象为"羝羊"，因上下文而省略。合而观之，《大壮》卦九三、九四与上六爻辞表达的意思是：公羊撞到了篱笆上，被篱笆缠住了角，以致既不能进，也不能退。后来篱笆被弄破了一个口子，公羊摆脱了缠绕，却又被车轮撞伤。

【语言文学及文化史扩展】

1. 肥遁　指避世隐居。古人读"肥"为"飞"，故亦写作"飞遁"。

窃闻巴西谯秀，植操贞固，抱德肥遁，扬清渭波。

（西晋　陈寿《三国志·蜀书·谯周传》注引《晋阳秋》）

昨儿听先生鄙薄那肥遁鸣高的人，说道："天地生才有限，不宜妄自菲薄。"这话，我兄弟五体投地的佩服。

（清　刘鹗《老残游记》第六回）

文君为我端著兮，利飞遁以保名。

（南朝·宋　范晔《后汉书·张衡传》）

2. 嘉遁　指合乎正道的退隐。

孔车骑少有嘉遁意，年四十余，始应安东命。未仕宦时，常独寝，歌吹自箴海，自称孔郎，游散名山。

（南朝·宋　刘义庆《世说新语·栖逸》）

3. 触藩　比喻碰壁，进退两难。

立政思悬棒，谋身类触藩。

（唐　韦应物《示从子河南尉班》诗）

有计冠终挂，无才笔谩提。自尘何太甚，休笑触藩羝。

（唐　杜牧《朱坡》诗）

4. 藩决　比喻边境缺防，情况紧急。

彼昏自病何足言，藩决膏殚付谁守？

（清　魏源《江南吟》诗）

5. 羝羊触藩

猛虎振槛，七年不惊；羝羊触藩，九龄能对。

（北周　庾信《周太子太保步陆逞神道碑》）

纣王沉吟不语，心下煎熬，似羝羊触藩，进退两难，良久，问妲己曰："为今之计，何法处之方妥？"

（明　许仲琳《封神演义》第七回）

【集评】

郑玄曰：遁，逃去之名也。艮为门阙，乾有健德。互体有巽，巽为进退。君子出门，行有进退，逃去之象。

（唐　李鼎祚《周易集解》卷七）

遯，……又作遁，同，隐退也，匿迹避时，奉身退隐之谓也。郑云：逃去之名。序卦云：遯者，退也。

（唐　陆德明《经典释文·周易音义》）

遁者，隐退逃避之名。阴长之卦，小人方用，君子日消。君子当此之时，若不隐遁避世，即受其害。须遁而后得通，故曰"遁亨"。

（唐　孔颖达《周易正义》卷四）

遁，退也，避也，去之之谓也。为卦天下有山。天，在上之物，阳性上进。山，高起之物，形虽高起，体乃止。物有上陵之象，而止不进；天乃上进而去之，下陵而上去，是相违遁，故为遁去之义。二阴生于下，阴长将盛，阳消而退，小人渐盛，君子退而避之，故为遁也。

（宋　程颐《程氏易传》卷三）

壮，庄亮反，威盛强猛之名。郑云：气力浸强之名。王肃云：壮，盛也。《广雅》云：健也。马云：伤也。郭璞云：今淮南人呼壮为伤。

（唐　陆德明《经典释文·周易音义》）

虞翻曰：阳息，泰也。壮，伤也。大谓四，失位为阴所乘。兑为毁折伤，与五易位乃得正，故"利贞"也。

（唐　李鼎祚《周易集解》卷七）

问：《大壮》本好，爻中所取却不好。《睽》本不好，爻中所取却好。如六五对九二，处非其位；九四对上九，本非相应，都成好爻。不知何故？曰：《大壮》便是过了，才过便不好。如《睽》卦之类，却是。《易》之取爻，多为占者而言。占法取变爻，便是到此处变了。所以《困》卦虽是不好，然其间"利用祭祀"之属，却好。问：此正与"群龙无首""利永贞"一般。曰：然。却是变了，故如此。

（宋　黎靖德《朱子语类》卷七十二）

【问题与讨论】

1. 如何理解"遁（遯）"的意义？
2. 《大壮》卦的叙事辞在表现方式上有什么特点？

晋（三十五）

䷢（坤下离上）晋①：康侯用锡马蕃庶②，昼日三接③。

初六：晋如④，摧如⑤，贞吉。罔孚裕⑥，无咎。

六二：晋如，愁如⑦，贞吉。受兹介福于其王母⑧。

六三：众允⑨，悔亡。

九四：晋如，鼫鼠⑩，贞厉。

六五：悔亡，失得勿恤⑪。往吉，无不利。

上九：晋其角⑫，维用伐邑⑬。厉，吉，无咎。贞吝。

【注释】

① 晋：卦名，以爻辞中常见字作标题。

② 康侯用锡马蕃（fán 凡）庶：康侯赏赐很多马匹。康侯：指周武王之弟卫康叔。用：结构助词。锡：通"赐"。蕃庶：众多，一说"繁殖"之义。

③ 昼日三接：一天之内多次接见。昼日：白天。三：虚数，多次。接：接见，接待。一说"接"指马匹交配。

④ 晋如：前进。晋：进。如：语气助词。

⑤ 摧：攻击，摧毁。

⑥ 罔孚裕:不够诚信宽容。罔:无,没有。孚:诚信。裕:宽容,宽宏。"罔孚裕"帛《易》作"悔亡,复浴"。

⑦ 愁:忧愁,一说通"遒","迫近"之义。

⑧ 受兹介福于其王母:从他的祖母那里接受洪福。兹:代词,此,这。介:大。于:介词,从。王母:祖母。

⑨ 众允:大家很诚心。允:诚实。

⑩ 鼫鼠(shí shǔ 石暑):联绵词,义同"踯躅(zhí zhú)",徘徊不前。"鼫鼠"帛《易》作"炙鼠"。一说"鼫鼠"即"硕鼠","大鼠"之义。

⑪ 失得勿恤:不要忧虑得失。恤:忧虑。

⑫ 晋其角:以兽角朝前突进。角:兽角,古代军队所用武器。一说"角"为"较量"义。

⑬ 维用伐邑:讨伐诸侯小国。维:语气助词。用:结构助词。邑:邑国,小国。

明夷(三十六)

☷(离下坤上)明夷①:利艰贞。

初九:明夷于飞②,垂其翼③。君子于行④,三日不食⑤。有攸往,主人有言⑥。

六二:明夷夷于左股⑦,用拯马壮⑧,吉。

九三:明夷于南狩⑨,得其大首⑩。不可疾贞⑪。

六四:入于左腹⑫,获明夷之心⑬。于出门庭⑭。

六五:箕子之明夷⑮,利贞。

上六:不明⑯,晦⑰。初登于天⑱,后入于地⑲。

【注释】

① 明夷:卦名,以爻辞中常见字词作标题。"明夷"本为鸟名,前人据卦象以为象征"光明殒伤"。

② 明夷于飞:明夷飞翔。明夷:鸟名,即"明鹈(tí)",指锦鸡,"明"形容其羽毛光明亮丽。于:结构助词。一说"明夷"借为"鸣鹈",指叫着的鹈鹕。

③ 垂其翼:垂下它的翅膀。垂:低下,下垂。翼:翅膀。帛《易》作"垂其左翼"。

④ 行：出外。

⑤ 食：吃饭。

⑥ 主人有言：主人加以责怪。言：议论，责难。一说"言"通"愆（qiān）"，过失，罪过。

⑦ 明夷夷于左股：明夷左腿受伤。明夷：鸟名。夷：受伤，损伤。于：介词，在。股：腿。

⑧ 用拯马壮：救助受伤的马。用：结构助词。拯：救助，拯救。《说文》手部云："抍，上举也。从手升声。《易》曰：抍马壮，吉。撜，抍或从登。"壮：伤，受伤。一说"用拯马壮"意为"用以拯救的马强壮"。帛《易》作"用撜马床"。

⑨ 明夷于南狩：明夷在南部狩猎过程中受了伤。南狩：在南方打猎。帛《易》作"明夷夷于南守"。

⑩ 得其大首：得到明夷的大头。其：代词，它，指明夷。首：头，脑袋。

⑪ 不可疾贞：不宜占问疾病。"疾"作"贞"的前置宾语。

⑫ 入于左腹：明夷左腹受伤。入：通"夷"，受伤。帛《易》作"明夷夷于左腹"。

⑬ 获明夷之心：得到明夷的心脏。

⑭ 于出门庭：走出门外。于：结构助词。庭：厅堂。

⑮ 箕（jī基）子之明夷：箕子的明夷。箕子：人名，商末贵族。之：结构助词，的。一说"箕子之明夷"意为"箕子到明夷国去"。

⑯ 不明：指天色不明亮。

⑰ 晦（huì会）：天黑，昏暗。

⑱ 初登于天：（明夷）起初飞上天。登：升上。

⑲ 后入于地：后来掉到地上。入：堕落，下降。

【问题分析】

1. 如何理解"晋如鼫鼠"？

《晋》卦九四："晋如鼫鼠，贞厉。"注译者多以"如"为"似""像"义，言"鼫鼠"即田鼠或硕鼠。按，从《周易》文例看，"如"当为语气助词，"鼫鼠"当为动词。《晋》初六："晋如，摧如，贞吉。"又六二："晋如，愁如，贞吉。"这两例中的"如"均为助词，"晋如"及"摧如""愁如"中的"晋""摧""愁"均为动词，表动作意义（"愁"字或解为逼迫，或解为忧愁）。故《晋》卦九四爻辞应这样断句："晋如，鼫鼠，贞厉。""鼫鼠"的语法作用当与"摧如""愁如"相类，作谓语。考"如"字在《周易》中的用法，作动词用的只有三例，即《屯》六三："君子几，不如舍，往吝。"《归妹》六五："帝乙归妹，其君之袂不如其娣之袂良。"《既济》九五："东邻杀牛，不如西邻之禴祭，实受其福。"这三例中的"如"均与"不"字连用，"不如"即不及、比不上。此外，还有二十八个"如"字是用在动词、形容词之后，凑足音节，表示语气，如《屯》上六："乘马班如，泣血涟如。"《贲》六四："贲如皤如，白马翰如，匪寇，婚媾。"因此我们可以这样说，"如"字在《周易》中不表"似"（动词）义，"晋如鼫鼠"不可理解为"像鼫鼠那样前行"。马王堆帛书《周易》《溍》卦九四爻辞作："溍如，炙鼠，贞厉。""炙鼠"与"鼫鼠"互异，帛书异文似乎也说明今本之"鼫"非指大鼠而言。

我们怀疑"鼫鼠"是一个联绵词，义同"踟蹰"，也就是徘徊不前的意思。"鼫鼠"后来又写作"首鼠""首施"，如《史记·魏其武安侯列传》："武安已罢朝，出止车门，召韩御史大夫载，怒曰：'与长孺共一老秃翁，何为首鼠两端！'"司马贞《索隐》引服虔云："首鼠，一前一却也。"王力主编《古代汉语》注云："首鼠，等于说踟蹰。首鼠两端，徘徊于两端之间。"《后汉书·邓寇列传》："先是小月氏胡分居塞内，……虽首施两端，汉亦时收其用。"李贤等注云："首施，犹首鼠也。"

"晋如，鼫鼠，贞厉。"意思是说，前进，却又犹豫不决，停滞不前，所占之事有危险。

2. "明夷"是什么意思？

《明夷》卦中之"明夷"，古今异解颇多。《序卦传》曰："进必有所伤，故受之以《明夷》。夷者，伤也。"李鼎祚《周易集解》引虞翻曰："夷，伤也。临二之三而反晋也。明入地中，故伤矣。"引郑玄曰："夷，伤也。日出地上，其明乃光。至其入地，明则伤矣，故谓之明夷。"《汉语大词典》"明夷"条下共列有六个义项，依次为：

① 六十四卦之一。卦形为☲☷。即离下坤上。

② 鸣鹝。叫着的鹝鹎。明，通"鸣"。《易·明夷》："明夷于飞，垂其翼。"李镜池通义："明夷，借为鸣鹝。"一说，即鸣雉。见高亨《周易大传今注》卷三。

③ 指太阳下山。《易·明夷》："明夷，夷于左股，用拯马壮。"李镜池通义："明，指太阳。夷，灭。"

④ 鸣弓。谓拉弓发射。《易·明夷》："明夷于南狩，得其大首。"李镜池通义："明夷，鸣弓。"

⑤ 大弓。《易·明夷》："入于左腹，获明夷之心于出门庭。"李镜池通义："明夷，大弓。"

⑥ 东方之国，日出处。《易·明夷》："箕子之明夷。利贞。"

按，"李镜池通义"指李镜池先生在《周易通义》一书中所作注释，该书1981年由中华书局出版。《周易通义》及《汉语大词典》的解释多有失当之处，下面简略谈谈我们的认识。

首先,"明夷"为鸟名。《明夷》卦初九爻辞首句即言"明夷"有"翼"可"飞",足以说明"明夷"为一种飞禽。接下来六二、九三、六四、六五爻辞中的"明夷"也应作如是观,上六爻虽未明言"明夷",但能"登天入地"者非能飞的"明夷"而何?像《明夷》卦这样以一种动物作为全卦描述主体的情形在《周易》中并不少见,如《乾》卦主要写"龙",《遁》卦主要写"遁"(豚),《渐》卦主要写"鸿"。这类情形可以说明两个问题:一是《周易》常在一卦之中重复使用某个词语,二是这个重复的词语只表示一种意义。据此,我们认为《明夷》卦各条爻辞中的"明夷"是同一个词,都应作为鸟名来理解。

其次是相关词语的理解。《明夷》卦六二爻"左股"是指"明夷"的左腿,九三爻"大首"是指"明夷"的大头,六四爻的"腹"和"心"分别指"明夷"的腹部和心脏。(李镜池《周易通义》释"左腹"为"左室",释"心"为"心木",均误。)卦中三个"夷于"之"夷"均为"伤、受伤"之义,"夷于左股"就是"左腿受伤"。六四爻"入于左腹"(帛《易》作"明夷夷于左腹"),"入"可视为"夷"的借字,"夷于左腹"就是"肚子左边受伤"。

据郑张尚芳先生《上古音系》一书所论,"明夷"实即"明鵝",指锦鸡,"明"谓其毛羽鲜明,亮丽夺目。

【语言文学及文化史扩展】

1. 三接 指得到尊辈长官器重,多次接见。孔颖达《正义》曰:"昼日三接者,言非惟蒙赐蕃多,又被亲宠频数,一昼之间,三度接见也。"

敦三接而何善不臻,达四聪而无远弗访。

（宋　范仲淹《贤不家食赋》）

荀爽岁九迁,康侯日三接;功业著钟鼎,声名垂史牒。

（金　朱之才《卧病有感二十韵》）

2. 明夷 比喻昏君当政,贤者被贬或被囚。

臣闻运缠明夷,则艰贞之节显;时属栋挠,则独立之操彰。

（南朝·梁　沈约《宋书·龚颖传》）

当其辱于囚奴而就之,乃所谓明夷也。

（宋　曾巩《答王深甫论扬雄书》）

【集评】

晋者,卦名也。晋之为义,进长之名。此卦明臣之升进,故谓之晋。

（唐　孔颖达《周易正义》卷四）

《易》有《晋》《升》《渐》三卦,皆同为进义而有别。晋如日之方出,其义最优;升如木之方生,其义次之;渐如木之既生,而以渐高大,其义又次之。观其象辞皆可见矣。

（清　李光地《御纂周易折中》卷五）

郑玄曰:夷,伤也。日出地上,其明乃光。至其入地,明则伤矣,故谓之明夷。日之明伤,犹圣人君子有明德而遭乱世,抑在下位,则宜自艰,无干事政,以避小人之害也。

（唐　李鼎祚《周易集解》卷七）

明夷,卦名。夷者,伤也。此卦日入地中,明夷之象。施之于人事,暗主在上,明臣在下,不敢显其明智,亦明夷之义也。

（唐　孔颖达《周易正义》卷四）

反《晋》成《明夷》,故义与《晋》正相反。晋者,明盛之卦,明君在上,群贤并进之时也;明夷,昏暗之卦,暗君在上,明者见伤之时也。日入于地中,明伤而昏暗也,故为明夷。

（宋　程颐《程氏易传》卷三）

明夷,未是说暗之主,只是说明而被伤者,乃君子也。上六方是说暗。君子出门庭,言君子去暗尚远,可以得其本心而远去。

（宋　黎靖德《朱子语类》卷七十二）

【问题与讨论】

1.《晋》卦中"用"字、"如"字的使用有什么特点?

2."明夷"二字别解颇多,你对此有何看法?

家人（三十七）

☲（离下巽上）家人①:利女贞②。

初九:闲有家③,悔亡。

六二:无攸遂④,在中馈⑤,贞吉。

九三:家人嗃嗃⑥,悔,厉,吉。妇子嘻嘻⑦,终吝。

六四:富家⑧,大吉。

九五:王假有家⑨,勿恤⑩,吉。

上九:有孚威如⑪,终吉。

【注释】

① 家人:卦名,以文辞内容为标题。孔颖达《正义》云:"家人者,卦名也。明家内之道,正一家之人,故谓之'家人'。"

② 利女贞:利于女子占卜。

③ 闲有家:防止家庭受到侵害。闲:防范,保护。有:名词词头。帛《易》作"门有家"。

④ 无攸遂:无所成就。遂:成功,顺利。一说"遂"通"坠","失误"之义。

⑤ 在中馈:在家中吃饭。中:指家中。馈:食,吃饭。

⑥ 家人嗃嗃(hè鹤):家人忧愁叹息。嗃嗃:忧愁难熬的样子,一说指喜悦自得的样子。

⑦ 妇子嘻嘻(xī西):妇女小孩快活嬉笑。子:小孩,子女。嘻嘻:嬉笑的样子。

⑧ 富家:发家致富。富:使动用法,使富裕。一说"富"通"福"。

⑨ 王假有家:君王来到家中。假:至,到。一说"家"指家庙,家中祭祀祖先的地方。

⑩ 恤(xù序):担忧。

⑪ 有孚威如:有诚信而威严。孚:诚信。一说"有孚威如"意指抓到的俘虏发怒反抗。

睽(三十八)

䷥(兑下离上)睽①:小事吉②。

初九:悔亡。丧马③,勿逐④,自复⑤。见恶人⑥,无咎。

九二:遇主于巷⑦,无咎。

六三:见舆曳⑧,其牛掣⑨,其人天且劓⑩。无初有终⑪。

九四:睽孤⑫,遇元夫⑬,交孚⑭。厉,无咎。

六五:悔亡。厥宗噬肤⑮,往何咎⑯?

上九：睽孤，见豕负涂^⑰。载鬼一车^⑱，先张之弧^⑲，后说之弧^⑳。匪寇^㉑，婚媾^㉒。往遇雨则吉。

【注释】

① 睽(kuí 葵)：卦名，以爻辞中常见字作标题。

② 小事吉：占问小事吉利。

③ 丧：丢失，帛《易》作"亡"。

④ 逐：追赶。

⑤ 自复：自己跑回来。复：返回。

⑥ 恶：丑，不好看。

⑦ 遇主于巷：在路上遇到主人。巷：乡里的小路。

⑧ 见舆曳(yè 页)：看见车子被拖着走。舆：车子。曳：拖，拉。

⑨ 其牛掣(chè 彻)：那拉车的牛一角高一角低。掣：通"觢(shì)"，牛角一低一高。一说"掣"为"牵制"义。

⑩ 其人天且劓(yì 义)：那赶车的人被刺了额又割了鼻。天：在额头刺字涂墨的刑罚。劓：割鼻的刑罚。

⑪ 无初有终：开头不顺而结果尚好。

⑫ 睽孤：背离而孤单。睽：背离，分离。孤：孤单，孤独。

⑬ 遇元夫：遇到好人。元：好，善良。夫：男子。一说"元夫"即"兀夫"，指跛子。

⑭ 交孚：彼此都诚信。交：互相，一起。孚：诚信。一说"交孚"意为"一起被俘虏"。

⑮ 厥(jué 决)宗噬肤：进到宗庙吃肉。厥：通"蹶(jué)"，走，踏。宗：宗庙。噬：吃。肤：肥肉。一说"厥宗噬肤"意为"其同族的人一起吃肉"。帛《易》作"登宗筮肤"。

⑯ 往何咎：前往有什么灾害？何：什么。

⑰ 见豕负涂：看见猪子背上粘着泥巴。豕：猪子。负：背。涂：泥巴，泥土。一说"负"通"伏"，"负涂"意为"伏在路上"。

⑱ 载鬼一车：装着一车鬼怪。载：用车装运。

⑲ 先张之弧(hú 狐)：起初拉开弓箭。张：张开，把弓弦绷紧。弧：木弓。帛《易》作"先张之柧"。

⑳ 后说(tuō 拖)之弧：后来又放下弓箭。说：通"脱"，放开，解下。帛《易》作"后说之壶"。

㉑ 匪寇：不是来抢劫的人马。匪：非。寇：抢劫，侵扰。

㉒ 婚媾:结婚,嫁娶。

【问题分析】

1. 《家人》卦中的"家"字是什么意思?

李镜池《周易通义》认为:"家人:家庭专卦,以内容标题。先说利于妇女的贞问,表明是家庭专卦。"初九"闲有家",九三"家人嗃嗃",六四"富家",其中"家"字均表"家中""家庭"义。九五"王假有家"之"家",今人亦多以"家庭"义解之,如唐明邦主编《周易评注》译为"国王来到家中"。唯李镜池先生《周易通义》别有一说:"家:家庙。同于《萃》、《涣》卦中说的'王假有庙'之'庙'。因这卦说家庭,故不说庙而说家,指家庙,祭祀祖先的所在。"李镜池先生这样理解是从互文角度来考虑问题的。《涣》卦辞:"亨,王假有庙,利涉大川,利贞。"《萃》卦辞:"亨,王假有庙,利见大人,亨,利贞。"李镜池先生认为"王假有家"与"王假有庙"同义。据崔恒升编著的《简明甲骨文词典》,"家"字在殷商时期的甲骨文中就有"宗庙"之义。若此,《家人》卦"家"字属一词异义现象。

2. 如何理解《睽》卦六三爻辞?

《睽》卦六三:"见舆曳,其牛掣,其人天且劓。无初有终。"此条爻辞异文颇多,各家理解不一。高亨《周易古经今注》以为"见"为"其"之讹,"掣"为"牵引"义,"此言驭牛车者,欲退其车,从后引之,而牛则掣而前进。……势既不顺,力又不胜,足致天劓之刑。"黄寿祺、张善文《周易译注》以为"掣"为"牵制"义,"天"当作"而",是古代一种剃削罪人鬓发的刑罚,句意为"看见大车被拖曳难行,驾车的牛受牵制不进,又恍如自己身遭削发截鼻的酷刑"。李镜池《周易通义》以为"天"通"颠",指"烙额"之刑。曾宪通先生《〈周易·睽〉卦卦辞及六三爻辞新诠》一文认为,"掣"通"觢",《说文·角部》:"觢,一角仰也。从角刿声。《易》曰:'其牛觢。'""天"为"刺额","劓"为"割鼻"。综合李镜池先生和曾宪通先生的意见,《睽》卦六三爻辞大意为:看见一辆车被拖着;拉车的牛一角高,一角低,拉得很费劲;赶车的是个刺了额、割了鼻的奴隶。开头拉不动,后来终于拉走了。喻示开头不顺而结果尚好。

【语言文学及文化史扩展】

1. 中馈 指妇女所做家中饮食之事,食物。

亲昵并集送,置酒此河阳。中馈岂独薄,宾饮不尽觞。

(魏 曹植《送应氏》诗之二)

妇主中馈,唯事酒食衣服之礼耳。

(北齐　颜之推《颜氏家训·治家》)

2. 交孚　相互信任,志同道合。

信义既未交孚,心志岂能齐一。

(明　王守仁《王阳明全集·知行录》)

3. 元夫　孔颖达《正义》曰:"元夫谓初九也。处于卦始,故云元也。初、四俱阳而言夫者,盖是丈夫之夫,非夫妇之夫也。"后指某一领域的领头人,善士。明宋濂《〈曾学士文集〉序》:"先生既承家庭之训,又出从元夫巨儒游,钻研六经,孳孳唯恐弗力。"

4. 睽孤　背离而孤独。

南村路何许,睽孤情尚尔。

(清　方文《石桥怀与治》诗)

【集评】

家人之义,各自修一家之道,不能知家外他人之事也。统而论之,非元亨利君子之贞,故"利女贞"。其正在家内而已。

(魏　王弼《周易注》)

明于内而巽于外,处家之道也。夫人有诸身者,则能施于家;行于家者,则能施于国,至于天下治。治天下之道,盖治家之道也,推而行之于外耳。故取自内而出之象,为家人之义也。

(宋　程颐《程氏易传》卷三)

家人者,一家之人聚顺之象也。各正其位以尽其道,而以刚严统之,无不利矣。阴阳各得,而独言"利女贞",归美二、四者,圣人曙于人情世变,而知齐家之道,唯女贞之为切也。

(清　王夫之《周易内传》卷三)

郑玄曰:睽,乖也。火欲上,泽欲下,犹人同居而志异也,故谓之"睽"。二五相应,君阴臣阳,君而应臣,故"小事吉"。

(唐　李鼎祚《周易集解》卷八)

睽者,乖异之名,物情乖异,不可大事。大事谓兴役动众,必须大同之世,方可为之。小事谓饮食衣服,不待众力,虽乖而可,故曰"小事吉"也。

(唐　孔颖达《周易正义》卷四)

睽字从目,目少睛也。目主见,故周公爻辞初曰"见恶人",三曰"见舆曳",上曰"见豕负涂",皆"见"字之意。若从耳亦曰聧,盖耳聋之甚也。睽,乖异也。为卦上离下兑,火炎上泽润下,二体相违,睽之义也。又中、少二女同居,志不同,亦睽之义也。

(明　来知德《周易集注》卷八)

【问题与讨论】

1.《家人》卦名的含义是什么?

2.《睽》卦六二爻辞称"见舆曳,其牛掣,其人天且劓",上九爻辞称"睽孤,见豕负涂。载鬼一车,先张之弧,后说之弧。匪寇,婚媾",试就爻辞反映的生活景象谈谈你的认识或感受。

蹇(三十九)

　　䷤(艮下坎上)蹇①:利西南②,不利东北。利见大人,贞吉。

　　初六:往蹇③,来誉④。

　　六二:王臣蹇蹇⑤,匪躬之故⑥。

　　九三:往蹇,来反⑦。

　　六四:往蹇,来连⑧。

　　九五:大蹇,朋来⑨。

　　上六:往蹇,来硕⑩,吉,利见大人。

【注释】

① 蹇(jiǎn 简):卦名,以爻辞中常见字作标题。

② 利西南:往西南方有利。

③ 往蹇:前去困难。蹇:困难,艰难。

④ 来誉:回来时坐车。誉:通"舆",车子。帛《易》作"来舆"。一说"来誉"意为"回来时得到荣誉"。

⑤ 王臣蹇蹇:君王的奴仆辛苦不已。臣:奴仆。"臣"帛《易》作"仆"。蹇蹇:难上加难,

困难重重。

⑥ 匪躬之故:不是为了自己的事情。匪:非。躬:自身,自己。故:事情。

⑦ 反:返回。一说"反"犹"反反",美好的样子。

⑧ 来连:回来有车坐。连:人拉的车。一说"连"为"险难"之义。

⑨ 朋来:朋友到来。一说"朋"指朋贝、钱财。

⑩ 来硕:回来很安稳。硕:帛《易》作"石",坚实,稳定。焦循《易章句》云:"硕,犹石也。"一说"来硕"意为"返回时大有收获"。

解（四十）

䷧（坎下震上）解①:利西南。无所往②,其来复③,吉。有攸往,夙吉④。

初六:无咎。

九二:田获三狐⑤,得黄矢⑥。贞吉。

六三:负且乘⑦,致寇至⑧。贞吝。

九四:解而拇⑨,朋至斯孚⑩。

六五:君子维有解⑪,吉。有孚于小人⑫。

上六:公用射隼于高墉之上⑬,获之⑭。无不利。

【注释】

① 解:卦名,以爻辞中常见字作标题。

② 无所往:没有地方可去。

③ 其来复:返回来。其:语气助词。复:返回。

④ 夙(sù 诉)吉:早去吉祥。夙:早。

⑤ 田获三狐:打猎时捕获到多只狐狸。田:打猎。三:虚数,表多数。

⑥ 得黄矢:发现黄铜做的箭头。矢:箭头。

⑦ 负且乘:背上背着东西而驾车。负:背,驮。乘:驾车。

⑧ 致寇至:导致强盗来抢劫。致:招引,招致。

⑨ 解而拇(mǔ 母):放开你的脚。解:解开,解脱。而:代词,你的。帛《易》作"其",他

的。拇:脚的大指,脚趾。一说"解"通"懈","解而拇"意为"懒动脚,不想走"。

⑩ 朋至斯孚:朋友到此有诚信。朋:朋友。至:到来。斯:代词,这里。孚:诚信。帛
《易》作"傰至此复"。

⑪ 君子维有解:君子解脱出来。维:语气助词。有:结构助词。一说"君子维有解"意
为"贵族把俘虏捆绑起来后又解开"。

⑫ 有孚于小人:对小人讲信用。

⑬ 公用射隼(sǔn损)于高墉(yōng庸)之上:王公用箭射高墙上的鹰。用:结构助词。
隼:一种凶猛的鸟,鹰。墉:城墙。

⑭ 获之:抓到了鹰。获:猎获,得到。之:代词,它,指隼。

【问题分析】

1. 如何理解"王臣蹇蹇,匪躬之故"?

《蹇》卦六二:"王臣蹇蹇,匪躬之故。"孔颖达《正义》云:"'王'谓五也。'臣'谓
二也。九五居于王位而在难中,六二是五之臣,往应于五,履正居中,志匡王室,能
涉蹇难,而往济蹇,故曰'王臣蹇蹇'也。尽忠于君,匪以私身之故而不往济君,故
曰'匪躬之故'。"这是把"臣"理解为"大臣",把"故"理解"缘故"。按,《周易》古经
"臣"字共出现四次,除《蹇》卦六二外,另三例是:《遁》卦九三:"系遁,有疾,厉。畜
臣妾,吉。"《损》卦上九:"弗损,益之,无咎,贞吉。利有攸往,得臣无家。"《小过》卦
六二:"过其祖,遇其妣,不及其君,遇其臣。无咎。"今人于"畜臣妾"之"臣"多释为
"奴隶",而另三例之"臣"则多解为"臣子"或"大臣"。其实,《周易》中的四个"臣"
字均为同一个意思,全作"奴仆"解。这可从帛书异文得到佐证。在马王堆帛书
《周易》里,"臣"均写作"仆",如《掾》卦九三作"畜仆妾",《损》卦尚九作"得仆无
家"。"臣"与"仆"异文而同义。"臣"在先秦本有"奴仆"之义,亦有"臣子"之义,由
于上下文简略,今本《周易》究用何义,一时颇难定夺,今据帛书异文可得其确解。

《蹇》卦"故"字,表"事情"义,而非"缘故"义。周振甫《周易译注》将六二爻辞
译为:"王臣难上加难,不是自身的缘故,(是环境所逼)。"李申主编《周易经传译
注》译为:"臣子难之又难,但不是自己造成的。"二书理解均不够准确。高亨《周易
古经今注》注云:"《广雅·释诂》:'故,事也。'王臣蹇蹇,匪躬之故,言王臣謇謇忠
告直谏者,非其自身之事,乃国君之事也。"高氏将"故"解为"事"是可取的,而将
"蹇蹇"视为"謇謇"之借字则较为迂曲,于义难通。"蹇",马王堆帛书《周易》、阜阳
汉简《周易》均从"走"作"蹇"。《说文》走部:"蹇,走皃。"又足部:"蹇,跛也。"段玉

裁注云:"行难谓之蹇,言难亦谓之謇。""蹇""謇"在表"行走艰难"义上当是通用字。"王臣蹇蹇,匪躬之故",意思是说,君王的奴仆奔走不已,辛苦不堪,却不是为了自己的事情。

2. 《解》卦"负且乘"是什么意思?有什么文化意义?

《解》卦六三:"负且乘,致寇至,贞吝。"《系辞传上》曰:"负也者,小人之事也;乘也者,君子之器也。小人而乘君子之器,盗思夺之矣。上慢下暴,盗思伐之矣。慢藏诲盗,冶容诲淫。《易》曰:'负且乘,致寇至。'盗之招也。"其大意是说,背东西,是小人的事情;车辆,是君子的器具。身为小人,背着东西,却乘坐君子所坐之车,盗贼就会想要抢他的财物了。君上轻慢而臣下暴虐,盗寇就会想要攻打其国了。所以说,财富收藏不严,等于叫盗贼来偷窃,女人容貌妖冶,等于叫坏人来淫辱。《周易》说:"负且乘,致寇至",就是说自己招来盗贼灾祸。高亨《周易古经今注》注云:"负,负物也。乘,乘车也。负物而乘车,所以致盗也。盖车既可载人,亦可载物,今乘车而负物,则其物之宝贵,人尽知之矣。盗思夺之矣,其患难由此生矣。"对于《解》卦"负且乘",李镜池先生另有一种与众不同的理解,其《周易通义》说:"商人带着许多货物,又是背负,又是马拉,招人注意,结果强盗来了,倒霉。"李先生的理解比较平实,没有作过多的引申发挥,可备一说。

【语言文学及文化史扩展】

1. 蹇连 由"往蹇来连"缩略而成,形容行走艰难。

纷屯邅与蹇连兮,何艰多而智寡。

(汉 班固《幽通赋》)

2. 匪躬 指忠心耿耿,不顾自身安危。孔颖达《正义》曰:"尽忠于君,匪以私身之故而不往济君,故曰'匪躬之故'。"

是以比干匪躬而剖心于精忠,田丰见微而夷戮于言直。

(晋 葛洪《抱朴子·博喻》)

圣言在推诚,臣职惟匪躬。

(唐 权德舆《奉和圣制丰年多庆九日示怀》诗)

3. 射隼 指顺势而为,轻而易举。

寡人积甲宛,东下随,知者不及谋,勇者不及怒,寡人如射隼矣。

(西汉 刘向《战国策·燕策二》)

4. 负乘致寇 指居非其位,自招其祸。亦省作"负乘"。

城峻冲生,负乘致寇,惟陛下图之。

(唐 房玄龄《晋书·张祚传》)

灵帝负乘,委体宦孽。徵亡备兆,小雅尽缺。麋鹿霜露,遂栖宫卫。

(南朝·宋 范晔《后汉书·灵帝纪赞》)

【集评】

蹇,利于西南,民道通也。水在山上,蹇险难进,阴阳二气否也。阴待于阳,柔道牵也。险而逆止,阳固阴长。处能竭至诚,于物为合,蹇道亨也。

(汉 京房《京氏易传》)

蹇,险阻之义,故为蹇难。为卦坎上艮下。坎,险也;艮,止也。险在前而止不能进也。前有险陷,后有峻阻,故为蹇也。

(宋 程颐《程氏易传》卷三)

潘谦之书曰:"蹇与困相似。'君子致命遂志','君子反身修德',亦一般。"殊不知不然。《象》曰:"泽无水,困。"是尽干燥,处困之极,事无可为者,故只得"致命遂志"。若"山上有水,蹇",则犹可进步,如山下之泉曲折多艰阻,然犹可行,故教人以"反身修德",岂可以《困》为比?只观"泽无水,困"与"山上有水,蹇",二句便全不同。

(宋 黎靖德《朱子语类》卷七十二)

解之为义,解难而济厄者也。无难可往,以解来复则不失中。有难而往,则以速为吉者。无难则能复其中,有难则能济其厄也。

(魏 王弼《周易注》)

解者,散也,所以次《蹇》也。为卦震上坎下。震,动也。坎,险也。动于险外,出乎险也,故为患难解散之象。又震为雷,坎为雨,雷雨之作,盖阴阳交感,和畅而缓散,故为解。解者,天下患难解散之时也。

(宋 程颐《程氏易传》卷三)

【问题与讨论】

1. 比较《蹇》卦和《困》卦的卦象和文辞,谈谈二者的吉凶差异。

2. 你如何理解《解》卦"君子维有解"?

损（四十一）

〓（兑下艮上）损①：有孚，元吉，无咎，可贞②，利有攸往。曷之用二簋③，可用享④。

初九：巳事遄往⑤，无咎。酌损之⑥。

九二：利贞。征凶。弗损，益之⑦。

六三：三人行⑧，则损一人；一人行，则得其友。

六四：损其疾⑨，使遄⑩，有喜，无咎。

六五：或益之十朋之龟⑪，弗克违⑫。元吉。

上九：弗损，益之。无咎，贞吉，利有攸往。得臣无家⑬。

【注释】

① 损：卦名，以爻辞中常见字作标题。

② 可贞：适于占卜。

③ 曷之用二簋(guǐ 鬼)：送给他两筐食品。曷：通"丐"，施与，给予。一说"曷"为"什么"之义。簋：装食物的器具。

④ 可用享：可以祭祀。用：结构助词。享：祭祀，供奉鬼神。

⑤ 巳(sì 四)事遄(chuán 船)往：祭祀之事恭敬地前往参加。巳：通"祀"，祭祀。遄：帛《易》作"端"，端庄，肃敬。一说"遄"为"快，迅速"义。

⑥ 酌损之：适当减少一些。酌：斟酌，考虑。损：减少，减轻。

⑦ 益：增加，增多。

⑧ 行：走路，外出。

⑨ 损其疾：减轻他的疾病。

⑩ 使遄：祭祀之事要认真参与。帛《易》作"事端"。事：指祭祀之事。一说"使"意为"使人祭祀"。

⑪ 或益之十朋之龟：有人送给他价值十朋的龟甲。或：有人。朋：古代贝壳（货币）单位，一串十枚为一朋。一说"两串十枚为一朋"。

⑫ 弗克违：不能推辞拒绝。克：能。违：避开，拒绝。

⑬ 得臣无家：得到奴仆而没有得到封地。臣：奴仆。家：大夫的封地。一说"得臣无

家"指"得到没有家室的单身奴隶"。

益(四十二)

☲(震下巽上)益①:利有攸往,利涉大川。

初九:利用为大作②,元吉,无咎。

六二:或益之十朋之龟,弗克违。永贞吉。王用享于帝③,吉。

六三:益之用凶事④,无咎。有孚,中行告公用圭⑤。

六四:中行告公从⑥,利用为依迁国⑦。

九五:有孚,惠心⑧,勿问⑨,元吉。有孚,惠我德⑩。

上九:莫益之⑪,或击之⑫。立心勿恒⑬,凶。

【注释】

① 益:卦名,以爻辞中常见字作标题。

② 利用为大作:利于做大事。为:做,从事。大作:大事,一说指"大兴土木"。

③ 王用享于帝:君王向天帝献物祈福。享:奉献祭品,祭祀。

④ 益之用凶事:遇到不好的事要多做一些努力。凶事:不吉之事,坏事。

⑤ 中行告公用圭(guī归):中途报告王公要用圭玉祭祀。中行:半路,途中。圭:古代举行典礼时所持的玉器。

⑥ 中行告公从:中途报告王公顺从天命。从:顺从,听从。

⑦ 利用为依迁国:利于为殷人迁徙国都。依:通"殷",指殷商。国:国都,都城。帛《易》作"利用为家迁国"。

⑧ 惠心:报答其好心。惠:感激,给予好处。一说"惠心"即"好心"。

⑨ 勿问:不用赠送物品。问:赠送,馈赠物品。一说"疑问"之义。

⑩ 惠我德:报答我的恩德。

⑪ 莫益之:没有人帮助他。莫:不定代词,没有人,没有谁。

⑫ 或击之:有人攻击他。或:不定代词,有人,有的人。

⑬ 立心勿恒:立志不坚。恒:固定,持久不变。

【问题分析】

1.《损》卦、《益》卦蕴含了怎样的人生哲理？

《损》卦兑下艮上，《象传》曰："山下有泽，损。君子以惩忿窒欲。"《益》卦震下巽上，《象传》曰："风雷益，君子以见善则迁，有过则改。"《损》《益》在卦象上为颠倒关系，在词义上为反义关系，卦象和文辞都蕴含着深邃的人生哲理。《淮南子·人间训》记云："孔子读《易》至《损》《益》，未尝不愤然而叹，曰：'益损者，其王者之事与！事或欲以利之，适足以害之；或欲害之，乃反以利之。利害之反，祸福之门户，不可不察也。'"《论语·为政》记云："子张问：'十世可知也？'子曰：'殷因于夏礼，所损益，可知也；周因于殷礼，所损益，可知也；其或继周者，虽百世可知也。'"在孔子看来，"损"与"益"的关系，就是"害"与"利"的关系，相反而相成，是为王者所必须通晓的道理。至于礼制沿革，文化演进，也是一个不断损益的过程。

我们看《损》卦爻辞，有"酌损之"，是说酌情减损；有"弗损，益之"，是说不仅不要减损，还要增加；有"损其疾"，是说对坏的东西要直接去除；"三人行，则损一人；一人行，则得其友。"是告诉人们损益与得失的道理。再看《益》卦爻辞，"益之用凶事"，是说不好的事情要加以补救，增加投入；"或益之十朋之龟，弗克违"，是说有人送来财物，有所进益，无须拒绝。总之损益是相对的，该损则损，该益则益。

李镜池先生在《周易通义》中说，《损》卦、《益》卦"是对立的组卦，说明在损与益的问题上对立、转化的道理：或损或益；或损中有益，益中有损；或不益不损，都要根据具体情况具体处理。具有朴素的辩证思想。"

2.《益》卦"利用为依迁国"是什么意思？

《益》卦六四："中行告公从，利用为依迁国。"王弼《注》云："居益之时，处巽之始，体柔当位，在上应下。卑不穷下，高不处亢，位虽不中，用'中行'者也。以斯告公，何有不从？以斯'依迁'，谁有不纳也？"孔颖达《正义》曰："用此道以依人而迁国者，人无不纳，故曰'利用为依迁国'也。迁国，国之大事，明以中行，虽有大事，而无不利，如'周之东迁，晋郑焉依'之义也。"似孔颖达把"依"理解为"依凭、依傍"义。尚秉和《周易尚氏学》注云："《左传》隐六年：'我周之东迁，晋郑焉依。'《说文》：'依，倚也。'利用为依迁国者，言坤国播迁，至五艮而止，依以建国也。"金景芳、吕绍纲《周易全解》注云："为依的依字可按《左传》隐公六年'我周之东迁，晋郑焉依'的意义理解。古代诸侯迁国，或依王室或依大国，必有所依。"均袭用孔颖达之说。

李镜池《周易通义》注云："依：即殷，古音同。《康诰》'殪戎殷'，《中庸》引作

‘壹戎衣（依）’。"高亨《周易古经今注》注云："殷虚卜辞殷祭之殷皆作衣,并其证。此文以依为殷,犹《礼记》以衣为殷矣。"周振甫《周易译注》注云："依:即殷,古音同。"将六四爻辞译为:"半路报告周公,公听从,有利用俘虏为殷民迁国。"

今按,读"依"为"殷",于古音和文献资料均有理据,较为可取。又,马王堆帛书《周易》《益》卦六四作:"中行告公从,利用为家迁国。""依"与"家"异文。在上古,"家"是卿大夫的封地,"国"是诸侯的封地。《论语·季氏》:"丘也闻有国有家者,不患寡而患不均,不患贫而患不安。"《孟子·梁惠王上》:"万乘之国弑其君者,必千乘之家;千乘之国弑其君者,必百乘之家。"在传本《周易》古经里,亦有"家""国"相对成文者,如《师》卦上六:"大君有命,开国承家。小人勿用。"据帛书《周易》,《益》卦六四"利用为家迁国"意为"利于为大夫诸侯迁徙家国","为家迁国"互文见义。若读为"利用为殷迁国",则意为"利于为殷人迁徙国都"。

【语言文学及文化史扩展】

1. 损益

翩然远岳恣游行,慨想当年尚子平。我亦近来知损益,只将惩窒度余生。

（宋　朱熹《感尚子平事》诗）

2. 七损八益

人能知七损八益,则形与神俱,而尽终其天年。不知此者,早衰之道也。何谓七损八益? 盖七者,女子之数也,其血宜泻而不宜满;八者,男子之数也,其精宜满而不宜泻。故治女子者,当耗其气以调其血,不损之,则经闭而成病矣;男子者,当补其气以固其精,不益之,则精涸而成病矣。古人立法,一损之,一益之,制之于中,使气血和平也。

（明　万全《万氏家传养生四要》）

3. 中行　指居中而行,行为端正,不偏不倚。

子曰:"不得中行而与之,必也狂狷乎!"

（春秋战国　《论语·子路》）

先生默默,独守中行。

（清　姚鼐《方侍庐先生墓志铭》）

【集评】

郑玄曰:艮为山,兑为泽。互体坤,坤为地。山在地上,泽在地下,泽以自损增山之高也。犹诸侯损其国之富以贡献于天子,故谓之损矣。

(唐　李鼎祚《周易集解》卷八)

损者,减损之名。此卦明损下益上,故谓之损。损之为义,损下益上,损刚益柔。损下益上,非补不足者也。损刚益柔,非长君子之道者也。

(唐　孔颖达《周易正义》卷四)

郑玄曰:阴阳之义,阳称为君,阴称为臣。今震一阳二阴,臣多于君矣。而四体巽之不应初,是天子损其所有以下诸侯也。人君之道,以益下为德,故谓之益也。

(唐　李鼎祚《周易集解》卷八)

益者,增足之名。损上益下,故谓之益。下已有矣,而上更益之,明圣人利物之无已也。损卦则损下益上,益卦则损上益下。

(唐　孔颖达《周易正义》卷四)

自阳为阴,谓之损;自阴为阳,谓之益。兑本乾也,受坤之施而为兑,则损下也;艮本坤也,受乾之施而为艮,则益上也。惟益亦然,则损未尝不益,益未尝不损。

(宋　苏轼《东坡易传》卷四)

损者,阳之损也。益者,阴之益也。阳本至足,以损为惜。阴本不足,以益为幸。故损归阳,益归阴。……损益者,阴阳交错以成化,自然之理,人心必有之几,损不必凶,而益不必吉也。

(清　王夫之《周易内传》卷三)

【问题与讨论】

1.《损》《益》的卦象各有什么特点?

2. 就吉凶情况而言,《益》卦是否好于《损》卦?

夬(四十三)

☰(乾下兑上)夬[①]:扬于王庭[②],孚号[③],有厉。告自邑[④],不利即戎[⑤],利有攸往。

初九:壮于前趾[⑥],往不胜[⑦],为咎[⑧]。

九二：惕号⑨,莫夜有戎⑩,勿恤。

九三：壮于頄⑪,有凶。君子夬夬独行⑫,遇雨若濡⑬,有愠⑭,无咎。

九四：臀无肤⑮,其行次且⑯。牵羊,悔亡。闻言不信⑰。

九五：苋陆夬夬中行⑱,无咎。

上六：无号⑲,终有凶。

【注释】

① 夬(guài 怪)：卦名,以爻辞中特殊字作标题。

② 扬于王庭：在君王的大堂上宣布命令。扬：宣布,传布。一说"扬"为"武舞",指拿着兵器跳舞。

③ 孚号：竭力喊叫。孚：诚实,尽心尽力。号：高声叫喊。一说"孚号"即"呼号"。

④ 告自邑：从城邑里传来命令。与《泰》卦上六"自邑告命"同义。

⑤ 不利即戎：不利参军作战。即：从事,参加。戎：军队。

⑥ 壮于前趾：伤了前脚。壮：通"戕(qiāng)",伤,损伤。趾：脚。

⑦ 往不胜：出征而没有取胜。往：前往,指出征。胜：取胜。

⑧ 为咎：造成灾难。为：变成,造成。

⑨ 惕号：惊恐地呼叫。惕：恐惧。

⑩ 莫夜有戎：夜晚有敌军来。莫：通"暮",傍晚。

⑪ 壮于頄(qiú 求)：伤了脸骨。頄：颧(quán)骨,脸颊骨。

⑫ 君子夬夬独行：君子独自匆匆而行。夬夬：急忙的样子,一说"迟疑舒缓的样子"。

⑬ 遇雨若濡：遇雨被淋湿。若：连词,而。濡：湿,沾湿。

⑭ 有愠(yùn 运)：心中不高兴。有：动词词头。愠：生气,恼怒。

⑮ 臀(tún 屯)无肤：屁股上没有肉。臀：屁股。肤：肉,一说指"皮肤"。

⑯ 其行次且：走路很困难。次且：通"趑趄(zī jū)",联绵词,行走困难的样子。

⑰ 闻言不信：听到的话不真实。闻：听。信：诚实,真实。一说"信"为"相信"义。

⑱ 苋陆(xiàn lù 现路)夬夬中行：山羊在路中间急速奔跑。苋陆：山羊。中行：在道路中间走。

⑲ 无号：没有喊叫。无：不,没有。

姤（四十四）

䷫（巽下乾上）姤①：女壮②,勿用取女。

初六：系于金柅③，贞吉。有攸往，见凶④。羸豕孚⑤，蹢躅⑥。

九二：包有鱼⑦，无咎。不利宾⑧。

九三：臀无肤，其行次且⑨，厉，无大咎。

九四：包无鱼，起凶⑩。

九五：以杞包瓜⑪，含章⑫，有陨自天⑬。

上九：姤其角⑭，吝，无咎。

【注释】

① 姤（gòu 够）：卦名，以爻辞中特殊字作标题。

② 女壮：女子强壮。壮：健壮，强壮。一说"壮"为"受伤"义。

③ 系于金柅（nǐ 拟）：被铜车闸卡住。系：绑住，缠住。金：指黄铜。柅：刹车的部件，车闸。一说"金柅"指铜制的纺车转轮的把手。

④ 见凶：出现凶兆。

⑤ 羸（léi 雷）豕孚：瘦猪跑回来。羸：瘦。豕：猪子。孚：帛《易》作"复"，返回。一说"羸豕孚"意为"老母猪哺乳"。

⑥ 蹢躅（zhí zhú 执竹）：联绵词，徘徊，躁动不安。

⑦ 包有鱼：厨房有鱼。包：通"庖（páo）"，厨房。

⑧ 不利宾：不利接待宾客。宾：动词，接待宾客。一说"宾"为"作客"义。

⑨ 其行次且：行走困难。

⑩ 起凶：行动有凶险。起：起程，出发。帛《易》作"正凶"，"正"通"征"。

⑪ 以杞（qǐ 起）包瓜：用杞树叶包裹瓜果。杞：树名。包：包住，裹住。

⑫ 含章：内含美德。章：美德，一说指"文彩"。

⑬ 有陨（yǔn 允）自天：有东西从天而降。有：帛《易》作"或"，不定代词，"有东西"之义。陨：落下。

⑭ 姤其角：遭到兽角牴触。姤：相遇，遇到。角：兽角。帛《易》作"狗其角"。

【问题分析】

1.《夬》卦"壮于前趾"是什么意思？

《夬》卦初九："壮于前趾，往不胜，为咎。"古经"壮"字有多种理解。陆德明《经典释文·周易音义·大壮》释"壮"云："壮，威盛强猛之名。郑云：气力浸强之名。王肃云：壮，盛也。《广雅》云：健也。马云：伤也。郭璞云：今淮南人呼壮为伤。"孔颖达《正义》云:"初九居《夬》之初,当须审其筹策,然后乃往。而体健处下,徒欲果决壮健,前进其趾,以此而往,必不克胜,非决之谋,所以'为咎'。"可见孔氏把"壮"理解为"壮健"义。黄寿祺、张善文《周易译注》从孔氏之说,将"壮于前趾"译为"强盛在足趾前端"。今人亦有取马融、郭璞之说为训者,如李镜池《周易通义·夬》注云:"壮:伤也。"高亨《周易古经今注》注云:"壮借为戕,伤也。戕于前趾,不利于行之象也。"我们认为李、高之说较为可取。《大壮》卦初九:"壮于趾,征凶。有孚。"又九四:"贞吉,悔亡。藩决不羸,壮于大舆之輹。""壮于趾",意即伤着脚。"壮于大舆之輹",意指羝羊被车轮撞伤。以"伤"义释"壮"字,这几条爻辞都解释得通。《夬》卦初九"壮于前趾",意即前脚趾受伤。因为脚趾受伤,故不能顺利前往,以致产生灾祸。

2.《姤》卦"姤其角"是什么意思?

《姤》卦上九:"姤其角,吝,无咎。"李镜池《周易通义》注云:"姤:婚媾。其:而。角:角斗。"高亨《周易古经今注》注云:"姤遘皆借为冓。……冓构本一字,架木为屋之义。……冓其角者,谓架木于兽角之上也。"黄寿祺、张善文《周易译注》以为"姤"为"相遇"义,"角"为"角落"义,"姤其角"意为"遇见空荡的角落"。按,《彖传》曰:"姤,遇也。柔遇刚也。"《序卦传》曰:"姤者,遇也。物相遇而后聚。"《杂卦传》曰:"《姤》,遇也,柔遇刚也。"陆德明《经典释文》云:"姤,古豆反,薛云:古文作遘,郑同,《序卦》及《彖》皆云:遇也。"从《易传》及古注资料看,"姤"当表"遇、遭遇"义,与"遘"相通。《说文》角部:"角,兽角也。"《大壮》卦九三:"小人用壮,君子用罔,贞厉。羝羊触藩,羸其角。"此乃指羊角。《晋》卦上九:"晋其角,维用伐邑。"李鼎祚《集解》引虞翻曰:"五已变之乾,为首;位在首上,称角,故'晋其角'也。"此"角"亦指兽角。《周易》古经称"其角",均指兽角而言。《姤》卦上九"姤其角",是说遭遇兽角之抵触。

【语言文学及文化史扩展】

1. 即戎 指参军作战。

善人教民七年,亦可以即戎矣。

(春秋战国 《论语·子路》)

2. 孚号 孔颖达《正义》曰:"号,号令也。行决之法,先须号令。夬,以刚决柔,则是用明信之法而宣其号令,如此即柔邪者危,故曰'孚号有厉'也。"后以"孚号"指君王的号令或诰命。例如:

肆朕缵极,寤寐隽良;果得异能,属之大任;用扬孚号,明谕在廷。

（宋　曾巩《侍中制》）

臣适以守藩,恭闻孚号,虽与民欣戴,如瞻咫尺之天;然受命祷祈,实劳方寸之地。

（宋　陆游《谢赦表》）

【集评】

郑玄曰:夬,决也。阳气浸长,至于五,五,尊位也。而阴先之,是犹圣人积德悦天下,以渐消去小人,至于受命为天子,故谓之"决"。

（唐　李鼎祚《周易集解》卷八）

夬,决也。此阴消阳息之卦也。阳长至五,五阳共决一阴,故名为"夬"也。

（唐　孔颖达《周易正义》卷五）

夬者,刚决之义,众阳进而决去一阴。君子道长,小人消衰,将尽之之时也。

（宋　程颐《程氏易传》卷三）

姤,遇也。此卦一柔而遇五刚,故名为"姤"。施之于人,则是一女而遇五男,为壮至甚,故戒之曰"此女壮甚,勿用取此女"也。

（唐　孔颖达《周易正义》卷五）

大率《姤》是一个女遇五阳,是个不正当底,如"人尽夫也"之事。圣人去这里,又看见得那天地相遇底道理出来。

（宋　黎靖德《朱子语类》卷七十二）

冯氏椅曰:古文"姤"作"遘",遇也,亦婚媾也,以女遇男为象。王洙《易》改为今文为"姤",《杂卦》犹是古文,郑本同。

（清　李光地《御纂周易折中》卷六）

【问题与讨论】

1. 试从象数上分析《夬》卦各爻的吉凶之理。
2. 如何理解《夬》卦、《姤》中的"壮"字?

萃（四十五）

䷬(坤下兑上)萃①：亨。王假有庙②。利见大人，亨，利贞。用大牲③，吉。利有攸往。

初六：有孚不终④，乃乱乃萃⑤。若号⑥，一握为笑⑦，勿恤。往无咎。

六二：引吉⑧，无咎。孚乃利用禴⑨。

六三：萃如嗟如⑩，无攸利。往无咎，小吝。

九四：大吉，无咎。

九五：萃有位⑪，无咎。匪孚⑫，元永贞⑬，悔亡。

上六：赍咨涕洟⑭，无咎。

【注释】

① 萃(cuì 脆)：卦名，以爻辞中常见字作标题。

② 王假有庙：君王来到宗庙。假：到。帛《易》作"王叚于庙"。

③ 用大牲：用牛牲作祭品。牲：祭祀用的牛、羊、猪。"大牲"指牛。

④ 有孚不终：有信用而不能保持到底。终：到最后，完结。一说"有孚不终"意为"抓到俘虏后来又逃跑了"。

⑤ 乃乱乃萃：混乱后又聚集起来。乱：纷乱，混乱。萃：聚集，集合。一说"萃"通"瘁(cuì)"，病，劳累。

⑥ 若号：于是号哭。若：连词，乃，于是。帛《易》作"若其号"。

⑦ 一握为笑：一屋人大笑起来。握：帛《易》作"屋"，指家人。一说"握"为"握手"义。

⑧ 引吉：长久吉祥。引：长久。

⑨ 孚乃利用禴(yuè 月)：有诚信才利于祭祀。禴：祭祀。

⑩ 萃如嗟如：聚集在一起，忧伤叹息。嗟：叹息。

⑪ 萃有位：聚集而各得其位。帛《易》作"卒有立"。

⑫ 匪孚：不够诚信。帛《易》作"非复"。

⑬ 元永贞：利于占问长久之事。

⑭ 赍咨(jī zī 肌资)涕洟(yí 移)：伤心悲叹，泪水直流。赍咨：联绵词，叹息，悲叹。涕：流眼泪。洟：流鼻涕。

升（四十六）

䷭（巽下坤上）升①：元亨，用见大人②，勿恤。南征吉③。

初六：允升④，大吉。

九二：孚乃利用禴⑤，无咎。

九三：升虚邑⑥。

六四：王用亨于岐山⑦，吉，无咎。

六五：贞吉，升阶⑧。

上六：冥升⑨，利于不息之贞⑩。

【注释】

① 升：卦名，以爻辞中常见字作标题。

② 用见大人：帛《易》作"利见大人"。

③ 南征吉：往南行吉利。

④ 允升：有诚信而登高。允：诚信，真诚。升：上升，登高。帛《易》作"允登"。

⑤ 孚乃利用禴：有诚信则利于祭祀。

⑥ 升虚邑：登上山丘。虚：土山。邑：城邑。"虚邑"为偏义复合词，偏指土丘。

⑦ 王用亨于岐（qí 其）山：君王到岐山祭祀。用：结构助词。亨：通"享"，祭祀，供献祭品。岐山：地名，在今陕西境内。

⑧ 升阶：登上台阶。阶：台阶。

⑨ 冥（míng 明）升：夜晚登高。冥：昏暗，夜晚。

⑩ 利于不息之贞：利于占问不安宁的事情。息：安，安宁。"不息"为"贞"的前置宾语。一说"不息"意为"不停止"。

【问题分析】

1. 《萃》卦的"萃"字是什么意思？

《彖传》曰："萃，聚也，顺以说，刚中而应，故聚也。"李鼎祚《集解》引郑玄曰："萃，聚也。坤为顺，兑为悦。臣下以顺道承事其君，悦德居上待之。上下相应，有事而和通，故曰'萃，亨'也。"孔颖达《正义》曰："萃，卦名也，又萃聚也，聚集之义也。能招民聚物，使物归而聚己，故名为'萃'也。"今人多从古人解"萃"为"聚""聚集"义，如周振甫《周易译注》注云："萃：聚会，聚集。"陈鼓应、赵建伟《周易今注今译》注云："卦名之'萃'是停聚、汇聚之义。而爻辞中的三个'萃'则是聚敛、聚财之义。"然亦有别为新说者，如李镜池《周易通义》注云："萃：借为悴、瘁。《说文》：'悴，忧也。读如《易》萃卦同。'"高亨《周易古经今注》云："萃疑当读为顇，《尔雅·释诂》：'顇，病也。'字亦作瘁，《诗·雨无正》：'憯憯日瘁。'《毛传》：'瘁，病也。'"同是看作假借字，李氏解"瘁"为"忧虑"义，高氏解"瘁"为"疾病"义。由于文句简略，爻辞中"萃"字究为何义，颇难取舍。初六"乃乱乃萃"，六三"萃如嗟如"，"萃"与"乱""嗟"相并列，"忧虑""病累"义均可当之。而九五"萃有位"，似解"聚集"义为胜。由于传统上多以"聚"训"萃"，而新说又模棱两可（本字有"悴、瘁、顇"三个，意义有"忧""病"两个），故我们仍将《萃》卦各爻中的"萃"字连同卦名都理解为"聚集"义。

2. 如何理解"孚乃利用禴"？

《萃》卦六二："引吉，无咎。孚乃利用禴。"又《升》卦九二："孚乃利用禴，无咎。""孚"为诚信义，"禴"指薄祭。《萃》六二王弼《注》云："禴，殷春祭名也，四时祭之省者也。居聚之时，处于中正，而行以忠信致之，以省薄荐于鬼神也。""孚乃利用禴"，意思是说，只要心中有诚信，即使是用薄礼祭祀也无妨，同样受到鬼神福佑。《萃》卦辞说："用大牲，吉。"所谓"用大牲"，是指用牛牲祭祀。大概古人认为礼仪的规格与诚信的程度和祭品之厚薄多少有关，故有盛祭、薄祭之别。《周易》古经多见"孚"字，说明古人非常重视诚信问题。"孚乃利用禴"，是说心诚才适于祭祀，才会吉祥有利。《革》卦九四："有孚改命，吉。"是说以诚信之心改革政令，可获吉祥。《象传下》曰："'有孚发若'，信以发志也。"《杂卦传》曰："中孚，信也。"均以"信"释"孚"。孔子说："自古皆有死，民无信不立。"（《论语·颜渊》）又说："人而无信，不知其可也。"（《论语·为政》）现代社会倡导的"诚信为本"的理念，实可谓源远流长矣。

【语言文学及文化史扩展】

1. 大牲　指祭祀所用的牛。《萃》卦辞："用大牲，吉。"李鼎祚《集解》："虞翻曰：坤为牛，故曰大牲。郑玄曰：……大牲，牛也。言大人有嘉会时可干事，必杀牛而盟。"《左传·僖公十九年》："司马子鱼曰：'古者六畜不相为用。小事不用大牲，而况敢用人乎？祭祀以为人也。民，神之主也。用人，其谁飨之？'"

2. 冥升　孔颖达《正义》曰："冥犹暗也。处升之上，进而不已，则是虽冥犹升也,故曰'冥升'。"后用指不断向上攀升,亦指在逆境中寻求上进。

危望跨飞动,冥升蹑登闳。

（唐　孟郊、韩愈《城南联句》）

行迈固有时,冥升信多晦。善哉前车戒,斯言旅人昧。

（清　钱谦益《大风发谷城山》诗）

【集评】

郑玄曰:萃,聚也。坤为顺,兑为悦。臣下以顺道承事其君,悦德居上待之,上下相应,有事而和通,故曰"萃,亨"也。

（唐　李鼎祚《周易集解》卷九）

大率人之精神萃于己,祖考之精神萃于庙。

（宋　黎靖德《朱子语类》卷七十二）

草之丛生曰萃。泽地者,草丛生之数也,而丛生必各以其类。此卦三阴聚于下,二阳聚于上,各依其类以相保,故谓之萃。

（清　王夫之《周易内传》卷三）

郑玄曰:升,上也。坤地巽木,木生地中,日长而上,犹圣人在诸侯之中,明德日益高大也,故谓之"升"。升,进益之象矣。

（唐　李鼎祚《周易集解》卷九）

问:《升》、《萃》二卦,多是言祭享。萃固取聚义,不知升何取义?曰:人积其诚意以事鬼神,有升而上通之义。

（宋　黎靖德《朱子语类》卷七十二）

【问题与讨论】

1.《周易》"孚"字异解颇多,试结合《萃》卦谈谈你对"孚"字的认识。

2. 你对《升》卦"利于不息之贞"、《坤》卦"利牝马之贞"的结构关系及文意有什么看法?

困（四十七）

䷮(坎下兑上)困①:亨。贞大人吉②,无咎。有言不信③。

初六:臀困于株木④,入于幽谷⑤,三岁不觌⑥。

九二:困于酒食⑦,朱绂方来⑧,利用享祀⑨。征凶,无咎。

六三:困于石⑩,据于蒺藜⑪;入于其宫⑫,不见其妻。凶。

九四:来徐徐⑬,困于金车⑭。吝,有终。

九五:劓刖⑮,困于赤绂⑯,乃徐有说⑰。利用祭祀。

上六:困于葛藟⑱,于臲卼⑲,曰动悔有悔⑳。征吉。

【注释】

① 困:卦名,以爻辞中常见字作标题。

② 贞大人吉:占问大人物的事情吉利。

③ 有言不信:说话不诚实。言:话,言语。信:诚实,真实。一说"信"为"相信"义。

④ 臀困于株木:屁股被树桩围困。臀:屁股。困:围困。于:介词,表被动关系。株:树干,树桩。"株木"为偏义复合词,偏指"株"。一说"株木"指木棍。

⑤ 入于幽谷:进入幽深的山谷。幽:深。谷:山谷。一说"幽谷"指监狱。

⑥ 三岁不觌(dí 敌):三年不能见人。觌:见。

⑦ 困于酒食:因醉酒而受困。酒食:偏义复合词,偏指"酒"。

⑧ 朱绂(fú 符)方来:王公贵族正好到来。朱绂:高官贵族所穿的红色礼服,这里指代高官贵族。朱:红色。绂:通"韨(fú)",祭祀时所穿的礼服。方:恰好,正。

⑨ 利用享祀:利于祭祀。

⑩ 困于石:被石头所困。

⑪ 据于蒺藜(jí lí 疾离):坐在蒺藜上面。据:处,居。蒺藜:一种有刺的植物。

⑫ 入于其宫:进入自己家里。宫:居室,家。

⑬ 来徐徐:慢慢走来。徐徐:缓慢的样子。

⑭ 困于金车:被关在镶铜的车子里。金车:用黄铜装饰的车子,一说指"囚车"。

⑮ 劓(yì 义)刖(yuè 月):被割鼻砍脚。劓:割掉鼻子。刖:砍断腿脚。一说"劓刖"意为"危险不安的样子"。

⑯ 困于赤绂:受高官贵族所折磨。赤绂:义同"朱绂",指代高官贵族。赤:红色。

⑰ 乃徐有说:慢慢才得以解脱。说:通"脱"。

⑱ 困于葛(gé 革)藟(lěi 垒):被葛藤围困。葛:蔓生植物。藟:藤子。

⑲ 于臲卼(niè wù 聂务):危险不安。于:衬音助词。臲卼:不安的样子。一说"臲卼"指"木桩"。

⑳ 曰动悔有悔：行动就会灾上加灾。曰：语气助词。动：行动。悔：灾患。有：副词，
又。帛《易》作"曰悔夷有悔"，意为"灾患平息后又有灾患"。

井（四十八）

䷯（巽下坎上）井①：改邑不改井②，无丧无得③。往来井④，井汔至⑤，
亦未繘井⑥。羸其瓶⑦，凶。

初六：井泥不食⑧，旧井无禽⑨。

九二：井谷射鲋⑩，瓮敝漏⑪。

九三：井渫不食⑫，为我心恻⑬。可用汲⑭。王明⑮，并受其福⑯。

六四：井甃⑰，无咎。

九五：井洌寒泉⑱，食。

上六：井收勿幕⑲，有孚，元吉。

【注释】

① 井：卦名，以爻辞中常见字作标题。

② 改邑不改井：改建村庄而没改建水井。邑：村落，村庄。井：水井。

③ 无丧无得：无失也无得。丧：丢失，损失。

④ 往来井：来往于井边。

⑤ 井汔（qì汽）至：水井干枯堵塞。汔：干涸，干枯。至：通"窒（zhì）"，阻塞，淤积。

⑥ 亦未繘（jú局）井：也没有人淘井。繘：挖，淘。帛《易》作"亦未汲井"。

⑦ 羸（léi雷）其瓶：打破了汲水的瓶子。羸：毁坏，打破。瓶：打水的陶器。

⑧ 井泥不食：井有污泥而不可饮用。泥：有泥巴，污浊。

⑨ 旧井无禽：旧井周围没有禽兽。井：水井。一说"井"通"阱"，指"陷阱"。禽：飞禽，
鸟类。

⑩ 井谷射鲋（fù付）：井底有鱼可射。井谷：井底，一说指"井口"。鲋：小鱼。帛《易》作
"井渎射付"。

⑪ 瓮（wèng）敝漏：瓦罐又破又漏。瓮：陶制的盛水器。敝：破烂。帛《易》作"唯敝句"，
意为"只有破烂的竹笼"。

⑫ 井渫(xiè 泄)不食:井水清净却无人饮用。渫:淘去污泥。一说"渫"为"污浊"义。

⑬ 为我心恻(cè 测):使我痛心。恻:伤心,悲伤。

⑭ 可用汲:可以打水饮用了。汲:打水,取水。

⑮ 明:明智,英明。

⑯ 并受其福:众人都得到他的赐福。并:一起,俱。

⑰ 井甃(zhòu 宙):井已修好。甃:用砖砌井壁,修砌。

⑱ 井洌(liè 列)寒泉:井水清凉。洌:清澈。"寒泉"为"泉寒"的倒装式,意为"泉水清凉"。

⑲ 井收勿幕:打水后不用盖住井口。收:打水,取水。一说"井收"指"井口被收小"。幕:覆盖,遮盖。

【问题分析】

1. 如何理解《井》卦"瓮敝漏"?

《井》卦九二:"井谷射鲋,瓮敝漏。"孔颖达《正义》曰:"'瓮敝漏'者,井而下注,失井之道,有似瓮敝漏水,水漏下流。"据字面理解,"瓮敝漏"指打水的陶罐破而漏水。马王堆帛书《周易》《井》卦九二作:"井渎射付,唯敝句。"于豪亮先生在《帛书〈周易〉》一文中说,帛《易》"付"读为"鲋","唯"读为"维","敝句"即"敝笱"。按,《诗经·齐风·敝笱》首章云:"敝笱在梁,其鱼鲂鳏。齐子归止,其从如云。"孔颖达疏云:"毛以为笱者捕鱼之器。弊败之笱在于鱼梁。"笱为捕鱼之器,正与上文"射鲋"相应。大概射鱼是一种方式,用笱捕鱼为另一种方式。因鱼笱破漏,于是用射鱼之法。"瓮敝漏",阜《易》《井》卦残辞作"敝屡",楚竹书《周易》作"佳褛缕"。上古汉语存在复辅音声母,"漏""屡""缕""句""笱"等字声母均为⌊kl⌋,韵部为侯,读音相同,例可通假。"瓮",汉帛书、楚竹书作"唯""佳","唯"是虚词。由于情况比较复杂,《井》卦"瓮敝漏"一句究为何意,尚有待进一步探讨。

2. "井洌寒泉"一句在修辞上有什么特点?

《井》卦九五:"井洌寒泉,食。"这条爻辞运用了两种修辞手法。首先,"井洌寒泉"是一种错综其词的用法。"井洌"本与"寒泉"并列,而"井洌"是主谓式,"寒泉"是定中式,在结构类型上并不一致。这种前后结构不一致的用法,是古人为了避免行文呆板而采用的"同中见异"法,像《楚辞·九歌》"吉日兮辰良"、《论语·乡党》"迅雷风烈"、《诗经·卫风》"甘心首疾"等语句,也是采用了这种错综的手法,这些语句本可说成"吉日兮良辰""迅雷烈风""甘心疾首",但作者却打破常规而变换词序,因此给人一种活泼矫健的感觉。"井洌寒泉"的常规说法就是"井洌泉寒"。同时,"井洌寒泉"又是互文见义。洌者,清也。寒者,冷也。但原文本意并非强调"井水清洌"而"泉水寒冷",而是说"井洌而寒、泉洌而寒",也就是说,井水、泉水都是清洌而寒冷的。由于本卦的中心是讲"井","井洌寒泉"的实际意思就是井水清凉了。

【语言文学及文化史扩展】

1. 朱绂 指官服。李鼎祚《集解》:"朱绂,宗庙之服。乾为大赤,朱绂之象也。"程颐《易传》:"朱绂,王者之服,蔽膝也。"

黑貂朱绂,王侯满筵;国华民秀,公卿连席。

(南朝·陈　徐陵《东阳双林寺傅大士碑》)

平生自许少尘埃,为吏尘中势自回。朱绂久惭官借与,白头还叹老将来。

(唐　杜牧《书怀寄中朝往还》诗)

他日白衣霄汉志,暮年朱绂水云身。

(宋　王安石《致仕虞部曲江谭君挽词》)

2. 幽谷 深谷,幽深的山谷。

出自幽谷,迁于乔木。

(《诗经·小雅·伐木》)

虽处台隅,遂同幽谷。

(南朝·梁　沈约《修竹弹甘蕉文》)

3. 寒泉 清凉的泉水或井水。

经始东山庐,果下自成榛。前有寒泉井,聊可莹心神。

(晋　左思《招隐》诗之二)

4. 井渫 比喻有德才而不被重用。也比喻人品高洁。

惧匏瓜之徒悬兮,畏井渫之莫食。

(汉　王粲《登楼赋》)

伏见处士戴渊,砥节立行,有井渫之洁;安穷乐志,无风尘之慕。

(南朝·宋　刘义庆《世说新语·自新》注引虞预《晋书》)

【集评】

郑玄曰:坎为月,互体离,离为日。兑为暗昧,日所入也。今上掩日月之明,犹君子处乱代,为小人所不容,故谓之"困"也。君子虽困,居险能悦,是以通而无咎也。

(唐 李鼎祚《周易集解》卷九)

困者,穷厄委顿之名。道穷力竭,不能自济,故名为"困"。亨者,卦德也。小人遭困,则穷斯滥矣。君子遇之,则不改其操。君子处困而不失其自通之道,故曰"困亨"也。

(唐 孔颖达《周易正义》卷五)

"《困》卦难理会,不可晓。《易》中有数卦如此。《系辞》云:'卦有小大,辞有险易。辞也者,各指其所之。'《困》是个极不好底卦,所以卦辞也做得如此难晓。如《蹇》、《剥》、《否》、《睽》皆是不好卦,只有《剥》卦分明是剥,所以分晓。《困》卦是个进退不得、穷极底卦,所以难晓。其大意亦可见。"又曰:"看《易》,不当更去卦爻中寻求道理当如何处置这个。与人卜筮以决疑惑,若道理当为,固是便为之;若道理不当为,自是不可做,何用更占? 却是有一样事,或吉或凶,成两岐(歧)道理,处置不得,所以用占。若是放火杀人,此等事终不可为,不成也去占! 又如做官赃污邪僻,由径求进,不成也去占!"

(宋 黎靖德《朱子语类》卷七十三)

"困亨"者,非谓处困而能亨也。盖困穷者,所以动人之心,忍人之性,因屈以致伸,有必通之理也。然惟守正之大人,则能进德于困,而得其所以可通者尔,岂小人之所能乎? 困者,君子道屈之时也,屈则不伸矣。

(清 李光地《御纂周易折中》卷六)

井者,物象之名也。古者穿地取水,以瓶引汲,谓之为井。此卦明君子修德养民,有常不变,终始无改,养物不穷,莫过乎井,故以修德之卦取譬,名之"井"焉。

(唐 孔颖达《周易正义》卷五)

《井》象只取巽入之义,不取木义。井是那掇不动底物事,所以改邑不改井。"汔至亦未繘井赢其瓶凶"。"汔至"作一句,"亦未繘井赢其瓶"是一句,意谓几至而止,如绠未及井而瓶败,言功不成也。

(宋 黎靖德《朱子语类》卷七十三)

【问题与讨论】

1. 从韵律角度谈谈《困》卦、《井》卦爻辞的表达特点。
2. 你如何看《井》卦辞"往来井井汔至亦未繘井"的句读问题?

革（四十九）

☲（离下兑上）革①：巳日乃孚②。元亨，利贞，悔亡。

初九：巩用黄牛之革③。

六二：巳日乃革之④。征吉，无咎。

九三：征凶，贞厉。革言三就⑤，有孚。

九四：悔亡。有孚改命⑥，吉。

九五：大人虎变⑦，未占有孚⑧。

上六：君子豹变⑨，小人革面⑩。征凶，居贞吉。

【注释】

① 革：卦名，以爻辞中常见字作标题。

② 巳（sì 四）日乃孚：巳日到了要诚信。巳：十二地支中的第六位。一说"巳"通"祀"，"巳日"指祭祀之日。孚：诚信。一说"有孚"指用俘虏作人牲祭祀。

③ 巩用黄牛之革：用黄牛之皮捆起来。巩：捆绑，束缚。革：去了毛的皮。

④ 巳日乃革之：到了巳日就改变它。革：改革，变革。

⑤ 革言三就：改革多次取得成功。言：衬音助词，一说指"议论、谋划"。三：虚数，多次。就：成，完成。

⑥ 有孚改命：诚心改革政令。有孚：有诚信，诚心。改：改变，变更。命：政令，政治措施。

⑦ 大人虎变：大人君子像老虎般威武地进行变革。大人：大官，王公贵族。虎：作状语，比喻如老虎一样威猛。一说"虎变"意为"变脸如虎，发威发怒的样子"。

⑧ 未占有孚：未占卜时就心怀诚信。占：占卜，卜筮。

⑨ 君子豹变：大人君子像豹子般迅猛地实行变革。豹：作状语，比喻像豹子一样迅猛。

⑩ 小人革面：小人改变了脸色。小人：臣民，平民。面：面容，脸色。王引之《经义述闻》卷一云："《广雅》曰：'面，乡也。'（乡与向同）革面者，改其所乡而乡君也。"

鼎（五十）

☴（巽下离上）鼎①：元吉，亨。

初六：鼎颠趾^②，利出否^③。得妾以其子^④，无咎。

九二：鼎有实^⑤。我仇有疾^⑥，不我能即^⑦。吉。

九三：鼎耳革^⑧，其行塞^⑨。雉膏不食^⑩，方雨亏^⑪。悔，终吉。

九四：鼎折足^⑫，覆公悚^⑬，其形渥^⑭。凶。

六五：鼎黄耳金铉^⑮。利贞。

上九：鼎玉铉^⑯。大吉，无不利。

【注释】

① 鼎：卦名，以爻辞中常见字作标题。

② 鼎颠趾：鼎脚颠倒在上。鼎：烹煮食物的器具。颠：倒置，颠倒。趾：脚。

③ 利出否：利于倒出废物。出：倒出来，去除。否：不好，指废物，坏东西。

④ 得妾以其子：得到女奴及其孩子。妾：女奴隶。以：及，与。

⑤ 鼎有实：鼎中装着食物。实：内容，指食物。

⑥ 我仇有疾：我的配偶有病。仇：配偶，一说指"仇敌"。

⑦ 不我能即：不能靠近我。即：走近，靠近。"我"为"即"的前置宾语。

⑧ 鼎耳革：鼎耳脱落。耳：指鼎上两旁供抓举的东西。革：失落，去掉。

⑨ 其行（háng 杭）塞：鼎所在的路被阻塞。行：路，一说"移动"之义。

⑩ 雉（zhì 至）膏不食：野鸡的肉没有吃。雉：野鸡。膏：肥肉。

⑪ 方雨亏：不巧下雨弄坏了。方：正好，恰巧。雨：下雨。亏：毁坏，损坏。

⑫ 鼎折足：鼎脚折断。折：断。足：脚。

⑬ 覆公悚（sù 速）：打翻了王公的粥。覆：翻倒，倒出。悚：粥，美食。

⑭ 其形渥（wò 握）：他的身体被打湿。形：身体。渥：打湿，沾湿。一说"形渥"通"刑剭（xíng wū）"，"杀戮"之义。帛《易》作"其刑屋"。

⑮ 鼎黄耳金铉（xuàn 绚）：鼎耳、鼎铉都是用黄铜做成。铉：抬鼎用的杠子。

⑯ 鼎玉铉：鼎铉镶上了玉。一说"鼎玉铉"意为"鼎铉用玉制成"。

【问题分析】

1. 《革》卦是讲什么内容的？

《革》卦爻辞中的"革"是个多义词。初九"巩用黄牛之革"，"革"用其本义，指去了毛的兽皮，名词。六二"巳日乃革之"，上六"小人革面"，"革"是动词，"改变"之义。九三"革言三就"之"革"为"改革"义，名词。由于"革"字用法多样，加之文辞比较散乱,没有一个中心,《革》卦的主题显得比较模糊,今人对此各有看法。李镜池《周易通义》说:"本卦内容主要讲战争,涉及战俘,因用俘虏作人牲,又联系祭祀。以战争为例,贯串变的思想主线。"唐明邦主编《周易评注》认为:"《革卦》主要是阐明变革思想。强调'变革以时',根据事物发展的特点,选择适宜的时机,进行变革。主张君子变革之势要迅猛如虎、灵活如豹,小人才会革面洗心以相从。"金景芳、吕绍纲《周易全解》说:"总的说来,革卦讲的就是革命问题。卦辞'革,已日乃孚,元亨,利贞,悔亡',指出革命的胜利前途及其必备的条件。"按,说《革》卦强调"变革以时",恐怕是根据《易传》得出的认识,而非《周易》古经固有的思想。《易传·彖传》曰:"天地革,而四时成。汤武革命,顺乎天而应乎人。革之时大矣哉。"所谓"革之时",即指变革要应时、适时。至于把古经中常见的贞兆辞"元亨,利贞,悔亡"当作革命的前途与条件,更属穿凿附会之辞了。

2. 如何理解"鼎黄耳金铉"?

《鼎》卦六五:"鼎黄耳金铉。"这是一种前后文字互相补充的情形。李镜池《周易通义》注云:"黄耳:铜耳。金铉(xuàn 宣去声):铜铉。铉,关鼎盖的横杠。"高亨《周易古经今注》注云:"金色黄,云黄耳,其质金可知也。云金铉,其色黄可知也。"两书的注解都符合经文原意,高亨先生更是揭示了爻辞互文见义的特点。"鼎黄耳金铉",其中"黄耳"与"金铉"为互文,意即"黄金耳黄金铉",也就是说,鼎的耳是黄金做的,鼎的铉也是黄金做的,黄金即黄铜。

【语言文学及文化史扩展】

1. 豹变 比喻向善而变。

不惮屈身委质,以爱民全国为贵。降心回虑,应机豹变。

（晋　陈寿《三国志·蜀书·刘禅传》）

2. 革面 指改变主意,归顺。

君翼宣风化,爰发四方,远人革面,华夏充实,是用锡君朱户以居。

（晋　陈寿《三国志·魏书·武帝纪》）

兹蠢类以忠义感胁从之伍,以含弘安反侧之徒。革面悛心,期乎不日。

（唐　刘禹锡《请赴行营表》）

仰凭皇威,群丑革面,进军河、洛,修复园陵。

（唐　房玄龄《晋书·殷浩传》）

3. 虎变　比喻行动变化莫测。

大贤虎变愚不测，当年颇似寻常人。

（唐　李白《梁甫吟》）

4. 折足　覆㻬　折足覆㻬　比喻不胜其任而坏事，遭灾。

外不量力，内不知命，则必丧保家之主，失天年之寿，遇折足之凶，伏铁钺之诛。

（汉　班固《汉书·叙传》）

公府掾属，古之造士也，必擢时隽，搜扬英逸，得其人则论道之任隆，非其才则覆㻬之患至。

（《三国志·魏书·何夔传》注引孙盛曰）

是以身名并全之甚希，而折足覆㻬之不乏也。

（晋　葛洪《抱朴子·知止》）

夫台宰重器，国命所继。今之四公，唯司空刘宠断断守善，余皆素餐致寇之人，必有折足覆㻬之凶。

（南朝·宋　范晔《后汉书·谢弼传》）

5. 鼎革　取义于《鼎》《革》二卦，指改朝换代等重大政治变革。

鼎革固天启，运兴匪人谋。

（唐　徐浩《谒禹庙》诗）

鼎革以后，绝意进取。

（明　黄宗羲《淇仙毛君墓志铭》）

6. 革故鼎新

夫以革故鼎新，大来小往，得丧而不形于色，进退而不失其正者，鲜矣。

（唐　张说《梁国公姚文贞公神道碑》）

【集评】

郑玄曰：革，改也。水火相息而更用事，犹王者受命，改正朔，易服色，故谓之革也。

（唐　李鼎祚《周易集解》卷十）

革者，改变之名也。此卦明改制革命，故名"革"也。

（唐　孔颖达《周易正义》卷五）

"泽中有火"。水能灭火，此只是说阴盛阳衰。火盛则克水，水盛则克火。此

173

是泽中有火之象,便有那四时改革底意思。君子观这象,便去"治历明时"。林艾轩说因《革》卦得历法,云:"历须年年改革,不改革,便差了天度。"此说不然。天度之差,盖缘不曾推得那历元定,却不因不改而然。历岂是那年年改革底物?治历明时,非谓历当改革。盖四时变革中,便有个治历明时底道理。

(宋 黎靖德《朱子语类》卷七十三)

郑玄曰:鼎,象也。卦有木火之用,互体乾兑,乾为金,兑为泽,泽钟金而含水,爨以木火,鼎烹熟物之象。鼎烹熟以养人,犹圣君兴仁义之道以教天下也,故谓之鼎矣。

(唐 李鼎祚《周易集解》卷十)

鼎者,器之名也。自火化之后铸金,而为此器以供烹饪之用,谓之为鼎。亨饪成新,能成新法。然则鼎之为器,且有二义:一有亨饪之用,二有物象之法,故《彖》曰"鼎,象也,明其有法象也"。

(唐 孔颖达《周易正义》卷五)

上经《颐》卦言养道,曰圣人养贤以及万民。然则王者之所当养,此两端而已。下经《井》言养,《鼎》亦言养。然井在邑里之间,往来行汲,养民之象也。鼎在朝庙之中,燕飨则用之,养贤之象也。

(清 李光地《御纂周易折中》卷七)

【问题与讨论】

1. "革"字在《革》卦中有几种意义?你如何理解《革》卦的主旨?
2. 如何理解《鼎》卦初六爻辞"鼎颠趾,利出否,得妾以其子"?

震(五十一)

䷲(震下震上)震①:亨。震来虩虩②,笑言哑哑③。震惊百里,不丧匕鬯④。

初九:震来虩虩,后笑言哑哑。吉。

六二:震来,厉。亿丧贝⑤,跻于九陵⑥。勿逐⑦,七日得。

六三:震苏苏⑧,震行⑨,无眚。

九四:震遂泥⑩。

六五:震往来⑪,厉。意无丧⑫,有事⑬。

上六:震索索⑭,视矍矍⑮,征凶。震不于其躬⑯,于其邻⑰,无咎。婚媾有言⑱。

【注释】

① 震:卦名,以爻辞中常见字作标题。

② 震来虩虩(xì细):大雷打来令人哆嗦。震:大雷。虩虩:恐惧的样子。

③ 笑言哑哑(è饿):意谓笑声不断。笑言:偏义复合词,偏指笑。哑哑:象声词,笑声。

④ 不丧匕(bǐ比)鬯(chàng唱):手中的勺子和酒杯没有失落。丧:失落。匕:勺子,匙子。鬯:帛《易》作"觞(shāng)",盛酒器皿,酒杯。王引之《经义述闻》卷一"匕鬯"条云:"鬯亦器也,谓圭瓒也。圭瓒以盛鬯酒,因谓圭瓒为鬯。"圭瓒(zàn),玉做的勺子。一说"鬯"指香酒。

⑤ 亿丧贝:丢失了钱财。亿:语气助词。贝:货币,钱财。帛《易》作"意亡贝"。

⑥ 跻(jī基)于九陵:登上九陵山。跻:登上。九陵:山名。

⑦ 勿逐:不用寻找(钱币)。逐:找,寻。

⑧ 震苏苏:大雷令人不安。苏苏:通"怵怵(chù)",恐惧不安的样子。

⑨ 震行:雷声远去。

⑩ 震遂泥:大雷打在泥地上。遂:通"坠",落下。

⑪ 震往来:大雷反复出现。

⑫ 意无丧:没有损失(钱财)。意:语气助词。

⑬ 事:指战事。

⑭ 震索索:雷声令人腿脚发抖。索索:通"缩缩",步履不稳的样子。

⑮ 视矍矍(jué掘):满眼恐惧的目光。矍矍:害怕的样子。帛《易》作"视惧惧"。

⑯ 震不于其躬:大雷没有打到自己身上。躬:身体。

⑰ 于其邻:(大雷打)在他的邻居身上。

⑱ 婚媾有言:结婚有争吵发生。言:议论,争议。一说"婚媾"指亲戚。

艮(五十二)

䷳(艮下艮上):艮其背①,不获其身②。行其庭③,不见其人。无咎。

初六：艮其趾④，无咎，利永贞。

六二：艮其腓⑤，不拯其随⑥，其心不快⑦。

九三：艮其限⑧，列其夤⑨，厉，薰心⑩。

六四：艮其身，无咎。

六五：艮其辅⑪，言有序⑫，悔亡。

上九：敦艮⑬，吉。

【注释】

① 艮(gèn 亘)其背：注意他的背部。艮：注视，注意。一说"艮"为"静止"义。"艮"又为本卦的卦名，以卦爻辞中常见字作标题。帛《易》作"根其北"。

② 不获其身：没有抓住他的身子。获：抓住，得到。一说"获"通"护"，"保护"之义。身：上身，身体。

③ 行其庭：在庭院里走动。庭：庭院，一说指厅堂。

④ 艮其趾：注意他的脚。趾：脚。

⑤ 艮其腓(féi 肥)：注意他的小腿。腓：腿肚子。

⑥ 不拯其随：没有抬起他的脚来。拯：举，抬。随：腿，一说指脚趾。

⑦ 其心不快：心中不高兴。快：高兴，称心。

⑧ 艮其限：注意他的腰。限：腰。

⑨ 列其夤(yín 寅)：撕裂了背脊肉。列：撕裂，断裂。夤：背上夹脊肉。

⑩ 薰(xūn 勋)心：心中灼痛。薰：通"熏"，用烟火烘烤。

⑪ 艮其辅：注意他的脸部。辅：面颊，腮部。

⑫ 言有序：说话有条理。序：条理，次序。

⑬ 敦艮：认真地看。敦：厚，慎重。

【问题分析】

1. 如何理解《震》卦"亿丧贝"和"意无丧"？

《震》卦六二："震来，厉。亿丧贝，跻于九陵。"对于"亿"字，主要有两种看法。李镜池《周易通义》注云："亿：测度。"陈鼓应、赵建伟《周易今注今译》注云："'亿'通'臆'，臆度、估计。"陈戍国《周易校注》注云："这里的'亿'、'意'都与'臆测'之'臆'音义相同，揣度、预料的意思。"另一种看法是把"亿"看作语助词，无实义。王弼《周易注》云："亿，辞也。"陆德明《经典释文》云："亿，本又作噫，同于其反，辞也，六五同。"高亨《周易古经今注》注云:"《易》之初文当作意,其作億与噫,皆为后人所改。……意读为繄,古字通用。……襄公十四年《传》:'王室之不坏,繄伯舅是赖。'杜《注》:'繄,发声也。'意与繄亦古今语之变也。意繄皆犹惟也。"我们比较同意高亨先生的看法,把"亿"看作句首语气助词。"亿丧贝",马王堆帛书《周易》作"意亡贝","亿"与"意"异文,可为高先生后人改字说作一佐证。"亿丧贝",意即丢失了钱币。

六五:"意无丧,有事。"王弼《注》云:"夫处震之时,而得尊位,斯乃有事之机也。而惧往来,将丧其事,故曰'亿无丧,有事'也。"是王弼所见古经本作"亿"。帛书《周易》此句作"意无亡,有事"。按,六二言"亿丧贝",六五爻言"意无丧",文相关而义相反,"意无丧"是说没有丢失钱币,"丧"的对象也是"贝"。尚秉和《周易尚氏学》曰:"五得中位尊,匕鬯之事,故无丧也。"其意似谓"意无丧"指"无丧匕鬯",不确。

2. 如何理解"艮其辅,言有序"?

《艮》卦六五:"艮其辅,言有序,悔亡。"高亨《周易古经今注》说:"艮者顾也,从反见。顾为还视之义,引申为注视之义。艮亦为还视之义,引申为注视之义。本卦艮字皆当训顾,其训止者,当谓目有所止耳。"李镜池《周易通义》以为"艮"字"从匕目,集中视力,有所注意的意思"。"辅",指面颊,脸部。"艮其辅",意为注视其脸部。或训"艮"为"止",如李鼎祚《集解》引虞翻曰:"辅,面颊骨,上颊车者也。三至上,体颐象,艮为止,在坎车上。故'艮其辅',谓'辅车相依'。"孔颖达《正义》曰:"辅,颊车也,能止于辅颊也。"

"言有序",孔颖达《正义》以为指"言有伦序",也就是说话有条理。孔子主张"名正言顺",《论语·子路》记云:"子曰:'野哉由也! 君子于其所不知,盖阙如也。名不正,则言不顺;言不顺,则事不成。'"所谓"言顺",即是"言有序",也就是说话顺畅,具有条理。"言有序",李鼎祚《集解》又作"言有孚",《集解》引虞翻曰:"震为言。五失位,悔也。动得正,故'言有孚,悔亡'也。""言有孚"意即说话诚实,讲究信用。"有序"和"有孚"体现了言语修辞的两个基本原则:井然有序,诚实守信。

【语言文学及文化史扩展】

1. 匕鬯 指宗庙祭祀。

皇太子耀彼重离,光兹匕鬯,仪以天文,化成天下。

(南朝·陈 徐陵《皇太子临辟雍颂》)

臣闻天无二日,土无二主,皇帝嗣武,以主匕鬯,岂不宜乎!

(唐 陈子昂《大周受命颂》)

2. 匕鬯不惊　比喻法纪严明,无所惊扰。

出身事主,元良永固于万邦;束发登朝,匕鬯不惊于百里。

(唐　杨炯《益州温江县令任君神道碑》)

3. 熏心　比喻心中焦灼如焚。

感伤怀归,陨涕熏心;苟容躁进,不顾其躬。

(唐　韩愈《祭郑夫人文》)

逃藏败絮尚欲索,埋没死灰谁复课;熏心得祸尔莫悔,烂额收功吾可贺。

(宋　王安石《和王乐道烘虱》)

【集评】

郑玄曰:震为雷。雷,动物之气也。雷之发声,犹人君出政教以动中国之人也,故谓之震。人君有善声教,则嘉会之礼通矣。

(唐　李鼎祚《周易集解》卷十)

震之为用,天之威怒,所以肃整怠慢,故迅雷风烈,君子为之变容,施之于人事,则是威严之教行于天下也。

(唐　孔颖达《周易正义》卷五)

《震》未便说到诚敬处,只是说临大震,惧而不失其常。主器之事,未必《彖辞》便有此意。看来只是《传》中方说。

(宋　黎靖德《朱子语类》卷七十三)

郑玄曰:艮为山。山立峙各于其所,无相顺之时。犹君在上,臣在下,恩敬不相与通,故谓之艮也。

(唐　李鼎祚《周易集解》卷十)

艮,止也,静止之义。此是象山之卦,其以艮为名。施之于人,则是止物之情,防其动欲,故谓之止。

(唐　孔颖达《周易正义》卷五)

艮者,止也。不曰止者,艮山之象有安重坚实之意,非止义可尽也。乾坤之交,三索而成艮,一阳居二阴之上,阳动而上进之物,既至于上则止矣。阴者静也,上止而下静,故为艮也。然则与畜止之义何异? 曰:畜止者,制畜之义,力止之也。艮止者,安止之义,止其所也。

(宋　程颐《程氏易传》卷四)

【问题与讨论】

1. 谈谈《震》卦中重叠形式"虩虩""哑哑""苏苏""索索""矍矍"的意义及使用特点。
2. 你如何理解《艮》卦爻辞中"艮"的意义?

渐（五十三）

≡（艮下巽上）渐①：女归②，吉，利贞。

初六：鸿渐于干③。小子厉④，有言⑤，无咎。

六二：鸿渐于磐⑥。饮食衎衎⑦，吉。

九三：鸿渐于陆⑧。夫征不复⑨，妇孕不育⑩，凶。利御寇。

六四：鸿渐于木⑪，或得其桷⑫。无咎。

九五：鸿渐于陵⑬。妇三岁不孕，终莫之胜⑭。吉。

上九：鸿渐于陆，其羽可用为仪⑮。吉。

【注释】

① 渐：卦名，以爻辞中常见字作标题。

② 女归：女子出嫁。归：出嫁。

③ 鸿渐于干：大雁进入山涧。鸿：鸿雁，大雁。渐：进，至。干：通"涧(jiàn)"，山间水
  沟。一说"干"为"河岸"义。帛《易》作"鸿渐于渊"。

④ 小子厉：小孩(占卜)有危险。小子：小孩。厉：危险。帛《易》作"疠(lì)"，"瘟疫"
  之义。

⑤ 言：争议，争吵。

⑥ 鸿渐于磐(pán 盘)：大雁走到河岸上。磐：通"泮(pàn)"，岸边。一说"磐"指大石
  头。帛《易》作"鸿渐于坂(bǎn)"，坂，"山坡"之义。

⑦ 饮食衎衎(kàn 看)：吃喝尽兴。衎衎：和乐自得的样子。帛《易》作"酒食衍衍
  (yǎn)"，衍衍，盛多富足的样子。

⑧ 鸿渐于陆：大雁走到山顶上。陆：山顶，土山。

⑨ 夫征不复：男人远行未回。征：远行。复：返回。

⑩ 妇孕不育：妻子怀孕流产。育：生育，生产。

⑪ 鸿渐于木：大雁飞到树上。木：树。

⑫ 或得其桷(jué 决)：有的大雁歇在橡子上。或：代词，有的。桷：方形的橡子。帛《易》作"或直其寇戬"，意为"有人遇到盗贼"。

⑬ 鸿渐于陵：大雁走到丘陵上。陵：土山，丘陵。

⑭ 终莫之胜：最终没有人欺凌她。莫：不定代词，没有人。之：代词，她。胜：欺凌。"之"为"胜"的前置宾语。

⑮ 其羽可用为仪：它的羽毛可以用作装饰品。仪：装饰品，一说指"跳舞用的道具"。

归妹（五十四）

䷵(兑下震上)归妹①：征凶，无攸利。

初九：归妹以娣②。跛能履③。征吉。

九二：眇能视④。利幽人之贞⑤。

六三：归妹以须⑥，反归以娣⑦。

九四：归妹愆期⑧，迟归有时⑨。

六五：帝乙归妹⑩，其君之袂不如其娣之袂良⑪。月几望⑫。吉。

上六：女承筐⑬，无实⑭。士刲羊⑮，无血。无攸利。

【注释】

① 归妹：卦名，以卦爻辞中常见字词作标题。

② 归妹以娣(dì 弟)：嫁女时其妹妹跟着同嫁一夫。归：嫁。妹：少女。以：及，连同。娣：妹妹。

③ 跛能履：跛了脚还能走路。履：踩，走路。

④ 眇(miǎo 秒)能视：瞎了一只眼还可以看东西。眇：偏盲，一眼瞎。

⑤ 利幽人之贞：利于隐居的人占卜。幽人：隐士，一说指"家庭妇女"。

⑥ 归妹以须：嫁女时其姐姐跟着同嫁一夫。须：通"媭(xū)"，姐姐。帛《易》作"归妹以嬬(rú)"，嬬，指女妾。

⑦ 反归以娣：对方用妹妹陪姐姐嫁过来。反：回返。"反归以娣"为"反归妹以娣"的省略式。一说"反归"意为"被休弃回娘家"。

⑧ 归妹愆(qiān 千)期：嫁女错过了佳期。愆：过，误。

⑨ 迟归有时:晚嫁是因为另有期待。迟:晚。时:通"待",期待,等待。

⑩ 帝乙归妹:帝乙嫁女儿。帝乙:商朝的帝王。

⑪ 其君之袂(mèi 妹)不如其娣之袂良:新娘的衣服不及她妹妹的好。君:女君,女主人,指做新娘的姐姐。袂:衣袖,指服饰。良:好,漂亮。

⑫ 月几望:月亮已经圆满。几:通"既",已经。望:月光盈满。帛《易》作"日月既望"。

⑬ 女承筐:女子手持竹筐。承:捧,托。筐:竹子编的盛物器具,竹篮。

⑭ 无实:里面没有花果。实:果实,果子。一说"实"指食物。

⑮ 士刲(kuī 亏)羊:青年男子宰羊。士:青年男子。刲:割,宰杀。

【问题分析】

1. 如何理解"鸿渐于干"?

《渐》卦初六:"鸿渐于干。小子厉,有言,无咎。"据陆德明《周易音义》所引,古人或释"干"为涯、水畔,或释为山间涧水。高亨先生《周易古经今注》以为前说是读"干"为岸,后说是读"干"为涧,并认为"两解俱通,读干为岸,其义较胜"。按,马王堆帛书《周易》《渐》卦初六爻辞作:"鸿渐于渊,小子疠,有言,无咎。""渊"与"干"为异文,"渊"为深水,故今本"干"亦当指水而言。《诗经·小雅·斯干》:"秩秩斯干,幽幽南山。"毛传云:"干,涧也。"我们认为把"干"看作"涧"的通假字,释为涧水较为妥当。"鸿渐于干",意即大雁进入山涧之中。

2. "归妹以娣"反映了怎样的文化现象?

《归妹》卦初九:"归妹以娣。跛能履。征吉。"李鼎祚《集解》引虞翻曰:"归,嫁也。"王弼《注》曰:"娣者,少女之称也。""归妹以娣"的意思是,以妹妹陪姐姐出嫁。这是上古一妻多妾制的反映。《仪礼·士昏礼》郑玄注云:"古者嫁女必侄娣从之,谓之媵。侄,兄之子;娣,女弟也。"孔颖达《正义》曰:"古者诸侯一取九女,嫡夫人及左右媵皆以侄娣从,故以此卦当之矣。"

【语言文学及文化史扩展】

1. 鸿渐 比喻仕途升迁。

皇十纪而鸿渐兮,有羽仪于上京。

(汉 班固《幽通赋》)

君山鸿渐,铩羽仪于高云;敬通风起,摧迅翻于风穴。

(南朝·梁 刘峻《辨命论》)

誉满寰中,声盖天下,而学优将仕,允属名家,欲升鸿渐之姿,终伫鹤鸣之问。

(唐　杨炯《后周明威将军梁公神道碑》)

伏惟解元先辈材高众隽,学富三余,将鸿渐于天廷,姑龙骧于学海。

(宋　陆游《答发解进士启》)

2. 鸿仪　比喻官职、官位。

但以燕求马首,薛养鸡鸣,谬齿鸿仪,虚班骥皂。

(唐　魏征《隋书·崔廓传》)

3. 愆期　误期,过期。

乃械朴之愆期,非包茅之不贡。

(南朝·陈　徐陵《劝进梁元帝表》)

泰和盗发于公未任之前,今愆期未获,似亦用非其任耳。

(明　张居正《答江西巡抚王又池》)

【集评】

渐者,不速之名也。凡物有变移,徐而不速,谓之渐也。"女归吉"者,归,嫁也。女人生有外成之义,以夫为家,故谓嫁曰归也。妇人之嫁,备礼乃动,故渐之所施,吉在女嫁,故曰"女归吉"也。

(唐　孔颖达《周易正义》卷五)

《渐》九三爻虽不好,"夫征不复,妇孕不育",却"利御寇"。今术家择日,利婚姻底日,不宜用兵;利相战底日,不宜婚嫁,正是此意。盖用兵则要相杀相胜,婚姻则要和合,故用不同也。

(宋　黎靖德《朱子语类》卷七十三)

虞翻曰:归,嫁也,兑为妹。泰三之四,坎月离日,俱归妹象。阴阳之义配日月,则天地交而万物通,故以嫁娶也。

(唐　李鼎祚《周易集解》卷十一)

归妹者,卦名也。妇人谓嫁曰归,归妹犹言嫁妹也。然《易》论归妹得名不同,《泰》卦六五云:"帝乙归妹。"彼据兄嫁妹谓之"归妹"。此卦名归妹,以妹从娣而嫁,谓之"归妹"。故初九爻辞云"归妹以娣"是也。上《咸》卦明二少相感,《恒》卦明二长相承,今此卦以少承长,非是匹敌,明是妹从娣嫁,故谓之"归妹"焉。古者诸侯一取九女,嫡夫人及左右媵皆以侄娣从,故以此卦当之矣。

(唐　孔颖达《周易正义》卷五)

卦有男女配合之义者四：《咸》《恒》《渐》《归妹》也。咸，男女之相感也，男下女，二气感应，止而说，男女之情相感之象。恒，常也，男上女下，巽顺而动，阴阳皆相应，是男女居室夫妇倡随之常道。渐，女归之得其正也，男下女而各得正位，止静而巽顺，其进有渐，男女配合得其道也。归妹，女之嫁归也，男上女下，女从男也，而有说少之义，以说而动，动以说则不得其正矣，故位皆不当。初与上虽当阴阳之位，而阳在下，阴在上，亦不当位也，与渐正相对。咸、恒，夫妇之道；渐、归妹，女归之义。咸与归妹，男女之情也，咸止而说，归妹动于说，皆以说也。恒与渐，夫妇之义也，恒巽而动，渐止而巽，皆以巽顺也。男女之道，夫妇之义，备于是矣。

（宋　程颐《程氏易传》卷四）

《说文》："归，嫁女也。"妹，女弟也。少女亦言妹。王弼云："妹者，少女之通称也。"归妹，嫁女也。《渐》卦是殷平民之女归，《归妹》卦是殷贵族之女归也。何以知其为殷贵族之女？以五爻帝乙归妹知之。帝乙，汤也。称帝乙，举族望也。顽民迁徙以后，无论平民贵族，皆须从《周南》《召南》之政治，女归男家也。进必有所归者，《渐》上九用鸿羽为仪，殷平民之家庭组织告成矣。殷贵族之家庭，其女亦须归男家也。故受之以《归妹》者，《归妹》，殷贵族女子归男家之事也。《杂卦传》："《归妹》，女之终也。"女归男家，女之终也。

（胡朴安《周易古史观》卷下）

【问题与讨论】

1. 如何理解《渐》卦的象征意义？
2. 试分析《归妹》卦爻辞中的用韵情况。

丰（五十五）

䷶（离下震上）丰①：亨。王假之②，勿忧，宜日中③。

初九：遇其配主④，虽旬无咎⑤，往有尚⑥。

六二：丰其蔀⑦，日中见斗⑧。往得疑疾⑨。有孚发若⑩，吉。

九三：丰其沛⑪，日中见沫⑫。折其右肱⑬，无咎。

九四：丰其蔀，日中见斗。遇其夷主⑭，吉。

　　六五：来章^⑮，有庆誉^⑯。吉。

　　上六：丰其屋，蔀其家^⑰。窥其户^⑱，阒其无人^⑲，三岁不觌^⑳。凶。

【注释】

① 丰：卦名，以爻辞中常见字作标题。"丰（豐）"，《说文》引作"寷"，宀部云："寷，大屋也，从宀，豐声，《易》曰：寷其屋。"爻辞中"丰"用其"扩大、增广"义。

② 王假之：君王到来。假：至，到。之：代词，此，这里。

③ 宜日中：宜在中午行动。日中：太阳在天空正中，正午。

④ 遇其配主：遇到女主人。配：通"妃"，"配主"指女主人。帛《易》作"禺其肥主"。

⑤ 虽旬无咎：十天之内不会有灾祸。虽：通"唯"，语气助词。旬：十天。

⑥ 尚：帮助。

⑦ 丰其蔀（bù部）：在房顶上加盖草席。丰：扩大，增多。蔀：草，草席。

⑧ 日中见斗：正午看见斗星。斗：星名，北斗星。

⑨ 往得疑疾：前往会得怪病。疑：疑惑，惑乱。一说"疑"通"痴"，"疯痴"之义。

⑩ 有孚发若：有诚信可以出行。孚：诚信。发：出发，出行。一说"发"为"启发"义。若：语气助词。帛《易》作"有复洫若"。

⑪ 丰其沛：给房子加上布帐。沛：通"旆（pèi）"，布幔，帷幕。一说"沛"通"茇（bá）"，指草根，"丰其沛"意为"用草盖房顶"。

⑫ 日中见沫（mèi妹）：正午看见小星星。沫：通"昧（mèi）"，小星。一说"沫"通"魅（mèi）"，指鬼怪。

⑬ 折其右肱（gōng工）：折断了右臂。肱：胳膊，臂膀。

⑭ 遇其夷主：遇到平和的主人。夷：平，平和。一说"夷"为"平常"义。

⑮ 来章：光明磊落地出现。章：明显，显著。一说"章"通"璋"，指美玉。

⑯ 有庆誉：有奖赏赞誉。庆：奖赏。誉：赞誉。

⑰ 蔀其家：给房子盖上草席。蔀：用草席遮盖。家：家居，指房屋。"丰其屋，蔀其家"互文见义，意为"给房屋盖上草席，扩大房屋空间"。

⑱ 窥其户：从门缝中窥看。窥：探视，察看。户：门。

⑲ 阒（qù去）其无人：室内空无一人。阒：空虚，一说"寂静"义。

⑳ 三岁不觌（dí敌）：几年之内都见不到什么。三：虚数，表多数。觌：见。帛《易》作"三岁不遂"，遂，"成功"之义。

旅（五十六）

䷷（艮下离上）旅①：小亨②。旅贞吉③。

初六：旅琐琐④，斯其所取灾⑤。

六二：旅即次⑥，怀其资⑦，得童仆贞⑧。

九三：旅焚其次⑨，丧其童仆⑩。贞厉。

九四：旅于处⑪，得其资斧⑫。我心不快⑬。

六五：射雉⑭，一矢亡⑮，终以誉命⑯。

上九：鸟焚其巢⑰，旅人先笑后号咷⑱。丧牛于易⑲。凶。

【注释】

① 旅：卦名，以卦爻辞中常见字词作标题。

② 小亨：比较顺利。小：稍，略微。

③ 旅贞吉：占问旅行之事吉利。旅：旅行。贞：占卜。"旅"作"贞"的前置宾语。

④ 旅琐琐(suǒ 所)：旅行时猥琐不堪。琐琐：猥琐卑贱的样子。一说"琐琐"通"惢惢(suǒ)"，三心二意，疑虑不一。

⑤ 斯其所取灾：这是他自己惹来灾祸。斯：代词，此，这。取：招来。帛《易》作"此其所取火"。

⑥ 旅即次：旅途中找到住处。即：走近，靠近。次：通"茨(cí)"，茅草盖的房子，旅舍。一说"次"通"肆"，指市场。

⑦ 怀其资：身上带着钱财。怀：揣在胸前，携带。资：钱财。帛《易》作"坏其茨"，意为"毁坏了茅屋"。

⑧ 得童仆贞：（这是）可以得到奴仆的吉占。童仆：奴仆，奴隶。楚《易》作"得僮仆之贞"。

⑨ 旅焚其次：旅途中烧了茅舍。焚：烧。

⑩ 丧：丢失。

⑪ 旅于处：旅途中住下来。于：结构助词。处：停止，住下。一说"处"指处所，住所。

⑫ 得其资斧：找到他的钱财。斧：斧头形状的铜铸钱币。一说"资斧"读为"齐斧"，指锋利的斧头。

⑬ 快：高兴。

⑭ 雉：野鸡。

⑮ 一矢亡：丢失了一枝箭。矢：箭。亡：丢失。一说"一矢亡"意为"一箭射死野鸡"。

⑯ 终以誉命：最终受到赞誉和嘉奖。以：介词，因，凭借。命：诰命，一说"闻名、有名"之义。帛《易》作"冬以举命"。

⑰ 鸟焚其巢(cháo 潮)：鸟儿弄乱了它的窝。焚：通"棼(fén)"，纷乱，搅乱。一说"棼"为"烧"义。巢：鸟窝。帛《易》作"鸟棼其巢"。

⑱ 旅人先笑后号咷(háo táo 毫桃)：旅行的人先是嬉笑而后嚎啕大哭。号咷：嚎啕，大声哭。

⑲ 丧牛于易：在田边丢失了牛。易：通"埸(yì)"，田边，边界。

【问题分析】

1. 如何理解《旅》卦"斯其所取灾"？

《旅》卦初六："旅琐琐，斯其所取灾。"王弼《注》云："最处下极，寄旅不得所安，而为斯贱之役，所取致灾，志穷且困。"孔颖达《正义》曰："初六当旅之时，最处下极，是寄旅不得所安，而为斯卑贱之役。然则为斯卑贱劳役，由其处于穷下，故致此灾。"王、孔是将"斯"读为"厮"，理解为"卑贱(劳役)"。

高亨《周易古经今注》曰："俞樾曰：'此当以斯其所为句。《说文·斤部》："斯，析也。"析之则离，故斯亦训离，《尔雅·释言》："斯，离也。"……然则斯其所者，离其所也。斯其所取灾，言离其所乃取灾害也。'亨按俞说可从。"李镜池《周易通义》亦读为"斯其所，取灾"，认为"这是说商人多疑，离开寓所，反而闯祸"。

按，马王堆帛书《周易》《旅》卦初六作："旅琐琐，此其所取火。"今本"斯"字，帛《易》作"此"，楚竹书《周易》亦作"此"。"此"与"斯"为异文，"此"为代词，故"斯"亦当视为代词，训为"这"。帛《易》"火"与"灾"亦异文同义，均指火灾。《公羊传·襄公九年》云："大者曰灾，小者曰火。"爻辞中"所"字亦非名词，而是特殊指示代词。"斯(此)其所取灾(火)"是一个判断句，意即"这就是他遭灾的缘故"。

2. "鸟焚其巢"是什么意思？

《旅》卦上九："鸟焚其巢，旅人先笑后号咷。丧牛于易，凶。"今人多将"焚"理解为"焚烧"义，如高亨《周易古经今注》以为"鸟焚其巢者，喻旅人之焚其居也"。按，从语法角度看，"鸟焚其巢"是一个主动句，"鸟"是主语，作动词"焚"的施事，但鸟能发出"焚烧"这种动作行为吗？《旅》卦九三爻辞"旅焚其次"，有人译为"旅人焚烧旅舍"，这是可以讲通的，因为"旅人"可以采取"焚烧"行动，但鸟儿则不能这样,把"鸟焚其巢"解为"鸟儿烧了自己的窝",于理不通。我们认为,"焚"当读为"梦"。查马王堆帛书《周易》,《旅》卦尚九爻辞作"鸟梦亓巢","梦"与"焚"异文通假。《尔雅·释天》:"焚轮谓之穨。"陆德明《尔雅音义》云:"焚,本或作梦。"《左传·隐公四年》:"臣闻以德和民,不闻以乱,以乱,犹治丝而梦之也。"《春秋左氏音义》云:"梦,扶云反,乱也。""梦"有"扰乱、纷乱"之义。我们认为"鸟焚其巢"应据帛书异文理解为"鸟儿弄乱了自己的窝"。

【语言文学及文化史扩展】

1. 蔀家 指富贵人家。

虽星有风雨之好,人有异同之性,庶羡蔀家与剥庐,非苏世而居正。

（晋　左思《魏都赋》）

多言反道,辩口伤实,惧贻弊于蔀家,且自安乎容膝。

（南朝·梁　何逊《七召》）

2. 丰屋蔀家 指高大华美的房屋。

富贵尊荣,忧患谅独多,古人所惧,丰屋蔀家。

（三国·魏　嵇康《秋胡行》之一）

夏禹以卑室称美,唐虞以茅茨显德,丰屋蔀家,无益危亡。

（唐　房玄龄《晋书·嵇绍传》）

3. 旅次 旅途停留的地方,旅途。

老夫转不乐,旅次兼百忧。

（唐　杜甫《毒热寄简崔评事十六弟》诗）

4. 旅琐 《旅》初六:"旅琐琐,斯其所取火。"王弼《注》云:"最处下极,寄旅不得所安,而为斯贱之役,所取致灾,志穷且困。"后以"旅琐"指旅居困顿。

杉松古色泰山庙,丝竹遗音夫子宫;访旧自堪宽旅琐,贤侯况似蜀文翁。

（宋　张方平《送客游兖海》诗）

辛未,以文武官在选,困于部吏,隆寒旅琐可悯,诏吏部长贰、郎官日趣铨注,小有未备,特与放行,违者有刑。

（元　脱脱《宋史·度宗纪》）

5. 阒无一人 指空荡荡,没有一人。

王从之,鬼导去,入一高第,见楼阁渠然,而阒无一人。有狐在月下,仰首望空际。

（清　蒲松龄《聊斋志异》卷一）

【集评】

丰之为义，阐弘微细，通夫隐滞者也。为天下之主，而令微隐者不亨，忧未已也，故至"丰亨"，乃得勿忧也。用夫丰亨不忧之德，宜处天中，以偏照者也，故曰"宜日中"也。

（魏　王弼《周易注》）

丰，卦名也，《彖》及《序卦》皆以"大"训"丰"也，然则丰者，多大之名，盈足之义，财多德大，故谓之为丰。德大则无所不容，财多则无所不济。

（唐　孔颖达《周易正义》卷六）

蔀，覆也，蔽之全者也。见斗，暗之甚也。沛，旆也，蔽之不全者也。沫，小明也，明暗杂者也。六五之谓蔀，上六之谓沛，何也？二者皆阴也，而六五处中，居暗以求明；上六处高强，明以自用。六二之适五也，适于全蔽而甚暗者也。夫蔽全，则患蔽也深；暗甚，则求明也力。六五之暗，不发则已，发之则明矣。

（宋　苏轼《东坡易传》卷六）

何氏楷曰：《丰》有忧道焉，而云"勿忧"，盖于此有道焉，可不必忧也。其道安在？亦曰致丰之本即保丰之道。何以致丰？离明主之，而震动将之也，宜常如日之方中，使其明无所不及，则幽隐毕照，斯可永保夫丰亨矣。

（清　李光地《御纂周易折中》卷七）

《九家易》曰：即，就。次，舍。资，财也。以阴居二，即就其舍，故"旅即次"。承阳有实，故"怀其资"也。初者卑贱，二得履之，故"得僮仆"。处和得位正居，是故曰"得僮仆贞"矣。

（唐　李鼎祚《周易集解》卷十一）

旅者，客寄之名，羁旅之称，失其本居，而寄他方，谓之为旅。既为羁旅，苟求仅存，虽得自通，非甚光大，故《旅》之为义，小亨而已，故曰"旅小亨"。羁旅而获小亨，是旅之正吉，故曰"旅贞吉"也。

（唐　孔颖达《周易正义》卷六）

不知圣人特地做一个卦说这"旅"则甚。

（宋　黎靖德《朱子语类》卷七十三）

范氏仲淹曰：内止而不动于心，外明而弗迷其往，以斯适旅，故得小亨而贞吉。夫旅人之志，卑则自辱，高则见疾，能执其中，可谓智矣。故初"琐琐"，卑以自辱者也。三"焚次"而上"焚巢"，高而见疾者也。二"怀资"而五"誉命"，柔而不失其中者也。

（清　李光地《御纂周易折中》卷八）

【问题与讨论】

1. 如何理解"丰（豐）"的意义和用法？
2. 从《旅》卦谈谈古代旅行的目的和动机。

巽（五十七）

䷸（巽下巽上）巽①：小亨。利有攸往，利见大人。

初六：进退②，利武人之贞③。

九二：巽在床下④，用史巫⑤，纷若⑥，吉，无咎。

九三：频巽⑦，吝。

六四：悔亡。田获三品⑧。

九五：贞吉，悔亡，无不利。无初有终⑨。先庚三日⑩，后庚三日⑪。吉。

上九：巽在床下，丧其资斧⑫。贞凶。

【注释】

① 巽(xùn 迅)：卦名，以爻辞中常见字作标题。

② 进退：进献后离去。进：进献。退：离开，退下。一说"进退"为"进退不决"之意。

③ 利武人之贞：利于占问关于军人的事情。武人：武士，军人。一说"武人"指勇武的人。

④ 巽在床下：伏在床底下。巽：隐伏，潜入。一说"巽"通"逊(xùn)"，"避让"义。"巽"帛《易》作"筭(suàn)"。

⑤ 用史巫：让巫师降神祈福。用：使。史：从事祭祀活动的人。巫：巫师，降神驱邪的人。

⑥ 纷若：纷乱的样子。一说"纷"为"盛多"义。

⑦ 频巽：皱眉而伏。频：通"颦(pín)"，皱眉，忧郁不悦。帛《易》作"编筭"。

⑧ 田获三品：打猎捕获多种禽兽。田：打猎。三：虚数，表多数。品：种类。

⑨ 无初有终：开头不顺但结果不错。初：开始。终：结束，完成。

⑩ 先庚三日：在庚日前三天进行。庚：天干的第七位。"庚"的前三位为"丁戊己"。

⑪ 后庚三日:在庚日后三天进行。"庚"的后三位为"辛壬癸"。

⑫ 丧其资斧:丢失了钱财。资斧:钱财。

兑（五十八）

☱（兑下兑上）兑①:亨,利贞②。

初九:和兑③,吉。

九二:孚兑④,吉,悔亡。

六三:来兑⑤,凶。

九四:商兑⑥,未宁⑦。介疾⑧,有喜。

九五:孚于剥⑨,有厉。

上六:引兑⑩。

【注释】

① 兑(duì 对):卦名,以爻辞中常见字作标题。

② 利贞:利于占卜。帛《易》作"小利贞"。

③ 和兑:平和说话。和:平和,和平。兑:说,说话。一说"喜悦"义。

④ 孚兑:诚信交谈。孚:诚信,一说"孚兑"意为"优待俘虏"。

⑤ 来兑:前来商谈。来:到来,归来,一说"招来、使到来"之义。

⑥ 商兑:商谈。一说"商"意为贩卖货物,做生意。

⑦ 宁:安宁。

⑧ 介疾:小病。介:小。一说"介"通"疥",指疥疮。

⑨ 孚于剥:在剥地抓获俘虏。孚:通"俘",俘虏。剥:地名。一说"孚"为"诚信"义,
"剥"为"剥落"义。

⑩ 引兑:长久交谈。引:长久。一说"引"为"引导"义。

【问题分析】

1. "史巫"是一种什么身份的人?

《巽》卦九二:"巽在床下,用史巫,纷若,吉,无咎。"李鼎祚《集解》引荀爽曰:

"史以书勋,巫以告庙。纷,变。若,顺也。谓二以阳应阳,君所不臣,军师之象。征伐既毕,书勋告庙。""书勋"属记史之事,"告庙"属祭祀之事。殷商西周时期,"史""巫"之职并没有严格的区分,往往二任一身,也可以说是一身多任。孔颖达《正义》曰:"史谓祝史,巫谓巫觋,并是接事鬼神之人也。"故往往并称"史巫"或"巫史"。

殷商西周时期,是我国巫史文化勃兴的时期。冯天瑜等著《中华文化史》称"史巫"是"中华民族的第一代文化人",他们从事的文化活动包括卜筮、祭祀、记史、星历、教育、医药等方面,在当时的社会生活、宗教生活、政治生活中占有崇高的地位。

巫文化也是《周易》产生的现实土壤和直接源头。巫史们占筮后积累的筮辞,经过筛选、整理、编排,就形成了早期的《周易》古经。郭沫若先生在《中国古代社会研究》一书中说:"《易经》是古代卜筮的底本,就跟我们现代的各种神祠佛寺的灵签符咒一样。"高亨先生在《周易古经今注》中说:"易之为官,盖掌卜筮。筮官曰易,因而筮官之书亦曰易。……卜筮原为巫术,远古之世,实由巫觋掌之。……巫掌筮,故筮字从巫。"以此推演,《周易》的作者应该就是商周时期有文化的巫史。

2.《兑》卦的"兑"是什么意思?

《象传》曰:"兑,说也。"《说卦传》曰:"兑,说也。"《杂卦传》曰:"兑者,说也。"古籍中"说"的常用义为"讲话"和"喜悦",《兑》卦中之"说"究为何义,由于文辞简略,颇难考定。李镜池《周易通义》说:"兑(yuè):悦本字。徐锴、段玉裁、朱骏声均训悦。这是谈邦交之卦。"高亨《周易古经今注》注"和兑"云:"《说文》:'兑,说也。从儿合声。说,释也,一曰谈说也。从言,兑声。'说既从言,当以谈说为本义。……《象传》等训兑为说,当取谈说之义,非喜悦之悦也。本卦兑字皆谓谈说。和兑者,以温和之度向人谈说也。"尚秉和《周易古筮考》卷九"兑为泽,口"黄寿祺批注:"尚云:泽,卦象。孔云:兑为说,口所以说言也。"按,《易传》中"说"字确有用为"悦"者,如《说卦传》:"兑,正秋也,万物之所说也,故曰说言乎兑。""所说"之"说"即用"喜悦、喜欢"义。然"兑"卦象为口,为口舌,口、舌乃"为言语之具"(孔颖达《正义》语),故以"兑为说"之"说"指"说话、言谈"是符合《周易》八卦"依类取象"之理的。

【语言文学及文化史扩展】

1. 三品 《巽》卦六四:"田获三品。"孔颖达《正义》曰:"三品者,一曰乾豆,二曰宾客,三曰充君之庖厨也。"后世衍用其义,有"三品松""三品院""三品料""三品鸟""三品刍豆"等名目。

2. 资斧　指钱财器用,特指旅费。例如:

王公戚属,相携而至者,蓝缕腻囊,襁负鳞次,竭其资斧,亲自赡恤,聚而泣之,悲感行路。

(宋　王说《唐语林·补遗一》)

即使留连山水,亦非长久之计。万一资斧困竭,岂不进退两难!

(明　冯梦龙《警世通言》第三十二卷)

"资斧"又用以指利斧。孔颖达《正义》曰:"'丧其资斧'者,斧能斩决,以喻威断也,巽过则不能行威命。"南朝·宋范晔《后汉书·杜乔传》:"故陈资斧而人靡畏,班爵位而物无劝。"李贤注引《汉书音义》曰:"资,利也。"

3. 商兑　《兑》卦九四:"商兑,未宁。"朱熹《周易本义》曰:"四上承九五之中正,而下比六三之柔邪,故不能决,而商度所说,未能有定。然质本阳刚,故能介然守正,而疾恶柔邪也,如此则有喜矣。象占如此,为戒深矣。"后世用以为商酌、商讨义。诸友以予治词有年,或寄篇章以相酬和,或举疑义以相商兑。

(蔡嵩云《柯亭词论·梦窗莺啼序》)

【集评】

荀爽曰:史以书勋,巫以告庙。纷,变。若,顺也。谓二以阳应阳,君所不臣,军师之象。征伐既毕,书勋告庙。当变而顺五则吉。故曰"用史巫纷若,吉无咎"矣。

(唐　李鼎祚《周易集解》卷十一)

巽者,卑顺之名。《说卦》云:"巽,入也。"盖以巽是象风之卦,风行无所不入,故以"入"为训。若施之于人事,能自卑巽者,亦无所不容。然巽之为义,以卑顺为体,以容入为用,故受"巽"名矣。上下皆巽,不为违逆,君唱臣和,教令乃行,故于重巽之卦,以明申命之理。

(唐　孔颖达《周易正义》卷六)

蔡氏清曰:"顺"字解"巽"字不尽,潜心恳到方为巽也。《程传》只说"顺",然孔子不曰顺,而每仍卦名曰巽,是必"巽"字与"顺"字有辨矣。《大传》曰:"巽,入也。"又曰:"巽,德之制也。"又曰:"巽,称而隐。"未尝只以"顺"字当之也。

(清　李光地《御纂周易折中》卷八)

兑,说也。《说卦》曰:"说万物者莫说乎泽。"以兑是象泽之卦,故以兑为名。

泽以润生万物,所以万物皆说;施于人事,犹人君以恩惠养民,民无不说也。

(唐　孔颖达《周易正义》卷六)

《兑》、《巽》卦爻辞皆不端的,可以移上移下。如《剥》卦之类,皆确定移不得,不知是如何。如"和兑""商兑"之类,皆不甚亲切。为复是解书到末梢,会懒了看不子细? 为复圣人别有意义? 但先儒解亦皆如此无理会。

(宋　黎靖德《朱子语类》卷七十三)

【问题与讨论】

1. 如何理解《巽》卦爻辞中"巽"字的意义?
2. 如何理解《兑》卦九四爻辞"介疾有喜"?

涣(五十九)

☰(坎下巽上)涣①:亨。王假有庙②。利涉大川,利贞。

初六:用拯马壮③,吉。

九二:涣奔其机④,悔亡。

六三:涣其躬⑤,无悔。

六四:涣其群⑥,元吉。涣有丘⑦,匪夷所思⑧。

九五:涣汗其⑨,大号⑩。涣王居⑪,无咎。

上九:涣其血去逖出⑫,无咎。

【注释】

① 涣(huàn 换):卦名,以爻辞中常见字作标题。

② 王假有庙:君王来到宗庙。假:来到。

③ 用拯马壮:救助受伤的马。用:结构助词。拯:拯救。壮:受伤。

④ 涣奔其机:大水冲到台阶下。涣:大水,洪流。机:帛《易》作"阶",台阶。一说"机"指"房基"。

⑤ 涣其躬:水流冲洗其身体。涣:冲洗,洗刷。躬:身体。

⑥ 群:人群,众人。

⑦ 涣有丘：水流冲击山丘。有：名词词头。丘：土山。

⑧ 匪夷所思：不是我所能想到的。匪：非，不是。夷：楚《易》作"台（yí）"，第一人称代词，我。一说"夷"为"平常"义。

⑨ 涣汗其：应为"涣其汗"，帛《易》作"涣其肝"。汗：汗水。一说"涣汗"意为水流盛大。

⑩ 大号：大声喊叫。号：号叫，呼喊。一说"大号"意为"大声发布命令"。

⑪ 居：住处，居室。

⑫ 涣其血去逖（tì替）出：水流冲击，忧愁消失，小心外出。血：通"恤（xù）"，"忧虑"之义，一说指血污。去：消失，消除。逖：通"惕"，警惕，忧惧。"血去逖出"，帛《易》作"血去湯出"，楚《易》作"血欲易出"，与《小畜》卦六四爻"血去惕出"同意。

节（六十）

䷯（兑下坎上）节①：亨。苦节②，不可贞③。

初九：不出户庭④，无咎。

九二：不出门庭⑤，凶。

六三：不节若⑥，则嗟若⑦。无咎。

六四：安节⑧，亨。

九五：甘节⑨，吉，往有尚⑩。

上六：苦节，贞凶，悔亡。

【注释】

① 节：卦名，以卦爻辞中常见字作标题。

② 苦节：过于节制。苦：急，过分。节：节制，调节。一说"节"为节省、节俭"之义。

③ 不可贞：不利占卜。

④ 不出户庭：不出家门。户：门。庭：厅堂。"户庭"为偏义复合词，指家门。帛《易》作"不出户牖"。

⑤ 门庭：意同"户庭"，偏指"门"。帛《易》作"不出门廷"。

⑥ 若：语气助词。

⑦ 嗟（jiē皆）：感叹，叹息。

⑧ 安节：安于节制。安：乐于，安于。

⑨ 甘节:缓缓地节制。甘:缓,宽松。一说"甘"为"甜美"义。

⑩ 往有尚:前往会得到帮助。

【问题分析】

1. 如何理解《涣》卦"匪夷所思"?

《涣》卦六四:"涣其群,元吉。涣有丘,匪夷所思。"句中"夷"字,前人多以"平易""平常"义释之。如李鼎祚《集解》引虞翻曰:"涣群虽则光大,有丘则非平易,故有匪夷之思也。"程颐《易传》云:"夷,平常也。非平常之见所能思及也。"高亨《周易古经今注》云:"夷,常也。匪夷所思者,非平常所想象者也。"

按,今本《涣》卦六四爻"夷"字,《经典释文》引荀爽《注》作"弟",汉帛书《周易》作"娣",楚竹书《周易》作"台"("非台所思")。比较诸本,以楚竹书作"台"较胜,今本"夷"当为"台"之借字。《尔雅·释诂》:"台,我也。""台"是第一人称代词,"我"的意思。今本"匪"与"非"相通,是一个否定副词。"匪夷(台)所思",也就是"非我所思",意即"不是我所想到的"。

2. 《节》卦"不可贞"是什么意思?

《节》卦辞:"亨。苦节,不可贞。"孔颖达《正义》曰:"节须得中,为节过苦,伤于刻薄,物所不堪,不可复正,故曰'苦节不可贞'也。"乃以"正"释"贞"。程颐《易传》曰:"节贵适中,过则苦矣。节至于苦,岂能常也? 不可固守以为常,不可贞也。"乃以"常"释"贞"。

黄寿祺、张善文《周易译注》读为:"苦节不可,贞。"注云:"这是从正反两面见义,先言节制过苦则有伤事理,故'不可';又言'节制'应当持'正',则其道可通,故曰'贞'。"译文为:"不可以过分节制,应当守持正固。"

按,《节》卦辞当读为"苦节,不可贞","贞"为"占问"义,"不可贞"意即不利占卜。在《周易》古经里,"可贞"连读尚有如下几例:

《坤》六三:"含章,可贞。或从王事,无成有终。"

《无妄》九四:"可贞,无咎。"

《损》卦辞:"有孚,元吉,无咎,可贞,利有攸往。曷之用二簋,可用享。"

《蛊》九二:"干母之蛊,不可贞。"

这几例中"贞"字均与"可"字搭配,"可贞"与"利贞"同义,"不可"意同"不利"。《颐》卦上九:"由颐,厉,吉,利涉大川。"六五:"拂经,居贞吉,不可涉大川。"《颐》卦"利涉大川"的反义语为"不可涉大川"。《谦》卦上六:"鸣谦,利用行师征邑国。"上海博物馆藏楚竹书《周易》作："鸣谦,可用行币征邦。""利用"与"可用"异文同义。

"可"字在上古时代主要有两种用法,一是作动词用,表"适宜"义,如《庄子·天运》:"其味相反,而皆可于口。"《小过》卦辞:"可小事,不可大事。"一是作助动词用,表可能性,"可以"之义,如《尚书·盘庚上》:"若火之燎于原,不可向迩,其犹可扑灭?"《渐》卦上九:"鸿渐于陆,其羽可用为仪。吉。"

高亨《周易古经今注》说:"'可贞'者,所占问之事可行也;'不可贞'者,所占问之事不可行也。"此说基本正确。

【语言文学及文化史扩展】

1. 元吉 大吉,指洪福。《吕氏春秋·召类》:"《易》曰:'涣其群,元吉。'涣者,贤也;群者,众也;元者,吉之始也;涣其群元吉者,其佐多贤也。"东汉张衡《东京赋》:"神歆馨而顾德,祚灵主以元吉。"李善注云:"元,大也;吉,福也。"

2. 涣汗 指帝王的号令。又用为动词,流布、散发之义。

朕好生恶杀,志在恤刑,涣汗已行,不可更返。

（后晋 刘昫《旧唐书·狄仁杰传》）

星虹枢电,昭圣德之符;夜哭聚云,郁兴王之瑞。皆兆发于前期,涣汗于后叶。

（南朝·梁 刘峻《辨命论》）

3. 涣号 指帝王的旨令、恩宠。

以卿德望兼重,才术有余,故授之不疑。涣号已行,金言惟允。务称朕命,何以辞为!

（宋 苏轼《赐新除大中大夫守尚书左仆射兼门下侍郎吕大防辞免恩命不允诏》）

虽烽燧之甫停,奈疮痍之未复。肆颁涣号,用慰群情。

（清 毕沅《续资治通鉴》第一百六十九卷）

4. 苦节 指在逆境中坚守节操,矢志不渝。

武库兵犹动,金方事未息。远图待才智,苦节输筋力。

（唐 张说《送郭大夫元振再使吐蕃》诗）

5. 节以养生

孟子曰:养心莫善于寡欲。寡之者,节之也。非若佛老之徒弃人伦、灭生理也。构精者,所以续纲常也;寡欲者,所以养性命也。予尝集《广嗣纪要》:一修德,二寡欲。然则寡欲者,其延龄、广嗣之大要乎? 予尝读《易》,泽上有水曰节,满而不溢,中虽悦慕,若险在前,心常恐陷,节之时义大矣哉! 若或反之,水在泽下,则以渐渗洩其涸也,可立而待矣。因于坎中,犹有悦心,困而又困,虽有卢扁不可治也。生,人所欲也;所欲,复有甚于生者乎? 死,人所恶也;所恶,复有胜于死者乎? 惟其溺于声色之中,蛊惑狂悖,由是而生有不用也,由是而死有不辟也。《诗》云:"士也无极,二三其德。"此之谓也。

(明　万全《万氏家传养生四要》)

【集评】

虞翻曰:坎为大川。涣,舟楫象,故"涉大川"。乘木有功,二失正,变应五,故"利贞"也。

(唐　李鼎祚《周易集解》卷十二)

涣,卦名也。《序卦》曰:"说而后散之,故受之以涣。"然则涣者,散释之名。《杂卦》曰:"涣,离也。"此又"涣"是离散之号也。盖涣之为义,小人遭难,离散奔迸而逃避也。大德之人,能于此时建功立德,散难释险,故谓之为涣。

(唐　孔颖达《周易正义》卷六)

涣是散底意思。物事有当散底:号令当散,积聚当散,群队当散。

(宋　黎靖德《朱子语类》卷七十三)

涣以离为义,故至卦终而遂远害,离去以避咎者,亦乐天之智,安土之仁也。

(清　李光地《御纂周易折中》卷八)

虞翻曰:三,节家君子也,失位,故"节若"。嗟,哀号声。震为音声,为出。三动得正而体离坎,涕流出目,故"则嗟若"。得位乘二,故"无咎"也。

(唐　李鼎祚《周易集解》卷十二)

节,卦名也。《彖》曰:"节以制度。"《杂卦》云:"节,止也。"然则节者制度之名。节,止之义。制事有节,其道乃亨,故曰"节亨"。

(唐　孔颖达《周易正义》卷六)

"说以行险",伊川之说是也。说则欲进,而有险在前,进去不得,故有止节之义。又曰:节,便是阻节之意。"天地节而四时成。"天地转来,到这里相节了,更没去处。今年冬尽了,明年又是春夏秋冬,到这里厮匝了,更去不得。这个折做两截,两截又折做四截,便是春夏秋冬。他是自然之节,初无人使他,圣人则因其自然之节而节之。

(宋　黎靖德《朱子语类》卷七十三)

【问题与讨论】

1. 如何理解"涣其血去逖出"？
2. 谈谈《节》卦的象征意义。

中孚（六十一）

☰（兑下巽上）中孚①：豚鱼②，吉。利涉大川，利贞。

初九：虞吉③。有它不燕④。

九二：鸣鹤在阴⑤，其子和之⑥。我有好爵⑦，吾与尔靡之⑧。

六三：得敌⑨，或鼓或罢⑩，或泣或歌⑪。

六四：月几望⑫，马匹亡⑬，无咎。

九五：有孚⑭，挛如⑮，无咎。

上九：翰音登于天⑯，贞凶。

【注释】

① 中孚：卦名，意为"心中诚信"。帛《易》作"中复"。

② 豚鱼：指用小猪和鱼作祭品。豚：小猪，猪子。

③ 虞(yú 余)吉：举行安神仪式吉祥。虞：安神，安葬。一说"虞"为"安乐"义。

④ 有它不燕：发生意外不安宁。它：变故，意外。燕：安宁，平安。帛《易》作"有它不宁"。

⑤ 鸣鹤在阴：老鹤在树荫中鸣叫。阴：树荫，树上隐蔽处。一说指"山的背阴"。

⑥ 其子和(hè 贺)之：小鹤跟着老鹤叫。子：鹤子，小鹤，一说指雌鹤。和：跟着唱，跟着叫。

⑦ 我有好爵(jué 决)：我有一杯好酒。爵：装酒的器皿，酒杯，指代酒。

⑧ 吾与尔靡(mí 迷)之：我与你分享它。尔：你。靡：分散，分享。

⑨ 得敌：抓获敌人。

⑩ 或鼓或罢(pí 皮)：有的击鼓有的歇息。或：代词，有人，有的。鼓：击鼓。罢：通"疲"，疲乏。一说"罢"指班师而回。帛《易》作"或鼓或皮"。

⑪ 或泣或歌：有的哭泣有的唱歌。泣：流泪，哭。

⑫ 月几望：月亮已经圆满。帛《易》作"月既望"。

⑬ 马匹亡：马儿成双地逃跑。匹：成双，成对。亡：跑了，丢失。

⑭ 孚：诚信。一说"孚"指俘虏。

⑮ 挛（luán 峦）如：连在一起。帛《易》作"论如"。

⑯ 翰音登于天：鸡子飞上天。翰音：鸡子。一说"翰"为"高飞"义。登：上升。

小过（六十二）

☷（艮下震上）小过①：亨，利贞。可小事②，不可大事。飞鸟遗之音③，不宜上④，宜下⑤。大吉。

初六：飞鸟以凶⑥。

六二：过其祖⑦，遇其妣⑧。不及其君⑨，遇其臣⑩。无咎。

九三：弗过⑪，防之⑫，从或戕之⑬。凶。

九四：无咎。弗过，遇之，往厉。必戒⑭，勿用永贞⑮。

六五：密云不雨，自我西郊。公弋⑯，取彼在穴⑰。

上六：弗遇，过之，飞鸟离之⑱，凶，是谓灾眚⑲。

【注释】

① 小过：卦名，意为"稍有超过"。

② 可小事：利于做小事。

③ 飞鸟遗之音：飞鸟留下它的声音。遗：留下。之：其，它的。音：指叫声。

④ 上：上升，一说指"上级"。

⑤ 下：下降，一说指"下级"。

⑥ 飞鸟以凶：飞鸟带来凶兆。以：与，及。

⑦ 过其祖：错过了他的祖父。过：超越，错过。一说"过"为"指责、批评"义。祖：祖父。

⑧ 遇其妣（bǐ 比）：遇到他的祖母。遇：碰到。一说"遇"为"礼遇、赞扬"义。妣：祖母。帛《易》作"愚其比"。

⑨ 不及其君：没有赶上他的主人。及：赶上。君：主人，一说指君王。

⑩ 遇其臣：遇到了他的仆人。臣：奴隶，奴仆。帛《易》作"愚其仆"。

⑪ 弗:副词,不,没有。

⑫ 防:禁止,制止。帛《易》作"仿","仿效"之义。

⑬ 从或戕(qiāng 枪)之:跟着又杀了他。从:跟着,一说"放纵"之义。或:语气助词。戕:杀害,伤害。"戕"帛《易》作"臧","称赞"之义。

⑭ 戒:警惕,小心。

⑮ 勿用永贞:不利占问长久之事。

⑯ 弋(yì 义):用带绳子的箭射鸟,射猎。帛《易》作"射"。

⑰ 取彼在穴:射中土屋附近的鸟。取:得到,抓获。彼:代词,指被射中的鸟。在:介词,于。穴:土屋,洞穴。帛《易》作"取皮在穴"。

⑱ 飞鸟离之:飞鸟遭遇罗网。离:通"罹(lí)",落入,遭遇。帛《易》作"翡鸟罗之",罗,捕捉禽兽的网,这里用如动词。

⑲ 是谓灾眚:这就叫做灾祸。是:代词,这。眚:灾祸。

【问题分析】

1. 如何理解《中孚》卦"豚鱼吉"?

《中孚》卦辞:"豚鱼,吉。利涉大川,利贞。"《彖传》曰:"豚鱼吉,信及豚鱼也。"王弼《注》云:"鱼者,虫之隐者也。豚者,兽之微贱者也。争竞之道不兴,中信之德淳著,则虽微隐之物,信皆及之。"闻一多《周易义证类纂》疑"豚鱼"当读为"屯鲁",金文多言"屯鲁",乃福寿义。高亨《周易大传今注》以"中孚豚鱼"连读,谓:"中,射中也。孚借为浮,浮漂在水面也。中浮豚鱼,谓射中浮水之豚鱼。"别解曰:"中借为忠,诚也。孚,信也。豚,小猪。'中孚豚鱼吉',言人以忠信对鬼神,用豚鱼薄物致祭,亦吉。"李镜池《周易通义》肯定王引之的说法,以为《中孚》是讲礼仪的专卦,"卦辞是说行礼时心中诚信,又有豚鱼则吉。"按,王引之《经义述闻》卷一"豚鱼吉"条云:"豚鱼者,士庶人之礼也。……《楚语》:'士有豚犬之奠,庶人有鱼炙之荐。'《王制》:'庶人夏荐麦,秋荐黍。麦以鱼。黍以豚。'豚鱼乃礼之薄者,然苟有中信之德,则人感其诚而神降之福,故曰'豚鱼吉',言虽豚鱼之荐亦吉也。"王引之所论较为可取。所称《楚语》是指《国语》之《楚语》篇,《王制》是指《礼记》之《王制》篇。

2.《中孚》卦"马匹亡"是什么意思?

《中孚》卦六四:"月几望,马匹亡,无咎。""马匹亡"一句,今人多译为"马匹丢失了",将"马匹"当作一个词看待;或解为"良马亡失匹配",将"匹"理解为"配偶"之义。按,《中孚》卦之"马匹"当是两个词,"马"为一个单音名词,而"匹"则为形容词。《孟子·梁惠王下》:"君所为轻身以先于匹夫者,以为贤乎?"赵岐注:"匹夫,一夫也。"《公羊传·僖公三十三年》:"然而晋人与姜戎要之殽而击之,匹马只轮无反者。"何休注:"匹马,一马也。"段玉裁《说文解字注》匚部云:"凡言匹夫、匹妇者,于一两成匹取意,两而成匹,判合之理也,虽其半亦得云匹也。马称匹者,亦以一牝一牡离之而云匹,犹人言匹夫也。"朱骏声《说文通训定声》履部云:"匹者,先分而后合,故双曰匹,只亦曰匹。"据上所述,"匹"有"单独""单一"之义,"马匹亡"可理解为"马儿单个儿跑失了"。若将"匹"解为"双",则句意为"马儿成双地跑失了",亦可通。总之,"马匹"不是一个词,"匹"在句中作动词"亡"的状语,起修饰作用。

【语言文学及文化史扩展】

1. 翰音 指鸡,又用以指飞向高空的声音,徒有虚名。

封熊之蹯,翰音之跖,燕髀猩唇,髦残象白。

（唐 房玄龄《晋书·张载传》）

高阳文法,扬乡武略。政事之材,道德惟薄。位过厥任,鲜终其禄。博之翰音,鼓妖先作。

（汉 班固《汉书·叙传》）

2. 鹤鸣 指修身洁行,有名望的人。

唯陛下慎经典之诫,图变复之道,斥远佞巧之臣,速征鹤鸣之士。

（南朝·宋 范晔《后汉书·杨赐传》）

3. 遗音 指鸟类留下的声音。

卜居近流水,小巢依岭岑。终日数椽间,但闻鸟遗音。

（宋 苏轼《雷州》诗之二）

三穴未为得,一舟不作痴。路暗鸟遗音,江清鱼弄姿。

（宋 陈师道《次韵苏公西湖观月听琴并涉颍》之二）

飞鸿迟迟来,掉入青烟路。遗音落风中,适与歌声过。

（清 涂大酉《杂诗》）

【集评】

中孚,卦名也。信发于中,谓之中孚。

（唐 孔颖达《周易正义》卷六）

中孚,上巽施之,下悦承之,其中必有感化而出焉者。盖孚者,覆乳之象,有必生之理,信且正,天之道也。

(宋　张载《横渠易说》卷二)

问:《中孚》"孚"字与"信"字,恐亦有别? 曰:伊川云:"存于中为孚,见于事为信。"说得极好。

(宋　黎靖德《朱子语类》卷七十三)

虞翻曰:祖谓祖母,初也。母死称妣,谓三。坤为丧,为母,折入大过死,故称"祖"也。妣二过初,故"过其祖"。五变三体姤遇,故遇妣也。

(唐　李鼎祚《周易集解》卷十一)

《小过》大率是过得不多。如《大过》,便说"独立不惧",《小过》只说这"行""丧""用",都只是这般小事。伊川说那禅让征伐,也未说到这个。大概都是那过低过小底。……《小过》是小事,又是过于小,如"行过乎恭,丧过乎哀,用过乎俭",皆是过于小,退后一步,自贬底意思。

(宋　黎靖德《朱子语类》卷七十三)

【问题与讨论】

1. 谈谈《中孚》卦爻辞的文学价值。
2. 《小过》和《大过》在卦象上有联系吗?《小过》卦有什么象征意义?

既济（六十三）

䷾(离下坎上)既济①:亨,小利贞②。初吉终乱③。

初九:曳其轮④,濡其尾⑤。无咎。

六二:妇丧其茀⑥,勿逐,七日得。

九三:高宗伐鬼方⑦,三年克之⑧。小人勿用⑨。

六四:繻有衣袽⑩,终日戒⑪。

九五:东邻杀牛⑫,不如西邻之禴祭⑬,实受其福⑭。

上六:濡其首⑮,厉。

【注释】

① 既济:卦名,意为"已经过河"。

② 小利贞:比较利于占卜。小:副词,略,稍微。

③ 初吉终乱:开始吉祥而最终有祸乱。

④ 曳(yè 夜)其轮:拉着车子。曳:拉,拖。轮:车轮,指车子。

⑤ 濡其尾:打湿了车子的后面。濡:浸湿。尾:指车尾,一说指小狐的尾巴。

⑥ 妇丧其茀(fú 伏):妇人丢失了头巾。茀:通"髴(fú)",头巾,一说指车辆的蔽饰物。帛《易》作"妇亡其发"。

⑦ 高宗伐鬼方:高宗讨伐鬼国。高宗:商朝的帝王之号,名武丁。伐:征讨。方:通"邦",国。

⑧ 克:战胜。

⑨ 小人勿用:平民百姓不宜谋事作为。

⑩ 繻(rú 如)有衣袽(rú 如):穿了短袄再披上烂衣破布。繻:通"襦(rú)",短袄,保暖的衣服。一说"繻"通"濡"。有:又。衣:动词,穿。袽:破烂的衣服。帛《易》作"襦有衣茹"。

⑪ 终日戒:整天小心谨慎。终日:整天。

⑫ 东邻杀牛:帛《易》作"东邻杀牛以祭"。

⑬ 不如西邻之禴(yuè 月)祭:比不上西边邻居用薄礼祭祀。禴:春天举行的祭祀,礼节比较简单。

⑭ 实受其福:确实得到神灵的赐福。实:确实,实在。

⑮ 濡其首:打湿了车头。头:指车头,一说指小狐的头部。

未济（六十四）

䷿(坎下离上)未济①:亨。小狐汔济②,濡其尾③。无攸利。

初六:濡其尾,吝。

九二:曳其轮④,贞吉。

六三:未济⑤。征凶。利涉大川。

九四:贞吉,悔亡。震用伐鬼方⑥,三年有赏于大国⑦。

六五:贞吉,无悔。君子之光⑧,有孚。吉。

上九：有孚，于饮酒⑨，无咎。濡其首，有孚，失是⑩。

【注释】

① 未济：卦名，以爻辞中特有字词为标题。

② 小狐汔(qì 汽)济：小狐快要渡过河。汔：几乎，将要。帛《易》作"小狐气涉"。

③ 濡其尾：打湿了它的尾巴。尾：指小狐的尾巴。

④ 曳其轮：拉着车子。

⑤ 未济：没有渡过河。济：渡，涉水。

⑥ 震用伐鬼方：震去讨伐鬼国。震：人名。一说"震"为"出动"义。用：结构助词。

⑦ 三年有赏于大国：三年取胜得到大国的奖赏。赏：奖赏，帛《易》作"商"。

⑧ 君子之光：(这是)君子的荣耀。光：宠耀，光荣。

⑨ 于：结构助词。

⑩ 失是：迷失了正道。是：对，正确。一说"是"借为"题"，"失是"意为"丢了脑袋(杀了头)"。

【问题分析】

1. 如何理解《既济》卦"东邻杀牛"？

《既济》卦九五："东邻杀牛，不如西邻之禴祭，实受其福。"马王堆帛书《周易》《既济》卦作："东邻杀牛以祭，不若西邻之濯祭，实受其福。"帛《易》增"以祭"二字，表明"东邻杀牛"的目的是为了祭祀，文意较今本显豁。

"禴"字亦见于《萃》卦。《萃》六二："引吉，无咎。孚乃利用禴。"王弼《注》云："禴，殷春祭名也，四时祭之省者也。"禴祭是一种以薄礼举行的简单祭祀，祭品较少。以牛牲作祭品，又叫"太牢"，是一种比较隆重的祭祀，只有天子、诸侯才可用太牢之礼。《大戴礼记·曾子天圆》记云："诸侯之祭，牛，曰太牢；大夫之祭，牲羊，曰少牢；士之祭，牲特豕，曰馈食。"

又，爻辞中的"东邻""西邻"，不是指一般的邻居，而是指东边的殷人和西边的周人。《礼记·坊记》云："故君子苟无礼，虽美不食焉。易曰：'东邻杀牛，不如西邻之禴祭，寔受其福。'"郑玄注云："东邻，谓纣国中也。西邻，谓文王国中也。此辞在《既济》。《既济》，离下坎上，离为牛，坎为豕。西邻禴祭则用豕。与言杀牛而凶，不如杀豕受福，喻奢而慢不如俭而敬也。"

"东邻杀牛，不如西邻之禴祭"，意思是说，东边殷人用牛牲祭祀，却比不上西边周人用薄礼祭祀。

2. 如何理解"震用伐鬼方"?

《未济》卦九四:"贞吉,悔亡。震用伐鬼方,三年有赏于大国。"孔颖达《周易正义》将"震用伐鬼方"解为"震发威怒用伐鬼方",周振甫《周易译注》解"震"为"动"(出动大军),唐明邦主编《周易评注》以为"震"指"雷霆之势"。按,《既济》卦九三云:"高宗伐鬼方,三年克之。小人勿用。""高宗伐鬼方"句与《未济》卦"震用伐鬼方"句对应。高亨《周易大传今注》曰:"高宗,殷王也,名武丁,庙号高宗。"又云:"震,当是人名,周君或周臣也。鬼方,国名。"并认为《既济》卦九三与《未济》卦九四"所记为一事"。我们认为,既然两爻所记为同一事,则"高宗"与"震"当为同一人。

《既济》卦下体为离,上体为坎,《未济》卦下体为坎,上体为离,两卦的卦体成"反对之象",即互为颠倒关系,而两卦的爻辞多有相关之处,互有补充。如《既济》卦初九言"曳其轮,濡其尾",而《未济》卦初六仅言"濡其尾",省"曳其轮";《未济》卦上九言"有孚于饮酒,无咎。濡其首,有孚,失是",《既济》卦上六仅言"濡其首,厉","濡其首"前后均有省略。《既济》卦九三爻在卦体颠倒之后即成《未济》卦九四爻,这两爻的爻辞亦存在互补关系:《既济》卦九三言"高宗伐鬼方",《未济》卦九四言"震用伐鬼方",可知"震"即"高宗";《既济》卦九三言"三年克之",未言"有赏",据《未济》卦九四知其受赏;《未济》卦九四言"震用伐鬼方,三年有赏于大国",据《既济》卦九三知其已克鬼方,故而受赏。一言"三年克之",一言"三年有赏",合而观之,乃是"三年克之,有赏于大国"。

另外,从文例上看,"震"也当看作名词。在《周易》古经里,助词"用"之前的成分多为名词。例如:

《大有》九三:"公用亨于天子,小人弗克。"

《晋》卦辞:"康侯用锡马蕃庶,昼日三接。"

《解》上六:"公用射隼于高墉之上,获之,无不利。"

《升》六四:"王用亨于岐山,吉,无咎。"

"用"字前面的"王""公""康侯"等都是名词,且是指地位极高的人物。以"震"为"高宗",正合上述通例。

【语言文学及文化史扩展】

1. 东邻

故言能大养,则周公之祀致四海之祭;言以义养,则仲由之菽甘于东邻之牲。

(南朝·宋 范晔《后汉书·刘赵淳于江刘周赵列传序》)

2. 濡首　《未济》卦上九："有孚于饮酒，无咎。濡其首，有孚失是。"《象传》曰："饮酒濡首，亦不知节也。"后以"濡首"指饮酒失度，举止失当。

昔在公旦，极兹话言。濡首屡舞，谈易作难。

（汉　王粲《饮酒赋》）

琉璃惊太白，钟乳讶微青。讵敢辞濡首，并怜可鉴形。

（唐　元稹《饮致用神曲酒三十韵》）

3. 濡尾　比喻力不胜任，处境尴尬。《未济》卦辞："小狐汔济，濡其尾。无攸利。"孔颖达《正义》曰："汔者，将尽之名。小才不能济难，事同小狐虽能渡水，而无余力，必须水汔，方可涉川。未及登岸，而濡其尾，济不免濡，岂有所利？"进脱亢悔之咎，退无濡尾之吝。

（晋　葛洪《抱朴子·知止》）

【集评】

虞翻曰：高宗，殷王武丁。鬼方，国名。乾为高宗，坤为鬼方；乾二之坤五，故"高宗伐鬼方"。坤为年，位在三，故"三年"。坤为小人，二上克五，故"三年克之，小人勿用"。

（唐　李鼎祚《周易集解》卷十二）

济者，济渡之名；既者，皆尽之称。万事皆济，故以"既济"为名。

（唐　孔颖达《周易正义》卷六）

《既济》是已济了，大事都亨，只小小底正在亨通，若能戒惧得常似今日便好，不然，便一向不好去。伊川意亦是如此，但要说做"亨小"，所以不分晓。

（宋　黎靖德《朱子语类》卷七十三）

《既济》下离上坎，水在火上，相交为用，天下事已济之时也。又涉川曰"济"，《既济》、《未济》二卦皆有坎体。坎在内有险为《未济》，坎在外则无险为《既济》也。又以卦画言之，六爻皆应，刚柔皆当其位，至此无不济矣，故为《既济》。

（清　陈梦雷《周易浅述》卷六）

《尔雅》："济，成也。"既济，既成也。《乾》《坤》二卦，是全《易》之绪论。《屯》卦至《小过》卦，是记原始时期至周成王时期之史。《既济》《未济》二卦，是全《易》之余论，多理论，非记事，如其他六十卦也。《既济》，言治平已成，社会已定，卦辞之所谓"初吉"是也。日中则昃，月盈则亏，卦辞之所谓"终乱"是也。已成已定，而欲保其不昃不亏，则必小心谨慎以自守持，《大象》之所谓"思患而豫防之"是也。有过物者必济者,言《小过》之行过乎恭,丧过乎哀,用过乎俭,虽小有过,而于事必能济也。故受之以《既济》者,思患豫防以处之也。《杂卦传》:"《既济》,定也。"言治平已成,社会已定也。

(胡朴安《周易古史观》卷下)

未济者,未能济渡之名也。未济之时,小才居位,不能建功立德,拔难济险。若能执柔用中,委任贤哲,则未济有可济之理,所以得通,故曰"未济亨"。

(唐 孔颖达《周易正义》卷六)

问:《未济》所以亨者,谓之"未济",便是有济之理。但尚迟迟,故谓之"未济"。而柔得中,又自有亨之道。曰:然。"小狐汔济","汔"字训"几",与《井》卦同。既曰"几",便是未济,未出坎中,不独是说九二爻,通一卦之体皆是未出乎坎险,所以未济。

(宋 黎靖德《朱子语类》卷七十三)

未济,事未成之时也。水火不交,不相为用,其六爻皆失其位,故为"未济"。

(明 来知德《周易集注》卷十二)

【问题与讨论】

1. 《既济》《未济》在卦象上有什么关系?
2. 如何理解两卦中出现的"濡其首"和"濡其尾"?

《周易》大传

彖传上

乾

大哉乾元①，万物资始②，乃统天。云行雨施③，品物流形④。大明终始⑤，六位时成⑥，时乘六龙以御天⑦。乾道变化⑧，各正性命⑨。保合大和⑩，乃利贞⑪。首出庶物⑫，万国咸宁⑬。

【注释】

① 乾：天。元：元气，本源。　② 资：凭借，依赖。　③ 施：遍布。　④ 品物：众物，万物。流形：流布成形。　⑤ 大明：阳光，太阳。　⑥ 六位：指《乾》卦六爻之位。　⑦ 御：驾御。　⑧ 乾道：天道，自然规律。　⑨ 性：天性，本性。命：命运。　⑩ 保合：保持协调。大和：阴阳之气，元气。　⑪ 贞：中正，守正。　⑫ 庶物：众物。　⑬ 咸：都。宁：安宁。

坤

至哉坤元①，万物资生，乃顺承天。坤厚载物，德合无疆②。含弘光大③，品物咸亨。"牝马"地类，行地无疆，柔顺利贞。君子攸行，先迷失道，后顺得常。"西南得朋"，乃与类行④。"东北丧朋"，乃终有庆⑤。"安贞"之吉，应地无疆⑥。

【注释】

① 至：至极，达到极致。坤：大地。　② 无疆：无限，没有边际。　③ 含：蕴藏，包容。弘（hóng 红）：大，广大。光：通"广"，广大。　④ 与类行：跟同类的人一起前进。　⑤ 终有庆：最终有喜庆之事。　⑥ 应：适应，适合。

屯

屯，刚柔始交而难生^①。动乎险中，大亨贞。雷雨之动满盈，天造草昧^②。宜建侯而不宁。

【注释】

① 刚：阳刚之性。柔：阴柔之性。难：艰难。　② 草昧：指浑沌的状态。

蒙

蒙，山下有险。险而止，蒙。蒙亨，以亨行，时中也^①。"匪我求童蒙，童蒙求我"，志应也^②。"初筮告"，以刚中也^③。"再三渎，渎则不告"，渎蒙也。蒙以养正^④，圣功也^⑤。

【注释】

① 时中：既得时宜又居中位。　② 志应：志趣相同。应：相应，感应。　③ 刚中：阳爻居中位。　④ 养正：培养正气。　⑤ 功：事业，功业。

需

需，须也^①，险在前也。刚健而不陷，其义不困穷矣。需，"有孚，光亨，贞吉"，位乎天位，以正中也^②。"利涉大川"，往有功也。

【注释】

① 须：等待。　② 正中：得正又得中。

讼

讼，上刚下险。险而健，讼。讼，"有孚，窒惕，中吉"，刚来而得中也^①。"终凶"，讼不可成也。"利见大人"，尚中正也。"不利涉大川"，入于渊也。

【注释】

① 刚：指阳爻。

师

师,众也。贞,正也。能以众正,可以王矣①。刚中而应,行险而顺,以此毒天下②,而民从之,吉又何咎矣。

【注释】

① 王:称王,做君王。　② 毒:安抚,安定。《广雅·释诂》曰:"毒,安也。"

比

比,吉也。比,辅也①,下顺从也。"原筮,元永贞,无咎",以刚中也。"不宁方来",上下应也。"后夫凶",其道穷也。

【注释】

① 辅:辅助。

小畜

小畜,柔得位而上下应之①,曰小畜。健而巽②,刚中而志行,乃亨。"密云不雨",尚往也。"自我西郊",施未行也。

【注释】

① 柔:阴爻。　② 健:刚健。巽:谦逊。

履

履,柔履刚也①。说而应乎乾②,是以"履虎尾,不咥人,亨"。刚中正,履帝位而不疚③,光明也。

【注释】

① 履:居于,位于。　② 说:喜悦。应乎乾:和《乾》卦相应。　③ 疚:病痛,疾苦。

泰

泰,"小往大来,吉,亨",则是天地交而万物通也,上下交而其志同也。内阳而外阴①,内健而外顺,内君子而外小人,君子道长,小人道消也。

【注释】

① 内阳:内卦为阳卦。外阴:外卦为阴卦。

否

"否之匪人,不利君子贞,大往小来",则是天地不交而万物不通也,上下不交而天下无邦也①。内阴而外阳,内柔而外刚,内小人而外君子,小人道长,君子道消也。

【注释】

① 邦:国家。

同人

同人,柔得位得中,而应乎乾,曰同人。同人曰:"同人于野,亨,利涉大川。"乾行也①。文明以健②,中正而应,君子正也。唯君子为能通天下之志。

【注释】

① 乾行:刚健之道得以施行。乾:指君道,阳刚之道。 ② 文明:光明,显明。

大有

大有,柔得尊位①,大中②,而上下应之,曰大有。其德刚健而文明,应乎天而时行③,是以"元亨"。

【注释】

① 柔得尊位:阴爻居六五之位。尊位:指六爻卦中的第五爻之位。 ② 大中:高贵而得中。 ③ 时行:适时推行。

谦

谦,亨。天道下济而光明①,地道卑而上行。天道亏盈而益谦②,地道变盈而流谦③,鬼神害盈而福谦④,人道恶盈而好谦⑤。谦,尊而光,卑而不可逾⑥,君子之终也。

【注释】

① 道:本性,规律。济:生成,贯通。　② 亏:减少。盈:充满。益:增加,补充。　③ 流:充实,加入。　④ 害:损害。　⑤ 恶:讨厌。好:喜欢。　⑥ 逾:超过。

豫

豫,刚应而志行,顺以动,豫。豫,顺以动,故天地如之①,而况"建侯行师"乎! 天地以顺动,故日月不过②,而四时不忒③。圣人以顺动,则刑罚清而民服④。豫之时义大矣哉⑤。

【注释】

① 天地如之:天地像它一样。　② 过:错过,失误。　③ 时:季节。忒(tè 特):差错。　④ 清:清明,正当。　⑤ 时:指适时行动。

随

随,刚来而下柔,动而说①,随。大亨贞,无咎,而天下随时②。随时之义大矣哉。

【注释】

① 说:同"悦"。　② 随时:适时,相机而行。

蛊

蛊,刚上而柔下,巽而止①,蛊。蛊,元亨,而天下治也。"利涉大川",往有事也。"先甲三日,后甲三日",终则有始,天行也②。

【注释】

① 巽:逊让。　② 天行:天道施行。

临

临,刚浸而长①,说而顺,刚中而应②。大亨以正,天之道也。"至于八月有凶",消不久也③。

【注释】

① 浸:渗透,进入。　② 刚中:阳爻居中位。　③ 消不久:指阳气消退而不能持久。

观

大观在上①,顺而巽,中正以观天下,观。"盥而不荐,有孚颙若",下观而化也②。观天之神道,而四时不忒。圣人以神道设教,而天下服矣。

【注释】

① 大观:普遍地观察。　② 下:指下民,臣民。化:感化。

噬嗑

颐中有物①,曰噬嗑。噬嗑而亨,刚柔分,动而明,雷电合而章②。柔得中而上行,虽不当位,"利用狱"也。

【注释】

① 颐:腮帮子,口腔。　② 章:明亮,显著。

贲

贲,亨。柔来而文刚,故亨。分①,刚上而文柔,故"小利有攸往"。刚柔交错,天文也②。文明以止③,人文也④。观乎天文以察时变,观乎人文以化成天下⑤。

【注释】

① 分:指分别阴阳。　② 天文:指天上日月星辰的变化。　③ 文明:指文化教育、礼仪制度等社会规范。　④ 人文:指人类的礼仪、制度等。　⑤ 化成:感化、促成。

剥

剥,剥也,柔变刚也。"不利有攸往",小人长也①。顺而止之,观象也②。君子尚消息盈虚③,天行也。

【注释】

① 小人长:小人得势。　② 象:卦象。　③ 尚:注重,崇尚。息:增加,生长。

复

复,亨。刚反动而以顺行①,是以"出入无疾,朋来无咎"。"反复其道,七日来复",天行也。"利有攸往",刚长也。复,其见天地之心乎②!

【注释】

① 刚反动:阳爻向相反的方向移动。顺行:顺利通行。　② 见:表现,体现。

无妄

无妄,刚自外来,而为主于内①。动而健,刚中而应。大亨以正,天之命也。"其匪正有眚,不利有攸往",无妄之往,何之矣②?天命不祐③,行矣哉!

【注释】

① 内:指内卦。　② 何之:到哪里去。之:到,往。　③ 祐:保佑。

大畜

大畜,刚健笃实①,辉光日新其德②。刚上而尚贤③,能止健,大正也。"不家食,吉",养贤也。"利涉大川",应乎天也。

【注释】

① 笃(dǔ)实:淳厚诚实。　② 辉光:光辉。日新其德:每天都更新自己的德行。

③ 贤:指贤明的人。

颐

颐,贞吉,养正则吉也。"观颐",观其所养也。"自求口实",观其自养也。天地养万物,圣人养贤以及万民①。颐之时大矣哉。

【注释】

① 及万民:顾及平民百姓。

大过

大过,大者过也。"栋桡",本末弱也①。刚过而中,巽而说行②。"利有攸往",乃亨。大过之时大矣哉。

【注释】

① 本末:指木材的两头。本:树的根部。末:树梢。　② 巽:谦逊。说:悦。

坎

习坎,重险也①。水流而不盈,行险而不失其信。"维心,亨",乃以刚中也。"行有尚",往有功也。天险,不可升也。地险,山川丘陵也。王公设险②,以守其国。险之时用大矣哉。

【注释】

① 重险:双重艰险。　② 王公设险:王公设置险阻。

离

离,丽也①。日月丽乎天,百谷草木丽乎土,重明以丽乎正②,乃化成天下。柔丽乎中正③,故亨。是以"畜牝牛吉"也。

【注释】

① 丽:依附,附着。　② 重明:双重的光明。指上卦下卦都是《离》卦。　③ 柔丽乎中正:阴爻居于中正的位子上。

彖传下

咸

咸,感也。柔上而刚下,二气感应以相与①,止而说②,男下女③,是以"亨,利贞,取女吉"也。天地感,而万物化生。圣人感人心,而天下和平。观其所感,而天地万物之情可见矣。

【注释】

① 二气:指阴气和阳气。与:亲近,交往。　② 说:悦。　③ 男下女:男在女下。

恒

恒,久也。刚上而柔下,雷风相与,巽而动①,刚柔皆应,恒。恒,"亨,无咎,利贞",久于其道也。天地之道恒久而不已也②。"利有攸往",终则有始也。日月得天而能久照,四时变化而能久成③。圣人久于其道,而天下化成。观其所恒,而天地万物之情可见矣。

【注释】

① 巽:谦逊。　② 已:终止,停止。　③ 四时:四季。

遁

遁,亨,遁而亨也。刚当位而应,与时行也。"小利贞",浸而长也①。遁之时义大矣哉。

【注释】

① 浸:渐,逐渐。

大壮

大壮,大者壮也。刚以动①,故壮。"大壮利贞",大者正也。正大,而天地之情可见矣。

【注释】

① 刚以动:指《大壮》卦象构成是下刚上动,下乾上震。

晋

晋,进也。明出地上①,顺而丽乎大明②,柔进而上行,是以"康侯用锡马蕃庶,昼日三接"也。

【注释】

① 明:光明,指太阳。　② 大明:太阳。

明夷

明入地中,明夷。内文明而外柔顺,以蒙大难①,文王以之②。"利艰贞",晦其明也③,内难而能正其志,箕子以之。

【注释】

① 蒙:遭受。　② 文王以之:文王像这样。以:似,像。　③ 晦其明:遮掩其光辉。晦:昏暗。

家人

家人,女正位乎内,男正位乎外。男女正,天地之大义也。家人有严君焉,父母之谓也。父父①,子子,兄兄,弟弟,夫夫,妇妇,而家道正。正家,而天下定矣。

【注释】

① 父父:父亲要像个父亲。第二个"父"活用为动词,后面的"子子、兄兄、弟弟、夫夫、妇妇"结构同此。

睽

睽,火动而上,泽动而下。二女同居,其志不同行。说而丽乎明,柔进而上行,得中而应乎刚,是以小事吉。天地睽而其事同也[1],男女睽而其志通也,万物睽而其事类也[2]。睽之时用大矣哉[3]。

【注释】

① 天地睽:天和地上下分离。 ② 类:归类,分类。 ③ 时用:指适时应用之理。

蹇

蹇,难也,险在前也。见险而能止,知矣哉[1]。蹇,"利西南",往得中也。"不利东北",其道穷也[2]。"利见大人",往有功也。当位,"贞吉",以正邦也[3]。蹇之时用大矣哉。

【注释】

① 知:通"智",聪明,明智。 ② 穷:闭塞,不通。 ③ 正邦:治理国家。

解

解,险以动。动而免乎险,解。解,"利西南",往得众也。"其来复,吉",乃得中也。"有攸往,夙吉",往有功也。天地解[1],而雷雨作[2]。雷雨作,而百果草木皆甲坼[3]。解之时大矣哉。

【注释】

① 天地解:天地开启。 ② 作:兴起。 ③ 甲坼(chè 彻):破壳发芽。坼:裂开,分开。

损

损,损下益上[1],其道上行。损而"有孚,元吉,无咎,可贞,利有攸往。曷之用二簋,可用享"。二簋应有时,损刚益柔有时,损益盈虚,与时偕行[2]。

【注释】

① 损下益上:减少下面而增加上面。　② 与时偕行:抓住时机一起行动。偕:共同,一起。

益

益,损上益下,民说无疆①。自上下下②,其道大光。"利有攸往",中正有庆。"利涉大川",木道乃行③。益,动而巽,日进无疆。天施地生,其益无方④。凡益之道,与时偕行。

【注释】

① 民说无疆:人民无限喜悦。　② 自上下下:从上面来到下面。　③ 木道:树木之理。《益》卦下震上巽,巽象征木。　④ 无方:无限,没有区别。

夬

夬,决也,刚决柔也。健而说①,决而和。"扬于王庭",柔乘五刚也②。"孚号有厉",其危乃光也。"告自邑,不利即戎",所尚乃穷也。"利有攸往",刚长乃终也。

【注释】

① 健而说:刚健而喜悦。　② 柔乘五刚:指《夬》卦象是一个阴爻位于五个阳爻之上。

姤

姤,遇也,柔遇刚也。"勿用取女",不可与长也①。天地相遇,品物咸章也②。刚遇中正,天下大行也。姤之时义大矣哉。

【注释】

① 不可与长:不能长久相处。　② 品物咸章:万物都生机勃勃。章:显著,明显。

萃

萃,聚也。顺以说,刚中而应,故聚也。"王假有庙",致孝享也①。

"利见大人,亨",聚以正也。"用大牲,吉,利有攸往",顺天命也。观其所聚,而天地万物之情可见矣。

【注释】

① 致:表达,表示。孝:孝心。享:奉献祭品。

升

柔以时升,巽而顺,刚中而应,是以大亨。"用见大人,勿恤",有庆也。"南征吉",志行也。

困

困,刚掩也①。险以说,困而不失其所②,亨,其唯君子乎!"贞大人吉",以刚中也。"有言不信",尚口乃穷也③。

【注释】

① 刚掩:阳爻被阴爻掩盖。　② 所:居所,住所。　③ 尚口:崇尚空谈。

井

巽乎水而上水①,井。井养而不穷也②。"改邑不改井",乃以刚中也。"汔至,亦未繘井",未有功也③。"羸其瓶",是以凶也。

【注释】

① 巽乎水:指《巽》卦位于《坎》卦之下。上水:往上打水。　② 穷:穷尽。　③ 功:成效,功用。

革

革,水火相息①。二女同居,其志不相得,曰革。"巳日乃孚",革而信之。文明以说②,大亨以正。革而当,其悔乃亡。天地革,而四时成。汤武革命③,顺乎天而应乎人。革之时大矣哉。

【注释】

① 息:通"熄",熄灭,克制。 ② 文明以说:光明正大而喜悦。 ③ 汤武:指商朝的汤王和周朝的武王。革命:变革政令,变更政权。

鼎

鼎,象也①,以木巽火②,亨饪也③。圣人亨以享上帝④,而大亨以养圣贤。巽而耳目聪明⑤,柔进而上行,得中而应乎刚,是以"元亨"。

【注释】

① 象:俞樾《古书疑义举例》卷三以为当依《说文》作"像"。《说文》人部:"像,象也。从人象声,读若养字之养。" ② 以木巽火:把木头放进火中。巽:入。 ③ 亨饪:同"烹饪"。 ④ 享:祭祀。 ⑤ 聪:听力好,听得清楚。明:视力好,看得清楚。

震

震,"亨,震来虩虩",恐致福也①。"笑言哑哑",后有则也②。"震惊百里",惊远而惧迩也③。"不丧匕鬯",出可以守宗庙社稷,以为祭主也④。

【注释】

① 恐致福:由于恐惧而得到幸福。 ② 则:法则。 ③ 惊远而惧迩:使远近的人都感到害怕。迩:近。 ④ 以为:作为,当。祭主:主持祭祀的人。

艮

艮,止也。时止则止,时行则行。动静不失其时,其道光明。艮其止,止其所也。上下敌应①,不相与也②。是以"不获其身,行其庭,不见其人,无咎"也。

【注释】

① 敌应:不相应,敌对。 ② 与:交往,沟通。

渐

渐之进也，"女归吉"也。进得位，往有功也。进以正，可以正邦也。其位刚得中也。止而巽，动不穷也^①。

【注释】

① 穷：完结，到尽头。

归妹

归妹，天地之大义也。天地不交，而万物不兴。归妹，人之终始也。说以动^①，所归妹也。"征凶"，位不当也。"无攸利"，柔乘刚也。

【注释】

① 说以动：指《归妹》卦象为下兑上震，兑象征说（悦），震象征动。

丰

丰，大也。明以动，故丰。"王假之"，尚大也。"勿忧，宜日中"，宜照天下也。日中则昃^①，月盈则食^②，天地盈虚，与时消息^③，而况于人乎，况于鬼神乎？

【注释】

① 日中：太阳到天空正中。昃（zè仄）：太阳偏西。　② 食：亏损，缺损。　③ 消息：减少和增加。息：增加，生长。

旅

旅，"小亨"，柔得中乎外，而顺乎刚，止而丽乎明^①，是以"小亨，旅贞吉"也。旅之时义大矣哉。

【注释】

① 丽：附着。明：光明，指离卦的卦象。

巽

重巽以申命①。刚巽乎中正而志行②。柔皆顺乎刚,是以"小亨,利有攸往,利见大人"。

【注释】

① 重巽:指上卦、下卦都是《巽》卦。申:叙述,表明。命:政令。　② 巽:入,居于。

兑

兑,说也①。刚中而柔外,说以"利贞",是以顺乎天而应乎人。说以先民②,民忘其劳。说以犯难③,民忘其死。说之大,民劝矣哉④。

【注释】

① 说:喜悦。　② 先民:率领老百姓做事。先:领先,带头。　③ 犯难:冒险,面对困难。　④ 劝:奋力,受到鼓励。

涣

涣,亨,刚来而不穷,柔得位乎外而上同①。"王假有庙",王乃在中也。"利涉大川",乘木有功也②。

【注释】

① 柔得位乎外而上同:指六四爻居上卦阴位并与九五爻相配合。　② 乘木:指《坎》水位于《巽》木之上。

节

节,亨,刚柔分而刚得中。"苦节,不可贞",其道穷也。说以行险,当位以节,中正以通。天地节,而四时成①。节以制度②,不伤财,不害民。

【注释】

① 四时:四季。　② 节:节制,控制。

中孚

中孚，柔在内而刚得中。说而巽，孚乃化邦也[1]。"豚鱼吉"，信及豚鱼也[2]。"利涉大川"，乘木舟虚也[3]。中孚以"利贞"，乃应乎天也。

【注释】

① 孚乃化邦：诚实就能感化国民。　② 信及豚鱼：诚信之心影响到了猪和鱼。　③ 乘木舟虚：乘木船划过宽阔的河流。舟：用船渡。虚：指空荡的水面。

小过

小过，小者过而亨也。过以"利贞"，与时行也。柔得中，是以"小事吉"也。刚失位而不中，是以"不可大事"也。有飞鸟之象焉，"飞鸟遗之音，不宜上，宜下，大吉"，上逆而下顺也[1]。

【注释】

① 逆：不顺，违背。

既济

既济，"亨"，小者亨也。"利贞"，刚柔正而位当也[1]。"初吉"，柔得中也。"终"止则"乱"，其道穷也。

【注释】

① 位当：当位，指卦中阴爻、阳爻各居适宜之位。

未济

未济，"亨"，柔得中也。"小狐汔济"，未出中也[1]。"濡其尾，无攸利"，不续终也[2]。虽不当位，刚柔应也。

【注释】

① 未出中：不合中正之道。　② 不续终：不能继续到底。终：结束。

【问题分析】

1. 何谓"乾元""坤元"?

《彖传上》曰:"大哉乾元,万物资始,乃统天。"《文言传》曰:"乾元者,始而亨者也。"《乾》卦"元"字本为"大"或"始"义,《彖传》以为"乾元"是天的本质属性,指阳刚广大之德。朱熹《本义》云:"乾元,天德之大始,故万物之生,皆资之以为始。"传文"大哉乾元"是赞美天德刚健广大。后以"乾元"指天德或君王。

《彖传上》曰:"至哉坤元,万物资生,乃顺承天。""至哉坤元"是对大地之德的赞美。坤为地,"坤元"指大地的本质属性,即柔顺广大之德。孔颖达《正义》曰:"元是坤德之首,故连言之,犹《乾》之'元'德,与'乾'相连共文也。"

2. 《彖传》解释古经主要依据哪些理论方法?

《彖传》解释《周易》古经,使用了不少易学概念,如"刚柔""上下""内外""时义"等,所依据的理论主要有"中位说""当位说""应位说""尊位说""顺乘说""偕时说"等。

中位说 爻以得中位为吉,又有"正中(中正)""刚中""柔中"等情形。例如:
需,"有孚,光亨,贞吉",位乎天位,以正中也。

(《彖传上·需》)

无妄,刚自外来,而为主于内。动而健,刚中而应。

(《彖传上·无妄》)

同人,柔得位得中,而应乎乾,曰同人。

(《彖传上·同人》)

当位说 爻以当位为吉。"当位"或称"正""得位"。例如:
涣,亨,刚来而不穷,柔得位乎外而上同。

(《彖传下·涣》)

柔得中而上行,虽不当位,"利用狱"也。

(《彖传上·噬嗑》)

应位说 同位之爻阴阳相应则吉。同为阳爻,同为阴爻,叫敌应。例如:
小畜,柔得位而上下应之,曰小畜。

(《彖传上·小畜》)

艮其止,止其所也。上下敌应,不相与也。

(《彖传下·艮》)

尊位说　九五、六五之位为尊位，亦称"帝位"。例如：

大有，柔得尊位，大中，而上下应之，曰大有。

（《象传上·大有》）

刚中正，履帝位而不疚，光明也。

（《象传上·履》）

顺乘说　"顺"指阴爻居阳爻之下，顺承阳爻；"乘"指阴爻居阳爻之上，乘凌阳爻。顺承多吉，乘凌则不吉。例如：

刚巽乎中正而志行，柔皆顺乎刚，是以"小亨，利有攸往，利见大人"。

（《象传下·巽》）

夬，决也，刚决柔也。健而说，决而和。"扬于王庭"，柔乘五刚也。

（《象传下·夬》）

偕时说　亦称"适时说"，指因应特定环境、条件而变通。例如：

蒙，山下有险。险而止，蒙。蒙亨，以亨行，时中也。

（《象传上·蒙》）

艮，止也。时止则止，时行则行。动静不失其时，其道光明。

（《象传下·时》）

二篇应有时，损刚益柔有时，损益盈虚，与时偕行。

（《象传下·损》）

日中则昃，月盈则食；天地盈虚，与时消息，而况于人乎，况于鬼神乎？

（《象传下·丰》）

【语言文学及文化史扩展】

1. 承天　顺从天道。《传》曰："至哉坤元，万物资生，乃顺承天。"南朝·宋范晔《后汉书·郎顗传》："夫求贤者上以承天，下以为人。"唐代宫城南中门叫"承天门"，又有乐舞叫"承天舞"。

兵部尚书郭元振从上御承天门楼，大赦天下，自大辟罪已下无轻重咸赦除之。

（后晋　刘昫《旧唐书·睿宗纪》）

舞者二十人，分四部：一《景云舞》，二《庆善舞》，三《破阵舞》，四《承天舞》。……《承天乐》，舞四人，进德冠，紫袍，白裤。

（宋　欧阳修《新唐书·礼乐志》）

2. 刚柔

民禀天地之灵,含五常之德,刚柔迭用,喜愠分情。夫志动于中,则歌咏外发。

（南朝　沈约《宋书·谢灵运传论》）

然才有庸俊,气有刚柔,学有浅深,习有雅郑,并情性所铄,陶染所凝。是以笔区云谲,文苑波诡者矣。

（南朝·梁　刘勰《文心雕龙·体性》）

3. 草昧　本指天地初开时的混沌状态,引申指混乱的时世。

肇命人主,五德初始,同于草昧,玄混之中。

（南朝·宋　范晔《后汉书·班固传》）

草昧英雄起,讴歌历数归。

（唐　杜甫《重经昭陵》诗）

4. 含弘　指包容宽厚。

太仆赵岐衔命来征,宣明陛下含弘之施,蠲除细故,与下更新,奉诏之日,引师南辕。

（南朝·宋　范晔《后汉书·袁绍传》）

兹蠢类以忠义感胁从之伍,以含弘安反侧之徒。

（唐　刘禹锡《请赴行营表》）

5. 化成　指教化成功。

上设廉耻礼义以遇其臣,而臣不以节行报其上者,则非人类也。故化成俗定,则为人臣者,主耳忘身,国耳忘家,公耳忘私,利不苟就,害不苟去,唯义所在。

（汉　班固《汉书·贾谊传》）

6. 乾元　指天,指帝王。

大哉乾元,资日月以贞观;至哉坤元,凭山川以载物。

（唐　姚思廉《陈书·高祖纪上》）

配德乾元,恭承宗庙。徽音六宫,母仪天下。

（唐　房玄龄《晋书·孝武定皇后传》）

7. 坤元　指大地之德,臣仆之道。

故孕育群生者,君人之道也;乃顺承天者,坤元之义也。

（晋　陈寿《三国志·蜀书·后主传》）

8. 应天顺人　指顺应天命人心。

昔高祖神尧皇帝,义旗爰建,大号初兴,首赞皇基,定策京邑,用能神驱电扫,

227

应天顺人,龙跃紫微,光宅区夏。

(唐　陈子昂《为永昌父老劝追尊中山王表》)

9. 神道设教　指用神鬼迷信方式宣扬教化,统治人民。

借问刺麻何益国,神道设教安边策。

(清　魏源《都中吟·红刺麻》)

10. 文化　《传》曰:"刚柔交错,天文也。文明以止,人文也。观乎天文以察时变,观乎人文以化成天下。""天文"指天道,自然规律;"人文"指人伦序列,社会规律。"人文"和"化成天下"紧缩而成"文化",意谓"以文教化",即以人伦顺序之理教化世人。后以"文化"表示文治教化,与武力征服相对。例如:

圣人之治天下也,先文德而后武力。凡武之兴,为不服也。文化不改,然后加诛。夫下愚不移,纯德之所不能化,而后武力加焉。

(汉　刘向《说苑·指武》)

皇帝体膺上圣,运钟下武,冠五行之秀气,迈三代之英风。昭章云汉,晖丽日月,牢笼天地,弹压山川。设神理以景俗,敷文化以柔远。

(南朝·齐　王融《三月三日曲水诗序》)

【集评】

夫子所作《彖》辞,统论一卦之义,或说其卦之德,或说其卦之义,或说其卦之名,故《略例》云:"彖者何也? 统论一卦之体,明其所由之主。"案:褚氏、庄氏并云:"彖,断也,断定一卦之义,所以名为彖也。"但此《彖》释乾与元、亨、利、贞之德。但诸儒所说此《彖》分解四德,意各不同。今案:庄氏之说,于理稍密,依而用之。

(唐　孔颖达《周易正义》卷一)

《彖》即文王所系"元亨利贞"之辞。"《彖》曰"以下谓之《彖传》,孔子所以释《彖辞》也。彖,兽名,豕形而有六牙。卦有六爻,《彖》则总六爻之义,故以为名焉。

(清　陈梦雷《周易浅述》卷一)

《彖传》者,孔子所以释文王之意。先释名,后释辞。其释名则杂取诸卦象、卦德、卦体,有兼取者,有但取其一二者,要皆以传中首一句之义为重。如《屯》则"刚柔始交而难生",《蒙》则"山下有险",皆第一义也。释辞之体,尤为不一。有直据卦名而论其理者,有杂取卦象、卦德、卦体者,盖辞生于名。就文王本文观之,则据卦名而论其理者正也。然名既根于卦,则辞亦不离乎卦,杂而取之。一则所以尽名中之缊,以见辞义之有所从来;一则以为二体六爻吉凶之断例,而见辞义之无所不包也。

（清　李光地《御纂周易折中》卷九）

【问题与讨论】

1.《象传》解释卦爻辞有什么特点?

2. 谈谈《象传》的哲学价值。

象传上

乾

天行健①,君子以自强不息。

"潜龙勿用",阳在下也②。

"见龙在田",德施普也。

"终日乾乾",反复道也③。

"或跃在渊",进无咎也。

"飞龙在天",大人造也④。

"亢龙有悔",盈不可久也。

用九天德,不可为首也⑤。

【注释】

① 健:刚健。　② 阳在下:阳爻在下位。　③ 反复道:回到正道上。　④ 造:有所作

为。　⑤ 首:首领。

坤

地势坤①,君子以厚德载物。

"履霜""坚冰",阴始凝也②。驯致其道③,至坚冰也。

六二之动,直以方也。"不习,无不利",地道光也④。

"含章可贞",以时发也。"或从王事",知光大也⑤。

"括囊无咎",慎不害也。

"黄裳元吉"，文在中也^⑥。

"龙战于野"，其道穷也。

用六"永贞"，以大终也。

【注释】

① 坤：顺。　② 阴始凝：阴气开始凝结。　③ 驯：顺。致：达到。　④ 地道：大地的本性。光：光大，发扬。　⑤ 知：智慧。　⑥ 文：文采。

屯

云雷屯，君子以经纶^①。

虽"磐桓"，志行正也。以贵下贱^②，大得民也。

六二之难，乘刚也。"十年乃字"，反常也。

"即鹿无虞"，以从禽也^③。君子舍之，"往吝"，穷也。

求而往，明也。

"屯其膏"，施未光也。

"泣血涟如"，何可长也？

【注释】

① 经纶：治理国家。　② 以贵下贱：高贵者来到低贱的地方。　③ 从禽：追赶禽兽。

蒙

山下出泉，蒙。君子以果行育德^①。

"利用刑人"，以正法也^②。

"子克家"，刚柔接也。

"勿用取女"，行不顺也。

"困蒙"之吝，独远实也^③。

"童蒙"之吉，顺以巽也^④。

利用"御寇"，上下顺也。

【注释】

① 果行:果断地行动。　② 正法:严肃法纪。　③ 远实:远离实际。　④ 巽:谦逊。

需

云上于天,需。君子以饮食宴乐。

"需于郊",不犯难行也。"利用恒,无咎",未失常也。

"需于沙",衍在中也①。虽"小有言",以终吉也。

"需于泥",灾在外也。自我"致寇",敬慎不败也。

"需于血",顺以听也②。

"酒食贞吉",以中正也。

"不速之客"来,"敬之终吉",虽不当位,未大失也。

【注释】

① 衍:通"愆",差错,错误。　② 听:听命。

讼

天与水违行①,讼。君子以作事谋始。

"不永所事",讼不可长也。虽"小有言",其辩明也。

"不克讼",归逋,窜也②。自下讼上,患至掇也③。

"食旧德",从上吉也。

"复即命渝","安贞"不失也。

"讼元吉",以中正也。

以讼受服④,亦不足敬也。

【注释】

① 违行:相背而行。　② 窜:逃跑。　③ 掇(duō 多):拾取。　④ 受服:接受礼服。

师

地中有水,师。君子以容民畜众①。

"师出以律",失律凶也。

"在师中吉",承天宠也②。"王三锡命",怀万邦也③。

"师或舆尸",大无功也。

"左次无咎",未失常也。

"长子帅师",以中行也④。"弟子舆尸",使不当也。

"大君有命",以正功也⑤。"小人勿用",必乱邦也。

【注释】

① 畜:养育。　② 承天宠:得到上天的保佑。　③ 怀:招来。　④ 中行:行动适中。

⑤ 正功:指论功行赏。

比

地上有水,比。先王以建万国,亲诸侯。

比之初六,"有它"吉也。

"比之自内",不自失也。

"比之匪人",不亦伤乎!

"外比"于贤,以从上也①。

"显比"之吉,位正中也。舍逆取顺,"失前禽"也。"邑人不诫",上使中也②。

"比之无首",无所终也。

【注释】

① 从上:服从上级。上:上级,君王。　② 上使中:上级使用得当。中:中正。

小畜

风行天上,小畜。君子以懿文德①。

"复自道",其义吉也。

"牵复"在中,亦不自失也。

"夫妻反目",不能正室也②。

"有孚""惕出"，上合志也。

"有孚挛如"，不独富也。

"既雨既处"，德积载也③。"君子征凶"，有所疑也。

【注释】

① 懿(yì 义)：美好，使动用法。 ② 正室：理顺夫妻关系。 ③ 德积载：能够积聚运载。德：同"得"，"能够"之义。

履

上天下泽，履。君子以辩上下，定民志。

"素履"之往，独行愿也①。

"幽人贞吉"，中不自乱也。

"眇能视"，不足以有明也。"跛能履"，不足以与行也②。"咥人"之凶，位不当也。"武人为于大君"，志刚也。

"愬愬终吉"，志行也。

"夬履贞厉"，位正当也。

"元吉"在上，大有庆也。

【注释】

① 独行愿：专心实行他的志愿。 ② 以：俞樾《古书疑义举例》卷五以为是衍文。"古'与''以'二字通用。上句用'以'字，下句用'与'字，乃虚字变换之例。""学者不知'与'字之即'以'字，而更加'以'字于'与'字之上，转为不辞矣。"

泰

天地交，泰。后以财成天地之道①，辅相天地之宜②，以左右民③。

"拔茅""征吉"，志在外也。

"包荒"，"得尚于中行"，以光大也。

"无往不复"，天地际也④。

"翩翩不富"，皆失实也。"不戒以孚"，中心愿也⑤。

"以祉元吉",中以行愿也。

"城复于隍",其命乱也。

【注释】

① 后:君王。财:通"裁",规划,调节。 ② 相:辅助。宜:正当的事情。 ③ 左右:保佑。 ④ 际:交接,会合。 ⑤ 中心:心中。

否

天地不交,否。君子以俭德辟难①,不可荣以禄②。

"拔茅""贞吉",志在君也。

"大人否亨",不乱群也。

"包羞",位不当也。

"有命无咎",志行也。

大人之吉,位正当也。

"否"终则"倾",何可长也?

【注释】

① 辟:同"避"。 ② 荣以禄:荣耀而且有钱财。禄:指得到俸禄。

同人

天与火,同人。君子以类族辨物①。

出门同人,又谁咎也!

"同人于宗",吝道也。

"伏戎于莽",敌刚也②。"三岁不兴",安行也。

"乘其墉",义弗克也。其吉,则困而反则也③。

"同人"之先,以中直也。"大师""相遇",言相"克"也。

"同人于郊",志未得也。

【注释】

① 类族:将众物分类。辨:辨别。 ② 敌刚:与强大的军队相对抗。敌:作对,抵挡。
③ 反则:回到正确的轨道上。反:返回。则:原则,准则。

大有

火在天上,大有。君子以遏恶扬善①,顺天休命②。

大有初九,"无交害"也。

"大车以载",积中不败也。

"公用亨于天子",小人害也。

"匪其彭,无咎",明辩晢也③。

"厥孚交如",信以发志也。"威如"之吉,易而无备也④。

大有上吉,"自天祐"也。

【注释】

① 遏恶:制止邪恶。遏:阻止,制止。 ② 休:美好,用如动词,"改善"之义。 ③ 明
辩晢(zhé 哲):辨析清楚是明智的。晢:明智。 ④ 易:平易,和悦。备:防备,
戒备。

谦

地中有山,谦。君子以裒多益寡①,称物平施②。

"谦谦君子",卑以自牧也③。

"鸣谦贞吉",中心得也。

"劳谦君子",万民服也。

"无不利,撝谦",不违则也。

"利用侵伐",征不服也④。

"鸣谦",志未得也。可"用行师",征邑国也。

【注释】

① 裒(póu 掊)多益寡:把多余的拿来给予不足的。裒:取出。 ② 称物平施:权衡各
种事物而后公平地施予。称:衡量。 ③ 自牧:自我约束。牧:治理,制约。

④ 征不服：讨伐不服从命令的人。

豫

雷出地奋①，豫。先王以作乐崇德②，殷荐之上帝③，以配祖考④。

初六"鸣豫"，志穷凶也。

"不终日，贞吉"，以中正也。

"盱豫""有悔"，位不当也。

"由豫，大有得"，志大行也。

六五"贞疾"，乘刚也。"恒不死"，中未亡也。

"冥豫"在上，何可长也？

【注释】

① 奋：动。　② 作乐：创作音乐。崇德：尊崇功德。　③ 殷：盛大地。荐：进献，奉献。
④ 配：祭祀。祖考：祖先，祖宗。

随

泽中有雷，随。君子以向晦入宴息①。

"官有渝"，从正吉也。"出门交有功"，不失也。

"系小子"，弗兼与也②。

"系丈夫"，志舍下也③。

"随有获"，其义凶也。"有孚在道"，明功也。

"孚于嘉，吉"，位正中也。

"拘系之"，上穷也。

【注释】

① 向晦：接近黄昏，傍晚。宴息：休息。宴：安。　② 兼与：兼有。　③ 舍下：舍弃小的。

蛊

山下有风，蛊。君子以振民育德。

"干父之蛊",意承考也①。

"干母之蛊",得中道也。

"干父之蛊",终无咎也。

"裕父之蛊",往未得也。

"干父""用誉",承以德也②。

"不事王侯",志可则也③。

【注释】

① 意承考:志在继承先辈的事业。考:已死的父亲。　② 承以德:继承父业而得到赞誉。德:有美德。　③ 则:效法,学习。

临

泽上有地,临。君子以教思无穷①,容保民无疆②。

"咸临,贞吉",志行正也。

"咸临,吉,无不利",未顺命也。

"甘临",位不当也。"既忧之",咎不长也。

"至临,无咎",位当也。

"大君之宜",行中之谓也③。

"敦临"之吉,志在内也。

【注释】

① 教:教育,教化。思:关心,着想。　② 容保:容纳,保护。　③ 行中:行动适中。

观

风行地上,观。先王以省方观民设教①。

初六"童观",小人道也。

"窥观""女贞",亦可丑也②。

"观我生进退",未失道也。

"观国之光",尚宾也。

"观我生",观民也。

"观其生",志未平也。

【注释】

① 省(xǐng 醒)方:巡视邦国。省:视察,查看。方:邦。　② 丑:羞耻,羞愧。

噬嗑

电雷,噬嗑。先王以明罚敕法①。

"屦校灭趾",不行也。

"噬肤灭鼻",乘刚也。

"遇毒",位不当也。

"利艰贞,吉",未光也。

"贞厉,无咎",得当也。

"何校灭耳",聪不明也②。

【注释】

① 明罚敕(chì 赤)法:使刑罚严明,整顿法纪。敕:通"饬",整饬,整顿。　② 聪不明:听觉不好。

贲

山下有火,贲。君子以明庶政①,无敢折狱②。

"舍车而徒",义弗乘也。

"贲其须",与上兴也。

"永贞"之吉,终莫之陵也③。

六四,当位疑也。"匪寇,婚媾",终无尤也④。

六五之吉,有喜也。

"白贲,无咎",上得志也。

【注释】

① 庶政:各种政事。庶:众。 ② 折狱:处理诉讼。狱:官司,案件。 ③ 终莫之陵:最终没有人欺负她。陵:欺陵,侵犯。 ④ 尤:过错,麻烦。

剥

山附于地,剥。上以厚下安宅①。

"剥床以足",以灭下也。

"剥床以辨",未有与也②。

"剥之,无咎",失上下也。

"剥床以肤",切近灾也③。

"以宫人宠",终无尤也。

"君子得舆",民所载也。"小人剥庐",终不可用也。

【注释】

① 厚下安宅:厚待下民,使其安居立业。安宅:安居。 ② 与:帮助。 ③ 切近:迫近,逼近。

复

雷在地中,复。先王以至日闭关①,商旅不行②,后不省方③。

"不远"之复,以修身也。

"休复"之吉,以下仁也④。

"频复"之厉,义无咎也。

"中行独复",以从道也⑤。

"敦复,无悔",中以自考也⑥。

"迷复"之凶,反君道也。

【注释】

① 至日:指冬至之日。关:关口,关卡。 ② 商旅:商人和旅客。 ③ 后:王,君王。 ④ 下仁:对仁人谦恭有礼。 ⑤ 从道:遵从正道。 ⑥ 中:内心。自考:自我省察。

无妄

天下雷行,物与①,无妄。先王以茂对时育万物②。

"无妄"之往,得志也。

"不耕获",未富也。

"行人"得牛,"邑人"灾也。

"可贞,无咎",固有之也。

"无妄"之药,不可试也③。

"无妄"之行,穷之灾也。

【注释】

① 物与:万物聚合。与:联合。　② 茂:通"懋",勤奋,勉力。对时:顺应时令。育:养育。　③ 试:用。

大畜

天在山中,大畜。君子以多识前言往行①,以畜其德②。

"有厉,利已",不犯灾也。

"舆说辐",中无尤也。

"利有攸往",上合志也。

六四"元吉",有喜也。

六五之吉,有庆也。

"何天之衢",道大行也。

【注释】

① 多识前言往行:多记前人言行。识:记。前言:前人的言论。往行:古人的事迹。② 畜:培养。

颐

山下有雷,颐。君子以慎言语,节饮食。

"观我朵颐",亦不足贵也。

六二"征凶",行失类也①。

"十年勿用",道大悖也②。

"颠颐"之吉,上施光也。

"居贞"之吉,顺以从上也。

"由颐,厉,吉",大有庆也。

【注释】

① 行失类:行动不合规则。类:条例,规范。　② 悖:不顺,违背。

大过

泽灭木①,大过。君子以独立不惧,遁世无闷②。

"藉用白茅",柔在下也。

"老夫""女妻",过以相与也③。

"栋桡"之凶,不可以有辅也。

"栋隆"之吉,不桡乎下也④。

"枯杨生华",何可久也!"老妇""士夫",亦可丑也。

"过涉"之凶,不可咎也。

【注释】

① 灭:淹没。　② 遁世:远离凡世,隐居。闷:烦恼。　③ 过以相与:错误地相结合,指不适当的婚配。与:结合,联合。　④ 桡乎下:向下弯曲。

坎

水洊至①,习坎。君子以常德行②,习教事③。

"习坎"入坎,失道凶也。

"求小得",未出中也。

"来之坎坎",终无功也。

"樽酒,簋贰",刚柔际也。

"坎不盈",中未大也。

上六失道,凶三岁也。

【注释】

① 洊(jiàn 贱):两,再。 ② 常:通"尚",崇尚,尊重。 ③ 习:练习,熟悉。教事:教化之事。

离

明两作①,离。大人以继明照于四方②。

"履错"之敬,以辟咎也③。

"黄离,元吉",得中道也。

"日昃之离",何可久也!

"突如其来如",无所容也。

六五之吉,离王公也④。

"王用出征",以正邦也。

【注释】

① 明:指太阳。作:升起。 ② 继明:接受光明,得到光明。继:承受。 ③ 辟咎:避灾。辟:同"避"。 ④ 离:依附,附着。

象传下

咸

山上有泽,咸。君子以虚受人①。

"咸其拇",志在外也。

虽"凶,居吉",顺不害也。

"咸其股",亦不处也。志在"随"人,所"执"下也。

"贞吉,悔亡",未感害也。"憧憧往来",未光大也。

"咸其脢",志末也②。

"咸其辅颊舌",滕口说也③。

【注释】

① 以虚受人:虚心待人。受:容纳,包容。　② 志末:注重次要的东西。　③ 滕(téng
腾)口说:鼓动口舌说话。滕:张开,翻动。

恒

雷风恒,君子以立不易方①。

"浚恒"之凶,始求深也。

九二"悔亡",能久中也②。

"不恒其德",无所容也。

久非其位,安得"禽"也?

"妇人"贞吉,从一而终也③。"夫子"制义,从妇凶也④。

"振恒"在上,大无功也。

【注释】

① 立不易方:确立不可变更的准则。方:道术,准则。　② 久中:长久保持中正之道。
③ 从一而终:跟随一个丈夫直到老死。　④ 从妇:顺从妻子。

遁

天下有山,遁。君子以远小人①,不恶而严②。

"遁尾"之厉,不往何灾也!

"执""用黄牛",固志也。

"系遁"之厉,有疾惫也③。"畜臣妾吉",不可大事也。

"君子""好遁","小人否"也。

"嘉遁,贞吉",以正志也。

"肥遁,无不利",无所疑也。

【注释】

① 远小人:远离小人。　② 恶:厌恶,憎恶。严:严正,严肃。　③ 疾惫:疾病,困顿。

大壮

雷在天上,大壮。君子以非礼弗履①。

"壮于趾",其孚穷也。

九二"贞吉",以中也。

"小人用壮","君子用罔"也。

"藩决不羸",尚往也。

"丧羊于易",位不当也。

"不能退,不能遂",不详也②。"艰则吉",咎不长也。

【注释】

① 非礼弗履:不做不合礼的事情。履:实行,实践。　② 详:通"祥",吉祥,吉利。

晋

明出地上,晋。君子以自昭明德①。

"晋如摧如",独行正也。"裕无咎",未受命也。

"受兹介福",以中正也。

"众允"之志,上行也。

"鼫鼠,贞厉",位不当也。

"失得勿恤",往有庆也。

"维用伐邑",道未光也②。

【注释】

① 昭:显示,显耀。　② 道未光:王道没有普遍施行。

明夷

明入地中,明夷。君子以莅众①,用晦而明②。

"君子于行",义"不食"也。

六二之吉,顺以则也③。

"南狩"之志,乃大得也。

"入于左腹",获心意也。

"箕子"之贞,明不可息也④。

"初登于天",照四国也。"后入于地",失则也。

【注释】

① 莅(lì)众:统治民众。莅:管理,治理。 ② 用晦而明:使昏暗的变明亮,意指使愚蠢的变得聪明起来。用:使。晦:昏暗。 ③ 顺以则:顺从而守法则。 ④ 明:光亮,光辉。息:熄灭,消失。

家人

风自火出,家人。君子以言有物而行有恒①。

"闲有家",志未变也。

六二之吉,顺以巽也②。

"家人嗃嗃",未失也。"妇子嘻嘻",失家节也③。

"富家,大吉",顺在位也。

"王假有家",交相爱也。

"威如"之吉,反身之谓也④。

【注释】

① 言有物:说话有内容。行有恒:行动有恒心。恒:持久。 ② 巽:谦逊。 ③ 家节:家道,家规。 ④ 反身:自我反省。

睽

上火下泽,睽。君子以同而异①。

"见恶人",以辟咎也②。

"遇主于巷",未失道也。

"见舆曳",位不当也。"无初有终",遇刚也。

"交孚""无咎",志行也。

"厥宗噬肤",往有庆也。

"遇雨"之吉,群疑亡也③。

【注释】

① 同而异:既求相同又求相异。 ② 辟:同"避",躲避。 ③ 群疑亡:各种疑惑都消失了。亡:消失。

蹇

山上有水,蹇。君子以反身修德。

"往蹇来誉",宜待也①。

"王臣蹇蹇",终无尤也②。

"往蹇来反",内喜之也。

"往蹇来连",当位实也。

"大蹇朋来",以中节也③。

"往蹇来硕",志在内也。"利见大人",以从贵也④。

【注释】

① 宜待:应当等待。 ② 尤:差错。 ③ 中节:合乎法度。 ④ 从贵:追随贵人。

解

雷雨作,解。君子以赦过宥罪①。

刚柔之际,义"无咎"也。

九二"贞吉",得中道也。

"负且乘",亦可丑也。自我致戎②,又谁咎也③?

"解而拇",未当位也。

"君子""有解",小人退也。

"公用射隼",以解悖也④。

【注释】

① 赦过宥(yòu 又)罪：赦免有罪过的人。宥：宽恕，赦免。　② 致戎：招致军人来抢劫。戎：兵士，军人。　③ 咎：责怪，归罪于。　④ 解悖：清除叛逆者。悖：背叛，叛逆。

损

山下有泽，损。君子以惩忿窒欲①。

"巳事遄往"，尚合志也②。

九二"利贞"，中以为志也③。

"一人行"，"三"则疑也。

"损其疾"，亦可喜也。

六五"元吉"，自上祐也④。

"弗损，益之"，大得志也。

【注释】

① 惩忿窒(zhì 至)欲：压抑愤怒，杜绝私欲。惩：制止。窒：堵塞。　② 尚：想要。合志：意志相合。　③ 中以为志：以中正作为志向。　④ 上：上天，上帝。祐：保佑。

益

风雷益，君子以见善则迁①，有过则改。

"元吉，无咎"，下不厚事也②。

"或益之"，自外来也。

益"用凶事"，固有之也。

"告公从"，以益志也。

"有孚，惠心"，"勿问"之矣。"惠我德"，大得志也。

"莫益之"，偏辞也③。"或击之"，自外来也。

【注释】

① 见善则迁：看到好人好事就向它靠拢。　② 下不厚事：下民办事不拖拉。厚事：使事情变繁复。　③ 偏辞：不全面的言辞。偏：不正。

夬

泽上于天,夬。君子以施禄及下①,居德则忌②。

"不胜"而往,咎也。

"有戎,勿恤",得中道也。

"君子夬夬",终"无咎"也。

"其行次且",位不当也。"闻言不信",聪不明也③。

"中行无咎",中未光也。

"无号"之凶,终不可长也。

【注释】

① 施禄及下:把福禄施予下民。　② 居德:有功德而自傲。忌:禁止,不要做。　③ 聪:听,听觉。

姤

天下有风,姤。后以施命诰四方①。

"系于金柅",柔道牵也②。

"包有鱼",义不及"宾"也。

"其行次且",行未牵也。

"无鱼"之凶,远民也。

九五"含章",中正也。"有陨自天",志不舍命也③。

"姤其角",上穷"吝"也。

【注释】

① 后:君王。施命:发布命令。诰:告诫。　② 牵:牵制。　③ 舍命:违背天命。舍:舍弃,背弃。

萃

泽上于地,萃。君子以除戎器①,戒不虞②。

"乃乱乃萃",其志乱也。

"引吉,无咎",中未变也。

"往无咎",上巽也③。

"大吉,无咎",位不当也。

"萃有位",志未光也。

"赍咨涕洟",未安上也④。

【注释】

① 除:修整,修理。戎器:兵器,武器。　② 戒:防备。不虞:意外之事,想不到的事。
③ 上:崇尚。巽:谦逊。　④ 安上:适合上面的位子。

升

地中生木,升。君子以顺德,积小以高大①。

"允升,大吉",上合志也。

九二之"孚",有喜也。

"升虚邑",无所疑也。

"王用亨于岐山",顺事也。

"贞吉,升阶",大得志也。

"冥升"在上,消不富也②。

【注释】

① 积小以高大:从小事做起而成大业。　② 消不富:消耗钱财而不富裕。

困

泽无水,困。君子以致命遂志①。

"入于幽谷",幽不明也②。

"困于酒食",中有庆也③。

"据于蒺藜",乘刚也。"入于其宫,不见其妻",不祥也。

"来徐徐",志在下也。虽不当位,有与也④。

"劓刖",志未得也。"乃徐有说",以中直也。"利用祭祀",受福也。

"困于葛藟",未当也。"动悔有悔",吉行也。

【注释】

① 致命:献出生命。遂志:实现志愿。 ② 幽不明:幽暗而不明亮。 ③ 中:保持中正。 ④ 与:帮助。

井

木上有水,井。君子以劳民劝相①。

"井泥不食",下也。"旧井无禽",时舍也②。

"井谷射鲋",无与也。

"井渫不食",行"恻"也。求"王明",受福也。

"井甃,无咎",修井也。

"寒泉"之食,中正也。

"元吉"在上,大成也。

【注释】

① 劳民:为百姓操劳。劝相:鼓励互助。相:帮助。 ② 时舍:适时放弃。

革

泽中有火,革。君子以治历明时①。

"巩用黄牛",不可以有为也。

"巳日""革之",行有嘉也②。

"革言三就",又何之矣③?

"改命"之吉,信志也④。

"大人虎变",其文炳也⑤。

"君子豹变",其文蔚也⑥。"小人革面",顺以从君也。

【注释】

① 治历明时:修历法而定季节。历:历法。时:季节。 ② 行有嘉:做事会得到赞赏。

③ 何之:到哪里去。　④ 信志:表明志向。信:通"申",申明。　⑤ 文:文采,花
纹。炳:光明,鲜明。　⑥ 蔚:华美。

鼎

木上有火,鼎。君子以正位凝命①。

"鼎颠趾",未悖也。"利出否",以从贵也。

"鼎有实",慎所之也②。"我仇有疾",终无尤也。

"鼎耳革",失其义也。

"覆公𫗧",信如何也。

"鼎黄耳",中以为实也③。

"玉铉"在上,刚柔节也④。

【注释】

① 正位凝命:端正职位,严守使命。凝:巩固,坚定。　② 慎所之:出外要谨慎。之:
往,去。　③ 中以为实:中间充实。　④ 刚柔节:阴阳协调。节:协调,调节。

震

洊雷①,震。君子以恐惧修省②。

"震来虩虩",恐致福也。"笑言哑哑",后有则也③。

"震来厉",乘刚也。

"震苏苏",位不当也。

"震遂泥",未光也④。

"震往来厉",危行也。其事在中,大"无丧"也。

"震索索",中未得也。虽凶"无咎",畏邻戒也⑤。

【注释】

① 洊:两,重。　② 修省:修身反省。　③ 则:法则。　④ 光:光大。　⑤ 畏邻:使邻
居感到害怕。戒:防备,小心。

艮

兼山①,艮。君子以思,不出其位②。

"艮其趾",未失正也。

"不拯其随",未退听也③。

"艮其限",危"熏心"也。

"艮其身",止诸躬也④。

"艮其辅",以中正也。

"敦艮"之吉,以厚终也⑤。

【注释】

① 兼山:重叠的山。 ② 不出其位:指筹划事情不超越自己的本位。 ③ 退听:回来听取意见。 ④ 止诸躬:集中在自己身上。躬:身。 ⑤ 以厚终:以诚实结束。终:完结。

渐

山上有木,渐。君子以居,贤德善俗①。

"小子"之厉,义"无咎"也。

"饮食衎衎",不素饱也②。

"夫征不复",离群丑也③。"妇孕不育",失其道也。利用"御寇",顺相保也。

"或得其桷",顺以巽也④。

"终莫之胜,吉",得所愿也。

"其羽可用为仪,吉",不可乱也。

【注释】

① 贤德:看重有德才的人。善俗:改良风俗习惯。 ② 素饱:白吃。素:白白地。饱:吃饱。 ③ 丑:众人,同伙。 ④ 巽:谦逊。

归妹

泽上有雷,归妹。君子以永终知敝①。

"归妹以娣",以恒也。"跛能履",吉相承也^②。

"利幽人之贞",未变常也^③。

"归妹以须",未当也。

"愆期"之志,有待而行也^④。

"帝乙归妹","不如其娣之袂良"也。其位在中,以贵行也^⑤。

上六"无实",承虚筐也^⑥。

【注释】

① 永终:延长期限。永:长久。终:末尾,结果。敝:通"弊",弊病。 ② 吉相承:吉祥接连到来。 ③ 变常:改变常规。 ④ 行:出嫁。 ⑤ 以贵行:以高贵的身份出嫁。 ⑥ 承虚筐:拿着空篮子。

丰

雷电皆至^①,丰。君子以折狱致刑^②。

"虽旬无咎",过旬灾也。

"有孚发若",信以发志也。

"丰其沛",不可大事也。"折其右肱",终不可用也。

"丰其蔀",位不当也。"日中见斗",幽不明也。"遇其夷主",吉行也。

六五之吉,"有庆"也。

"丰其屋",天际翔也^③。"窥其户,阒其无人",自藏也。

【注释】

① 皆:通"偕",一同,一起。 ② 折狱致刑:断案执法。折狱:处理诉讼。致刑:执行刑罚。 ③ 天际翔:在天边飞翔。

旅

山上有火,旅。君子以明慎用刑^①,而不留狱^②。

"旅琐琐",志穷灾也。

"得童仆贞",终无尤也③。

"旅焚其次",亦以伤也。以旅与下④,其义丧也。

"旅于处",未得位也。"得其资斧",心未快也⑤。

"终以誉命",上逮也⑥。

以旅在上,其义焚也。"丧牛于易",终莫之闻也⑦。

【注释】

① 明慎用刑:使用刑罚既光明正大又认真谨慎。　② 留狱:处理诉讼拖拉怠慢。留:拖延,滞留。　③ 尤:过错。　④ 以旅与下:与手下的人一起旅行。　⑤ 快:高兴。　⑥ 上逮:上达,被上面知道。逮:及,达到。　⑦ 终莫之闻:最终没有人可怜他。闻:通"问",慰问,体恤。

巽

随风①,巽。君子以申命行事②。

"进退",志疑也。"利武人之贞",志治也。

"纷若"之吉,得中也。

"频巽"之吝,志穷也。

"田获三品",有功也③。

九五之吉,位正中也。

"巽在床下",上穷也④。"丧其资斧",正乎凶也⑤。

【注释】

① 随风:接连而来的风。随:接连,伴随。　② 申命行事:颁布命令,施行政事。　③ 有功:有收获。　④ 上穷:上面不通。穷:穷尽,完结。　⑤ 正乎凶:正处凶险之位。

兑

丽泽①,兑。君子以朋友讲习②。

"和兑"之吉,行未疑也。

"孚兑"之吉,信志也③。

"来兑"之凶,位不当也。

九四之"喜",有庆也。

"孚于剥",位正当也。

上六"引兑",未光也。

【注释】

① 丽泽:连续的水泽。丽:并连,连续。　② 朋友:交结朋友。讲习:切磋学问。
　③ 信:通"申",表明。

涣

风行水上,涣。先王以享于帝①,立庙②。

初六之"吉",顺也。

"涣奔其机",得愿也。

"涣其躬",志在外也。

"涣其群,元吉",光大也③。

"王居""无咎",正位也。

"涣其血",远害也。

【注释】

① 享:祭祀。　② 立庙:建立宗庙。　③ 光大:广大。

节

泽上有水,节。君子以制数度①,议德行②。

"不出户庭",知通塞也③。

"不出门庭,凶",失时极也④。

"不节"之"嗟",又谁咎也?

"安节"之"亨",承上道也⑤。

"甘节"之"吉",居位中也。

"苦节,贞凶",其道穷也。

【注释】

① 制数度:制定法度。数度:指各种礼仪与制度。 ② 议德行:评议道德行为。 ③ 通塞:指道路堵塞不通,偏义复合词,偏指"塞"。 ④ 失时:错过时机。极:达到顶点。 ⑤ 承上道:遵守君王之道。承:顺从,遵从。上:指君王。

中孚

泽上有风,中孚。君子以议狱缓死①。

初九"虞吉",志未变也。

"其子和之",中心愿也。

"或鼓或罢",位不当也。

"马匹亡",绝类上也②。

"有孚挛如",位正当也。

"翰音登于天",何可长也?

【注释】

① 议狱:审理案件。缓死:暂缓杀人。 ② 绝类上:杜绝相似事情发生。

小过

山上有雷,小过。君子以行过乎恭①,丧过乎哀②,用过乎俭③。

"飞鸟以凶",不可如何也。

"不及其君",臣不可过也④。

"从或戕之",凶如何也?

"弗过,遇之",位不当也。"往厉,必戒",终不可长也。

"密云不雨",已上也⑤。

"弗遇,过之",已亢也⑥。

【注释】

① 行过乎恭:行为过于恭敬。 ② 丧过乎哀:办丧事过于悲哀。 ③ 用过乎俭:日用过于节俭。 ④ 过:超过。 ⑤ 已上:过于在上了。已:太,过分。 ⑥ 已亢:太高了。亢:高,达到极点。

既济

水在火上,既济。君子以思患而豫防之^①。

"曳其轮",义"无咎"也。

"七日得",以中道也^②。

"三年克之",惫也。

"终日戒",有所疑也。

"东邻杀牛","不如西邻"之时也^③。"实受其福",吉大来也。

"濡其首,厉",何可久也?

【注释】

① 思患:想到灾患。豫防:同"预防"。　② 中道:保持中正之道。　③ 时:得时,适时。

未济

火在水上,未济。君子以慎辨物居方^①。

"濡其尾",亦不知极也^②。

九二"贞吉",中以行正也。

"未济,征凶",位不当也。

"贞吉,悔亡",志行也。

"君子之光",其晖吉也^③。

"饮酒"濡首,亦不知节也^④。

【注释】

① 辨物居方:辨别众物,治理国家。居:处。方:邦国。　② 极:准则。　③ 晖(huī 辉):阳光。　④ 节:节制。

【问题分析】

1.《象传》解释古经的方式有什么特点?

《象传》中解释每一卦的卦象及义理的文字叫《大象传》,解释每一爻的爻象及义蕴的文字叫《小象传》。《大象传》和《小象传》的解释方式各有特点。

《大象传》一般是先解释卦象，然后引申出对人世哲理的解释。如《大象传·蒙》："山下出泉，蒙。君子以果行育德。"其中"山下出泉"是释《蒙》的卦象，表示《蒙》卦由"山（艮）"和"泉（坎）"构成，艮在上，坎在下。"君子以果行育德"申述《蒙》卦的义理，认为君子可从《蒙》卦得到启发，使自己行动果决，并培育坚毅的心志。

《大象传》释卦象，其方式主要有如下几类（参孔颖达《周易正义》）：

直说上下卦象　如"云雷，屯"，表示《屯》卦象是上云（坎）下雷（震）；

上下卦象相对　如"上天下泽，履"，表示《履》卦象是上天（乾）下泽（兑）；

举上象而连于下　如"火在天上，大有"，表示《大有》卦象是上火（离）下天（乾）；

举下象以出上象　如"地上有水，比"，表示《比》卦象是下地（坤）上水（坎）；

举上象而出下象　如"地中有水，师"，表示《师》卦象是上地（坤）下水（坎）；

下象在上象之中　如"天在山中，大畜"，表示《大畜》卦象是下天（乾）上山（艮）。

《小象传》释爻象与爻义，主要取"爻位说"，如"中位说""当位说"等，与《象传》基本相同。所不同者，《小象传》有"有与""无与（未有与）"之辞，其意与"有应""无应"相当。例如：

"来徐徐"，志在下也。虽不当位，有与也。

（《象传下·困》）

"井谷射鲋"，无与也。

（《象传下·井》）

"剥床以辨"，未有与也。

（《象传上·剥》）

《小象传》除以象数解说爻辞外，还对爻辞的义理作了引申发挥。例如《乾》九二："见龙在田，利见大人。"《象传》曰："见龙在田，德施普也。"也有一些象辞只是表达一种疑问或感叹，并无特别的奥意。例如：

"泣血涟如"，何可长也？

（《象传上·屯》）

"否"终则"倾"，何可长也？

（《象传上·否》）

"革言三就",又何之矣?

(《象传下·革》)

出门同人,又谁咎也!

(《象传上·同人》)

"日昃之离",何可久也!

(《象传上·离》)

"濡其首,厉",何可久也!

(《象传下·既济》)

2. "自强不息""厚德载物"反映了怎样的文化精神?

"自强不息""厚德载物"体现了中华传统文化的基本精神。

《大象传》曰:"天行健,君子以自强不息。"孔颖达《正义》解释说:"行者,运动之称;健者,强壮之名,乾是众健之训。"《乾》为六十四卦之首,其上卦下卦都是乾,象征天;而天的品性是刚健运行,无有止息,无所改变,故说"天行健"。而人则要效法自然天象,自强不息,坚忍不拔,努力奋斗,决不懈怠。《易传》认为人应该像天一样无须外力而自我前行,强调人的刚健与主动性,体现的是一种进取精神、奋斗精神。

《大象传》曰:"地势坤,君子以厚德载物。"意思是说,大地广大厚实,沉静和顺,而人应该效法其道,增厚美德,容载万物。《说卦传》云:"坤也者,地也,万物皆致养焉。""坤,顺也。"《系辞传》云:"夫坤,天下之至顺也。"坤卦象征地,其品性是顺,"地势坤"即是讲地道的特点。"君子以厚德载物"是说人应当效法大地的厚实和顺之道,以宽厚之德包容万物。《易传》在强调人应积极有为的同时,也强调人要修身养性,培养宽厚、谦虚、和顺的美德。

【语言文学及文化史扩展】

1. 惩窒 "惩忿窒欲"的缩略,指克制愤怒,遏止情欲。

我亦近来知损益,只将惩窒度余生。

(宋 朱熹《感尚子平事》诗)

2. 交泰 《传》曰:"天地交,泰。"后以"交泰"指天地之气祥和,万物通泰。汉王符《潜夫论·班禄》:"是以天地交泰,阴阳和平,民无奸匿,机衡不倾,德气流布,而颂声作也。"明清皇宫有"交泰殿",在乾清宫后,坤宁宫前,取"天地交泰"之义。

东西各有角门,宫后披檐,东曰思政轩,西曰养德斋,再北则穿堂,居中圆殿曰交泰殿,其滲金圆顶,亦犹中极殿之制也。再北曰坤宁宫,则皇后所居也。

(明　刘若愚《酌中志·大内规制纪略》)

3. 遁世　避世,隐居。

臣闻遁世之士,非受匏瓜之性;幽居之女,非无怀春之情。

(宋　陆游《演连珠》诗)

4. 虎变　《传》曰:"大人虎变,其文炳也。"后以"虎变"比喻文章绮丽,富有波澜。

或本隐以之显,或求易而得难;或虎变而兽扰,或龙见而鸟澜。

(晋　陆机《文赋》)

5. 缓死　赦免死刑。

缓死恩殊厚,求生尾屡摇。

(宋　苏轼《获鬼章二十二韵》)

6. 丽泽　《传》曰:"丽泽,兑。君子以朋友讲习。"后以"丽泽"代指朋友间研讨切磋。

仆智不足而独为文,故始见进而卒以废。居草野八年,丽泽之益,镵砺之事,空于耳而荒于心。

(唐　柳宗元《送崔子符罢举诗序》)

【集评】

象者,像也,取其法象卦爻之德。

(唐　李鼎祚《周易集解》卷一)

《十翼》之中第三翼,总象一卦,故谓之"大象"。但万物之体,自然各有形象,圣人设卦以写万物之象。今夫子释此卦之所象,故言《象》曰"。天有纯刚,故有健用。今画纯阳之卦以比拟之,故谓之《象》。《象》在《彖》后者,《彖》详而《象》略也。是以过半之义,思在《彖》而不在《象》,有由而然也。……自此以下至"盈不可久",是夫子释六爻之《象》辞,谓之"小象"。以初九阳潜地中,故云"阳在下也"。经言"龙"而《象》言"阳"者,明经之称"龙",则阳气也。此一爻之象,专明天之自然之气也。"见龙在田,德施普"者,此以人事言之,用龙德在田,似圣人已出在世,道德恩施,能普遍也。

(唐　孔颖达《周易正义》卷一)

卦下象,解一卦之象;爻下象,解一爻之象。诸卦皆取象以为法,乾道覆育之象至大,非圣人莫能体,欲人皆可取法也,故取其"行健"而已,至健固足以见天道也。"君子以自强不息",法天行之健也。

(宋　程颐《程氏易传》卷一)

《象传》释名,或举卦象,或举卦德,或举卦体。《大象传》则专取两象以立义,而德体不与焉。又象下之辞,其于人事所以效动趋时者,既各有所指矣。《象传》所谓先王大人后君子之事,固多与《象》义相发明者。亦有自立一义,而出于《象传》之外者,其故何也?曰:象辞爻辞之传,专释文、周之书。《大象》之传,则所以示人读伏羲之《易》之凡也。

(清　李光地《御纂周易折中》卷十一)

书不尽言,言不尽意。故圣人立象以尽意。卦之上下两象,伏羲所取。六爻之象,周公所系也。此节谓之"大象",孔子作《传》以释伏羲所取之象也。"潜龙"以下,谓之"小象",孔子作《传》以释周公所取之象也。……凡"大象"之传,皆夫子所自取,故与卦爻不相属。

(清　陈梦雷《周易浅述》卷一)

【问题与讨论】

1.《象传》与《象传》的解经方式有何不同?
2. "承""乘"和阴、阳两性的关系如何? 试分析"承乘说"所反映的思想内容。

系辞传上

天尊地卑,乾坤定矣。卑高以陈[1],贵贱位矣[2]。动静有常,刚柔断矣。方以类聚[3],物以群分,吉凶生矣。在天成象,在地成形,变化见矣[4]。是故刚柔相摩[5],八卦相荡,鼓之以雷霆,润之以风雨。日月运行,一寒一暑。乾道成男,坤道成女。乾知大始[6],坤作成物。乾以易知[7],坤以简能[8];易则易知,简则易从;易知则有亲,易从则有功;有亲则可久,有功则可大;可久则贤人之德,可大则贤人之业。易简,而天下之理得矣。天下之理得,而成位乎其中矣。

【注释】

① 陈:陈列,摆放。 ② 位:定位,区别开来。 ③ 方:邦国,区域。 ④ 见:显现。
⑤ 摩:摩擦。 ⑥ 知:作为,创造。大始:原始,最初。 ⑦ 易:简易,简单。知:同
"智",显示智慧。 ⑧ 能:显示功能。

圣人设卦观象,系辞焉而明吉凶①。刚柔相推②,而生变化。是故,
吉凶者,失得之象也。悔吝者,忧虞之象也③。变化者,进退之象也。刚
柔者,昼夜之象也。六爻之动,三极之道也④。是故,君子所居而安者,
《易》之序也。所乐而玩者⑤,爻之辞也。是故,君子居则观其象而玩其
辞,动则观其变而玩其占。是以自天祐之,吉无不利。

【注释】

① 系辞:指在卦爻后面写上卦辞爻辞。系:系连,附属。 ② 刚柔:指阳爻、阴爻。
③ 虞:顾虑。 ④ 三极:指天、地、人"三才"。 ⑤ 玩:玩味,体味。

彖者①,言乎象者也。爻者②,言乎变者也。吉凶者,言乎其失得也。
悔吝者,言乎其小疵也③。无咎者,善补过也。是故,列贵贱者存乎位④,
齐小大者存乎卦,辩吉凶者存乎辞,忧悔吝者存乎介⑤,震无咎者存乎
悔⑥。是故,卦有小大,辞有险易⑦。辞也者,各指其所之⑧。

【注释】

① 彖:指卦辞。 ② 爻:指爻辞。 ③ 小疵:小毛病,小过错。 ④ 列贵贱:显示贵贱
差别。存乎位:在于爻位。 ⑤ 介:指细小的方面。 ⑥ 震无咎:指提醒不要犯错
误。震:振奋。 ⑦ 险易:凶险和平安。易:平易。 ⑧ 所之:所去的方向。之:
去,前往。

《易》与天地准,故能弥纶天地之道①。仰以观于天文,俯以察于地
理,是故知幽明之故②。原始反终③,故知死生之说。精气为物,游魂为
变,是故知鬼神之情状。与天地相似,故不违。知周乎万物④,而道济天
下,故不过⑤。旁行而不流⑥,乐天知命,故不忧。安土敦乎仁⑦,故能爱。

范围天地之化而不过⑧,曲成万物而不遗⑨,通乎昼夜之道而知,故神无方而《易》无体。

【注释】

① 弥(mí迷)纶:统属,蕴含。弥:遍,满。纶:清理,整理。　② 幽明:指阴阳变化。幽:阴暗。　③ 原始反终:追溯源头,推究结果。原:追源,推究。反:反思,推究。　④ 知:智慧。周:遍及。　⑤ 过:偏差,过分。　⑥ 旁:普遍,广泛。　⑦ 安土敦乎仁:安于所居,富有仁爱之心。敦:厚,富于。　⑧ 范围:包括。　⑨ 曲:完全,周到。成:创造,产生。遗:丢失,遗弃。

　　一阴一阳之谓道,继之者善也,成之者性也。仁者见之谓之仁,知者见之谓之知。百姓日用而不知,故君子之道鲜矣①。显诸仁②,藏诸用,鼓万物而不与圣人同忧,盛德大业,至矣哉! 富有之谓大业,日新之谓盛德。生生之谓易,成象之谓乾,效法之谓坤,极数知来之谓占③,通变之谓事,阴阳不测之谓神。

【注释】

① 鲜:少。　② 显诸仁:在仁德上面显现出来。诸:相当"之于"。　③ 极数知来:穷尽数理,预知未来。数:指蓍草的数目。

　　夫《易》,广矣大矣,以言乎远则不御①,以言乎迩则静而正,以言乎天地之间则备矣。夫乾,其静也专②,其动也直,是以大生焉。夫坤,其静也翕③,其动也辟④,是以广生焉。广大配天地,变通配四时,阴阳之义配日月,易简之善配至德。子曰:"《易》其至矣乎! 夫《易》,圣人所以崇德而广业也。知崇礼卑⑤,崇效天,卑法地⑥,天地设位,而易行乎其中矣。成性存存⑦,道义之门。"

【注释】

① 不御:不可穷尽,没有止境。　② 专:通"抟(tuán团)",圆圆的样子。　③ 翕(xī西):收缩,闭合。　④ 辟:开,打开。　⑤ 知崇礼卑:智慧高深而礼仪谦卑。知:同

"智"。崇:高。 ⑥ 法:仿效。 ⑦ 成性存存:已成的天性连绵不绝。存存:存而又存。

圣人有以见天下之赜①,而拟诸其形容②,象其物宜③,是故谓之象。圣人有以见天下之动,而观其会通,以其行典礼。系辞焉以断其吉凶,是故谓之爻,言天下之至赜而不可恶也④,言天下之至动而不可乱也。拟之而后言,议之而后动,拟议以成其变化。"鸣鹤在阴,其子和之。我有好爵,吾与尔靡之。"子曰:"君子居其室,出其言,善,则千里之外应之,况其迩者乎! 居其室,出其言,不善,则千里之外违之⑤,况其迩者乎! 言出乎身,加乎民。行发乎迩,见乎远。言行,君子之机枢⑥。机枢之发,荣辱之主也。言行,君子之所以动天地也,可不慎乎?""同人,先号咷而后笑。"子曰:"君子之道,或出或处,或默或语⑦,二人同心,其利断金。同心之言,其臭如兰⑧。"

【注释】

① 有以:有办法,有可能。赜(zé 责):深奥,指深奥的道理。 ② 拟诸其形容:通过形象表现出来。拟:摹拟,表现。形容:形态,表象。 ③ 象:象征,表现。物宜:事物的本质。 ④ 恶:厌恶。 ⑤ 违:背离,反对。 ⑥ 机枢:关键。 ⑦ 默:不说话,沉默。 ⑧ 臭(xiù 秀):气味。

初六:"藉用白茅,无咎。"子曰:"苟错诸地而可矣①,藉之用茅,何咎之有? 慎之至也。夫茅之为物薄,而用可重也。慎斯术也以往,其无所失矣。""劳谦,君子有终,吉。"子曰:"劳而不伐②,有功而不德,厚之至也。语以其功下人者也③。德言盛,礼言恭。谦也者,致恭以存其位者也。""亢龙有悔。"子曰:"贵而无位,高而无民,贤人在下位而无辅,是以动而有悔也。""不出户庭,无咎。"子曰:"乱之所生也,则言语以为阶④。君不密则失臣,臣不密则失身,几事不密则害成⑤,是以君子慎密而不出也。"子曰:"作《易》者,其知盗乎? 《易》曰:'负且乘,致寇至。'负也者,小人之事也。乘也者,君子之器也。小人而乘君子之器,盗思夺之矣。上慢下暴^⑥，盗思伐之矣。慢藏诲盗，冶容诲淫^⑦。《易》曰："负且乘，致寇至。'盗之招也。"

【注释】

① 苟：如果。错：同"措"，放置。　② 伐：夸耀，自夸。　③ 语以其功下人者也：说的是有功劳但对人谦卑有礼。下人：下于人，对人谦卑。　④ 言语以为阶：言语是灾祸的阶梯。　⑤ 几事：机要大事。几：机密，机要。　⑥ 慢：马虎，不谨慎。诲：引诱，教会。　⑦ 冶：艳丽，妖冶。

大衍之数五十^①，其用四十有九。分而为二以象两^②，挂一以象三^③，揲之以四以象四时^④，归奇于扐以象闰^⑤，五岁再闰^⑥，故再扐而后挂。天数五，地数五，五位相得而各有合。天数二十有五，地数三十。凡天地之数五十有五，此所以成变化而行鬼神也。《乾》之策二百一十有六^⑦，《坤》之策百四十有四，凡三百有六十，当期之日^⑧。二篇之策，万有一千五百二十，当万物之数也。是故四营而成《易》^⑨，十有八变而成卦。八卦而小成，引而伸之，触类而长之，天下之能事毕矣。显道神德行，是故可与酬酢^⑩，可与祐神矣。

【注释】

① 大衍：总的演算。衍：演算，推演。数：指蓍草的数目。　② 两：指天、地两仪。　③ 挂一：指抽出一根蓍草。三：指天、地、人三才。　④ 揲(shé 舌)：算数，数数目。　⑤ 奇(jī 基)：零数，余数。扐(lè 勒)：手指间。　⑥ 再闰：两次闰月。　⑦ 策：指蓍草数目。　⑧ 当期(jī 基)之日：相当于一年的总天数。期：一周年。　⑨ 四营：指分二、挂一、揲四、归奇四个演算程序。　⑩ 酬酢：应酬，应对。

子曰："知变化之道者，其知鬼神之所为乎？《易》有圣人之道四焉：以言者尚其辞^①，以动者尚其变，以制器者尚其象，以卜筮者尚其占。"是以君子将有为也，将有行也，问焉而以言，其受命也如响^②，无有远近幽深，遂知来物^③。非天下之至精，其孰能与于此^④！参伍以变^⑤，错综其数^⑥，通其变，遂成天下之文^⑦。极其数，遂定天下之象。非天下之至变，其孰能与于此!《易》,无思也,无为也,寂然不动,感而遂通天下之故⑧。非天下之至神,其孰能与于此! 夫《易》,圣人之所以极深研几也⑨。唯深也,故能通天下之志。唯几也,故能成天下之务。唯神也,故不疾而速,不行而至。子曰"《易》有圣人之道四焉"者,此之谓也。

【注释】

① 尚:看重,崇尚。　② 受命:指接受占卜者的询问和请求。响:回声。　③ 来物:未来的事情。　④ 与于此:达到这种地步。与:及,达到。　⑤ 参伍:错杂,交替。参:三。伍:五。　⑥ 错综:交叉综合。　⑦ 文:指文德教化。　⑧ 故:事。⑨ 极深:达到幽深之处。研几:揣摩事物的隐微苗头。

　　天一,地二;天三,地四;天五,地六;天七,地八;天九,地十。子曰:"夫《易》,何为者也? 夫《易》,开物成务①,冒天下之道②,如斯而已者也。"是故,圣人以通天下之志,以定天下之业,以断天下之疑。是故,蓍之德圆而神③,卦之德方以知④,六爻之义易以贡⑤。圣人以此洗心,退藏于密,吉凶与民同患。神以知来,知以藏往⑥,其孰能与于此哉! 古之聪明睿知、神武而不杀者夫! 是以明于天之道,而察于民之故,是兴神物⑦,以前民用⑧。圣人以此齐戒⑨,以神明其德夫! 是故阖户谓之坤⑩,辟户谓之乾⑪。一阖一辟谓之变,往来不穷谓之通。见乃谓之象,形乃谓之器,制而用之谓之法,利用出入,民咸用之谓之神。

【注释】

① 开物:揭示事物的真相。成务:成就事业,完成事务。　② 冒:覆盖,包含。③ 蓍:占卦用的蓍草,指蓍占。圆:圆通。　④ 方:方正,正直。知:同"智",聪明。⑤ 易:变易。贡:告诉,告知。　⑥ 知:同"智"。藏往:包含着过去的经历。⑦ 是兴神物:于是创造神奇的算卦方法。神物:指算卦用的蓍草。　⑧ 以前民用:让老百姓预先知道如何行动。　⑨ 齐戒:同"斋戒",指清静无为,自我约束。⑩ 阖(hé 合)户:关门。　⑪ 辟户:开门。

　　是故,《易》有太极,是生两仪①;两仪生四象②;四象生八卦;八卦定吉凶,吉凶生大业。是故,法象莫大乎天地,变通莫大乎四时,县象著明莫大乎日月③,崇高莫大乎富贵。备物致用,立成器以为天下利④,莫大乎圣人。探赜索隐⑤,钩深致远⑥,以定天下之吉凶,成天下之亹亹者⑦,莫大乎蓍龟。是故,天生神物,圣人则之。天地变化,圣人效之。天垂象,见吉凶,圣人象之。河出图⑧,洛出书⑨,圣人则之。易有四象,所以示也。系辞焉,所以告也。定之以吉凶,所以断也。《易》曰:"自天祐之,吉无不利。"子曰:"祐者,助也,天之所助者顺也,人之所助者信也。履信思乎顺⑩,又以尚贤也⑪。是以自天祐之,吉无不利也。"

【注释】

① 两仪:指天、地两极。　② 四象:指春、夏、秋、冬四季。　③ 县:同"悬",悬挂。著:显示,显露。　④ 立成器:制成可用的器具。　⑤ 探赜:探求深奥的道理。索隐:探索隐密的事物。　⑥ 钩深:探讨深奥的东西。致远:深入到事物的内部。　⑦ 亹亹(wěi 伪):微妙深远的样子。　⑧ 河:黄河。图:图象。　⑨ 洛:洛水。书:文字,符号。　⑩ 履信:讲究诚信。履:实行。　⑪ 尚贤:尊敬贤人。

子曰:"书不尽言①,言不尽意。"然则圣人之意,其不可见乎②? 子曰:"圣人立象以尽意,设卦以尽情伪③,系辞焉以尽其言,变而通之以尽利,鼓之舞之以尽神④。"乾坤,其《易》之缊邪⑤! 乾坤成列,而《易》立乎其中矣。乾坤毁,则无以见《易》。《易》不可见,则乾坤或几乎息矣⑥。是故,形而上者谓之道⑦,形而下者谓之器⑧。化而裁之谓之变,推而行之谓之通,举而错之天下之民谓之事业⑨。是故,夫象,圣人有以见天地之赜,而拟诸其形容,象其物宜,是故谓之象。圣人有以见天下之动,而观其会通,以行其典礼,系辞焉以断其吉凶,是故谓之爻。极天下之赜者存乎卦,鼓天下之动者存乎辞,化而裁之存乎变,推而行之存乎通,神而明之存乎其人,默而成之,不言而信⑩,存乎德行。

【注释】

① 书:指书面文字。　② 见:表现,显现。　③ 情:实情,真情。伪:虚伪,不真实的情

况。　④ 鼓:振动,推动。舞:舞动,摇动。神:神妙。　⑤ 缊(yùn 运):通"蕴",深奥之处,精髓。　⑥ 息:熄灭,消失。　⑦ 形而上:在事物形体之上,指抽象的东西。道:理论形态,精神。　⑧ 形而下:在事物形体之下,指具体的东西。器:指具体的物质形态。　⑨ 错之天下之民:推行到天下百姓之中去。错:通"措",施行。⑩ 信:有信用,得到信任。

系辞传下

八卦成列,象在其中矣。因而重之①,爻在其中矣。刚柔相推,变在其中矣。系辞焉而命之,动在其中矣。吉凶悔吝者,生乎动者也。刚柔者,立本者也。变通者,趣时者也②。吉凶者,贞胜者也③。天下之道,贞观者也④。日月之道,贞明者也⑤。天下之动,贞夫一者也。夫乾,确然示人易矣⑥。夫坤,隤然示人简矣⑦。爻也者,效此者也。象也者,像此者也。爻象动乎内,吉凶见乎外,功业见乎变,圣人之情见乎辞。天地之大德曰生,圣人之大宝曰位,何以守位曰仁,何以聚人曰财,理财正辞,禁民为非曰义⑧。

【注释】

① 因:沿袭,因袭。重:重叠。　② 趣时:顺应时势。趣:通"趋"。　③ 贞胜:以胜为正。贞:正。　④ 观:显示。　⑤ 明:光明。　⑥ 确然:坚定的样子。易:简单,简易。　⑦ 隤(tuí 颓)然:柔顺的样子。　⑧ 为非:做坏事。

古者包牺氏之王天下也①,仰则观象于天,俯则观法于地,观鸟兽之文与地之宜②,近取诸身③,远取诸物,于是始作八卦,以通神明之德,以类万物之情④。作结绳而为罔罟⑤,以佃以渔⑥,盖取诸《离》⑦。

【注释】

① 包牺:即伏羲。王:统治。　② 文:纹路,指足迹。宜:指适合生长的东西。　③ 取诸身:从自己身上取象。　④ 类:体现,反应。　⑤ 罔:通"网"。罟(gǔ 古):网。

⑥佃(tián 田)：打猎。　⑦取诸《离》：从《离》卦的卦象得到启发。

包牺氏没①，神农氏作②，斲木为耜③，揉木为耒④，耒耨之利，以教天下，盖取诸《益》。日中为市⑤，致天下之民，聚天下之货，交易而退，各得其所，盖取诸《噬嗑》。

【注释】

① 没：死。　② 作：兴起，出现。　③ 斲(zhuó 灼)：砍伐。耜(sì 四)：一种像锹的农具。　④ 揉(róu 柔)：使变形。耒(lěi 垒)：一种木制翻土的农具。　⑤ 市：集市，贸易市场。

神农氏没，黄帝尧舜氏作，通其变，使民不倦，神而化之，使民宜之。《易》，穷则变，变则通，通则久。是以自天祐之，吉无不利。黄帝尧舜垂衣裳而天下治①，盖取诸《乾》、《坤》。刳木为舟②，剡木为楫③，舟楫之利，以济不通致远④，以利天下，盖取诸《涣》。服牛乘马⑤，引重致远⑥，以利天下，盖取诸《随》。重门击柝⑦，以待暴客，盖取诸《豫》。断木为杵⑧，掘地为臼⑨，臼杵之利，万民以济，盖取诸《小过》。弦木为弧⑩，剡木为矢⑪，弧矢之利，以威天下，盖取诸《睽》。上古穴居而野处，后世圣人易之以宫室，上栋下宇⑫，以待风雨，盖取诸《大壮》。古之葬者，厚衣之以薪⑬，葬之中野，不封不树⑭，丧期无数，后世圣人易之以棺椁⑮，盖取诸《大过》。上古结绳而治，后世圣人易之以书契⑯，百官以治，万民以察，盖取诸《夬》。

【注释】

① 垂衣裳：指无所作为。垂：下垂。衣：上衣。裳：下衣。　② 刳(kū 哭)：剖开，挖空。　③ 剡(yǎn 眼)：砍，削。楫(jí 吉)：船桨。　④ 济不通：指渡过不可通过的河流。济：渡过。致远：到达远方。　⑤ 服牛乘马：用牛马驾车。服：驾驭。乘马：用马驾车。　⑥ 引重：运输重物。引：拉。　⑦ 重门：安上双重的门。柝(tuò 拓)：巡夜打更的梆子。　⑧ 杵(chǔ 储)：舂米的棒槌。　⑨ 臼(jiù 旧)：捣米的坑。　⑩ 弧：木弓。　⑪ 矢：箭。　⑫ 栋：房梁。宇：屋檐。　⑬ 衣之以薪：用柴草覆盖。衣：穿

衣,指裹身。　⑭封:堆土掩埋。树:植树,树立标志。　⑮椁(guǒ果):外棺,棺材外面的棺材。　⑯书契:指文字。契:用刀刻画。

　　是故,《易》者,象也。象也者,像也。象者,材也①。爻也者,效天下之动者也。是故,吉凶生而悔吝著也②。阳卦多阴,阴卦多阳,其故何也?阳卦奇,阴卦耦③。其德行何也?阳一君而二民,君子之道也。阴二君而一民,小人之道也。

【注释】
① 材:通"裁",裁决,判断。　② 著:显现。　③ 耦:同"偶",偶数,双数。

　　《易》曰:"憧憧往来,朋从尔思。"子曰:"天下何思何虑?天下同归而殊涂①,一致而百虑②,天下何思何虑?日往则月来,月往则日来,日月相推而明生焉。寒往则暑来,暑往则寒来,寒暑相推而岁成焉。往者,屈也。来者,信也③。屈信相感,而利生焉。尺蠖之屈④,以求信也。龙蛇之蛰⑤,以存身也。精义入神,以致用也。利用安身,以崇德也。过此以往,未之或知也⑥。穷神知化,德之盛也。"

【注释】
① 殊涂:不同路。涂:同"途"。　② 一致:指目标一样。百虑:有多种想法。　③ 信:通"伸",伸展。　④ 蠖(huò获):蛾类的幼虫。　⑤ 蛰(zhé哲):蛰伏,潜藏不动。　⑥ 未之或知:不知道其他。或:语气词。

　　《易》曰:"困于石,据于蒺藜,入于其宫,不见其妻,凶。"子曰:"非所困而困焉,名必辱。非所据而据焉,身必危。既辱且危,死期将至,妻其可得见耶?"
　　《易》曰:"公用射隼于高墉之上,获之,无不利。"子曰:"隼者,禽也。弓矢者,器也。射之者,人也。君子藏器于身,待时而动,何不利之有?动而不括①,是以出而有获,语成器而动者也②。"

【注释】

① 括:扣,结扎。 ② 语成器而动者也:说的是先准备器具而后才行动这种情况。

子曰:"小人不耻不仁,不畏不义,不见利不劝①,不威不惩②,小惩而大诫③,此小人之福也。《易》曰:'屦校灭趾,无咎。'此之谓也。善不积,不足以成名;恶不积,不足以灭身。小人以小善为无益,而弗为也;以小恶为无伤,而弗去也。故恶积而不可掩,罪大而不可解。《易》曰:'何校灭耳,凶。'"

【注释】

① 劝:努力,鼓励。 ② 惩:因受打击而引起警觉,警戒。 ③ 诫:警戒。

子曰:"危者,安其位者也;亡者,保其存者也;乱者,有其治者也。是故,君子安而不忘危,存而不忘亡,治而不忘乱,是以身安而国家可保也。《易》曰:'其亡其亡,系于苞桑。'"

子曰:"德薄而位尊,知小而谋大①,力小而任重,鲜不及矣②。《易》曰:'鼎折足,覆公𫗧,其形渥,凶。'言不胜其任也。"

【注释】

① 知:智慧。 ② 鲜:很少。及:指遭遇灾乱。

子曰:"知几其神乎! 君子上交不谄,下交不渎①,其知几乎! 几者,动之微,吉凶之先见者也。君子见几而作,不俟终日②。《易》曰:'介于石,不终日,贞吉。'介如石焉③,宁用终日④,断可识矣。君子知微知彰,知柔知刚,万夫之望⑤。"

【注释】

① 渎:轻慢,不敬。 ② 俟(sì 四):等待。 ③ 介如石:如山石一般坚定。 ④ 宁用终日:哪里要用一整天时间。宁:岂,哪里。 ⑤ 万夫之望:万人都在盼望。夫:人。

子曰:"颜氏之子,其殆庶几乎①!有不善未尝不知,知之未尝复行也。《易》曰:'不远复,无祗悔,元吉。'天地絪缊②,万物化醇③。男女构精④,万物化生。《易》曰:'三人行,则损一人;一人行,则得其友。'言致一也。"

【注释】

① 殆:大概。庶几:接近成功,差不多可以。 ② 絪缊(yīn yūn 因晕):同"氤氲",融合弥漫的样子。 ③ 化醇:变得复杂多样。醇:厚,多。 ④ 构精:交合。

子曰:"君子安其身而后动,易其心而后语①,定其交而后求,君子修此三者,故全也。危以动,则民不与也②。惧以语,则民不应也。无交而求,则民不与也。莫之与③,则伤之者至矣。《易》曰:'莫益之,或击之,立心勿恒,凶。'"

【注释】

① 易:平易,平静。语:说话。 ② 与:帮助。 ③ 莫之与:没有人帮助他。

子曰:"乾坤,其《易》之门邪!乾,阳物也。坤,阴物也。阴阳合德,而刚柔有体,以体天地之撰①,以通神明之德。其称名也,杂而不越,于稽其类②,其衰世之意邪!夫《易》,彰往而察来,而微显阐幽③。开而当名辨物④,正言断辞⑤,则备矣。其称名也小,其取类也大。其旨远⑥,其辞文⑦。其言曲而中⑧,其事肆而隐⑨。因贰以济民行⑩,以明失得之报。"

【注释】

① 体:体现,表现。撰:创作,指天地间的万事万物。 ② 于:结构助词。稽:考察,查考。 ③ 微显阐幽:使细微隐蔽的东西显现出来。阐:揭开,阐明。 ④ 当名:使名称适当。辨物:辨别事物。 ⑤ 正言断辞:使言辞适当果断。断:果断。 ⑥ 旨:旨意,意思。 ⑦ 文:有文采,华美。 ⑧ 曲:周到,全面。中:中肯,适当。 ⑨ 肆:直率。隐:深奥,深刻。 ⑩ 贰:二,指乾坤二卦蕴含的阴阳之理。济民行:指导百姓的行动。

　　《易》之兴也,其于中古乎^①? 作《易》者,其有忧患乎? 是故,《履》,德之基也;《谦》,德之柄也;《复》,德之本也;《恒》,德之固也;《损》,德之修也;《益》,德之裕也;《困》,德之辨也;《井》,德之地也;《巽》,德之制也。《履》,和而至;《谦》,尊而光;《复》,小而辨于物;《恒》,杂而不厌;《损》,先难而后易;《益》,长裕而不设;《困》,穷而通;《井》,居其所而迁;《巽》,称而隐。《履》以和行,《谦》以制礼,《复》以自知,《恒》以一德^②,《损》以远害,《益》以兴利,《困》以寡怨,《井》以辨义,《巽》以行权。

【注释】

① 中古:指商周之际。　② 一德:使道德始终如一,保持一贯。

　　《易》之为书也不可远,为道也屡迁,变动不居,周流六虚^①,上下无常,刚柔相易,不可为典要^②,唯变所适。其出入以度,外内使知惧,又明于忧患与故^③,无有师保^④,如临父母。初率其辞^⑤,而揆其方^⑥,既有典常^⑦,苟非其人,道不虚行。

【注释】

① 周流:普遍运行。六虚:指卦中六爻之位。　② 典要:不变的准则,常规。　③ 故:指过去的事情。　④ 师保:辅导和协助帝王的官员。　⑤ 率:遵循。　⑥ 揆(kuí葵):测度,考察。方:准则。　⑦ 典常:意同“典要”。

　　《易》之为书也,原始要终^①,以为质也^②。六爻相杂,唯其时物也。其初难知^③,其上易知^④,本末也。初辞拟之^⑤,卒成之终^⑥。若夫杂物撰德^⑦,辩是与非,则非其中爻不备。噫! 亦要存亡吉凶^⑧,则居可知矣。知者观其彖辞^⑨,则思过半矣。

【注释】

① 原始要终:探究事物的起始和终结。原:追溯本源。始:事物的开始状态。要:求取,求索。终:事物的结局。　② 质:实体,实质。　③ 初:指初爻。　④ 上:指上爻。　⑤ 初辞:指初爻的爻辞。拟:模仿,勾勒。　⑥ 卒成之终:最终完成事物直

到有结果。卒:指上爻的爻辞。　⑦撰:具备。　⑧要:概括,总括。　⑨彖辞:卦辞。

二与四同功而异位①,其善不同。二多誉,四多惧,近也。柔之为道,不利远者。其要无咎,其用柔中也②。三与五同功而异位,三多凶,五多功,贵贱之等也③。其柔危,其刚胜邪?

【注释】

① 同功:指爻位阴阳性质相同。功:功用。　② 柔中:柔顺而居中。　③ 贵贱之等:贵贱有差别。等:等差,区别等级。

《易》之为书也,广大悉备,有天道焉,有人道焉,有地道焉,兼三材而两之①,故六。六者,非它也,三材之道也。道有变动,故曰爻。爻有等②,故曰物。物相杂,故曰文③。文不当,故吉凶生焉。

【注释】

① 三材:指天、地、人。　② 等:等级,类别。　③ 文:文彩,文理。

《易》之兴也,其当殷之末世,周之盛德邪?当文王与纣之事邪?是故其辞危,危者使平,易者使倾①。其道甚大,百物不废。惧以终始,其要无咎②。此之谓《易》之道也。

【注释】

① 易:平易,平安。倾:倾覆,倒塌。　② 要:大要,主旨。

夫乾,天下之至健也,德行恒易以知险①。夫坤,天下之至顺也,德行恒简以知阻。能说诸心②,能研诸侯之虑,定天下之吉凶,成天下之亹亹者③。是故,变化云为④,吉事有祥⑤,象事知器,占事知来。天地设位,圣人成能,人谋鬼谋,百姓与能⑥。八卦以象告,爻象以情言。刚柔杂居,而吉凶可见矣。变动以利言,吉凶以情迁。是故,爱恶相攻,而吉凶生。

远近相取,而悔吝生。情伪相感,而利害生。凡《易》之情,近而不相得则凶,或害之,悔且吝。将叛者,其辞惭。中心疑者,其辞枝⑦。吉人之辞寡,躁人之辞多。诬善之人其辞游⑧,失其守者其辞屈⑨。

【注释】

① 易:简单,简易。　② 说诸心:在内心进行检查。说:通“阅”,察看。　③ 亹亹(wěi伪):微妙深远的样子。　④ 云为:有作为。云:《广雅·释诂》曰:“云,有也。”为:行为,做事。　⑤ 祥:征兆,预兆。　⑥ 与能:举荐贤能的人。与:通“举”。　⑦ 枝:分散,散乱不一。　⑧ 游:虚浮不实,游移不定。　⑨ 屈(jué决):竭尽,无言以对。

【问题分析】

1. 为什么说《乾》《坤》是《周易》的门户?

《系辞传下》引孔子之言曰:“乾坤,其《易》之门邪!乾,阳物也。坤,阴物也。阴阳合德,而刚柔有体,以体天地之撰,以通神明之德。”一般据此认为《乾》《坤》是《周易》的门户。

后人说《乾》《坤》是《周易》的门户,有两层意思。一是说《乾》《坤》是《周易》阴阳之理的集中体现,是全书的基础和枢纽;一是说学《易》、研《易》当从《乾》《坤》二卦入手,掌握《周易》爻位、爻性、文辞等义例,以作为入门的基础。这里就第一层意思略作申述。

《周易》的根本之理在于阴阳。《系辞传上》曰:“一阴一阳之谓道,继之者善也,成之者性也。”又曰:“夫乾,其静也专,其动也直,是以大生焉。夫坤,其静也翕,其动也辟,是以广生焉。广大配天地,变通配四时,阴阳之义配日月,易简之善配至德。”所谓“一阴一阳”,就是指阴阳两面既相互对立又相互联系,既相互违异又相互转化。阴阳所蕴含的刚柔、动静、开合等对立统一的原理,在乾、坤二卦中得到了集中的体现。乾代表阳、刚,其义为健;坤代表阴、柔,其义为顺。

《周易》十分重视易简之德,这在乾、坤二卦中也得到了体现。《系辞传上》云:“乾以易知,坤以简能;易则易知,简则易从;易知则有亲,易从则有功;有亲则可久,有功则可大;可久则贤人之德,可大则贤人之业。易简,而天下之理得矣。”《系辞传下》云:“夫乾,确然示人易矣。夫坤,隤然示人简矣。”乾是纯阳卦,象征天;坤是纯阴卦,象征地。因为乾坤卦象简单明了,故有易简之德。

《系辞传上》曰:“乾坤,其《易》之缊邪!乾坤成列,而《易》立乎其中矣。乾坤毁,则无以见《易》。《易》不可见,则乾坤或几乎息矣。"可见《乾》《坤》与《周易》有着共生共存的关系,是《周易》的基础和门户。

2. "生生之谓易"反映了怎样的哲学内涵?

《系辞传上》曰:"富有之谓大业,日新之谓盛德,生生之谓易。"李鼎祚《集解》引荀爽曰:"阴阳相易,转相生也。"孔颖达《正义》曰:"生生,不绝之辞。阴阳变转,后生次于前生,是万物恒生谓之'易'也。"阴生阳,阳生阴,是谓生生,其意是说阴阳变化而使事物不断获得新生。《系辞传上》云:"是故易有太极,是生两仪,两仪生四象,四象生八卦,八卦定吉凶,吉凶生大业。"由太极而生天、地,由天地而生春、夏、秋、冬与东、南、西、北,而后产生八卦,最后产生宇宙万物。这就是"生生"的过程。"生生"的实质是阴阳的交感与变易,日日更新,日创大业。《周易》的这种生生不已的思想,激励着人们不断追求进步,有所发明,有所创造,推动历史向前发展。

【语言文学及文化史扩展】

1. 知几 指根据事物细微迹象,预知事态和动向。《传》曰:"知几,其神乎!君子上交不谄,下交不渎,其知几乎!几者,动之微,吉凶之先见者也。君子见几而作,不俟终日。"南朝·宋刘义庆《世说新语·规箴》:"知几其神乎,古人以为难。交疏吐诚,今人以为难。"唐代史学家刘知几,其名即取于《易传》"知几"之文。

2. 见几 指洞察事物的苗头、动向。

所赖君子见几,达人知命。

（唐　王勃《滕王阁序》）

3. 原始要终 探求事物的起源和结果。

仆虽不敏,又素不能原始要终,睹微知著,窥度主人之心,岂谓三子宜死,罚当刑中哉?

（明　贺复征《文章辨体汇选·史传》）

4. 幽明 指阴阳。幽为阴,明为阳。

顺天地之纪,幽明之占,死生之说,存亡之难。

（汉　司马迁《史记·五帝本纪》）

5. 垂象 指神明垂示征兆。

人道悖于下,效验见于天,虽有隐谋,神照其情,垂象见戒,以告人君。

（南朝·宋　范晔《后汉书·丁鸿传》）

6. 两仪　二仪　指天地、日月。

音乐之所由来者远矣,生于度量,本于太一。太一出两仪,两仪出阴阳。

(秦　吕不韦《吕氏春秋·大乐》)

太极定二仪,清浊始以形。三光照八极,天道甚著明。

(魏　曹植《惟汉行》诗)

二仪协序,五纬同符。门歌《麟趾》,室咏《驺虞》。

(晋　张华《陈武帝哀策文》)

7. 坤道　指妇道,妇女应守之德。

母仪有光,坤道克顺。

(唐　柳宗元《礼部贺册太上皇后贺表》)

8. 开物成务　指通晓事物的真相、道理,顺应其理而取得成功。《传》曰:"夫《易》,开物成务,冒天下之道,如斯而已者也。"孔颖达《正义》:"言《易》能开通万物之志,成就天下之务。"陈梦雷《周易浅述》云:"《易》能开物,则于所未知者开发之,而通天下之志矣。能成务,则于人所欲为者成全之,而定天下之业矣。"

自古开物成务,必以教学为先。世不习学,民罔志义,悖竞因斯而兴,祸乱是焉而作。

(南朝·梁　萧子显《南齐书·崔祖思传》)

永嘉之学,教人就事上理会,步步著实,言之必使可行,足以开物成务。

(清　黄宗羲《艮斋学案》)

9. 耒耜之教　指传授耕作方法,教民务农。《传》曰:"耒耜之利,以教天下,盖取诸《益》。"

昔黄帝画井分疆,依神农耒耜之教,导生民之利,稼穑为宝,所从来矣。

(明　徐光启《农政全书》卷三)

10. 服牛乘马　指用牛马驾车助劳。《传》曰:"服牛乘马,引重致远,以利天下,盖取诸《随》。"

生五谷以食之,桑麻以衣之,六畜以养之,服牛乘马,圈豹槛虎,是其得天之灵,贵于物也。

(汉　班固《汉书·董仲舒传》)

11. 藏器待时　比喻胸怀才学技能,等待施展的时机。《传》曰:"君子藏器于身,待时而动。"

若有确然乡党,独行州间,肥遁丘园,不求闻达,藏器待时,未加收采,或贤良

277

方正,孝悌力田,并即腾奏,具以名上。

(唐　姚思廉《梁书·梁武帝中》)

李如真四月二十六日书到黄安,知兄已到家,藏器待时,最喜最喜。

(明　李贽《与焦弱侯书》)

12. 贞观　指以正道示于天下。《传》曰:"天下之道,贞观者也。"唐太宗年号"贞观"即取义于此。唐吴兢撰有《贞观政要》十卷四十篇。

登孔昊而上下兮,纬群龙之所经。朝贞观而夕化兮,犹谊己而遗形。

(汉　班固《幽通赋》)

13. 垂裳　犹言"垂拱",形容天下太平,无为而治。《传》曰:"黄帝尧舜垂衣裳而天下治。"汉王充《论衡·自然》:"垂衣裳者,垂拱无为也。"唐李质《艮岳赋》:"仰黄屋之非心,融至道以垂裳。"

14. 引伸触类　指根据事物的内在规律,触类旁通,曲尽其道。

窃以诂训之旨,本于声音,故有声同字异,声近义同,虽或类聚群分,实亦同条共贯,譬如振裘必提其领,举网必挈其纲。故曰本立而道生,知天下之至赜而不可乱也。此之不寤,则有字别为音,音别为义,或望文虚造而违古义,或墨守成训而鲜会通。易简之理既失,而大道多歧矣。今则就古音以求古义,引伸触类,不限形体。苟可以发明前训,斯凌杂之讥,亦所不辞。

(清　王念孙《广雅疏证·序》)

松崖先生,半农先生之次子也,名栋,字定宇,一字松崖。……年五十后,专心经术,尤邃于《易》,谓宣尼作《十翼》,其微言大义,七十子之徒相传,至汉犹有存者。自王弼兴而汉学亡,幸传其略于李鼎祚《集解》中。精研三十年,引伸触类,始得贯通其旨,乃撰《周易述》一编,专宗虞仲翔,参以荀郑诸家之义,约其旨为注,演其说为疏,汉学之绝者千有五百余年,至是而粲然复章矣。

(清　江藩《国朝汉学师承记》卷二)

15. 出处默语　指出仕做官、居家或隐居、言语说话、缄默不语等四种为人处事的方式。《传》曰:"君子之道,或出或处,或默或语,二人同心,其利断金。同心之言,其臭如兰。"

《易》设四科,出处语默。

(汉　应劭《风俗通义》卷三)

若夫出处不违其时,默语不失其人。

(三国·魏　李康《运命论》)

16. 结绳　指文字没有产生之前用绳结大小多少记事的社会生活状态。《传》曰:"上古结绳而治,后世圣人易之以书契,百官以治,万民以察,盖取诸《夬》。"孔颖达《正义》曰:"造立书契,所以决断万事,故取诸《夬》也。'结绳'者,郑康成注云:'事大大结其绳,事小小结其绳。'义或然也。"

古者庖牺氏之王天下也,仰则观象于天,俯则观法于地,观鸟兽之文,与地之宜,近取诸身,远取诸物,于是始作《易》八卦,以垂宪象。及神农氏结绳为治而统其事,庶业其繁,饰伪萌生,黄帝之史苍颉见鸟兽蹄迒之迹,知分理之可相别异也,初造书契,百工以乂,万品以察,盖取诸《夬》。"夬,扬于王庭",言文者宣教明化于王者朝廷,君子所以施禄及下,居德则忌也。苍颉之初作书,盖依类象形,故谓之文;其后形声相益,即谓之字。字者,言孳乳而浸多也。著于竹帛谓之书。

（汉　许慎《说文解字叙》）

17. 言不尽意　本指语言不可能表达思想的全部内容。《传》曰:"书不尽言,言不尽意;然则圣人之意,其不可见乎?"三国·魏荀粲在此基础上提出"言不尽意"说,其言曰:"盖理之微者,非物象之所举也。今称立象以尽意,此非通于意外者也,系辞焉以尽言,此非言乎系表者也;斯则象外之意,系表之言,固蕴而不出矣。"(《三国志·魏书·荀彧传》注引)"蕴而不出"即表明"言不尽意"。西晋欧阳建著《言尽意论》,与此说正相反。

18. 旨远辞文　《传》曰:"其称名也小,其取类也大。其旨远,其辞文。其言曲而中,其事肆而隐。"孔颖达《正义》曰:"'其旨远'者,近道此事,远明彼事,是其旨意深远。若'龙战于野',近言龙战,乃远明阴阳斗争、圣人变革,是其旨远也。'其辞文'者,不直言所论之事,乃以义理明之,是其辞文饰也。若'黄裳元吉',不直言得中居职,乃云黄裳,是其辞文也。""旨远辞文"是《周易》象征性语言的特色之一。后世文学家主张诗文要重含蓄蕴藉,亦受此影响。明茅坤《唐宋八大家文钞总序》曰:"孔子之系《易》曰:'其旨远,其辞文',斯固所以教天下后世为文者之至也。"

【集评】

谓之"系辞"者,凡有二义,论字取系属之义。圣人系属此辞于爻卦之下,故此篇第六章云:"系辞焉以断其吉凶。"第十二章云:"系辞焉以尽其言。"是系属其辞于爻卦之下,则上下二篇经辞是也。文取系属之义,故字体从"繋"。又音为係者,取纲係之义。卦之与爻,各有其辞以释其义,则卦之与爻,各有纲系,所以音谓之係也。夫子本作《十翼》,申说上下二篇经文,《系辞》条贯义理,别自为卷,总曰

《系辞》。

（唐　孔颖达《周易正义》卷七）

无极而太极。太极动而生阳，动极而静，静而生阴，静极复动。一动一静，互为其根。分阴分阳，两仪立焉。阳变阴合，而生水火木金土。五气顺布，四时行焉。五行，一阴阳也。阴阳，一太极也。太极，本无极也。五行之生也，各一其性。无极之真，二五之精，妙合而凝，乾道成男，坤道成女。二气交感，化生万物。万物生生，而变化无穷焉。

（宋　周敦颐《太极图说》）

熟读六十四卦，则觉得《系辞》之语，直为精密，是《易》之括例。要之，《易》书是为卜筮而作。如云："定天下之吉凶，成天下之亹亹者，莫大乎蓍龟。"又云："天生神物，圣人则之。"则专为卜筮也。

（宋　黎靖德《朱子语类》卷六十六）

《系辞》或言造化以及《易》，或言《易》以及造化，不出此理。

（宋　黎靖德《朱子语类》卷七十四）

上、下经卦爻之下，文王、周公所作，谓之"系辞"。此传则孔子之言，以发明系辞中之大意也。以其统论全经之大体凡例，故不与《彖传》、《象传》同附于经，而自分上下云。

（清　陈梦雷《周易浅述》卷七）

【问题与讨论】

1. 结合《说卦传》，说明什么叫"近取诸身，远取诸物"。
2. 《系辞传》中的"数"可分为几种类型？

文言传

乾文言

"元"者，善之长也。"亨"者，嘉之会也①。"利"者，义之和也。"贞"者，事之干也②。君子体仁足以长人③，嘉会足以合礼，利物足以和义④，贞固足以干事⑤。君子行此四德者，故曰：乾，元亨利贞。

【注释】

① 嘉:美。会:会合,聚合。　② 干:主干,根本。　③ 体仁:实行仁道。长人:做民众的首领。　④ 利物:施惠给众物。和:合。　⑤ 贞:正,守正道。固:坚定,坚强。干事:成事。

初九日:"潜龙勿用。"何谓也①?子曰②:"龙,德而隐者也。不易乎世③,不成乎名。遁世无闷,不见是而无闷④。乐则行之,忧则违之⑤。确乎其不可拔⑥,潜龙也。"

【注释】

① 何谓:说的是什么意思。　② 子:指孔子。　③ 易乎世:被世俗改变。易:改变,转移。　④ 不见是:不被肯定赞扬。见:被。是:正确,用如动词。　⑤ 违:离开,避开。　⑥ 确乎:坚定的样子。拔:变易,动摇。

九二日:"见龙在田,利见大人。"何谓也?子曰:"龙,德而正中者也。庸言之信①,庸行之谨②。闲邪存其诚③,善世而不伐④,德博而化⑤。《易》曰:'见龙在田,利见大人。'君德也。"

【注释】

① 庸言之信:平常的言语要讲信用。庸:平常,一般。　② 庸行之谨:日常行为要谨慎。　③ 闲邪:制止邪恶。闲:防止。　④ 善世:改善世俗。伐:夸耀。　⑤ 博:广博。化:感化。

九三日:"君子终日乾乾,夕惕若厉,无咎。"何谓也?子曰:"君子进德修业。忠信,所以进德也。修辞立其诚①,所以居业也②。知至至之③,可与言几也④。知终终之⑤,可与存义也。是故居上位而不骄,在下位而不忧。故乾乾因其时而惕⑥,虽危无咎矣。"

【注释】

① 修辞:修饰言辞。诚:诚意,诚心。　② 所以:所用来的。居业:成就功业。　③ 知

至:知道到哪里去。至之:达到目标。　④ 几:微妙的道理,隐密的迹象。　⑤ 知终:知道终点。终之:到达终点。　⑥ 因其时:顺应时势。

九四曰:"或跃在渊,无咎。"何谓也? 子曰:"上下无常①,非为邪也②。进退无恒,非离群也。君子进德修业,欲及时也,故无咎。"

【注释】

① 无常:没有一定之规。　② 为邪:做不正当的事情。邪:错,不正当。

九五曰:"飞龙在天,利见大人。"何谓也? 子曰:"同声相应,同气相求。水流湿,火就燥。云从龙,风从虎。圣人作而万物睹①。本乎天者亲上②,本乎地者亲下,则各从其类矣。"

【注释】

① 作:兴起,出现。睹:显现,被看见。　② 本:依赖,依附。亲:接近,靠近。

上九曰:"亢龙有悔。"何谓也? 子曰:"贵而无位①,高而无民,贤人在下位而无辅②,是以动而有悔也。"

【注释】

① 位:指职位。　② 辅:辅助,帮助。

"潜龙勿用",下也①。"见龙在田",时舍也②。"终日乾乾",行事也。"或跃在渊",自试也。"飞龙在天",上治也③。"亢龙有悔",穷之灾也。乾元"用九"④,天下治也。

【注释】

① 下:指居下位。　② 时舍:适时停留。舍:住下,停留。　③ 上治:指上位适当。治:太平,治理得好。　④ 乾元:指天之元气。

"潜龙勿用",阳气潜藏。"见龙在田",天下文明①。"终日乾乾",与时偕行②。"或跃在渊",乾道乃革③。"飞龙在天",乃位乎天德。"亢龙有悔",与时偕极④。乾元"用九",乃见天则⑤。

【注释】

① 文明:有文采而光明。　② 偕:一起。　③ 乾道:天道。革:变化,变革。　④ 偕极:一起走向衰落。极:达到极限。　⑤ 见:同"现",体现。天则:天的法则。

乾"元"者,始而亨者也。"利贞"者,性情也。乾始能以美利利天下①,不言所利,大矣哉! 大哉乾乎! 刚健中正,纯粹精也。六爻发挥②,旁通情也③。时乘六龙,以御天也。云行雨施,天下平也。

【注释】

① 美利:美好的利益,好处。利天下:使天下得利。　② 发挥:发动,运动变化。　③ 旁通:彼此相通,广泛交流。旁:广。

君子以成德为行①,日可见之行也②。"潜"之为言也,隐而未见,行而未成,是以君子弗"用"也。

【注释】

① 成德:修养道德。　② 日可见:每天都可以体现。

君子学以聚之,问以辩之,宽以居之,仁以行之。《易》曰:"见龙在田,利见大人。"君德也。

九三重刚而不中,上不在天,下不在田,故"乾乾"因其时而"惕",虽危"无咎"矣。

九四重刚而不中,上不在天,下不在田,中不在人,故"或"之。或之者,疑之也。故"无咎"。

夫"大人"者,与天地合其德,与日月合其明,与四时合其序,与鬼神合其吉凶。先天而天弗违①，后天而奉天时②。天且弗违，而况于人乎，况于鬼神乎！

【注释】

① 先天：在天之前。　② 后天：在天之后。

"亢"之为言也，知进而不知退，知存而不知亡，知得而不知丧①。其唯圣人乎！知进退存亡而不失其正者，其唯圣人乎！

【注释】

① 丧：丢失，损失。

坤文言

坤至柔而动也刚，至静而德方①，"后得主"而有常，含万物而化光。坤道其顺乎②，承天而时行③。

【注释】

① 方：方正。　② 坤道：指地的本性。　③ 承天：顺从天道。时行：按季节运行。

积善之家，必有余庆。积不善之家，必有余殃。臣弑其君①，子弑其父，非一朝一夕之故，其所由来者渐矣②。由辩之不早辩也③。《易》曰："履霜，坚冰至。"盖言顺也④。

【注释】

① 弑(shì 式)：杀。　② 所由来者：所造成的局面。渐：逐渐形成。　③ 辩：辨别，看清。　④ 盖：大概。言顺：指的是顺势发展。

"直"，其正也。"方"，其义也①。君子敬以直内②，义以方外③，敬义立而德不孤。"直方大，不习，无不利"，则不疑其所行也。

【注释】

① 义:宜,合适。 ② 敬以直内:用敬慎的态度来使内心正直无私。内:指内心。
③ 义以方外:用合适的方式来使行动正确无误。外:指外在行为。

　　阴虽有美,"含"之以从王事①,弗敢成也②。地道也,妻道也,臣道也。地道"无成",而代"有终"也③。

【注释】

① 从王事:为君王做事。 ② 弗敢成:指不敢居功自傲。 ③ 代:指代替天道。

　　天地变化,草木蕃①。天地闭,贤人隐②。《易》曰:"括囊,无咎无誉。"盖言谨也。

【注释】

① 蕃:繁殖,滋生。 ② 隐:隐居。

　　君子黄中通理①,正位居体②,美在其中,而畅于四支③,发于事业,美之至也④。

【注释】

① 黄中:指内心纯净,光明磊落。通理:通晓事理。 ② 正位:端正位子。居体:使身体舒适。 ③ 四支:同"四肢"。 ④ 美之至也:是最为美好的。

　　阴疑于阳必战①,为其嫌于无阳也②,故称"龙"焉;犹未离其类也,故称"血"焉。夫"玄黄"者,天地之杂也:天玄而地黄。

【注释】

① 阴疑于阳:阴气与阳气相交合。疑:通"凝",凝聚,会聚。 ② 嫌:疑。

【问题分析】

1.《乾文言》对"元亨利贞"的解释有何哲学意义？

《乾》卦辞："元亨,利贞。"其本意为:极为亨通,利于占卜。李镜池《周易通义》注云:"元亨、利贞:这是两个贞兆辞。……元亨约同于大吉。元,大也。亨,通也。利贞,利于贞问,即吉。《说文》:'贞,卜问也。'卜辞、《周易》的'贞'都训贞卜、卜问。这里的'元亨'、'利贞'表明是两个吉占。"

然前人解《易》,多据《文言传》加以发挥,更注重从哲理层面加以理解。《乾文言》曰:"元者,善之长也。亨者,嘉之会也。利者,义之和也。贞者,事之干也。"《左传·襄公九年》释《随》卦辞"元亨利贞",其文略同:"元,体之长也;亨,嘉之会也;利,义之和也;贞,事之干也。体仁足以长人,嘉德足以合礼,利物足以和义,贞固足以干事。"

李鼎祚《集解》引《子夏传》曰:"元,始也。亨,通也。利,和也。贞,正也。言乾禀纯阳之性,故能首出庶物,各得元始、开通、和谐、贞固,不失其宜。是以君子法乾而行四德,故曰'元、亨、利、贞'矣。"

程颐《易传》曰:"元、亨、利、贞谓之四德。元者,万物之始;亨者,万物之长;利者,万物之遂;贞者,万物之成。惟乾坤有此四德,在他卦则随事而变焉。故元专为善大,利主于正固,亨贞之体,各称其事。四德之义,广矣大矣!"

尚秉和《周易尚氏学》认为:"元亨利贞,春夏秋冬,东南西北,仁义礼智,一二三四,兹数者,合之一之,混之同之,融会贯通,遗貌御神,天人不分。陶冶既久,然后知此四字,已括尽易理。"

张岱年先生在《中国哲学大纲·补遗·元亨利贞解》中说:"元者善之长也。善之长犹言众德之首。元为万物之本,万物之本即众德之首,即最高之德。……亨者,嘉之会也。嘉之会犹言众美之聚。亨者通达隆胜之义。备具众美为亨。……利者义之和也。义之和犹言一切当然之和谐。……贞者事之干也。贞即正,亦即真。事与善、嘉、义并列,当指功而言。干含有依据、统宗、中央诸义。……《文言传》此数语,义极深微。但《文言传》对于元亨利贞的解说,不符合《周易》卦辞元亨利贞之本义。"

2. 何谓"阴疑于阳"？

《坤文言》曰:"阴疑于阳必战,为其嫌于无阳也,故称龙焉。"这是对《坤》卦上六爻辞"龙战于野"的解释。对于其中的"疑"字,前人理解颇不一致。因后一句称"嫌于无阳","嫌"表"疑""嫌疑"义,故前一句"疑"字多破读取义。有读为"凝"者,如《经典释文》言"荀、虞、姚信、蜀才本作'凝'","阴疑于阳必战"意谓阴气凝情于阳气必然相互交会融合。有读为"拟"者,"比拟、等似"之义,如朱熹《本义》云:"疑,谓钧敌而无小大之差也。《坤》虽无阳,然阳未尝无也。血,阴属,盖气阳而血阴也。玄黄,天地之正色,言阴阳皆伤也。"王引之《经义述闻》卷二云:"《说文》:'嫌,疑也。'嫌于阳,即上文之'疑于阳'也,疑之言拟。自下上至之辞也。阴盛上拟于阳,故曰'嫌于阳'。阳谓之龙,上六是阴之至极,阴盛似阳,故称龙。"王氏以为"嫌于无阳"宜作"嫌于阳","嫌于阳"与"疑于阳"同义。亦有照本字本义读者,如李鼎祚《集解》引孟喜曰:"阴乃上薄,疑似于阳,必与阳战也。"孔颖达《正义》曰:"阴盛为阳所疑,阳乃发动,欲除去此阴,阴既强盛,不肯退避,故必战也。"比较而言,读"凝"或"拟"于义较长。

【语言文学及文化史扩展】

1. 玄黄

文之为德也大矣,与天地并生者何哉?夫玄黄色杂,方圆体分;日月叠璧,以垂丽天之象;山川焕绮,以铺理地之形。此盖道之文也。

(南朝·梁 刘勰《文心雕龙·原道》)

2. 修辞立诚

《传》曰:"修辞立其诚,所以居业也。"孔颖达《正义》云:"辞谓文教,诚谓诚实也。外则修理文教,内则立其诚实,内外相成,则有功业可居。"后指注重文化教养,做到诚实守信。

凡群言发华,而降神务实,修辞立诚,在于无愧。祈祷之式,必诚以敬;祭奠之楷,宜恭且哀:此其大较也。

(南朝·梁 刘勰《文心雕龙·祝盟》)

修辞立其诚:修其内则为诚,修其外则为巧言。《易》以辞为重,上《系》终于"默而成之",养其诚也;下《系》终于六"辞",验其诚不诚也。辞非止言语,今之文,古所谓辞也。

(宋 王应麟《困学纪闻》卷一)

所谓修辞立诚以居业者,欲吾之谨夫所发以致其实,而尤先于言语之易放而难收也。其曰修辞,岂作文之谓哉!

(宋 朱熹《答巩仲至》)

3. 乘龙

"时乘六龙"之省,指乘时而动。

陛下承乾启之机,因乘龙之运,计应符革祚,久已践极,荒裔倾戴,莫不引领。

(南朝·梁 萧子显《南齐书·芮芮虏传》)

4. 亨嘉 "亨者,嘉之会也"的缩略,指美好的事物汇聚在一起,优秀的人物聚集在一起。

徒以早遭亨嘉之会,骤蒙奖拔之私,叨言语侍从之流。

（宋 欧阳修《谢参知政事表》）

伏念臣赋能甚薄,探道未深,习诗礼以为儒师,法令而补吏,适际亨嘉之会,误膺濬哲之知。

（宋 司马光《为庞相公谢官表》）

5. 云行雨施 比喻恩泽广布。

发号出令,云行雨施,可谓妙而无方矣。

（唐 韩愈《贺册尊号表》）

6. 同声相应 指同类的人或事物相互感应、呼应。

昔文帝、陈王以公子之尊,博好文采,同声相应,才士并出,惟粲等六人最见名目。

（晋 陈寿《三国志·魏书·司马芝传》）

7. 进德修业 指增进道德修养,以利建功立业。

进德修业,将以及时。如彼稷契,孰不愿之。

（晋 陶渊明《读史述九章》）

8. 积善余庆 指坚持做好事,必定会得到多多的幸福。

或立教以进庸怠,或言命以穷性灵,积善余庆,立教也;凰凰不至,言命也。

（南朝·梁 刘峻《辨命论》）

9. 闲邪 防止邪恶,避邪。

郭璞《瑾瑜玉赞》曰:"钟山之宝,爰有玉华;光采流映,气如虹霞。君子是佩,象德闲邪。"

（唐 欧阳询等《艺文类聚》卷八十三）

【集评】

刘瓛曰:"依文而言其理,故曰文言。"姚信曰:"乾坤为门户。文说乾坤,六十二卦皆放焉。"

（唐 李鼎祚《周易集解》卷一）

《文言》者,是夫子第七翼也。以《乾》、《坤》其《易》之门户邪,其余诸卦及爻,皆从乾、坤而出,义理深奥,故特作《文言》以开释之。庄氏云:"文谓文饰,以《乾》

《坤》德大,故特文饰,以为《文言》。"今谓夫子但赞明《易》道,申说义理,非是文饰华彩,当谓释二卦之经文,故称《文言》。

(唐　孔颖达《周易正义》卷一)

此篇申《彖传》《象传》之意,以尽《乾》《坤》二卦之蕴,而余卦之说,因可以例推云。

(宋　朱熹《周易本义》卷九)

孔子于《彖》《象》既作之后,犹以为未尽其蕴也,故又设《文言》以明之。文言者,依文以言其理,亦有文之言辞也。

(明　来知德《周易集注》卷一)

【问题与讨论】

1. 谈谈你对"积善"与"积不善"两句的认识。
2. 《文言传》在语言运用方面有什么特色?

说卦传

昔者,圣人之作《易》也,幽赞于神明而生蓍①,参天两地而倚数②,观变于阴阳而立卦,发挥于刚柔而生爻,和顺于道德而理于义,穷理尽性以至于命。

【注释】

① 幽赞于神明而生蓍(shī 施):暗中得到神明的帮助而发明占筮之法。幽:暗中。蓍:占筮用的草,指占筮之法。　② 参天两地而倚数:模拟天地之数而定筮数。参:同"叁",三。天:指天数二十五。地:指地数三十。倚数:指确立算卦的大衍之数。

昔者,圣人之作《易》也,将以顺性命之理,是以立天之道曰阴与阳,立地之道曰柔与刚,立人之道曰仁与义。兼三才而两之,故《易》六画而成卦。分阴分阳,迭用柔刚①,故《易》六位而成章②。

【注释】

① 迭用:交替运用。　② 成章:成理,表达事理。

天地定位,山泽通气,雷风相薄①,水火不相射②。八卦相错,数往者顺③,知来者逆④,是故《易》逆数也。

【注释】

① 薄:接近,迫近。　② 射:厌弃,离开。　③ 数:推算。往者:过去的。　④ 来者:未来的。逆:倒着的,相反的。

雷以动之,风以散之,雨以润之,日以烜之①,艮以止之,兑以说之②,乾以君之③,坤以藏之。

【注释】

① 烜(xuān 宣):晒,晒干。　② 说:同“悦”。　③ 君:统治。

帝出乎震①,齐乎巽②,相见乎离,致役乎坤③,说言乎兑④,战乎乾,劳乎坎,成言乎艮。万物出乎震,震,东方也。齐乎巽,巽,东南也。齐也者,言万物之絜齐也⑤。离也者,明也,万物皆相见,南方之卦也。圣人南面而听天下⑥,向明而治,盖取诸此也。坤也者,地也,万物皆致养焉,故曰致役乎坤。兑,正秋也,万物之所说也,故曰说言乎兑。战乎乾,乾,西北之卦也,言阴阳相薄也。坎者,水也,正北方之卦也,劳卦也,万物之所归也,故曰劳乎坎。艮,东北之卦也,万物之所成终而所成始也,故曰成言乎艮。

【注释】

① 帝:天帝。　② 齐:整齐。　③ 致役:得到启用。役:做事。　④ 说言乎兑:在兑方位有喜庆。说:悦。言:结构助词。　⑤ 絜(jié 节):通“洁”,整洁。　⑥ 南面:面向南方。听:治理,管理。

神也者,妙万物而为言者也①。动万物者,莫疾乎雷②。桡万物者③,莫疾乎风。燥万物者,莫熯乎火④。说万物者,莫说乎泽。润万物者,莫润乎水。终万物始万物者,莫盛乎艮。故水火相逮⑤,雷风不相悖。山泽通气,然后能变化,既成万物也⑥。

【注释】

① 妙万物:使万物奥妙无穷。 ② 莫疾乎雷:没有什么东西比雷更快。莫:没有什么。疾:快,迅速。 ③ 桡:通"挠",搅动,摇动。 ④ 熯(hàn 旱):干燥,热。 ⑤ 逮:及,达到。 ⑥ 既:尽。

乾,健也①。坤,顺也。震,动也。巽,入也。坎,陷也②。离,丽也③。艮,止也④。兑,说也⑤。

【注释】

① 健:刚健,强健。 ② 陷:险。 ③ 丽:附着,依附。 ④ 止:静止。 ⑤ 说:悦。

乾为马,坤为牛,震为龙,巽为鸡,坎为豕①,离为雉②,艮为狗,兑为羊。

【注释】

① 豕:猪。 ② 雉(zhì 至):野鸡。

乾为首①,坤为腹,震为足②,巽为股③,坎为耳,离为目,艮为手,兑为口。

【注释】

① 首:头。 ② 足:脚。 ③ 股:大腿。

乾,天也,故称乎父①。坤,地也,故称乎母。震,一索而得男②,故谓之长男。巽,一索而得女③,故谓之长女。坎,再索而得男④,故谓之中男。离,再索而得女,故谓之中女。艮,三索而得男,故谓之少男。兑,三索而得女,故谓之少女。

【注释】

① 称乎父:象征父亲。 ② 一索而得男:指震卦中位于下面的一爻为阳性。索:求,索取,指阴阳互求。 ③ 一索而得女:指巽卦中下面一爻为阴性。 ④ 再索而得男:指坎卦中位于中间的一爻为阳性。再:二,第二。

乾为天,为圜①,为君,为父,为玉,为金,为寒,为冰,为大赤②,为良马,为老马,为瘠马③,为驳马④,为木果⑤。

【注释】

① 圜(yuán 员):圆。 ② 大赤:大红色。 ③ 瘠(jí 疾):瘦,瘦弱。 ④ 驳马:杂色马。驳:不纯。 ⑤ 木果:树木的果子。

坤为地,为母,为布,为釜①,为吝啬,为均②,为子母牛③,为大舆④,为文⑤,为众,为柄。其于地也为黑。

【注释】

① 釜(fǔ 俯):锅。 ② 均:平均。 ③ 子母牛:怀胎的母牛。 ④ 大舆:大车。 ⑤ 文:文彩。

震为雷,为龙,为玄黄①,为旉②,为大涂③,为长子,为决躁④,为苍筤竹⑤,为萑苇⑥。其于马也,为善鸣,为馵足⑦,为作足⑧,为的颡⑨。其于稼也,为反生⑩。其究为健⑪,为蕃鲜⑫。

【注释】

① 玄黄:青黄,黑黄。 ② 旉(fū 敷):花朵。 ③ 大涂:大路。涂:同"途"。 ④ 决躁:急躁。 ⑤ 苍筤(láng 朗):青色。 ⑥ 萑(huán 环)苇:芦苇。萑:一种芦苇。 ⑦ 馵(zhù 注)足:指马膝腿以上为白色。馵:膝以上为白色的马。 ⑧ 作足:指马

善于跑路。 ⑨ 的(dì 第)颡(sǎng 嗓):指马头上有白色。的:白色。颡:额头,脑门。 ⑩ 反生:倒着长,向下长。 ⑪ 究:穷尽,极致,指根本属性。 ⑫ 蕃:茂盛。鲜:明亮,鲜明。

巽为木,为风,为长女,为绳直①,为工,为白,为长,为高,为进退,为不果②,为臭③。其于人也,为寡发④,为广颡⑤,为多白眼,为近利市三倍⑥,其究为躁卦⑦。

【注释】

① 绳直:指用墨线取直。 ② 不果:不果断。 ③ 臭:气味。 ④ 寡发:头发稀少。 ⑤ 广颡:宽额。 ⑥ 近利市三倍:接近集市,获利三倍。 ⑦ 躁卦:急躁之卦。

坎为水,为沟渎,为隐伏,为矫輮①,为弓轮。其于人也,为加忧②,为心病,为耳痛,为血卦,为赤。其于马也,为美脊,为亟心③,为下首④,为薄蹄⑤,为曳⑥。其于舆也,为多眚⑦。为通,为月,为盗。其于木也,为坚多心⑧。

【注释】

① 矫:把弯曲的东西弄直。輮(róu 柔):使直的东西弯曲。 ② 加忧:忧虑重重。 ③ 亟心:性急。亟:急。 ④ 下首:低着头。 ⑤ 薄蹄:蹄子薄,指马力不够。 ⑥ 曳:拖,牵引。 ⑦ 多眚:多灾。 ⑧ 坚多心:坚硬而多刺。心:指尖刺。

离为火,为日,为电①,为中女,为甲胄②,为戈兵③。其于人也,为大腹。为乾卦④,为鳖,为蟹,为蠃⑤,为蚌,为龟。其于木也,为科上槁⑥。

【注释】

① 电:雷电,闪电。 ② 甲:铠甲。胄(zhòu 宙):头盔。 ③ 兵:武器。 ④ 乾(gān 干):干燥。 ⑤ 蠃(luǒ 裸):通"螺",螺丝。 ⑥ 科上槁(gǎo 稿):树枝上面干枯。科:枝条。槁:干枯。

艮为山,为径路①,为小石,为门阙②,为果蓏③,为阍寺④,为指,为狗,为鼠,为黔喙之属⑤。其于木也,为坚多节⑥。

【注释】

① 径:小路。　② 阙(què 却):中间有通道的楼台。　③ 蓏(luǒ 裸):草类的果实。
　④ 阍(hūn 昏):守门人。寺:寺人,守巷的人。　⑤ 黔(qián 前)喙(huì 会)之属:指
猛禽野兽。黔:黑。喙:鸟兽的嘴。　⑥ 坚多节:坚硬而多节疤。

兑为泽,为少女,为巫,为口舌,为毁折,为附决①。其于地也,为刚卤②。为妾,为羊。

【注释】

① 附决:依从决断。附:附从,依从。决:决断。　② 刚:坚硬。卤(lǔ 鲁):土地盐碱
过多。

【问题分析】

1. **如何理解"天地定位"?**

《说卦传》曰:"天地定位,山泽通气,雷风相薄,水火不相射。"天地,指乾坤。定位,指定上下之位,尊卑之位。宋·张栻《南轩易说》云:"天运乎上,地处乎下,此天地定其位也。"天地上下相对,象征阴阳既对立又和谐的关系。其余山泽指艮兑,雷风指震巽,水火指坎离,均是两两相对相通,阴阳相反,象征事物对立统一的关系。宋代人以乾南坤北,离东坎西,兑东南艮西北,震东北巽西南为伏羲八卦之位,属"先天之学"。

2. **《易传》"三才"说有何哲学意义?**

八卦符号由阴阳爻画三叠而成,前人以为上画象征天,下画象征地,中画象征人,天、地、人即为"三才"。由八卦两叠而成的六十四别卦,则以上、五两爻象征天,初、二两爻象征地,三、四两爻象征人,亦具"三才"之义,别称"三材"。《系辞传下》曰:"《易》之为书也,广大悉备,有天道焉,有人道焉,有地道焉,兼三材而两之,故六。六者,非它也,三材之道也。""三才"说以人居天地之中,反映了人处世界中心的观点,强调了人的主体地位。潘雨廷先生在《读易提要》一书中指出,《乾》卦

九二称"见龙在田",九三称"君子",九五称"飞龙在天",已具有天地人三才的观念。

《说卦传》曰:"昔者,圣人之作《易》也,将以顺性命之理,是以立天之道曰阴与阳,立地之道曰柔与刚,立人之道曰仁与义。兼三才而两之,故《易》六画而成卦。分阴分阳,迭用柔刚,故《易》六位而成章。"《说卦传》强调人道的"仁与义",以顺性命之理。"仁"体现了儒家的人生理想,是人生最高的道,最高的德。《论语·雍也》述孔子之言曰:"夫仁者,己欲立而立人,己欲达而达人。能近取譬,可谓仁之方也已。""仁"的根本是爱人。所谓"义",即是"宜","应该"之意,讲的是人的行为准则,应该做即做,不该做即不做。

【语言文学及文化史扩展】

1. 和顺 和协顺从。

吾闻为人子者,尽和顺于君,不行私欲,共严承令,不逆君安。

（汉 王充《论衡·异虚》）

子弟傲慢,父兄教以谨敬;吏民横悖,长吏示以和顺。

（汉 王衡《论衡·谴告》）

2. 逆数 指预测未来。

逆数百年间,相会能几次? 每会不尽欢,亲情安足贵。

（元 刘因《和饮酒》诗）

3. 三才所同

问:"三才所同者,于人身何以见之?"生生子曰:"人之与天地万物同者,同此理气也。朱子曰:人之与物,本天地之一气,同天地之一体也,故能与天地并立而为三才。《皇极经世》曰:天有四时,人有四支,四支各有脉也。一脉三部,一部三侯,以应天数。神统于心,气统于肾,形统于首,形气交而神主其中,三才之道也。"

（明 孙一奎《赤水玄珠全集·医旨绪余》）

4. 医《易》同源

天地之道,以阴阳二气而造化万物;人生之理,以阴阳二气而长养百骸。《易》者,易也,具阴阳动静之妙;医者,意也,合阴阳消长之机。虽阴阳已备于《内经》,而变化莫大乎《周易》。故曰:天人一理者,一此阴阳也;医《易》同原者,同此变化也。岂非医《易》相通,理无二致? 可以医而不知《易》乎?

（明 张介宾《类经图翼·医易义》）

5. 近取诸身

以八卦配人身:乾为首,坤为腹,震为足,巽为股,坎为耳,离为目,艮为手,兑为口。《易·系辞》此章"近取诸身",实吾《医易通说》之根源。能将此章发明,则医道过半矣。

(清　唐宗海《医易通说》下卷)

【集评】

卦,象也。蓍,数也。卦则"雷风相薄,山泽通气",拟象阴阳变化之体,蓍则错综天地参两之数。蓍极数以定象,卦备象以尽数。故蓍曰"参天两地而倚数",卦曰"观变于阴阳"也。

(晋　韩康伯《周易注》卷九)

《说卦》者,陈说八卦之德业变化及法象所为也。孔子以伏牺画八卦,后重为六十四卦,八卦为六十四卦之本。前《系辞》中略明八卦小成,引而伸之,触类而长之,天下之能事毕矣。……然引而伸之,重三成六之意,犹自未明;仰观俯察,近身远物之象,亦为未见。故孔子于此,更备说重卦之由,及八卦所为之象,故谓之《说卦》焉。

(唐　孔颖达《周易正义》卷九)

【问题与讨论】

1. 八卦的基本象征物有哪些?各卦的卦性是什么?
2. 说一说两种八卦方位的区别和特点。

序卦传

有天地,然后万物生焉。盈天地之间者唯万物^①,故受之以《屯》^②。屯者,盈也。屯者,物之始生也。物生必蒙^③,故受之以《蒙》。蒙者,蒙也,物之稚也^④。物稚不可不养也,故受之以《需》。需者,饮食之道也。饮食必有讼,故受之以《讼》。讼必有众起,故受之以《师》。师者,众也。众必有所比^⑤,故受之以《比》。比者,比也。比必有所畜^⑥,故受之以《小畜》。物畜然后有礼,故受之以《履》。履而泰,然后安,故受之以《泰》。泰者,通也。物不可以终通,故受之以《否》。物不可以终否,故受之以《同人》。与人同者,物必归焉,故受之以《大有》。有大者不可以盈,故受之以《谦》。有大而能谦必豫[7],故受之以《豫》。豫必有随,故受之以《随》。以喜随人者必有事,故受之以《蛊》。蛊者,事也。有事而后可大,故受之以《临》。临者,大也。物大然后可观,故受之以《观》。可观而后有所合,故受之以《噬嗑》。嗑者,合也。物不可以苟合而已,故受之以《贲》。贲者,饰也[8]。致饰然后亨则尽矣[9],故受之以《剥》。剥者,剥也。物不可以终尽,《剥》穷上反下[10],故受之以《复》。复则不妄矣,故受之以《无妄》。有无妄,然后可畜,故受之以《大畜》。物畜然后可养,故受之以《颐》。颐者,养也。不养则不可动,故受之以《大过》。物不可以终过,故受之以《坎》。坎者,陷也。陷必有所丽[11],故受之以《离》。离者,丽也。

【注释】

① 盈:充满。 ② 受:继,接着。 ③ 蒙:幼小,幼稚。 ④ 稚:幼小。 ⑤ 比:亲近,亲附。 ⑥ 畜:积蓄。 ⑦ 豫:安乐。 ⑧ 饰:修饰。 ⑨ 致饰然后亨则尽:过分修饰就会导致亨通的运气完结。致:极。尽:完结。 ⑩ 穷上反下:往上发展到了极点就会返回到下面来。穷:到达极点。 ⑪ 丽:依附。

有天地,然后有万物。有万物,然后有男女。有男女,然后有夫妇。有夫妇,然后有父子。有父子,然后有君臣。有君臣,然后有上下。有上下,然后礼义有所错[1]。夫妇之道,不可以不久也,故受之以《恒》。恒者,久也。物不可以久居其所,故受之以《遁》。遁者,退也。物不可以终遁,故受之以《大壮》。物不可以终壮,故受之以《晋》。晋者,进也。进必有所伤,故受之以《明夷》。夷者,伤也。伤于外者必反于家,故受之以《家人》。家道穷必乖[2],故受之以《睽》。睽者,乖也。乖必有难,故受之以《蹇》。蹇者,难也。物不可以终难,故受之以《解》。解者,缓也。缓必有所失,故受之以《损》。损而不已必益,故受之以《益》。益而不已必决,故受之以《夬》。夬者,决也。决必有遇,故受之以《姤》。姤者,遇也。物相遇而后聚,故受之以《萃》。萃者,聚也。聚而上者谓之升,故受之以《升》。升而不已必困,故受之以《困》。困乎上者必反下,故受之以《井》。井道不可不革③,故受之以《革》。革物者莫若鼎,故受之以《鼎》。主器者莫若长子④,故受之以《震》。震者,动也。物不可以终动,止之,故受之以《艮》。艮者,止也。物不可以终止,故受之以《渐》。渐者,进也。进必有所归,故受之以《归妹》。得其所归者必大,故受之以《丰》。丰者,大也。穷大者必失其居,故受之以《旅》。旅而无所容,故受之以《巽》。巽者,入也。入而后说之⑤,故受之以《兑》。兑者,说也。说而后散之,故受之以《涣》。涣者,离也。物不可以终离,故受之以《节》。节而信之⑥,故受之以《中孚》。有其信者必行之,故受之以《小过》。有过物者必济,故受之以《既济》。物不可穷也⑦,故受之以《未济》。终焉⑧。

【注释】

① 错:同"措",施行。 ② 乖:违背,背离。 ③ 革:改变。 ④ 主器者:指主持祭礼的人。器:传国的宝器,宝鼎。 ⑤ 说:悦,喜欢。 ⑥ 节:节制。 ⑦ 穷:穷尽。 ⑧ 终:结束。焉:语气助词。

【问题分析】

1. "有天地,然后万物生焉。"这句话说的是什么意思?

《序卦传》述《周易》六十四卦逐次排列之理。传文"有天地,然后万物生焉",旨在说明《乾》《坤》两卦位居六十四卦之首的道理。"天地"指乾、坤而言。天地开辟,而后万物萌生。《周易》以《乾》《坤》两卦居首,六十二卦次于其后,反映了《周易》作者的一种宇宙观,认为天地生万物。这是符合唯物主义原理的。《周易》六十四卦正是对天地自然及人类社会的模拟与反映。

2. 如何理解"有父子,然后有君臣"这句话?

《传》曰:"有天地,然后有万物。有万物,然后有男女。有男女,然后有夫妇。有夫妇,然后有父子。有父子,然后有君臣。有君臣,然后有上下。有上下,然后礼义有所错。"这一段文字把家庭关系(夫妇、父子)作为国家关系(君臣、上下)的先导和基石,说明家庭伦理和国家制度在结构上具有天然的秩序性和同一性,揭示出中国封建社会和传统文化"家国同构"的精要之义。梁启超《新大陆游记》云:

"吾中国社会之组织,以家族为单位,不以个人为单位,所谓家齐而后国治是也。周代宗法之制,在今日其形式虽废,其精神犹存也。"传文"有男女,然后有夫妇"揭示下经以《咸》《恒》两卦领头的道理,以明人伦之始。

【语言文学及文化史扩展】

1. 主鬯 《震》卦辞:"震惊百里,不丧匕鬯。"《传》曰:"主器者莫若长子,故受之以《震》。"因以"主鬯"指主持宗庙祭祀之事,或指长子、太子。

陛下重离出曜,体乾继统。主鬯彰孝恭之美,抚军著神武之功。钦奉遗训,永保鸿业。

（唐　柳宗元《贺践阼表》）

亲宾满坐食客盈门,箴规者少,谐谑者多。以此而欲托以主鬯,不亦难乎?

（元　脱脱《宋史·张昭传》）

2. 剥极而复 《传》曰:"物不可以终尽剥,穷上反下,故受之以《复》。"程颐《易传》云:"物无剥尽之理,故剥极则复来,阴极则阳生。阳剥极于上而复生于下,穷上而反下也。"从卦象看,《剥》卦是一阳位于五阴之上,《复》卦是一阳生于五阴之下,《剥》卦的阳爻被剥尽而又生于《复》卦之下,此即"穷上反下"、"阳剥极于上而复生于下"。剥极而复,意即剥落、衰败到了极点,就要向对立面转化,与"否极而泰"有异曲同工之致。

【集评】

干宝曰:物有先天地而生者矣。今正取始于天地,天地之先,圣人弗之论也。故其所法象,必自天地而还。老子曰:"有物混成,先天地生,吾不知其名,强字之曰道。"《系辞上》曰:"法象莫大乎天地。"庄子曰:"六合之外,圣人存而不论。"《春秋谷梁传》曰:"不求知所不可知者,智也。"而今后世浮华之学,强支离道义之门,求入虚诞之域,以伤政害民,岂非谲说疢行,大舜之所疾者乎!

（唐　李鼎祚《周易集解》卷十七）

《序卦》者,文王既繇六十四卦,分为上下二篇。其先后之次,其理不见,故孔子就上下二经,各序其相次之义,故谓之《序卦》焉。……韩康伯云:"《序卦》之所明,非《易》之缊也。盖因卦之次,托象以明义。"不取深缊之义,故云"非《易》之缊",故以取其人理也。今验六十四卦,二二相耦,非覆即变。覆者,表里视之,遂成两卦,《屯》《蒙》《需》《讼》《师》《比》之类是也。变者,反覆唯成一卦,则变以对之,《乾》《坤》《坎》《离》《大过》《颐》《中孚》《小过》之类是也。

(唐　孔颖达《周易正义》卷九)

　　童子问曰:"《系辞》非圣人之作乎?"曰:"何独《系辞》焉!《文言》《说卦》而下,皆非圣人之作,而众说淆乱,亦非一人之言也。昔之学《易》者杂取以资其讲说,而说非一家,是以或同或异,或是或非,其择而不精,至使害经而惑世也。然有附托圣经,其传已久,莫得究其所从来而核其真伪。"

(宋　欧阳修《易童子问》卷三)

　　《序卦》者,孔子因文王之序卦,就此一端之理以序之也。……宋儒不知象,就说《序卦》非圣人之书,又说非圣人之蕴,非圣人之精,殊不知《序卦》非为理设,乃为象设也。如《井》《蹇》《解》《无妄》等卦辞,使非《序卦》《杂卦》,则不知文王之言何自而来也。自孔子没,历秦汉至今日,叛经者皆因不知《序卦》《杂卦》也。以此观之,谓《序卦》为圣人之至精可也。

(明　来知德《周易集注》卷十五)

　　《序卦》之意,有以相因为序,《乾》《坤》《屯》《蒙》是也;有以相反为序,《泰》《否》《剥》《复》是也。天地间不出相因相反二者,始则相因,极必相反也。

(清　陈梦雷《周易浅述》卷八)

【问题与讨论】

1. 谈谈《序卦传》的哲学价值。

2. 《周易》古经六十四卦的排列是否存在必然的联系?

杂卦传

　　《乾》刚《坤》柔。《比》乐《师》忧。《临》《观》之义,或与或求[①]。《屯》见而不失其居[②]。《蒙》杂而著[③]。《震》,起也。《艮》,止也。《损》《益》,盛衰之始也。《大畜》,时也。《无妄》,灾也。《萃》聚,而《升》不来也。《谦》轻[④],而《豫》怠也。《噬嗑》,食也。《贲》,无色也。《兑》见,而《巽》伏也。《随》无故也[⑤],《蛊》则饬也[⑥]。《剥》,烂也。《复》,反也。《晋》,昼也[⑦]。《明夷》,诛也[⑧]。《井》通,而《困》相遇也。《咸》,速也。《恒》,久也。《涣》,离也。《节》,止也。《解》,缓也⑨。《蹇》,难也。《睽》,外也。《家人》,内也。《否》《泰》,反其类也。《大壮》则止,《遁》则退也。《大有》,众也。《同人》,亲也。《革》,去故也。《鼎》,取新也。《小过》,过也。《中孚》,信也。《丰》,多故也。亲寡,《旅》也。《离》上而《坎》下也。《小畜》,寡也。《履》,不处也。《需》,不进也。《讼》,不亲也。《大过》,颠也⑩。《姤》,遇也,柔遇刚也。《渐》,女归待男行也⑪。《颐》,养正也。《既济》,定也。《归妹》,女之终也⑫。《未济》,男之穷也⑬。《夬》,决也⑭,刚决柔也。君子道长⑮,小人道忧也⑯。

【注释】

① 与:给予,施与。　② 见:出现,显现。　③ 杂:错杂,交错。著:明显,显著。　④ 轻:自轻,不自重。　⑤ 故:事情。　⑥ 饬:整饬,整治。　⑦ 昼:白天,明亮。　⑧ 诛:灭,消失。　⑨ 缓:缓解。　⑩ 颠:颠覆,倾覆。　⑪ 归:出嫁。　⑫ 终:归宿。　⑬ 穷:不通,没有前途。　⑭ 决:决断,决定。　⑮ 长:生长,发展。　⑯ 忧:困难,困顿

【问题分析】

1. 何谓"《比》乐《师》忧"?

《杂卦传》曰:"《乾》刚坤柔。《比》乐《师》忧。""《比》乐《师》忧"是对《比》卦和《师》卦总的吉凶情况的概括:《比》卦表喜乐之象,《师》卦表忧虑之象。《师》卦初六、六三、六五爻辞均带"凶"字,《比》卦辞及初六、六二、六四、九五爻辞均带"吉"字,传文"忧""乐"正是对这种吉凶情况的概括。韩康伯《注》云:"亲比则乐,动众则忧。"《周易集解》引虞翻曰:"《比》五得位,建万国,故'乐'。《师》三失位,與尸,故'忧'。"

2. 《杂卦传》中三个"止"字是什么意思?

《传》曰:"《艮》,止也。"此"止"字乃释艮卦之德性,表"停止"义。《说卦传》曰:"艮,止也。"《象传下》曰:"艮,止也。时止则止,时行则行。动静不失其时,其道光明。"诸"止"字均同此训。

《传》曰:"《大壮》则止,《遁》则退也。"此"止"字亦为"停止"义,因相对《遁》则退"而言,故可理解为"不进"义。

《传》曰：“《节》，止也。”此“止”字表“节制、约束”义。《彖传下》云：“天地节，而四时成。节以制度，不伤财，不害民。”亦用此义。

【语言文学及文化史扩展】

1. 鼎新 意为革新，更新。由传文“《鼎》，取新也”缩略而成。例如：

虽一变而处之有素，一日之间，官号法制，鼎新于上，而彝伦庶政，叙行于下。

（宋　曾巩《请改官制前预选官习行逐司事务》札）

方且言其主鼎新文物，教被华夷，固已可怪。

（宋　陆游《入蜀记》）

2. 参互见义例

《周易·杂卦传》：“乾刚坤柔，比乐师忧。”皆两两相对，他卦虽未必然，而语意必相称。独“晋，昼也；明夷，诛也。”其义不伦。愚谓此亦参互以见义也。知“晋”之为“昼”，则“明夷”之为“晦”可知矣。“明入地中”，非晦而何？知明夷之为“诛”，则晋之为“赏”可知矣。“康侯用锡马蕃庶”，非赏而何？自来言《易》者，未见及此也。

（清　俞樾《古书疑义举例》卷一）

3. 不识古字而误改例

“其”，古文作“亓”。《周易·杂卦传》：“噬嗑，食也。贲，无色也。”盖以食、色相对成文，加“其”字以足句也。“其”，从古文作“亓”，学者不识，遂改作“无”字，虽曲为之说而不可通矣。

（清　俞樾《古书疑义举例》卷七）

【集评】

干宝曰：凡《易》既分为六十四卦，以为上下经，天人之事，各有始终。夫子又为《序卦》，以明其相承受之义。然则文王、周公所遭遇之运，武王、成王所先后之政，苍精受命短长之期，备于此矣。而夫子又重为《杂卦》，以易其次第。《杂卦》之末，又改其例，不以两卦反复相酬者，以示来圣后王，明道非常道，事非常事也。“化而裁之存乎变”，是以终之以决。言能决断其中，唯阳德之主也。故曰“易穷则变，通则久”。

（唐　李鼎祚《周易集解》卷十七）

上《序卦》依文王上下而次序之，此《杂卦》孔子更以意错杂而对辨其次第，不与《序卦》同。故韩康伯云："杂卦者,杂糅众卦,错综其义,或以同相类,或以异相明也。"虞氏云："杂卦者,杂六十四卦以为义,其于《序卦》之外别言也。"昔者圣人之兴,因时而作,随其时宜,不必皆相因袭,当有损益之意也。故《归藏》名卦之次,亦多异于时。王道踌驳,圣人之意,或欲错综以济之,故次《序卦》以其杂也。

(唐　孔颖达《周易正义》卷九)

　　杂卦者,杂乱文王之序卦也。孔子将《序卦》一连者,特借其一端之理以序之,其实恐后学颠倒文王所序之卦也。一端之理在所缓也,又恐后学以《序卦》为定理,不知其中有错有综,有此二体,故杂乱其卦,前者居于后,后者居于前,止将二体两卦有错有综者下释其意,如乾刚坤柔,比乐师忧是也。使非有此《杂卦》,象必失其传矣。

(明　来知德《周易集注》卷十五)

　　《序卦》,所以言《易》道之常;《杂卦》,所以言《易》道之变。《杂卦》但要取反对之义,反覆其卦,则吉凶祸福、动静刚柔皆相反也。《序卦》自《乾》《坤》而下三十卦,《咸》《恒》而下三十四。《杂卦》亦然。《序卦》反对,《杂卦》亦多反对,此其所同也。《序卦》以《乾》《坤》《颐》《大过》《坎》《离》在上篇,《中孚》《小过》在下篇,故二篇反对皆成十八卦。《杂卦》但以《乾》《坤》在上篇,余尽在下篇,又自《大过》以下不复反对,此其所异也。以其序次错综,故谓之杂。……又按《春秋传》有"屯固比入坤安震杀"之语,疑古筮书以一字断卦义者多有之,夫子杂采其辞为经羽翼,本非创作,故谓之杂,未可知也。

(清　陈梦雷《周易浅述》卷八)

【问题与讨论】

1.《杂卦传》的"杂"是什么意思?

2.《杂卦传》释卦义有几种方式? 修辞上有什么特点?

附录 古代《易》论集萃

汉书·艺文志 汉·班固

《易》曰:"宓戏氏仰观象于天,俯观法于地,观鸟兽之文,与地之宜,近取诸身,远取诸物,于是始作八卦,以通神明之德,以类万物之情。"至于殷、周之际,纣在上位,逆天暴物,文王以诸侯顺命而行道,天人之占可得而效,于是重《易》六爻,作上下篇。孔氏为之《彖》《象》《系辞》《文言》《序卦》之属十篇。故曰《易》道深矣,人更三圣,世历三古。及秦燔书,而《易》为筮卜之事,传者不绝。汉兴,田何传之。讫于宣、元,有施、孟、梁丘、京氏列于学官,而民间有费、高二家之说。刘向以中《古文易经》校施、孟、梁丘经,或脱去"无咎""悔亡",唯费氏经与古文同。

(据《汉书》第六册,中华书局,1962年)

周易略例 三国魏·王弼

明象

夫象者,何也? 统论一卦之体,明其所由之主者也。

夫众不能治众,治众者,至寡者也。夫动不能制动,制天下之动者,贞夫一者也。故众之所以得咸存者,主必致一也;动之所以得咸运者,原必无二也。

物无妄然,必由其理。统之有宗,会之有元,故繁而不乱,众而不惑。故六爻相错,可举一以明也;刚柔相乘,可立主以定也。是故杂物撰德,辩是与非,则非其中爻,莫之备矣! 故自统而寻之,物虽众,则知可以执一御也;由本以观之,义虽博,则知可以一名举也。故处璇玑以观大运,则天地之动未足怪也;据会要以观方来,则六合辐辏未足多也。故举卦之名,义有主矣;观其象辞,则思过半矣! 夫古今虽殊,运国异容,中之为用,故未可远也。品制万变,宗主存焉;象之所尚,斯为盛矣。

　　夫少者,多之所贵也;寡者,众之所宗也。一卦五阳而一阴,则一阴为之主矣;五阴而一阳,则一阳为之主矣!夫阴之所求者阳也,阳之所求者阴也。阳苟一焉,五阴何得不同而归之?阴苟只焉,五阳何得不同而从之?故阴爻虽贱,而为一卦之主者,处其至少之地也。或有遗爻而举二体者,卦体不由乎爻也。繁而不忧乱,变而不忧惑,约以存博,简以济众,其唯象乎!乱而不能惑,变而不能渝,非天下之至赜,其孰能与于此乎!故观象以斯,义可见矣。

明爻通变

　　夫爻者,何也?言乎变者也。变者何也?情伪之所为也。夫情伪之动,非数之所求也;故合散屈伸,与体相乖。形躁好静,质柔爱刚,体与情反,质与愿违。巧历不能定其算数,圣明不能为之典要;法制所不能齐,度量所不能均也。为之乎岂在夫大哉!陵三军者,或惧于朝廷之仪;暴威武者,或困于酒色之娱。

　　近不必比,远不必乖。同声相应,高下不必均也;同气相求,体质不必齐也。召云者龙,命吕者律。故二女相违,而刚柔合体。隆墀永叹,远壑必盈。投戈散地,则六亲不能相保;同舟而济,则吴越何患乎异心。故苟识其情,不忧乖远;苟明其趣,不烦强武。能说诸心,能研诸虑,睽而知其类,异而知其通,其唯明爻者乎?故有善迩而远至,命宫而商应;修下而高者降,与彼而取此者服矣!

　　是故,情伪相感,远近相追;爱恶相攻,屈伸相推;见情者获,直往则违。故拟议以成其变化,语成器而后有格。不知其所以为主,鼓舞而天下从,见乎其情者也。

　　是故,范围天地之化而不过,曲成万物而不遗,通乎昼夜之道而无体,一阴一阳而无穷。非天下之至变,其孰能与于此哉!是故,卦以存时,爻以示变。

明卦适变通爻

　　夫卦者,时也;爻者,适时之变者也。

　　夫时有否泰,故用有行藏;卦有小大,故辞有险易。一时之制,可反而用也;一时之吉,可反而凶也。故卦以反对,而爻亦皆变。是故用无常道,事无轨度,动静屈伸,唯变所适。故名其卦,则吉凶从其类;存其时,则动静应其用。寻名以观其吉凶,举时以观其动静,则一体之变,由斯见矣。夫应者,同志之象也;位者,爻所处之象也。承乘者,逆顺之象也;远近者,险易之象也。内外者,出处之象也;初上者,终始之象也。是故,虽远而可以动者,得其应也;虽险而可以处者,得其时也。

弱而不惧于敌者,得所据也;忧而不惧于乱者,得所附也。柔而不忧于断者,得所御也。虽后而敢为之先者,应其始也;物竞而独安静者,要其终也。故观变动者,存乎应;察安危者,存乎位;辩逆顺者,存乎承乘;明出处者,存乎外内。

远近终始,各存其会;辟险尚远,趣时贵近。《比》《复》好先,《乾》《壮》恶首;《明夷》务闇,《丰》尚光大。吉凶有时,不可犯也;动静有适,不可过也。犯时之忌,罪不在大;失其所适,过不在深。动天下,灭君主,而不可危也;侮妻子,用颜色,而不可易也。故当其列贵贱之时,其位不可犯也;遇其忧悔吝之时,其介不可慢也。观爻思变,变斯尽矣。

明象

夫象者,出意者也。言者,明象者也。尽意莫若象,尽象莫若言。言生于象,故可寻言以观象;象生于意,故可寻象以观意。意以象尽,象以言著。故言者所以明象,得象而忘言;象者,所以存意,得意而忘象。犹蹄者所以在兔,得兔而忘蹄;筌者所以在鱼,得鱼而忘筌也。然则,言者,象之蹄也;象者,意之筌也。是故,存言者,非得象者也;存象者,非得意者也。象生于意而存象焉,则所存者乃非其象也;言生于象而存言焉,则所存者乃非其言也。然则,忘象者,乃得意者也;忘言者,乃得象者也。得意在忘象,得象在忘言。故立象以尽意,而象可忘也;重画以尽情,而画可忘也。

是故触类可为其象,合义可为其征。义苟在健,何必马乎? 类苟在顺,何必牛乎? 爻苟合顺,何必坤乃为牛? 义苟应健,何必乾乃为马? 而或者定马于乾,案文责卦,有马无乾,则伪说滋漫,难可纪矣。互体不足,遂及卦变;变又不足,推致五行。一失其原,巧愈弥甚。从复或值,而义无所取。盖存象忘意之由也。忘象以求其意,义斯见矣。

辩位

案,象无初上得位失位之文。又,《系辞》但论三五、二四同功异位,亦不及初上,何乎? 唯《乾》上九《文言》云,贵而无位;《需》上六云,虽不当位。若以上为阴位邪? 则《需》上六不得云不当位也;若以上为阳位邪? 则《乾》上九不得云贵而无位。阴阳处之,皆云非位,而初亦不说当位失位也。然则,初上者是事之终始,无阴阳定位也。故《乾》初谓之潜,过五谓之无位。未有处其位而云潜,上有位而云无者也。历观众卦,尽亦如之,初上无阴阳定位,亦以明矣。

　　夫位者,列贵贱之地,待才用之宅也。爻者,守位分之任,应贵贱之序者也。位有尊卑,爻有阴阳。尊者,阳之所处;卑者,阴之所履也。故以尊为阳位,卑为阴位。去初上而论位分,则三五各在一卦之上,亦何得不谓之阳位? 二四各在一卦之下,亦何得不谓之阴位? 初上者,体之终始,事之先后也,故位无常分,事无常所,非可以阴阳定也。尊卑有常序,终始无常主。故《系辞》但论四爻功位之通例,而不及初上之定位也。然事不可无终始,卦不可无六爻,初上虽无阴阳本位,是终始之地也。统而论之,爻之所处则谓之位;卦以六爻为成,则不得不谓之六位时成也。

略例下

　　凡体具四德者,则转以胜者为先,故曰"元亨利贞"也。其有先贞而后亨者,由于贞也。

　　凡阴阳者,相求之物也,近而不相得者,志各有所存也。故凡阴阳二爻,率相比而无应,则近而不相得;有应,则虽远而相得。

　　然时有险易,卦有小大。同救以相亲,同辟以相疏。故或有违斯例者也,然存时以考之,义可得也。

　　凡彖者,统论一卦之体者也。象者,各辩一爻之义者也。故《履》卦六三,为《兑》之主,以应于《乾》;成卦之体,在斯一爻,故彖叙其应,虽危而亨也。象则各言六爻之义,明其吉凶之行。去六三成卦之体,而指说一爻之德,故危不获亨而见咥也。《讼》之九二,亦同斯义。

　　凡彖者,通论一卦之体者也。一卦之体必由一爻为主,则指明一爻之美以统一卦之义,《大有》之类是也。卦体不由乎一爻,则全以二体之义明之,《丰》卦之类是也。

　　凡言无咎者,本皆有咎者也,防得其道,故得无咎也。吉无咎者,本亦有咎,由吉故得免也。无咎吉者,先免于咎,而后吉从之也。或亦处得其时,吉不待功,不犯于咎,则获吉也。或有罪自己招,无所怨咎,亦曰无咎。故《节》六三曰:"不节若,则嗟若,无咎。"象曰:"不节之嗟,又谁咎也?"此之谓矣。

卦略

　　䷂屯　此一卦,皆阴爻求阳也。屯难之世,弱者不能自济,必依于彊,民思其主之时也。故阴爻皆先求阳,不召自往;马虽班如,而犹不废;不得其主,无所冯也。初体阳爻,处首居下,应民所求,合其所望,故大得民也。

☳☶ 蒙　此一卦,阴爻亦先求阳。夫阴昧而阳明,阴困童蒙,阳能发之。凡不识者求问识者,识者不求所告,暗者求明,明者不谘于暗。故童蒙求我,匪我求童蒙也。故六三先唱,则犯于为女;四远于阳,则困蒙吝;初比于阳,则发蒙也。

☱☰ 履　《杂卦》曰:"履,不处也。"又曰,履者,礼也;谦以制礼。阳处阴位,谦也。故此一卦,皆以阳处阴为美也。

☷☱ 临　此刚长之卦也。刚胜则柔危矣,柔有其德,乃得免咎。故此一卦,阴爻虽美,莫过无咎也。

☴☷ 观　观之为义,以所见为美者也。故以近尊为尚,远之为吝。

☱☴ 大过　大过者,栋桡之世也。本末皆弱,栋已桡矣。而守其常,则是危而弗扶,凶之道也。以阳居阴,极弱之义也,故阳爻皆以居阴位为美。济衰救危,唯在同好,则所赡褊矣。故九四有应,则有它吝;九二无应,则无不利也。

☰☶ 遁　小人浸长。难在于内,亨在于外,与临卦相对者也。临,刚长则柔危;遁,柔长故刚遁也。

☳☰ 大壮　未有违谦越礼能全其壮者也,故阳爻皆以处阴位为美。用壮处谦,壮乃全也;用壮处壮,则触藩矣。

☷☲ 明夷　为暗之主,在于上六。初最远之,故曰"君子于行"。五最近之而难不能溺,故谓之箕子之贞,明不可息也。三处明极而征至暗,故曰"南狩获其大首"也。

☲☱ 睽　睽者,睽而通也。于两卦之极观之,义最见矣。极睽而合,极异而通,故先见怪焉,洽乃疑亡也。

☳☲ 丰　此一卦明以动之卦也。尚于光显,宣阳发畅者也。故爻皆以居阳位又不应阴为美,其统在于恶暗而已矣。小暗谓之沛,大暗谓之蔀。暗甚则明尽,未尽则明昧;明尽则斗星见,明微故见昧。无明则无与乎世,见昧则不可以大事。折其右肱,虽左肱在,岂足用乎? 日中之盛而见昧而已,岂足任乎。

(据楼宇烈《王弼集校释》下册,中华书局,1980 年)

经典释文序录　唐·陆德明

次第

五经六籍,圣人设教,训诱机要,宁有短长? 然时有浇淳,随病投药,不相沿袭,岂无先后? 所以次第互有不同。如《礼记》经解之说,以《诗》为首。《七略》《艺文志》所记,用《易》居前,阮孝绪《七录》亦同此次,而王俭《七志》,《孝经》为初。原其后前,义各有旨。今欲以著述早晚经义揔别以成次第,出之如左。

《周易》

虽文起周代,而卦肇伏牺,既处名教之初,故《易》为七经之首。《周礼》有三易:《连山》久亡,《归藏》不行于世,故不详录。

《古文尚书》

既起五帝之末,理后三皇之经,故次于《易》。伏生所诵,是曰今文,阙谬处多,故不别记。马、郑所有同异,今亦附之音后。

《毛诗》

既起周文,又兼商颂,故在尧舜之后,次于《易》《书》。诗虽有四家,齐、鲁、韩世所不用,今亦不取。

《三礼》

《周》《仪》二礼,并周公所制,宜次文王。《礼记》虽有戴圣所录,然忘名已久,又记二礼阙遗,依类相从,次于《诗》下。《三礼》次第,《周》为本,《仪》为末,先后可见。然古有《乐经》,谓之六籍,灭亡既久,今亦阙焉。

《春秋》

既是孔子所作,理当后于周公,故次于《礼》。左丘明受经于仲尼,公羊高受之于子夏,谷梁赤乃后代传闻,三传次第自显。

《孝经》

虽与《春秋》俱是夫子述作,然《春秋》周公垂训,史书旧章。《孝经》专是夫子之意,故宜在《春秋》之后。《七志》以《孝经》居《易》之首,今所不同。

《论语》

此是门徒所记,故次《孝经》。《艺文志》及《七录》以《论语》在《孝经》前,今不同此次。

《老子》

虽人不在末,而众家皆以为子书,在经典之后,故次于《论语》。

《庄子》

既是子书,人又最后,故次《老子》。

《尔雅》

《尔雅》,周公所作,复为后人所益,既释于经,又非老庄比次,故殿末焉。众家皆以《尔雅》居经典之后，在诸子之前，今微为异。

注解传述人

宓牺氏之王天下，仰则观于天文，俯则察于地理，观鸟兽之文与地之宜，近取诸身，远取诸物，始画八卦（或云因河图而画八卦）。因而重之，为六十四。文王拘于羑里，作卦辞，周公作爻辞，孔子作《彖辞》《象辞》《文言》《系辞》《说卦》《序卦》《杂卦》，共为《十翼》。班固曰："孔子晚而好《易》，读之韦编三绝，而为之传。"传即《十翼》也。自鲁商瞿子木受《易》于孔子，以授鲁桥庇子庸，子庸授江东馯臂子弓，子弓授燕周丑子家，子家授东武孙虞子乘，子乘授齐田何子庄。

及秦燔书，《易》为卜筮之书，独不禁，故传授者不绝。汉兴，田何以齐田徙杜陵，号杜田生，授东武王同子中及洛阳周王孙、梁人丁宽、齐服生，皆著《易传》。汉初言《易》者，本之田生。同授淄川杨何，宽授同郡碭田王孙，王孙授施雠及孟喜、梁丘贺，由是有施、孟、梁丘之学焉。施雠传《易》授张禹及琅邪鲁伯，禹授淮阳彭宣及沛戴崇，伯授太山毛莫如及琅邪邴丹。后汉刘昆受施氏《易》于沛人戴宾其子轶，孟喜父孟卿善为《礼》《春秋》，孟卿以《礼》经多，《春秋》烦杂，乃使喜从田王孙受《易》，喜为《易章句》，授同郡白光及沛翟牧。后汉洼丹、觟阳鸿、任安皆传孟氏《易》。梁丘贺本从太中大夫京房受《易》，后更事田王孙、传子临，临传五鹿充宗及琅邪王骏，充宗授平陵士孙张及沛邓彭祖、齐衡咸。后汉范升传梁丘《易》，以授京兆杨政。又颍川张兴传梁丘，弟子著录且万人，子鲂传其业。京房受《易》梁人焦延寿，延寿云：尝从孟喜问《易》，会喜死，房以延寿《易》即孟氏学，翟牧白生不肯，曰：非也。延寿尝曰：得我术以亡身者，京生也。房为《易章句》，说长于灾异，以授东海段嘉及河东姚平、河南乘弘，皆为郎博士。由是前汉多京氏学，后汉戴冯、孙期、魏满并传之。费直传《易》，授琅邪王璜，为费氏学。本以古字，号《古文易》，无章句，徒以《彖》《象》《系辞》《文言》解说上下经。汉成帝时，刘向典校书，考《易》说，以为诸《易》家说皆祖田何，杨叔元、丁将军大义略同，唯京氏为异。向又以中古文《易经》校施、孟、梁丘三家之《易经》，或脱去"无咎""悔亡"，唯费氏经与古文同。范晔《后汉书》云：京兆陈元、扶风马融、河南郑众、北海郑玄、颍川荀爽，并传费氏《易》。沛人高相治《易》，与费直同时，其《易》亦无章句，专说阴阳灾异，自言出丁将军，传至相，相授子康及兰陵母将永，为高氏学。汉初立《易》杨氏博士，宣帝复立施、孟、梁丘之《易》，元帝又立京氏《易》，费、高二家不得立，民间传之。后汉费氏兴，而高氏遂微。永嘉之乱，施氏、梁丘之《易》亡，孟、京、费之《易》

人无传者,唯郑康成、王辅嗣所注行于世,而王氏为世所重。今以王为主,其《系辞》已下,王不注,相承以韩康伯注续之,今亦用韩本。

子夏《易传》三卷,孟喜《章句》十卷,京房《章句》十二卷,费直《章句》四卷,马融《传》十卷,荀爽《注》十卷,郑玄《注》十卷,刘表《章句》五卷,宋衷《注》九卷,虞翻《注》十卷,陆绩《述》十三卷,董遇《章句》十二卷,王肃《注》十卷,王弼《注》七卷,姚信《注》十卷,王廙《注》十二卷,张璠《集解》十二卷,干宝《注》十卷,黄颖《注》十卷,蜀才《注》十卷,尹涛《注》六卷,费元珪《注》九卷,荀爽《九家集注》十卷。谢万、韩伯、袁悦之、桓玄、卞伯玉、荀柔之、徐爰、顾懽、明僧绍、刘瓛,自谢万以下十人并注《系辞》,为《易音》者三人。

右《易》,近代梁褚仲都、陈周弘正并作《易义》。此其知名者。

(据陆德明《经典释文》(黄焯断句),中华书局,1983年;
黄焯撰《经典释文汇校》,中华书局,1980年)

周易正义卷首　唐·孔颖达

第一　论"易"之三名

正义曰:夫易者,变化之总名,改换之殊称。自天地开辟,阴阳运行,寒暑迭来,日月更出,孚萌庶类,亭毒群品,新新不停,生生相续,莫非资变化之力,换代之功。然变化运行,在阴阳二气。故圣人初画八卦,设刚柔两画,象二气也;布以三位,象三才也;谓之为易,取变化之义。既义总变化,而独以易为名者,《易纬乾凿度》云:"易一名而含三义,所谓易也,变易也,不易也。"又云:"易者,其德也。光明四通,简易立节,天以烂明,日月星辰,布设张列,通精无门,藏神无穴,不烦不扰,淡泊不失,此其易也。变易者,其气也。天地不变,不能通气,五行迭终,四时更废,君臣取象,变节相移,能消者息,必专者败,此其变易也。不易者,其位也。天在上,地在下,君南面,臣北面,父坐子伏,此其不易也。"郑玄依此义作《易赞》及《易论》云:"易一名而含三义:易简,一也;变易,二也;不易,三也。"故《系辞》云:"乾坤其易之蕴邪?"又云:"易之门户邪?"又云:"夫乾,确然示人易矣。夫坤,隤然示人简矣。""易则易知,简则易从。"此言其易简之法则也。又云:"为道也屡迁,变动不居,周流六虚,上下无常,刚柔相易,不可为典要,唯变所适。"此言顺时变易,出入移动者也。又云:"天尊地卑,乾坤定矣。卑高以陈,贵贱位矣。动静有常,刚柔断矣。"此言其张设布列不易者也。崔觐、刘贞简等并用此义,云:"易者谓生生之德,有易简之义。不易者,言天地定位,不可相易。变易者,谓生生之道,变而相续,皆以《纬》称不烦不扰,淡泊不失。"此明是易简之义,无为之道。故易者易也,作难易之音。而周简子云:"易者,易(音亦也);不易者,变易也。易者易代之名。凡有无相代,彼此相易,皆是易义。不易者,常体之名,有常有体,无常无体,是不易之义。变易者,相变改之名,两有相变,此为变易。"张氏、何氏并用此义,云:"易者换代之名,待夺之义。"因于《乾凿度》云:易者其德也,或没而不论,或云德者得也。万法相形,皆得相易。不顾《纬》文"不烦不扰"之言,所谓用其文而背其义,何不思之甚? 故今之所用,同郑康成等。易者,易也,音为难易之音,义为简易之义,得《纬》文之本实也。盖易之三义,唯在于有,然有从无出,理则包无,故《乾凿度》云:"夫有形者生于无形,则乾坤安从而生? 故有太易、有太初、有太始、有太素。太易者,未见气也。太初者,气之始也。太始者,形之始也。太素者,质之始也。气、形、质具而未相离谓之浑沌。浑沌者,言万物相浑沌而未相离也。视之不见,听之不闻,循之不得,故曰易也。是知易理备包有无,而易象唯在于有者,盖以圣人作《易》,本以垂教,教之所备,本备于有。故《系辞》云"形而上者谓之道",道即无也;"形而下者谓之器",器即有也。故以无言之,存乎道体;以有言之,存乎器用;以变化言之,存乎其神;以生成言之,存乎其易;以真言之,存乎其性;以邪言之,存乎其情;以气言之,存乎阴阳;以质言之,存乎爻象;以教言之,存乎精义;以人言之,存乎景行。此等是也。且易者象也,物无不可象也。作《易》所以垂教者,即《乾凿度》云:"孔子曰:上古之时,人民无别,群物未殊,未有衣食器用之利,伏牺乃仰观象于天,俯观法于地,中观万物之宜,于是始作八卦,以通神明之德,以类万物之情。故易者所以断天地,理人伦,而明王道。是以画八卦,建五气,以立五常之行;象法乾坤,顺阴阳,以正君臣、父子、夫妇之义;度时制宜,作为罔罟,以佃以渔,以赡民用。于是人民乃治,君亲以尊,臣子以顺,群生和洽,各安其性。"此其作《易》垂教之本意也。

第二　论重卦之人

《系辞》云:"河出图,洛出书,圣人则之。"又《礼纬含文嘉》曰:"伏牺德合上下,天应以鸟兽文章,地应以河图、洛书,伏牺则而象之,乃作八卦。"故孔安国、马融、王肃、姚信等并云:伏牺得河图而作《易》。是则伏羲虽得河图,复须仰观俯察以相参正,然后画卦。伏牺初画八卦,万物之象皆在其中。故《系辞》曰"八卦成列,象在其中矣"是也。虽有万物之象,其万物变通之理犹自未备,故因其八卦而更重之。卦有六爻,遂重为六十四卦也。《系辞》曰"因而重之,爻在其中矣"是也。然重卦之人,诸儒不同,凡有四说。王辅嗣等以为伏牺重卦,郑玄之徒以为神农重卦,孙盛以为夏禹重卦,史迁等以为文王重卦。其言夏禹及文王重卦者,案《系辞》神农之时已有,盖取《益》与《噬嗑》。以此论之,不攻自破。其言神农重卦,亦未为得。今以诸文验之,案《说卦》云:"昔者圣人之作《易》也,幽赞于神明而生蓍。"凡言"作"者,创造之谓也。神农以后,便是述修,不可谓之"作"也。则幽赞用蓍,谓伏牺矣。故《乾凿度》云:"垂皇策者牺。"《上系》论用蓍云:"四营而成易,十有八变而成卦。"既言圣人作《易》,十八变成卦,明用蓍在六爻之后,非三画之时。伏牺用蓍,即伏牺已重卦矣。《说卦》又云:"昔者圣人之作《易》也,将以顺性命之理。是以立天之道曰阴与阳,立地之道曰柔与刚,立人之道曰仁与义,兼三才而两之,故易六画而成卦。"既言圣人作《易》,"兼三才而两之",又非神农始重卦矣。又《上系》云:"易有圣人之道四焉:以言者尚其辞,以动者尚其变,以制器者尚其象,以卜筮者尚其占。"此之四事,皆在六爻之后。何者?三画之时,未有象、繇,不得有"尚其辞"。因而重之,始有变动,三画不动,不得有"尚其变"。揲蓍布爻,方用之卜筮,蓍起六爻之后,三画不得有"尚其占"。自然中间以制器者"尚其象",亦非三画之时。今伏牺结绳而为罔罟,则是制器,明伏牺已重卦矣。又《周礼·外史》"掌三皇五帝之书",明三皇已有书也。《下系》云:"上古结绳而治,后世圣人易之以书契,……盖取诸《夬》。"既象夬卦而造书契,伏牺有书契则有夬卦矣。故孔安国《书序》云:"古者伏牺氏之王天下也,始画八卦,造书契,以代结绳之政。"又曰"伏牺、神农、黄帝之书谓之三坟"是也。又八卦小成,爻象未备,重三成六,能事毕矣。若言重卦起自神农,其为功也,岂比《系辞》而已哉!何因《易纬》等数所历三圣,但云伏牺、文王、孔子,竟不及神农,明神农但有盖取诸《益》,不重卦矣。故今依王辅嗣以伏牺既画八卦,即自重为六十四卦,为得其实。其重卦之意,备在《说卦》,此不具叙。伏牺之时,道尚质素,画卦重爻,足以垂法。后代浇讹,德不如古,爻象不足以为教,故作《系辞》以明之。

第三 论三代《易》名

案《周礼·大卜》"三易"云:"一曰《连山》,二曰《归藏》,三曰《周易》。"杜子春云:"《连山》,伏牺。《归藏》,黄帝。"郑玄《易赞》及《易论》云:"夏曰《连山》,殷曰《归藏》,周曰《周易》。"郑玄又释云:"连山者,象山之出云,连连不绝;归藏者,万物莫不归藏于其中;周易者,言易道周普,无所不备。"郑玄虽有此释,更无所据之文。先儒因此遂为文质之义,皆烦而无用,今所不取。案《世谱》等群书,神农一曰连山氏,亦曰列山氏,黄帝一曰归藏氏。既连山、归藏并是代号,则《周易》称周,取岐阳地名。毛诗云"周原膴膴"是也。又文王作《易》之时,正在羑里,周德未兴,犹是殷世也,故题周,别于殷。以此文王所演,故谓之《周易》,其犹《周书》《周礼》题周以别余代。故《易纬》云"因代以题周"是也。先儒又兼取郑说云:"既指周代之名,亦是普遍之义。"虽欲无所遗弃,亦恐未可尽通。其《易》题周,因代以称周,是先儒更不别解,唯皇甫谧云:"文王在羑里,演六十四卦,著七八九六之爻,谓之《周易》。"以此文王安"周"字。其《系辞》之文,《连山》《归藏》无以言也。

第四 论卦辞爻辞谁作

其《周易·系辞》凡有二说:一说所以卦辞、爻辞,并是文王所作。知者,案《系辞》云:"《易》之兴也,其于中古乎? 作《易》者其有忧患乎?"又曰:"《易》之兴也,其当殷之末世、周之盛德邪? 当文王与纣之事邪?"又《乾凿度》云:"垂皇策者牺,卦道演德者文,成命者孔。"《通卦验》又云:"苍牙通灵昌之成,孔演命明道经。"准此诸文,伏牺制卦,文王系辞,孔子作《十翼》,《易》历三圣,只谓此也。故史迁云"文王囚而演《易》"即是"作《易》者其有忧患乎"。郑学之徒并依此说也。二以为验爻辞多是文王后事。案《升》卦六四:"王用亨于岐山。"武王克殷之后,始追号文王为王。若爻辞是文王所制,不应云"王用亨于岐山"。又《明夷》六五:"箕子之明夷。"武王观兵之后,箕子始被囚奴,文王不宜豫言"箕子之明夷"。又《既济》九五:"东邻杀牛,不如西邻之禴祭。"说者皆云:西邻谓文王,东邻谓纣。文王之时,纣尚南面,岂容自言己德受福胜殷,又欲抗君之国,遂言东西相邻而已。又《左传》韩宣子适鲁,见《易象》云:"吾乃知周公之德。"周公被流言之谤,亦得为忧患也。验此诸说,以为卦辞文王,爻辞周公。马融、陆绩等并同此说,今依而用之。所以只言三圣,不数周公者,以父统子业故也。案《礼稽命征》曰:"文王见礼坏乐崩,道孤无主,故设礼经三百,威仪三千。"其三百、三千,即周公所制《周官》、《仪礼》,明文王本有此意,周公述而成之,故系之文王。然则《易》之爻辞,盖亦是文王本意,故《易纬》但言文王也。

第五 论分上下二篇

案《乾凿度》云:"孔子曰:阳三阴四,位之正也。"故《易》卦六十四,分为上下而象阴阳也。夫阳道纯而奇，故上篇三十，所以象阳也。阴道不纯而偶，故下篇三十四，所以法阴也。乾、坤者，阴阳之本始，万物之祖宗，故为上篇之始而尊之也。离为日，坎为月，日月之道，阴阳之经，所以始终万物，故以《坎》《离》为上篇之终也。《咸》《恒》者，男女之始，夫妇之道也。人道之兴，必由夫妇，所以奉承祖宗，为天地之主，故为下篇之始而贵之也。《既济》《未济》为最终者，所以明戒慎而全王道也。以此言之，则上下二篇，文王所定，夫子作《纬》以释其义也。

第六 论夫子《十翼》

其《彖》《象》等《十翼》之辞，以为孔子所作，先儒更无异论，但数《十翼》亦有多家。既文王《易经》本分为上下二篇，则区域各别，《彖》《象》释卦，亦当随经而分。故一家数《十翼》云：《上彖》一，《下彖》二，《上象》三，《下象》四，《上系》五，《下系》六，《文言》七，《说卦》八，《序卦》九，《杂卦》十。郑学之徒并同此说，故今亦依之。

第七 论传《易》之人

孔子既作《十翼》，《易》道大明，自商瞿已后，传授不绝。案《儒林传》云："商瞿子木本受《易》于孔子，以授鲁桥庇子庸，子庸授江东馯臂子弓，子弓授燕周丑子家，子家授东武孙虞子乘，子乘授齐田何子庄。及秦燔书，《易》为卜筮之书，独得不禁，故传授者不绝。汉兴，田何授东武王同子中及雒阳周王孙、梁人丁宽、齐服生，皆著《易传》数篇。同授菑川杨何字叔元，叔元传京房，京房传梁丘贺，贺授子临，临授御史大夫王骏。其后丁宽又别授田王孙，孙授施雠、雠授张禹，禹授彭宣。"此前汉大略传授之人也。其后汉则有马融、荀爽、郑玄、刘表、虞翻、陆绩等及王辅嗣也。

第八 论谁加经字

但《子夏传》云：虽分为上下二篇，未有"经"字。"经"字是后人所加，不知起自谁始。案，前汉孟喜《易本》云"分上下二经"，是孟喜之前，已题"经"字。其篇题"经"字，虽起于后，其称"经"之理则久在于前。故《礼记·经解》云："洁静精微，《易》教也。"既在《经解》之篇，是《易》有称"经"之理。案《经解》之篇，备论六艺，则《诗》《书》《礼》《乐》并合称"经"。而《孝经纬》称《易》建八卦，序六十四卦，转成三百八十四爻，运机布度，其气转易，故称"经"也。但《纬》文鄙伪，不可全信。其八卦方位之所，六爻上下之次，七八九六之数，内外承乘之象，入"经"别释，此未具论也。

（据李学勤主编标点本《十三经注疏·周易正义》，

北京大学出版社，1999年）

易传序　宋·程颐

易，变易也，随时变易以从道也。其为书也，广大悉备，将以顺性命之理，通幽明之故，尽事物之情，而示开物成务之道也。圣人之忧患后世，可谓至矣。去古虽远，遗经尚存。然而前儒失意以传言，后学诵言而忘味。自秦而下，盖无传矣。予生千载之后，悼斯文之湮晦，将俾后人沿流而求源，此《传》所以作也。

《易》有圣人之道四焉："以言者尚其辞，以动者尚其变，以制器者尚其象，以卜筮者尚其占。"吉凶消长之理，进退存亡之道，备于辞。推辞考卦，可以知变，象与占在其中矣。君子居则观其象而玩其辞，动则观其变而玩其占。得于辞，不达其意者有矣；未有不得于辞而能通其意者也。至微者理也，至著者象也。体用一源，显微无间。观会通以行其典礼，则辞无所不备。故善学者，求言必自近。易于近者，非知言者也。予所传者辞也，由辞以得其意，则在乎人焉。有宋元符二年己卯正月庚申，河南程颐正叔序。

（据程颢、程颐《二程集（下）》，中华书局，2004年）

《易》本为卜筮而作　宋·朱熹

《易》本为卜筮而作。古人淳质，初无文义，故画卦爻以"开物成务"。故曰："夫《易》，何为而作也？夫《易》，开物成务，冒天下之道，如斯而已。"此《易》之大意如此。

且如《易》之作，本只是为卜筮。如"极数知来之谓占"，"莫大乎蓍龟"，"是兴神物，以前民用"，"动则观其变而玩其占"等语，皆见得是占筮之意。盖古人淳质，不似后世人心机巧，事事理会得。古人遇一事理会不下，便须去占。占得《乾》时，"元亨"便是"大亨"，"利贞"便是"利在于正"。古人便守此占。知其大亨，却守其正以俟之，只此便是"开物成务"。若不如此，何缘见得"开物成务"底道理？即此是《易》之用。人人皆决于此，便是圣人家至户到以教之也。若似后人事事理会得，亦不待占。盖"元亨"是示其所以为卦之意，"利贞"便因以为戒耳。又曰："圣人恐人一向只把做占筮看，便以义理说出来。'元亨利贞'，在文王之辞，只作二事，止是大亨以正，至孔子方分作四件。然若是《坤》'元亨，利牝马之贞'，不成把'利'字绝句！后云'主利'，却当如此绝句。至于他卦，却只作'大亨以正'。后人须要把《乾》《坤》说大于他卦。毕竟在占法，却只是'大亨以正'而已。"

《易》本卜筮之书，后人以为止于卜筮。至王弼用老庄解，后人便只以为理而不以卜筮，亦非。想当初伏羲画卦之时，只是阳为吉，阴为凶，无文字。某不敢说，窃意如此。后文王见其不可晓，故为之作彖辞；或占得爻处不可晓，故周公为之作爻辞；又不可晓，故孔子为之作《十翼》，皆解当初之意。今人不看卦爻，而看《系辞》，是犹不看《刑统》而看《刑统》之《序例》也，安能晓！今人须以卜筮之书看之，方得；不然，不可看《易》。尝见艾轩与南轩争，而南轩不然其说，南轩亦不晓。

八卦之画，本为占筮。方伏羲画卦时，止有奇偶之画，何尝有许多说话！文王重卦作繇辞，周公作爻辞，亦只是为占筮设。到孔子，方始说从义理去。如《乾》"元亨利贞"，《坤》"元亨，利牝马之贞"，与后面"元亨利贞"只一般。"元亨"谓大亨也；"利贞"谓利于正也。占得此卦者，则大亨而利于正耳。至孔子乃将《乾》《坤》分作四德说，此亦自是孔子意思。伊川云："元亨利贞，在《乾》《坤》为四德，在他卦只作两事。"不知别有何证据。故学《易》者须将《易》各自看，伏羲《易》自作伏羲《易》看，是时未有一辞也；文王《易》自作文王《易》，周公《易》自作周公《易》，孔子《易》自作孔子《易》看。必欲牵合作一意看，不得。今学者讳言《易》本为占筮作，须要说做为义理作。若果为义理作时，何不直述一件文字，如《中庸》《大学》之书，言义理以晓人？须待画八卦则甚？《周官》唯大卜掌《三易》之法，而司徒、司乐、师氏、保氏诸子之教国子、庶民，只是教以《诗》《书》，教以《礼》《乐》，未尝以《易》为教也。

用之问："《坤》六二：'直方大，不习无不利。'学须用习，然后至于不习。"曰："不是如此。圣人作《易》，只是说卦爻中有此象而已，如《坤》六二'直方大，不习无不利'，自是他这一爻中有此象。人若占得，便应此事有此用也，未说到学者须习至于不习。在学者之事，固当如此。然圣人作《易》，未有此意在。"用之曰："然。'不习，无不利'，此成德之事也。"曰："亦非也，未说到成德之事，只是卦爻中有此象而已。若占得便应此象，都未说成德之事也。某之说《易》，所以与先儒、世儒之说皆不同，正在于此。学者须晓某之正意，然后方可推说其他道理。某之意思极直,只是一条路径去。若才惹著今人,便说差错了,便非《易》之本意矣。"

才卿云:"先生解《易》之本意,只是为卜筮尔。"曰:"然。据某解,一部《易》,只是作卜筮之书。今人说得来太精了,更入粗不得。如某之说虽粗,然却入得精,精义皆在其中。若晓得某一人说,则晓得伏羲、文王之《易》,本是作如此用,元未有许多道理在,方不失《易》之本意。今未晓得圣人作《易》之本意,便先要说道理,纵饶说得好,只是与《易》元不相干。圣人分明说:'昔者圣人之作《易》,观象设卦,系辞焉以明吉凶。'几多分晓! 某所以说《易》只是卜筮书者,此类可见。《易》只是说个卦象,以明吉凶而已,更无他说。如《乾》有《乾》之象,《坤》有《坤》之象,人占得此卦者,则有此用以断吉凶,那里说许多道理? 今人读《易》,当分为三等:伏羲自是伏羲之《易》,文王自是文王之《易》,孔子自是孔子之《易》。读伏羲之《易》,如未有许多《彖》《象》《文言》说话,方见得《易》之本意,只是要作卜筮用。如伏羲画八卦,那里有许多文字言语,只是说八个卦有某象,《乾》有《乾》之象而已。其大要不出于阴阳刚柔、吉凶消长之理。然亦尝说破,只是使人知卜得此卦如此者吉,彼卦如此者凶。今人未曾明得《乾》《坤》之象,便先说《乾》《坤》之理,所以说得都无情理。及文王、周公分为六十四卦,添入'乾元亨利贞''坤元亨利牝马之贞',早不是伏羲之意,已是文王、周公自说他一般道理了。然犹是就人占处说,如卜得《乾》卦,则大亨而利于正耳。及孔子系《易》,作《彖》《象》《文言》,则以'元、亨、利、贞'为《乾》之四德,又非文王之《易》矣。到得孔子,尽是说道理,然犹就卜筮上发出许多道理,欲人晓得所以凶,所以吉,卦爻好则吉,卦爻不好则凶。若卦爻大好而己德相当则吉,卦爻虽吉而己德不足以胜之则虽吉亦凶,卦爻虽凶而己德足以胜之则虽凶犹吉。反覆都就占筮上发明诲人底道理。如云:'需于泥,致寇至。'此卦爻本自不好,而象却曰:'自我致寇,敬慎不败也。'盖卦爻虽不好,而占之者能敬慎畏防,则亦不至于败。盖需者,待也。需有可待之时,故得以就需之时思患预防,而不至于败也。此则圣人就占处发明诲人之理也。"

(据黎靖德编《朱子语类》第四册,中华书局,1994 年)

周易集注卷首　　明·来知德

上下经篇义

上经首《乾》《坤》者,阴阳之定位,万物之男女也,《易》之数也,对待不移者也。

自《乾》《坤》历《屯》《蒙》《需》《讼》《师》《比》《小畜》《履》十卦，阴阳各三十画，则六十矣。阳极于六，阴极于六，至此《乾》《坤》变矣。故《坤》综《乾》而为《泰》，《乾》综《坤》而为《否》。《泰》《否》者，《乾》《坤》上下相综之卦也。《乾》《坤》既迭相《否》《泰》，则其间万物吉凶消长进退存亡，不可悉纪。自《同人》以下至《大畜》，无非《否》《泰》之相推，无《否》无《泰》，非《易》矣。水火者，乾坤所有之物，皆天道也，体也。无水火则乾坤为死物，故必山泽通气，雷风相薄，而后乾坤之水火可交。《颐》《大过》者，山泽雷风之卦也。《颐》有离象，《大过》有坎象，故上经首《乾》《坤》，必《乾》《坤》历《否》《泰》至《颐》《大过》，而后终之以《坎》《离》。

下经首《咸》《恒》者，阴阳之交感，一物之乾坤也，《易》之气也，流行不已者也。自《咸》《恒》历《遁》《大壮》《晋》《明夷》《家人》《睽》《蹇》《解》十卦，阴阳各三十画，则六十矣。阳极于六，阴极于六，至此男女变矣。故《咸》之男女综而为《损》，《恒》之男女综而为《益》。《损》《益》者，男女上下相综之卦也。男女既迭相损益，则其间万事吉凶消长进退存亡，不可悉纪。自《夬》以下至《节》，无非《损》《益》之相推，无《损》无《益》，非《易》矣。《既济》《未济》者，男女所交之事，皆人道也，用也。无《既济》《未济》，则男女为死物，故必山泽通气，雷风相薄，而后男女之水火可交。《中孚》《小过》者，山泽雷风之卦也。《中孚》有离象，《小过》有坎象，故下经首《咸》《恒》，必《咸》《恒》历《损》《益》至《中孚》《小过》而后终之以《既济》《未济》。

要之，天道之体，虽以《否》《泰》为主，未必无人道；人道之用，虽以《损》《益》为主，而未必无天道。上下经之篇义蕴蓄，其妙至此。

若以卦爻言之，上经阳爻八十六，阴爻九十四，阴多于阳者凡八；下经阳爻一百有六，阴爻九十有八，阳多于阴者亦八。上经阴多于阳，下经阳多于阴，皆同八焉，是卦爻之阴阳均平也。

若以综卦两卦作一卦论之，上经十八卦成三十卦，阳爻五十二，阴爻五十六，阴多于阳者凡四；下经十八卦成三十四卦，阳爻五十六，阴爻五十二，阳多于阴者亦四。上经阴多于阳，下经阳多于阴，皆同四焉，是综卦之阴阳均平也。

上下经之篇义卦爻，其精至此，孔子赞其至精至变至神，厥有由矣。

《易经》字义
象
卦中立象，有不拘《说卦》"乾马坤牛""乾首坤腹"之类者。

有自卦情而立象者，如乾卦本马而言龙，以乾道变化，龙乃变化之物，故以龙言之。《朱子语录》:或问卦之象,朱子曰:"便是理会不得。如乾为马而说龙,如此之类,皆不通。"殊不知以卦情立象也。且《荀九家》亦有乾为龙。又如《咸》卦,艮为少男,兑为少女,男女相感之情,莫如年之少者,故周公立爻象曰"拇",曰"腓",曰"股",曰"憧憧",曰"脢",曰"辅颊舌",一身皆感焉。盖艮止则感之专,兑悦则应之至,是以四体百骸,从拇而上,自舌而下,无往而非感矣。此则以男女相感之至情而立象也。又如豚鱼知风,鹤知秋,鸡知旦,三物皆有信,故《中孚》取之,亦以卦情立象也。又如《渐》取鸿者,以鸿至有时而群有序,不失其时,不失其序,于渐之义为切。且鸿又不再偶,于文王卦辞"女归"之义为切,此亦以卦情立象也。

有以卦画之形取象者,如《剥》言"宅"、言"床"、言"庐"者,因五阴在下,列于两旁,一阳覆于其上,如宅、如床、如庐,此以画之形立象也。《鼎》与《小过》亦然。

又有卦体大象之象。凡阳在上者皆象艮、巽,阳在下者皆象震、兑,阳在上下者皆象离,阴在上下者皆象坎。如《益》象离,故言"龟";《大过》象坎,故言"栋";《颐》亦象离,故亦言"龟"也。又如《中孚》"君子以议狱缓死",亦取《噬嗑》火雷之意,以《中孚》大象离,而中爻则雷也。故凡阳在下者,动之象;在中者,陷之象;在上者,止之象。凡阴在下者,入之象;在中者,丽之象;在上者,说之象。

又有以中爻取象者。如《渐》卦九三"妇孕不育",以中爻二四合"坎中满"也。九五"三岁不孕",以中爻三五合"离中虚"也。

有将错卦立象者,如《履》卦言"虎",以下卦兑错艮也。有因综卦立象者,如《井》与《困》相综,巽为市、邑,在《困》为兑,在《井》为巽,则改为邑矣。

有即阴阳而取象者,如乾为马,本象也,坎与震皆得乾之一画,亦言马。坤为牛,本象也,离得坤之一画,亦言牛。皆其类也。

有相因而取象者,如《革》卦九五言"虎"者,以兑错艮,艮为虎也;上六即以豹言之,豹次于虎,故相因而言豹也。故其象多是无此事此理,而止立其象,如"金车"、"玉铉"之类,金岂可为车? 玉岂可为铉? 盖虽无此事此理,而爻内有此象也。

《朱子语录》云:"卦要看得亲切,须是兼象看,但象失其传了。"殊不知圣人立象,有卦情之象,有卦画之象,有大象之象,有中爻之象,有错卦之象,有综卦之象,有爻变之象,有占中之象。正如释卦名义,有以卦德释者,有以卦象释者,有以卦体释者,有以卦综释者,即此意也。所以说:"拟诸其形容,象其物宜。"但形容物宜可拟可象,即是象矣。自王弼不知文王序卦之妙,扫除其象,后儒泥滞《说卦》,所以说"象失其传",而不知未失其传也。善乎蔡氏曰:"圣人拟诸其形容而立象,至纤至悉,无所不有,所谓其道甚大,百物不废者,此也。其在上古尚此以制器,其在中古观此以系辞,而后世之言《易》者乃曰'得意在忘象,得象在忘言',一切指为鱼兔筌蹄,殆非圣人作《易》前民用以教天下之意矣。"此言盖有所指而发也。

错

错者,阴与阳相对也。父与母错,长男与长女错,中男与中女错,少男与少女错,八卦相错,六十四卦皆不外此错也。天地造化之理,独阴独阳不能生成,故有刚必有柔,有男必有女,所以八卦相错。八卦既相错,所以象即寓于错之中。如乾错坤,乾为马,《坤》即"利牝马之贞"。《履》卦兑错艮,艮为虎,文王即以虎言之。《革》卦上体乃兑,周公九五爻亦以虎言之。又《睽》卦上九纯用错卦,《师》卦"王三锡命",纯用天火同人之错,皆其证也。又有以中爻之错言者,如《小畜》言"云",因中爻离错坎故也,六四言"血"者,坎为血也,言"惕"者,坎为加忧也。又如《艮》卦九三中爻坎,爻辞曰"薰心",坎水安得薰心? 以错离有火烟也。

综

综字之义,即织布帛之综,或上或下,颠之倒之者也。如乾、坤、坎、离四正之卦,则或上或下;巽、兑、艮、震四隅之卦,则巽即为兑,艮即为震,其卦名则不同。如《屯》《蒙》相综,在《屯》则为雷,在《蒙》则为山是也。如《履》《小畜》相综,在《履》则为泽,在《小畜》则为风是也。如《损》《益》相综,《损》之六五即《益》之六二,特倒转耳,故其象皆"十朋之龟"。《夬》《姤》相综,《夬》之九四即《姤》之九三,故其象皆"臀无肤"。综卦之妙如此,非山中研穷三十年,安能知之? 宜乎诸儒以"象失其传"也。

然文王《序卦》有正综,有杂综。如《乾》初爻变《姤》,《坤》逆行五爻变《夬》,与《姤》相综。所以《姤》综《夬》,《遁》综《大壮》,《否》综《泰》,《观》综《临》,《剥》综《复》,所谓乾坤之正综也。八卦通是初与五综,二与四综,三与上综,虽一定之数不容安排,然阳顺行,而阴逆行与之相综,造化之玄妙可见矣。文王之序卦不其神哉! 即阳木顺行生亥死午,阴木逆行生午死亥之意。若乾坤所属尾二卦,《晋》《大有》《需》《比》之类,乃术家所谓游魂、归魂出于《乾》《坤》之外者,非《乾》《坤》五爻之正变,故谓之杂综。然乾坤水火四正之卦,四正与四正相综,艮巽震兑四隅之卦,四隅与四隅相综,虽杂亦不杂也。

八卦既相综,所以象即寓于综之中。如《噬嗑》"利用狱",《贲》乃相综之卦,亦以狱言之。《旅》《丰》二卦,亦以狱言者,皆以其相综也。有以上六下初而综者,刚自外来而为主于内是也。有以二五而综者,柔得中而上行是也。盖《易》以道阴阳,阴阳之理流行不常,原非死物胶固一定者,故颠之倒之、可上可下者,以其流行不常耳。

故读《易》者不能悟文王序卦之妙，则《易》不得其门而入。既不入门而宫墙外望，则"改邑不改井"之玄辞，"其人天且劓"之险语，不知何自而来也。噫！文王不其继伏羲而神哉！

变

变者，阳变阴，阴变阳也。如《乾》卦初变即为《姤》，是就于本卦变之。宋儒不知文王序卦如《屯》《蒙》相综之卦，本是一卦，向上成一卦，向下成一卦，详见前"伏羲文王错综图"。如《讼》之刚来而得中，乃卦综也，非卦变也，以为自《遁》卦变来，非矣。如《姤》方是变。卦变玄之又玄，妙之又妙。盖爻一动即变，如《渐》卦九三以三为夫，以坎中满为妇孕，及三爻一变，则阳死成坤，离绝夫位，故有"夫征不复"之象。既成坤，则并坎中满通不见矣，故有"妇孕不育"之象。又如《归妹》九四，中爻坎月离日，期之象也，四一变则纯坤，而日月不见矣，故"愆期"，岂不玄妙！

中爻

中爻者，二三四五所合之卦也。《系辞》第九章孔子言甚详矣。大抵错者，阴阳横相对也；综者，阴阳上下相颠倒也；变者，阳变阴，阴变阳也；中爻者，阴阳内外相连属也。周公作爻辞，不过此错、综、变、中爻四者而已。如离卦居三，《同人》曰"三岁"，《未济》曰"三年"，《既济》曰"三年"，《明夷》曰"三日"，皆以本卦三言也。若《坎》之"三岁"，《困》之"三岁"，《解》之"三品"，皆离之错也。《渐》之"三岁"，《巽》之"三品"，皆以中爻合离也。《丰》之"三岁"，以上六变而为离也。即离而诸爻用四者可知矣。

孔子韦编三绝，于阴阳之理悦心研虑已久，故于圆图看出"错"字，于《序卦》看出"综"字，所以说"错综其数"。又恐后人将《序卦》一连，不知有错综二体，故杂乱其卦，惟令二体之卦相连，如"乾刚坤柔"，"比乐师忧"是也。又说出中爻。宋儒不知乎此，将孔子《系辞》"所居而安者，文王之序卦；所乐而玩者，周公之爻辞"，认"序"字为卦爻所著事理当然之次第，故自孔子没而《易》已亡至今日矣。

易学六十四卦启蒙

《易》自孔子没，而亡至今日矣。《易》亡者何？以象失其传也。故先之以象，此则六爻大象也。诸象则详见《易经字义》。伏羲之卦主于错，文王之卦主于综，故次之以错综。文王、周公系辞，皆不遗中爻。至孔子始发明之，故次之以中爻。同体者，文王之序卦皆同体也。一卦有一卦之情性，一爻有一爻之情性。如乾性健,坤性顺,此一定不移者也。若有一爻之变,则其情性皆移矣。如《乾》初爻变则为《姤》,《姤》之情性与《乾》之情性相去千里,故情性之后继之以六爻之变。六爻既变,则即有错综中爻矣。故六爻变之下,复注错综中爻。六爻变后,犹有错综中爻,何也? 盖天地间万物,独阴、独阳不能生成,故必有错;而阴阳循环之理,阳上则阴下,阴上则阳下,故必有综。则错综二字,不论六爻变与不变,皆不能离者也。若无错综,不成《易》矣。故六爻变后,复注错综。而中爻者,亦阴阳也,故继之。若地位、人位、天位者,乃三才也,故又继之。四圣千古不传之秘,尽泄于此。学者能于此而熟玩之,则辞、变、象、占犁然明白,四圣之《易》不在四圣而在我矣!

（据来知德《易经集注》,上海书店,1988 年）

周易折中义例　清·李光地

时

消息盈虚之谓时,《泰》《否》《剥》《复》之类是也。又有指事言者,《讼》《师》《噬嗑》《颐》之类是也。又有以理言者,《履》《谦》《咸》《恒》之类是也。又有以象言者,《井》《鼎》之类是也。四者皆谓之时。

位

贵贱上下之谓位。王弼谓中四爻有位,而初上两爻无位,非谓无阴阳之位也,乃谓爵位之位耳。五,君位也;四,近臣之位也;三,虽非近而位亦尊者也;二,虽不如三四之尊,而与五为正应者也。此四爻皆当时用事,故谓之有位。初上则但以时之始终论者为多,若以位论之,则初为始进而未当事之人,上为既退而在事外之人也,故谓之无位。然此但言其正例耳,若论变例,则如《屯》《泰》《复》《临》之初,《大有》《观》《大畜》《颐》之上,皆得时而用事,盖以其为卦主故也。五亦有时不以君位言者,则又以其卦义所取者臣道,不及于君故也。故朱子云:常可类求,变非例测。

德

刚柔中正不中正之谓德。刚柔各有善不善,时当用刚则以刚为善也,时当用柔则以柔为善也。惟中与正,则无有不善者。然正尤不如中之善,故程子曰:正未必中,中则无不正也。六爻当位者未必皆吉,而二五之中,则吉者独多,以此故尔。

应比

应者,上下体相对应之爻也。比者,逐位相比连之爻也。易中比应之义,惟四与五比,二与五应为最重。盖以五为尊位,四近而承之,二远而应之也。然近而承者,则贵乎恭顺小心,故刚不如柔之善。远而应者,则贵乎强毅有为,故柔又不如刚之善。夫子曰:"二与四同功而异位,二多誉,四多惧,近也。柔之为道,不利远者,其要无咎,其用柔中也。"夫言柔之道不利远,可见刚之道不利近矣。又可见柔之道利近,刚之道利远矣。夫子此条,实全易之括例。

凡比与应,必一阴一阳,其情乃相求而相得。若以刚应刚,以柔应柔,则谓之无应。以刚比刚,以柔比柔,则亦无相求相得之情矣。

以此例推之,易中以六四承九五者,凡十六卦,皆吉。《比》曰"外比于贤",《小畜》曰"有孚惕出",《观》曰"利用宾于王",《坎》曰"纳约自牖",《家人》曰"富家",《益》曰"中行告公从",《井》曰"井甃无咎",《渐》曰"或得其桷",《巽》曰"田获三品",《涣》曰"涣其群元吉",《节》曰"安节亨",《中孚》曰"月几望",皆吉辞也。惟《屯》《需》与《蹇》,则相从于险难之中,故曰"往吉",曰"出自穴",曰"来连"。《既济》则交儆于未乱之际,故曰"终日戒",亦皆吉辞。

以九四承六五,亦十六卦,则不能皆吉,而凶者多。如《离》之"焚如死如弃如",《恒》之"田无禽",《晋》之"鼫鼠",《鼎》之"覆悚",《震》之"遂泥",皆凶爻也。《大有》之"匪彭",《睽》之"睽孤",《解》之"解拇",《归妹》之"愆期",《旅》之"心未快",《小过》之"往厉必戒",虽非凶爻,而亦不纯吉。惟《豫》之四,一阳而上下应,《噬嗑》之四,一阳为用狱主,《丰》之四,为动主以应乎明,《大壮》之壮,至四而极,《未济》之未济,至四而济,皆卦主也,故得吉利之辞,而免凶咎。

以九二应六五者,凡十六卦,皆吉。《蒙》之"子克家",《师》之"在师中",《泰》之"得尚于中行",《大有》之"大车以载",《蛊》之"干母蛊"而得中道,《临》之"咸临吉"而无不利,《恒》之"悔亡",《大壮》之"贞吉",《睽》之"遇主于巷",《解》之"得黄矢",《损》之"弗损益之",《升》之"利用禴",《鼎》之"有实",皆吉辞也。惟《大畜》之"舆说輹",则时当止也。《归妹》"利幽贞",则时当守也。《未济》"曳轮贞吉",则时当待也,亦非凶辞也。

以六二应九五,亦十六卦,则不能皆吉,而凶吝者有之。如《否》之"包承"也,《同人》之"于宗吝"也,《随》之"系小子失丈夫"也,《观》之"窥观可丑"也,《咸》之

"咸其腓凶"也,皆非吉辞也。《屯》之"屯如邅如",《遁》之"巩用黄牛",《蹇》之"蹇蹇匪躬",《既济》之"丧茀勿逐",则以遭时艰难而显其贞顺之节者也。惟《比》之"自内"也,《无妄》之"利有攸往"也,《家人》之"在中馈贞吉"也,《益》之"永贞吉"也,《萃》之"引吉无咎"也,《革》之"巳日乃孚征吉"也,《渐》之"饮食衎衎"也,皆适当上下合德之时,故其辞皆吉。夫子所谓"其要无咎,其用柔中"者,信矣。

自二五之外,亦有应焉。自四五之外,亦有比焉。然其义不如应五承五者之重也。

以应言之,四与初犹或取相应之义,三与上则取应义者绝少矣。其故何也?四,大臣之位也,居大臣之位,则有以人事君之义,故必取在下之贤德以自助,此其所以相应也。上居事外,而下应于当事之人,则失清高之节矣。三居臣位,而越五以应上,则失勿二之心矣。此其所以不相应也。然四之应初而吉者,亦惟以六四应初九耳。盖初九为刚德之贤,而六四有善下之美,故如《屯》、《贲》之"求婚媾"也,《颐》之"虎视眈眈"也,《损》之"使遄有喜"也,皆吉也。若九四应初六,则反以下交小人为累,《大过》之"不桡乎下",《解》之"解而拇",《鼎》之"折足"是也。

以比言之,惟五与上或取相比之义,余爻则取比义者亦绝少。其故何也?五,君位也,尊莫尚焉,而能下于上者,则尚其贤也。此其所以有取也。然亦惟六五遇上九乃取斯义,盖上九为高世之贤,而六五为虚中之主,故如《大有》《大畜》之六五、上九,孔子则赞之以"尚贤";《颐》《鼎》之六五、上九,孔子则赞之以"养贤",其辞皆最吉。若以九五比上六,则亦反以尊宠小人为累,如《大过》之"老妇得其士夫",《咸》之"志末",《夬》之"苋陆",《兑》之"孚于剥",皆是也。独《随》之九五下上六,而义有取者,卦义刚来下柔故耳。若初与二、二与三、三与四,则非正应而相比者,或恐陷于朋党比周之失,故其义不重。

此皆例之常也。若其爻为卦主,则群爻皆以比之、应之为吉凶焉,故五位之为卦主者,不待言矣。如《豫》四为卦主,则初"鸣"而三"盱"。《剥》上为卦主,则三"无咎"而五"无不利"。《复》初为卦主,则二下仁而四"独复"。《夬》上为卦主,则三"壮頄"而五"苋陆"。《姤》初为卦主,则二"包有鱼"而四"包无鱼"。此又易之大义,不可以寻常比应之例论也。

卦主

凡所谓卦主者,有成卦之主焉,有主卦之主焉。成卦之主,则卦之所由以成者,无论位之高下,德之善恶,若卦义因之而起,则皆得为卦主也。主卦之主,必皆德之善而得时得位者为之。故取于五位者为多，而他爻亦间取焉。其成卦之主，即为主卦之主者，必其德之善而兼得时位者也。其成卦之主，不得为主卦之主者，必其德与时位参错而不相当者也。大抵其说皆具于夫子之《彖传》，当逐卦分别观之。

若其卦成卦之主，即主卦之主，则是一主也。若其卦有成卦之主，又有主卦之主，则两爻皆为卦主矣。或其成卦者兼取两爻，则两爻又皆为卦主矣。或其成卦者兼取两象，则两象之两爻，又皆为卦主矣。亦当逐卦分别观之。

《乾》以九五为卦主，盖《乾》者天道，而五则天之象也。《乾》者君道，而五则君之位也，又刚健中正四者具备，得天德之纯，故为卦主也。观《彖传》所谓"时乘六龙以御天""首出庶物"者，主君道而言。

《坤》以六二为卦主，盖《坤》者地道，而二则地之象也。《坤》者臣道，而二则臣之位也，又柔顺中正四者具备，得《坤》德之纯，故为卦主也。观象辞所谓"先迷后得主""得朋""丧朋"者，皆主臣道而言。

《屯》以初九、九五为卦主，盖卦惟两阳，初九在下，侯也，能安民者也。九五在上，能建侯以安民者也。

《蒙》以九二、六五为主，盖九二有刚中之德，而六五应之。九二在下，师也，能教人者也。六五在上，能尊师以教人者也。

《需》以九五为主，盖凡事皆当需，而王道尤当以久而成，《彖传》所谓"位乎天位，以正中也"，指五而言之也。

《讼》以九五为主，盖诸爻皆讼者也，九五则听讼者也。《彖传》所谓"利见大人，尚中正也"，亦指五而言之也。

《师》以九二、六五为主，盖九二在下，丈人也，六五在上，能用丈人者也。

《比》以九五为主，盖卦惟一阳居尊位，为上下所比附者也。

《小畜》以六四为成卦之主，而九五则主卦之主也。盖六四以一阴畜阳，故《彖传》曰"柔得位而上下应之"，九五与之合志以成其畜，故《彖传》曰"刚中而志行"。

《履》以六三为成卦之主，而九五则主卦之主也。盖六三以一柔履众刚之间，多危多惧，卦之所以名履也。居尊位尤当常以危惧存心，故九五之辞曰"贞厉"，而《彖传》曰"刚中正，履帝位而不疚"。

《泰》以九二、六五为主，盖《泰》者上下交而志同，九二能尽臣道以上交者也，六五能尽君道以下交者也。二爻皆成卦之主，亦皆主卦之主也。

《否》以六二、九五为主，盖《否》者上下不交，六二"否亨"，敛德辟难者也。九五"休否",变否为泰者也。然则六二成卦之主,而九五则主卦之主也。

《同人》以六二、九五为主,盖六二以一阴能同众阳,而九五与之应,故《象传》曰"柔得位得中,而应乎乾"。

《大有》以六五为主,盖六五以虚中居尊,能有众阳,故《象传》曰"柔得尊位,大中而上下应之"。

《谦》以九三为主,盖卦惟一阳得位而居下体,谦之象也。故其爻辞与卦同,《传》曰"三多凶",而惟此爻最吉。

《豫》以九四为主,卦惟一阳而居上位,卦之所由以为豫者,故《象传》曰"刚应而志行"。

《随》以初九、九五为主,盖卦之所以为随者,刚能下柔也。初五两爻皆刚居柔下,故为卦主。

《蛊》以六五为主,盖诸爻皆有事于干蛊者,至五而功始成,故诸爻皆有戒辞而五独曰"用誉"也。

《临》以初九、九二为主,《象传》所谓"刚浸而长"是也。

《观》以九五、上九为主,《象传》所谓"大观在上"是也。

《噬嗑》以六五为主,《象传》所谓"柔得中而上行"是也。

《贲》以六二、上九为主,《象传》所谓"柔来而文刚","刚上而文柔"是也。

《剥》以上九为主,阴虽剥阳,而阳终不可剥也,故为卦主。

《复》以初九为主,《象传》所谓"刚反"者是也。

《无妄》以初九、九五为主,盖初九阳动之始,如人诚心之初动也;九五乾德之纯,如人至诚之无息也。故《象传》曰"刚自外来而为主于内",指初也。又曰"刚中而应",指五也。

《大畜》以六五、上九为主,《象传》所谓"刚上而尚贤"者是也。

《颐》亦以六五、上九为主,《象传》所谓"养贤以及万民"者是也。

《大过》以九二、九四为主,盖九二刚中而不过者也,九四栋而不桡者也。

《坎》以二五二阳为主,而五尤为主,水之积满者行也。

《离》以二五二阴为主,而二尤为主,火之方发者明也。

《咸》之九四当心位,心者感之君,则四卦主也。然九五当背位,为咸中之艮,感中之止,是谓动而能静,则五尤卦主也。

《恒》者常也,中则常矣,卦惟二五居中,而六五之柔中,尤不如九二之刚中,则二卦主也。

《遁》之为遁以二阴,则初二成卦之主也。然处之尽善者惟九五,则九五又主卦之主也。故《象传》曰"刚当位而应与时行"也。

《大壮》之为壮以四阳,而九四当四阳之上,则四卦主也。

《晋》以明出地上成卦,六五为离之主,当中天之位,则五卦主也。故《象传》曰"柔进而上行"。

《明夷》以日入地中成卦,而上六积土之厚,夷人之明者也,成卦之主也。六二、六五皆秉中顺之德,明而见夷者也,主卦之主也。故《象传》曰"文王以之""箕子以之"。

《家人》以九五、六二为主,故《象传》曰"女正位乎内,男正位乎外"。

《睽》以六五、九二为主,故《象传》曰"柔进而上行,得中而应乎刚"。

《蹇》以九五为主,故《象传》曰"往得中也"。盖彖辞所谓"大人"者,即指五也。

《解》以九二、六五为主,故《象传》曰"往得众也",指五也。又曰"乃得中也",指二也。

《损》以损下卦上画,益上卦上画为义,则六三、上九,成卦之主也。然损下益上,所益者君也,故六五为主卦之主。

《益》以损上卦下画,益下卦下画为义,则六四、初九,成卦之主也。然损上益下者,君施之而臣受之,故九五、六二为主卦之主。

《夬》以一阴极于上为义,则上六成卦之主也。然五阳决阴,而五居其上,又尊位也,故九五为主卦之主。

《姤》以一阴生于下为义,则初六成卦之主也。然五阳皆有制阴之责,而惟二五以刚中之德,一则与之相切近以制之,一则居尊临其上以制之,故九五、九二为主卦之主。

《萃》以九五为主,而九四次之,卦惟二阳而居高位,为众阴所萃也。

《升》以六五为主,《象传》曰"柔以时升",六五升之最尊者也。然升者必自下起,其卦以地中生木为象,则初六者巽体之主,乃木之根也,故初六亦为成卦之主。

《困》以九二、九五为主,盖卦以刚揜为义,谓二五以刚中之德而皆揜于阴也,故两爻皆成卦之主,又皆主卦之主。

《井》以九五为主,盖《井》以水为功,而九五坎体之主也;井以养民为义,而九五养民之君也。

《革》以九五为主,盖居尊位则有改革之权,刚中正则能尽改革之善,故其辞曰"大人虎变"。

《鼎》以六五、上九为主,盖《鼎》以养贤为义,而六五尊尚上九之贤,其象如鼎之铉耳之相得也。

《震》以二阳为主,然《震》阳动于下者也,故四不为主,而初为主。

《艮》亦以二阳为主,然《艮》阳止于上者也,故三不为主,而上为主。

《渐》以女归为义,而诸爻惟六二应五,合乎女归之象,则六二卦主也。然《渐》又以进为义,而九五进居高位,有刚中之德,则九五亦卦之主也。

《归妹》以女之自归为义,其德不善,故《象传》曰“无攸利,柔乘刚也”。是六三、上六成卦之主也。然六五居尊下交,则反变不善而为善,化凶而为吉,是六五又主卦之主也。

《丰》以六五为主,盖其彖辞曰“王假之,勿忧,宜日中”,六五之位则王之位也,柔而居中,则日中之德也。

《旅》亦以六五为主,故《象传》曰“柔得中乎外”,又曰“止而丽乎明”。五居外体,旅于外之象也。处中位,为《离》体之主,得中丽明之象也。

《巽》虽主于二阴,然阴卦以阴为主者,惟《离》为然,以其居中故也。《巽》之二阴,则为成卦之主,而不得为主卦之主。主卦之主者,九五也。申命行事,非居尊位者不可。故《象传》曰“刚巽乎中正而志行”,指五也。

《兑》之二阴,亦为成卦之主,而不得为主卦之主。主卦之主,则二五也。故《象传》曰“刚中而柔外,说以‘利贞’”。

《涣》以九五为主,盖收拾天下之散,非居尊不能也。然九二居内以固其本,六四承五以成其功,亦卦义之所重,故《象传》曰“刚来而不穷,柔得位乎外而上同”。

《节》亦以九五为主,盖立制度以节天下,亦惟居尊有德者能之,故《象传》曰“当位以节,中正以通”。

《中孚》之成卦以中虚,则六三、六四,成卦之主也。然孚之取义以中实,则九二、九五,主卦之主也。至于孚乃化邦,乃居尊者之事,故卦之主在五。

《小过》以二五为主,以其柔而得中,当过之时而不过也。

《既济》以六二为主,盖《既济》则初吉而终乱,六二居内体,正初吉之时也。故《象传》曰“初吉柔得中也”。

《未济》以六五为主,盖《未济》则始乱而终治,六五居外体,正开治之时也。故《象传》曰“未济亨,柔得中也”。

以上之义,皆可以据《象传》、爻辞而推得之。大抵《易》者,成大业之书。而成大业者,必归之有德有位之人,故五之为卦主者独多。中间亦有因时义不取五为王位者,不过数卦而已。自五而外,诸爻之辞,有曰王者,皆非以其爻当王也,乃对五位而为言耳。如《随》之上曰"王用亨于西山",则因其系于五也。《益》之二曰"王用亨于帝",则因其应于五也。《升》之四曰"王用亨于岐山",则因其承于五也。皆其德与时称,故王者简而用之,以答乎神明之心也。又上爻有蒙五爻而终其义者,如《师》之上曰"大君有命",则因五之出师定乱,而至此则奏成功也。《离》之上曰"王用出征",则因五之忧勤图治,而至此则除乱本也。皆蒙五爻之义,而语其成效如此。《易》中五上两爻,此类最多,亦非以其爻当王也。

(据李光地等撰《御纂周易折中》,上海古籍出版社,1990 年)

主要引书简称表

帛《易》——《马王堆帛书〈六十四卦〉释文》(帛书《周易》)

阜《易》——《阜阳汉简〈周易〉释文》(汉简《周易》)

楚《易》——《上海博物馆藏战国楚竹书(三)·周易》(楚竹书《周易》)

王《注》——王弼《周易注》(上下经《文言传》《彖传》《象传》注)

韩《注》——韩康伯《周易注》(《系辞传》《说卦传》《序卦传》《杂卦传》注)

《释文》——陆德明《经典释文》

《正义》——孔颖达《周易正义》

《集解》——李鼎祚《周易集解》

程《传》——程颐《周易程氏传》

《本义》——朱熹《周易本义》

来《注》——来知德《易经集注》

《折中》——李光地《御纂周易折中》

《今注》——高亨《周易古经今注》(重订本)

《通义》——李镜池《周易通义》

《说文》——许慎《说文解字》

段《注》——段玉裁《说文解字注》

参考文献

《百子全书》，浙江古籍出版社，1998年。

《国语》，上海古籍出版社，1988年。

《战国策》，上海古籍出版社，1985年。

班固《汉书》，中华书局，1962年。

北京大学图书馆索引编纂研究部《周易索引》，北京大学出版社，1997年。

蔡尚思主编《十家论易》（郭沫若、顾颉刚、李镜池、闻一多、胡朴安、熊十力、冯友兰、薛学潜、刘子华、蔡尚思论《易经》），岳麓书社，1993年。

常秉义辑注《易纬》，新疆人民出版社，2000年。

陈德述、杨树帆《周易入门》，巴蜀书社，1999年。

陈复华主编《古代汉语词典》，商务印书馆，1998年。

陈鼓应、赵建伟《周易今注今译》，商务印书馆，2005年。

陈国庆《汉书艺文志注释汇编》，中华书局，1983年。

陈良运《周易与中国文学》，百花洲文艺出版社，1999年。

陈梦雷《周易浅述》，九州出版社，2004年。

陈寿《三国志》，中华书局，1982年。

陈戍国《周易校注》，岳麓书社，2004年。

陈松长《帛书〈系辞〉释文》，陈鼓应主编《道家文化研究》第三辑，上海古籍出版社，1993年。

陈松长《马王堆帛书〈缪和〉、〈昭力〉释文》，陈鼓应主编《道家文化研究》第六辑，上海古籍出版社，1995年。

陈望衡《占筮与哲理》，云南人民出版社，1997年。

陈炜湛《古文字趣谈》，上海古籍出版社，2005年。

程石泉《易辞新诠》，上海古籍出版社，2000年。

程颐《周易程氏传》，王孝鱼点校《二程集（下）》，中华书局，2004年。

崔恒昇《简明甲骨文词典》，安徽教育出版社，1992年。

邓球柏《帛书周易校释》（修订本），湖南人民出版社，2002年。

段玉裁《说文解字注》,上海古籍出版社,1981年。

范晔《后汉书》,中华书局,1965年。

冯天瑜、何晓明、周积明《中华文化史》(上、下),上海人民出版社,1990年。

傅举有、陈松长《马王堆汉墓文物》,湖南出版社,1992年。

高亨《古字通假会典》,齐鲁书社,1989年。

高亨《周易大传今注》,齐鲁书社,1979年。

高亨《周易古经今注》(重订本),中华书局,1984年。

高亨《周易杂论》,齐鲁书社,1979年。

高怀民《两汉易学史》,(台湾)中国学术著作奖助委员会,1983年。

高怀民《先秦易学史》,(台湾)中国学术著作奖助委员会,1990年。

郭沫若《中国古代社会研究》《青铜时代》,《郭沫若全集·历史编》第一卷,人民出版社,1982年。

郭文友《周易辞海》,巴蜀书社,2005年。

郭扬《易经求正解》,广西人民出版社,1990年。

郭彧译注《周易》,中华书局,2006年。

韩仲民《帛易说略》,北京师范大学出版社,1992年。

韩自强《阜阳汉简〈周易〉研究》,上海古籍出版社,2004年。

汉语大词典编辑委员会汉语大词典编纂处《汉语大词典》(全三册),1997年。

郝懿行、王念孙《尔雅 广雅 方言 释名》(清疏四种合刊),上海古籍出版社,1989年。

何少初《古代名医解周易》(修订版),中国医药科技出版社,1998年。

胡道静、戚文《周易十讲》(增补本),上海人民出版社,2003年。

胡小石《文于二氏所藏汉熹平石经周易残石校字记》,《胡小石论文集三编》,上海古籍出版社,1995年。

黄开国主编《经学辞典》,四川人民出版社,1993年。

黄生撰、黄承吉合按《字诂义府合按》,中华书局,1984年。

黄奭辑《易纬 诗纬 礼纬 乐纬》,上海古籍出版社,1993年。

黄寿祺、张善文编《周易研究论文集》(第一辑、第二辑、第三辑、第四辑),北京师范大学出版社,1987、1989、1990、1990年。

黄寿祺、张善文《周易译注》,上海古籍出版社,1989年。

黄宗羲《易学象数论》,《黄宗羲全集》第九册,浙江古籍出版社,1992年。

惠栋《周易述》,九州出版社,2005年。

焦循《易学三书》(《易通释》《易章句》《易图略》),九州出版社,2003年。

金谷治《易的占筮与义理》,齐鲁书社,1990年。

金景芳、吕绍纲《周易全解》,吉林大学出版社,1989年初版;上海古籍出版社,2005年修订本。

金景芳《周易讲座》,广西师范大学出版社,2005年。

孔颖达《周易正义》,北京大学出版社,1999年。

来知德《易经集注》,上海书店,1988年。

黎靖德编《朱子语类》(共八册),中华书局,1994年。

李道平《周易集解纂疏》,上海古籍出版社,1994年。

李鼎祚《周易集解》,北京中国书店,1984年。

李富孙《易经异文释》,《皇清经解续编》本,光绪十四年(1888)。

李光地《御纂周易折中》,上海古籍出版社,1990年。

李镜池《周易探源》,中华书局,1978年。

李镜池《周易通义》,中华书局,1981年。

李零《中国方术考》(修订本),东方出版社,2000年。

李零《中国方术续考》,东方出版社,2000年。

李申主编《周易经传译注》,湖南教育出版社,2004年。

李修生、朱安群主编《四书五经辞典》,中国文联出版公司,1998年。

李学勤《简帛佚籍与学术史》,江西教育出版社,2001年。

李学勤《周易经传溯源》,长春出版社,1992年。

李学勤《周易溯源》,巴蜀书社,2006年。

李学勤主编《十三经注疏》(标点本),北京大学出版社,1999年。

李学勤《缀古集》,上海古籍出版社,1998年。

李学勤《走出疑古时代》(修订本),辽宁大学出版社,1997年。

廖名春《帛书〈二三子问〉、〈易之义〉、〈要〉释文》,陈鼓应主编《道家文化研究》第三辑,上海古籍出版社,1993年。

廖名春、康学伟、梁韦弦《周易研究史》,湖南出版社,1991年。

廖名春《马王堆帛书周易经传释文》,《续修四库全书》经部第一册,上海古籍出版社,1995年。

廖名春《上海博物馆藏楚简〈周易〉管窥》,《周易研究》2000年第3期。

廖名春《〈周易〉经传与易学史新论》,齐鲁书社,2001年。

林忠军《〈易纬〉导读》,齐鲁书社,2002年。

林忠军《周易郑氏学阐微》,上海古籍出版社,2005年。

刘长允《步入神秘的殿堂——从全息角度看〈周易〉》,中国广播电视出版社,1991年。

刘大钧《今、帛、竹书〈周易〉综考》,上海古籍出版社,2005年。

刘大钧、林忠军《易传全译》,巴蜀书社,2001年。

刘大钧、林忠军《周易传文白话解》,齐鲁书社,1993年。

刘大钧、林忠军《周易古经白话解》,山东友谊书社,1990年。

刘大钧《纳甲筮法》,齐鲁书社,1995年。

刘大钧《周易概论》,巴蜀书社,1999年。

刘大钧主编《周易研究》合订本(1988—1991),《周易研究》杂志社,1993年。

刘杰、袁峻《中国八卦医学》,青岛出版社,1993年。

陆德明《经典释文·周易音义》,中华书局,1983年。

吕绍纲《周易阐微》,上海古籍出版社,2005年。

吕绍纲《〈周易〉的哲学精神——吕绍纲易学文选》,上海古籍出版社,2005年。

吕绍纲主编《周易辞典》,吉林大学出版社,1992年。

马衡《汉石经集存》,科学出版社,1957年。

马衡《汉熹平石经周易残字跋》,《凡将斋金石丛稿》,中华书局,1977年。

马王堆汉墓帛书整理小组《马王堆帛书〈六十四卦〉释文》,《文物》1984年第3期。

马文熙、张归璧主编《古汉语知识详解辞典》,中华书局,1996年。

马振彪著、张善文整理《周易学说》,花城出版社,2002年。

马宗霍《说文解字引经考》,台湾学生书局,1971年。

潘雨廷《读易提要》,上海古籍出版社,2003年。

濮茅左《〈周易〉释文考释》,马承源主编《上海博物馆藏战国楚竹书(三)》,上海古籍出版社,2003年。

钱绎《方言笺疏》,上海古籍出版社,1984年。

饶宗颐《在开拓中的训诂学——从楚简易经谈到新编〈经典释文〉的建议》,《第一届国际训诂学研讨会论文集》,高雄,1997年。

阮元《经籍纂诂》,成都古籍书店,1982年。

阮元校刻《十三经注疏》(影印本),中华书局,1980年。

沙少海《易卦浅释》，贵州人民出版社，1988 年。

尚秉和《焦氏易诂》，中华书局，1991 年。

尚秉和原著、刘光本撰《周易古筮考通解》，山西古籍出版社，1994 年。

尚秉和《周易尚氏学》，中华书局，1980 年。

尚秉和著、张善文校理《尚氏易学存稿校理》（含《周易古筮考》《焦氏易诂》《焦氏易林注》《周易尚氏学》《易说评议》及吴承仕《检斋读易提要》、黄寿祺《易学群书平议》），中国大百科全书出版社，2005 年。

司马迁《史记》，中华书局，1959 年。

宋祚胤《周易新论》，湖南教育出版社，1982 年。

孙星衍《周易集解》，上海书店，1988 年。

唐明邦主编《周易评注》，中华书局，1995 年。

汪致正《易学津梁》，人民出版社，2006 年。

王弼《周易注》，楼宇烈校释《王弼集校释》（上、下册），中华书局，1980 年。

王夫之《周易内传》《周易内传》，九州出版社，2004 年。

王力《同源字典》，商务印书馆，1982 年。

王力主编《古代汉语》（校订重排本），中华书局，1999 年。

王力主编《王力古汉语字典》，中华书局，2000 年。

王念孙《广雅疏证》，中华书局，1983 年。

王先谦《释名疏证补》，上海古籍出版社，1984 年。

王引之《经传释词》，岳麓书社，1984 年。

王引之《经义述闻》，江苏古籍出版社，1985 年。

魏徵等《隋书》，中华书局，1973 年。

闻一多《周易义证类纂》，《闻一多学术文钞·周易与庄子研究》，巴蜀书社，2003 年。

吴新楚《简明周易读本》，华南理工大学出版社，1993 年；广东高等教育出版社，2006 年增订本。

吴新楚《〈周易〉异文校证》，广东人民出版社，2001 年。

伍华主编《周易大辞典》，中山大学出版社，1993 年。

夏含夷《易经》，见鲁惟一主编《中国古代典籍导读》，辽宁教育出版社，1997 年。

萧元主编《周易大辞典》，中国工人出版社，1992 年。

谢纪锋编纂《虚词诂林》，黑龙江人民出版社，1993 年。

邢文《帛书周易研究》,人民出版社,1997年。

徐朝华《尔雅今注》,南开大学出版社,1994年。

徐复等编《古汉语大词典》,上海辞书出版社,2000年。

徐志锐《周易大传新注》,齐鲁书社,1989年。

徐子宏《周易全译》,贵州人民出版社,1991年。

许慎《说文解字》,中华书局,1963年。

杨鸿儒《易经导读》,华文出版社,2001年。

杨吉德《周易卦象与本义统解》,齐鲁书社,2004年。

杨力《周易与中医学》(第二版),北京科学技术出版社,1991年。

杨世文、李勇先、吴雨时编《易学集成》(含王弼《周易注》、欧阳修《易童子问》、李觏《易论》、俞琰《读易举要》、许衡《读易私言》、王弼、韩康伯《周易注》、郭京《周易举正》、李鼎祚《周易集解》、张载《横渠易说》、苏轼《苏氏易传》、朱熹《周易本义》、来知德《易经集注》、王夫之《周易内传》、李光地《周易折中》、京房《京氏易》、丁易东《周易象义》、王宏撰《周易筮述》、惠栋《易汉学》、焦循《易章句》、周敦颐《太极图说》、周敦颐《通书》、吴仁杰《易图说》、林光世《水村易镜》、张理《易象图说》、来集之《易图亲见》、胡渭《易图明辨》、焦循《易图略》、崔述《易卦图说》、张惠言《易图条辨》),四川大学出版社,1998年。

杨树达《中国修辞学》,中华书局,1984年。

永瑢等纂《四库全书总目》,中华书局,1965年。

于豪亮《帛书〈周易〉》,《文物》1984年第3期。

于省吾《双剑誃群经新证　双剑誃诸子新证》,上海书店出版社,1999年。

俞樾《古书疑义举例》,中华书局,1956年。

袁庭栋《周易初阶》,巴蜀书社,2004年。

袁行霈、严文明、张传玺、楼宇烈主编《中华文明史》,北京大学出版社,2006年。

曾宪通《古文字与出土文献丛考》,中山大学出版社,2005年。

曾宪通《〈周易·睽〉卦辞及六三爻辞新诠》,中国语言学会第九届学术年会论文,1997年。

张岱年《张岱年哲学文选》(上、下),中国广播电视出版社,1999年。

张岱年《中国哲学大纲》,江苏教育出版社,2005年。

张立文《帛书周易注译》,中州古籍出版社,1992年。

张其成主编《易经应用大百科》,东南大学出版社,1994年。

张其成主编《易学大辞典》，华夏出版社，1992 年。

张善文《周易辞典》，上海古籍出版社，1992 年。

张善文《〈周易〉选评》，上海古籍出版社，2004 年。

张永言、杜仲陵、向熹、经本植、罗宪华、严廷德《简明古汉语字典》，四川人民出版社，1986 年；修订本，2001 年。

张政烺《张政烺文史论集》，中华书局，2004 年。

章秋农《周易占筮学》，浙江古籍出版社，1990 年。

赵诚《甲骨文简明词典》，中华书局，1988 年。

赵应铎主编《中国典故大辞典》，汉语大词典出版社，2005 年。

中国文物研究所古文献研究室、安徽省阜阳市博物馆《阜阳汉简〈周易〉释文》，陈鼓应主编《道家文化研究》第十八辑，生活·读书·新知三联书店，2000 年。

钟启禄《易经十六讲》，中国华侨出版公司，1989 年。

周山《解读周易》，上海书店出版社，2002 年。

周振甫《周易译注》，中华书局，1991 年。

周止礼《易经与中国文化》，学苑出版社，1990 年。

周祖谟《尔雅校笺》，江苏教育出版社，1984 年。

周祖谟、吴晓铃《方言校笺及通检》，科学出版社，1956 年。

朱伯崑主编《易学智慧丛书》（含《易学漫步》《易经白话例解》《易学源流》《易学的思维》《周易与易图》《易学与养生》《易学与科技》《易学与管理》《易学与建筑》《易学与美学》），沈阳出版社，1997 年。

朱伯崑主编《周易知识通览》，齐鲁书社，1993 年。

朱骏声《说文通训定声》，中华书局，1984 年。

朱熹《周易本义》，北京中国书店，1987 年。

朱祖延主编《汉语成语大词典》，河南人民出版社，1985 年。

宗福邦、陈世铙、萧海波主编《故训汇纂》，商务印书馆，2003 年。